周福萍 高玉莲 杨亚南／主　编
原　虹 彭良军 郭楚童
黄通斌 陈　威　　　／副主编

普通高等教育"十四五"规划教材
会计专业校企合作系列

会计信息系统（第二版）
基于用友 ERP-U8 V10.1 版

图书在版编目(CIP)数据

会计信息系统:基于用友 ERP-U8 V10.1 版 / 周福萍，高玉莲，杨亚南主编. —2 版. —上海：立信会计出版社,2021.6(2023.1重印)
ISBN 978-7-5429-6858-6

Ⅰ. ①会… Ⅱ. ①周… ②高… ③杨… Ⅲ. ①会计信息—信息管理系统 Ⅳ. ①F232

中国版本图书馆 CIP 数据核字(2021)第 101921 号

责任编辑　　王斯龙
封面设计　　南房间

会计信息系统——基于用友 ERP-U8 V10.1 版（第二版）
KUAIJI XINXI XITONG JIYU YONGYOU ERP-U8 V10.1 BAN

出版发行	立信会计出版社
地　　址	上海市中山西路 2230 号　　邮政编码　200235
电　　话	(021)64411389　　传　真　(021)64411325
网　　址	www.lixinaph.com　　电子邮箱　lixinaph2019@126.com
网上书店	http://lixin.jd.com　　http://lxkjcbs.tmall.com
经　　销	各地新华书店
印　　刷	常熟市华顺印刷有限公司
开　　本	787 毫米×1092 毫米　　1/16
印　　张	19
字　　数	450 千字
版　　次	2021 年 6 月第 2 版
印　　次	2023 年 1 月第 4 次
书　　号	ISBN 978-7-5429-6858-6/F
定　　价	46.00 元

如有印订差错，请与本社联系调换

再版前言

第十二届全国人民代表大会第三次会议上,李克强总理提出了"互联网+"行动计划,推动移动互联网、云计算、大数据、物联网等与现代制造业结合,促进电子商务、工业互联网和互联网金融健康发展。在这样一个大变革的时代中,会计信息系统是在现代计算机及网络环境中研究会计数据的收集、加工、存储和会计信息输出等方法的一门综合学科。本书从企业实际出发,以用友 ERP-U8 V10.1 管理软件为平台,全面阐述了企业主要经济业务的处理过程,满足本专科会计学及相关专业学生的综合素质培养要求。

本书主要介绍了会计信息系统相关的知识。全书共十五个项目,具体内容包括导论、用友 ERP-U8 V10.1 软件安装、系统管理、基础设置、总账管理系统、UFO 报表、薪资管理系统、固定资产管理系统、应收款管理系统、应付款管理系统、供应链管理系统初始化、采购管理系统、销售管理系统、库存管理系统、存货管理系统。

本书具有如下特色。

1. 体现了对新会计准则体系、最新税法知识的运用,结合国内主流财务软件较新版本进行讲解。

2. 本书遵循由浅入深、循序渐进的原则,其内容基于"项目导向、任务驱动"的编写思路,注重会计知识与基本技能的结合。

3. 本书重视应用性,培养学生的实际操作能力。本书依据教育部的相关文件,总结高等教育中会计信息系统教学的经验,通过与企业合作编写而成,内容上体现了应用性和实用性。

4. 版式设计上,本书配以大量的操作图片,通俗易懂,符合会计操作规范。每个章节都配有图片,先易后难,方便自学,能够培养学生自主创新能力,帮助学生掌握重点和难点。

本书既可以作为高等院校会计类专业的课程教学用书,也可用作会计从业人员的参考资料。

本教材为广州工商学院"十三五"教材建设经费资助项目。本书由周福萍、高玉莲、杨亚南任主编,原虹、彭良军、郭楚童、黄通斌、陈威任副主编。具体分工如下:高玉莲负责编写方案的拟定和组织工作,并对全书进行总纂和统稿;周福萍负责项目三、项目四、项目十一、项目十二、项目十三、项目十四的编写;杨亚南负责项目五、项目七、项目十的编写;原虹负责项目八、项目九的编写;彭良军负责项目一的编写;郭楚童负责项目六的编写;陈威负责项目二的编写;黄通斌负责项目十五的编写;林小明、陈世文(广州市四柱清财务咨询管理有限公司)、张科峰(广州市花都湖北企业联合会)提供素材和图片。

在编写过程中,编者参考了大量的著作、文献及最新财务信息,吸收了不少国内学者的学术成果,并引用大量实例,在此一并致谢!由于编者水平有限,加之编写时间仓促,书中难免会有疏漏之处,恳请各位读者批评指正!

编 者

2021 年 6 月

目　　录

项目一　导论 ………………………………………………………………………… 1
　　任务一　会计信息化概述 ………………………………………………………… 1
　　任务二　会计数据处理技术 ……………………………………………………… 8
　　任务三　互联网＋会计 ………………………………………………………… 18

项目二　用友 ERP-U8 V10.1 软件安装 …………………………………………… 21
　　任务一　数据库安装 …………………………………………………………… 21
　　任务二　用友 ERP-U8 V10.1 软件的安装 …………………………………… 27
　　任务三　数据源配置 …………………………………………………………… 30
　　任务四　利用虚拟机安装用友 U8 V10.1 …………………………………… 32

项目三　系统管理 …………………………………………………………………… 38
　　任务一　启动系统管理 ………………………………………………………… 40
　　任务二　增加用户 ……………………………………………………………… 41
　　任务三　建立账套 ……………………………………………………………… 43
　　任务四　设置操作员权限 ……………………………………………………… 47
　　任务五　设置系统自动备份计划 ……………………………………………… 50
　　任务六　账套的输出与引入 …………………………………………………… 51

项目四　基础设置 …………………………………………………………………… 54
　　任务一　查看系统启用情况 …………………………………………………… 57
　　任务二　设置部门档案 ………………………………………………………… 58
　　任务三　人员设置 ……………………………………………………………… 58
　　任务四　客商信息设置 ………………………………………………………… 60
　　任务五　外币设置 ……………………………………………………………… 63

项目五　总账管理系统 ……………………………………………………………… 64
　　任务一　总账系统初始化设置 ………………………………………………… 76
　　任务二　凭证管理 ……………………………………………………………… 96
　　任务三　出纳管理 ……………………………………………………………… 116
　　任务四　账簿管理 ……………………………………………………………… 118
　　任务五　期末处理 ……………………………………………………………… 125

项目六　UFO报表 ……………………………………………………… 143
任务一　报表格式设计 …………………………………………… 146
任务二　设置关键字 ……………………………………………… 151
任务三　报表公式编辑 …………………………………………… 151
任务四　报表数据处理 …………………………………………… 154
任务五　利用模板生成报表 ……………………………………… 156

项目七　薪资管理系统 …………………………………………………… 160
任务一　建立工资账套 …………………………………………… 165
任务二　建立工资类别 …………………………………………… 166
任务三　设置工资项目 …………………………………………… 167
任务四　设置在职人员档案 ……………………………………… 169
任务五　设置临时人员档案 ……………………………………… 171
任务六　工序设置 ………………………………………………… 172
任务七　设置公式 ………………………………………………… 174
任务八　确认个人所得税的计提基数 …………………………… 176
任务九　录入并计算工资数据 …………………………………… 178
任务十　工资分摊并生成凭证 …………………………………… 181
任务十一　月末处理 ……………………………………………… 184

项目八　固定资产管理系统 ……………………………………………… 185
任务一　注册固定资产管理系统 ………………………………… 189
任务二　初始设置 ………………………………………………… 190
任务三　设置部门对应折旧科目 ………………………………… 193
任务四　设置资产类别 …………………………………………… 194
任务五　设置增减方式的对应科目 ……………………………… 195
任务六　原始卡片录入 …………………………………………… 196
任务七　日常处理 ………………………………………………… 197
任务八　期末处理 ………………………………………………… 202

项目九　应收款管理系统 ………………………………………………… 205
任务一　设置系统参数 …………………………………………… 208
任务二　设置存货档案 …………………………………………… 210
任务三　初始设置 ………………………………………………… 212
任务四　录入期初余额 …………………………………………… 215
任务五　日常业务处理 …………………………………………… 217
任务六　期末处理 ………………………………………………… 220

项目十 应付款管理系统 ……………………………………………………………… 221
- 任务一 设置系统参数 ……………………………………………………… 223
- 任务二 初始设置 …………………………………………………………… 224
- 任务三 录入期初余额 ……………………………………………………… 225
- 任务四 日常业务处理 ……………………………………………………… 227
- 任务五 月末处理 …………………………………………………………… 230

项目十一 供应链管理系统初始化 …………………………………………………… 231
- 任务一 基础信息设置 ……………………………………………………… 235
- 任务二 单据设计 …………………………………………………………… 238
- 任务三 基础科目设置 ……………………………………………………… 239
- 任务四 期初数据 …………………………………………………………… 240

项目十二 采购管理系统 ……………………………………………………………… 241
- 任务一 普通采购业务 ……………………………………………………… 245
- 任务二 采购现结业务 ……………………………………………………… 250
- 任务三 采购运费处理 ……………………………………………………… 251
- 任务四 采购结算前退货 …………………………………………………… 252
- 任务五 采购结算后退货 …………………………………………………… 252
- 任务六 暂估入库处理 ……………………………………………………… 252

项目十三 销售管理系统 ……………………………………………………………… 254
- 任务一 普通销售业务 ……………………………………………………… 258
- 任务二 商业折扣处理 ……………………………………………………… 262
- 任务三 现结业务 …………………………………………………………… 263
- 任务四 代垫费用 …………………………………………………………… 264
- 任务五 汇总开票业务 ……………………………………………………… 265
- 任务六 分次开票业务 ……………………………………………………… 266
- 任务七 开票直接发货 ……………………………………………………… 266
- 任务八 一次销售分次出库 ………………………………………………… 267
- 任务九 超发货单出库 ……………………………………………………… 269
- 任务十 分期收款发出商品 ………………………………………………… 271
- 任务十一 委托代销业务 …………………………………………………… 274

项目十四 库存管理系统 ……………………………………………………………… 277
- 任务一 产成品入库 ………………………………………………………… 280
- 任务二 材料领用出库 ……………………………………………………… 281
- 任务三 出库跟踪业务 ……………………………………………………… 282
- 任务四 库存调拨 …………………………………………………………… 284

任务五　盘点预警 ·· 285
　　任务六　盘点业务 ·· 286
　　任务七　其他入库业务 ······································ 287
　　任务八　其他出库业务 ······································ 287
　　任务九　组装业务 ·· 288

项目十五　**存货管理系统** ·· 290
　　任务一　采购入库单 ·· 292
　　任务二　销售发货单 ·· 293
　　任务三　入库调整单 ·· 293
　　任务四　出库调整单 ·· 294
　　任务五　假退料单 ·· 295

项目一 导 论

知识目标

1. 了解会计信息化的概念及发展历程,掌握会计信息化的特征及与会计电算化的区别,理解推进会计信息化建设的意义。
2. 掌握会计信息化实施前的准备工作,掌握建立会计信息化的基本步骤以及加强会计信息化管理的主要措施。

能力目标

1. 具备会计信息化的理论基础,为具体实施会计信息化做准备。
2. 具备管理会计信息化的能力。

任务一 会计信息化概述

一、会计信息化的概念

会计信息化是采用现代信息技术,对传统的会计模型进行重整,并在重整的现代会计基础上,建立信息技术与会计学高度融合的、充分开放的现代会计信息系统。这种会计信息系统将全面运用现代信息技术,通过网络系统,使业务处理高度自动化,信息高度共享,能够主动和实时报告会计信息。它不仅仅是信息技术应用于会计上的变革,更代表一种与现代信息技术环境相适应的新的会计思想。

会计信息化分会计核算、财务管理、决策支持三个层次。企业的会计信息系统仅有核算功能是不够的,还需要对企业的管理和决策提供信息、分析和方案等。因此,会计信息系统除了核算功能外,还应具有参与管理和决策的功能。

财务管理信息化能够对企业管理进行支持,它包括资金管理、资产管理、预算控制、成本管理等管理功能;决策支持信息化能够对企业经营决策进行支持,它包括财务分析、全面预算管理、风险控制、绩效考核等。因此,全面实现会计信息化应包括会计核算、财务管理、决策支持三方面的信息化,决策支持信息化是会计信息化的最高层次和最终趋势。

二、会计信息化的发展概况

(一) 国外会计信息化的发展概况

1. 数据主导阶段(1946年至20世纪60年代末)

1946年,美国研制出第一台计算机之后,美国通过电气公司将计算机应用到公司的工资计算和存货统计上,开创了计算机应用于会计领域的新纪元。该阶段计算机应用主要围绕对会计领域的数据统计和整理展开,利用计算机模仿手工操作,实现数据量大、计算重复次数多的专项会计业务核算工作的自动化,以提高效率,所处理的数据要经过传统会计的进一步加工。计算机技术的应用,减少了过账、分类、汇总等会计程序上的差错,提高了会计信息的可靠性,降低了会计成本,减轻了会计人员的劳动强度和复杂计算的难度,解决了会计信息的及时性。这种程度的应用只是对手工会计系统进行了全程仿真模拟,在信息相关性这一重要价值特征上难以满足用户个性化的需求。

2. 信息管理阶段(20世纪70年代至20世纪90年代初)

这一阶段,计算机硬件技术飞速发展,高性能微型计算机、局域网(LAN)、多用户系统、可视化开发工具开始出现并得到迅速推广。计算机应用从工资、材料等单项核算扩展到账务处理、固定资产核算、成本核算等大部分会计核算业务,逐渐形成较为完善的会计信息系统。闭环MRP、MRP-II已经开始与会计信息相融合而形成新的管理信息系统,带来了会计信息系统由核算型向管理型转变的新思路。信息管理阶段主要存在的问题是:信息系统提供的信息滞后、输出形式单一、信息含量不充分、信息时效性差,会计管理功能比较低级,彼此之间无法集成,"信息孤岛"和"管理割据"现象普遍存在。

3. 管理集成阶段(20世纪90年代至今)

20世纪90年代初,企业资源计划(enterprise resources planning,ERP)理念的提出,打破了管理信息系统割据的局面。ERP的内涵是打破企业的四壁,把信息集成的范围扩大到企业的上下游,实现供应链管理。这个阶段应用的重点是企业管理的各种信息资源,包括市场信息、战略信息、物料需求计划信息、流程管理信息、会计信息、人力资源信息等各个方面。信息处理技术飞速发展,导致管理软件的升级频率加快,高性能微型计算机、局域网、广域网(WAN)、互联网(Internet)等网络系统和可视化开发工具逐渐成熟。会计预测、全面预算、集团财务管理、报表分析、集成管理和中小企业信息化管理等功能已经发挥作用,信息孤岛和管理割据的局面得到了初步改善。

(二) 我国会计信息化发展概况

1. 自行研发与自行应用阶段(1979—1988年)

在这个阶段,大部分企、事业单位还是采用手工记账。一些企业自主开发财务软件,然后在内部推广使用。1979年,中华人民共和国财政部(以下简称财政部)给长春第一汽车制造厂拨出专款,使用计算机进行工资、产值等方面的计算,这成为我国会计电算化的起点。1981年,中国会计学会在长春市召开的"财务、会计、成本应用电子计算机专题讨论会"上正式提出"会计电算化"一词。1983年,中华人民共和国国务院(以下简称国务院)成立电子振兴领导小组,全国掀起计算机应用的浪潮,全国14%的单位开展了会计电算化工作。但由于在宏观上缺乏统一的规划指导与管理,在基层中缺乏各种配套的组织管理制度和其他控制制度,采用工程化方法开展会计电算化工作和开发的软件很少,各单位多是自行组织开发、各自为战,会计软件开发水平低,重复开发情况严重。

2. 商品化财务软件大发展阶段(1988—1998年)

1988年先锋、用友、上海立成应用软件研究所等商品化软件公司相继成立。随后,在政府的推动下,金蝶、金蜘蛛、浪潮等一大批软件公司相继成立,这些公司的成立推动了会计电算化的发展。1989年12月,财政部发布了《会计核算软件管理的几项规定(试行)》,明确了形成以财政部为中心的会计电算化宏观管理体系。财政部于1994年发布了《会计电算化管理方法》《会计核算软件基本功能规范》《商品化会计核算软件评审规则》,1996年发布了《会计电算化工作规范》;各地财政部门和主管部门加强了对会计电算化工作的管理,制定了相关管理制度和发展规划。会计软件已经向通用化、规范化、专业化、商品化方向发展,初步培养和形成了一支力量雄厚的会计电算化队伍。

3. 会计信息化和企业信息化融合阶段(1998—2008年)

1998年6月26日,中国软件行业协会财务及企业管理软件分会暨用友、安易、金蝶、浪潮等8家骨干财务软件企业在京举行大型新闻发布会,联合宣布"向企业管理软件领域全面进军",吹响了由财务管理向企业管理转型的号角。1998年,用友推出ERP企业管理软件ERP-U8,使会计信息化得以实现,使财务信息系统融入整个企业信息化和企业管理系统中去,在业界具有一定代表性。会计信息化的概念最早是1999年在"会计信息化理论专家座谈会"上提出的;2005年8月,中国会计学会年会提出了"会计电算化"向"会计信息化"发展的理念,认为用"会计信息化"可以更好地概括"会计电算化"的进一步发展,也可以进一步提升"会计电算化"的应用水平。会计信息化是会计与信息技术融合的过程,它将会计信息作为管理信息资源,全面运用以计算机、网络与通信为主的信息技术对会计信息进行获取、加工、传输、存储应用等处理,为企业内部的经营管理者、企业外部的信息使用者提供全面、及时的信息,会计信息化是企业信息化的重要组成部分。

4. 会计信息化向标准化和国际化发展阶段(2008年至今)

2008年11月12日,我国会计信息化委员会暨XBRL(可扩展商业报告语言)中国地区组织成立,这是中国会计信息化发展史上又一个新的里程碑。财政部于2009年4月份发布了《关于全面推进我国会计信息化工作的指导意见》,要求在5到15年建立健全会计信息化法规体系和会计信息化标准。2013年5月29日,财政部发布了《企业会计准则通用分类标准编报规则》,制订了XBRL格式财务报告的编报规则。为推动企业会计信息化,节约社会资源,提高会计软件和相关服务的质量,规范信息化环境下的会计工作,2013年12月6日,财政部发布了《企业会计信息化工作规范》,将会计信息化推广至全国企业,也使中小企业会计信息化工作有了标准和规范。

三、会计电算化与会计信息化

会计电算化和会计信息化,是信息技术在会计中应用的两个不同的阶段,会计电算化是会计信息化的基础阶段,会计信息化是会计电算化的必然结果。从本质上比较,会计电算化强调的是会计数据处理的规范化,它要求会计信息系统的运行按照我国统一会计制度的要求规范操作,它立足于财务报告的规范生成;会计信息化则更多强调会计输出结果的增值性,它在完善财务会计信息化的同时,更侧重企业内外信息使用者的需求。两者的区别主要体现在以下6个方面。

1. 产生背景不同

会计电算化建立在工业经济环境中,与手工信息处理相适应;而会计信息化是在信息社会中产生的,是为了适应知识经济的发展出现的,它建立在现代信息技术基础之上。

2. 目标任务不同

会计电算化是指实现核算会计业务的计算机处理；会计信息化是指实现会计业务事前预测决策、事中监督控制、事后分析评估的全面信息化，它能充分发挥会计在企业管理中的核心作用，与企业管理和社会构成一个有机的信息系统。

3. 理论基础不同

会计电算化是以传统会计理论和计算机技术为基础的；而会计信息化的理论基础还包含信息技术系统论、信息生态学、现代管理理论等。

4. 系统地位不同

会计电算化主要服务于财务部门的核算与管理，属于部门级应用，容易形成"信息孤岛"；而会计信息化是企业信息化的有机组成部分，会计信息系统是管理信息系统的核心子系统，除了服务于财务部门外，还要为信息管理层、决策支持层和决策层提供服务，属于企业级应用。

5. 技术平台不同

会计电算化以单机为主，辅之以内部局域网络；会计信息化以计算机广域网络和现代通信技术为主。

6. 信息输入输出方式不同

会计电算化条件下输入系统的是记账凭证，数据主要由财务部门自己输入，输出主要有显示、打印、磁盘等方式；而会计信息化的大量数据可从企业内外其他系统直接获取，同时可以预见，随着原始凭证标准化问题的解决以及网络安全技术的成熟，经过数字签名的原始凭证会直接进入会计信息系统，各机构、部门可根据授权直接从系统中获取。

四、会计信息化的特征

1. 全面性

会计信息化涉及会计基本理论与方法、会计实务工作、会计教育和会计管理等所有会计领域，是会计系统的全面信息化，是根据信息管理原理和信息技术要求对会计流程的重整和对会计模型的重构。

2. 集成性和共享性

会计信息化将对传统会计组织和业务处理流程进行重整，以支持"虚拟企业""数据银行"等新的组织形式和管理模式。这一过程的出发点和终结点就是实现信息的集成化。信息集成包括三个层面：一是在会计领域实现信息集成，即实现财务会计和管理会计之间的信息集成；二是在企业组织内部实现财务和业务的一体化，即集成财务信息和业务信息，在两者之间实现联结；三是建立企业组织与外部关系人（客户、供应商、银行、税务、财政、审计等）的信息网络，实现企业组织内部信息系统的集成。

信息化的发展过程，本质上是不断突破隔层壁垒，突破信息孤岛，一步一步实现信息集成，并在不同领域进行信息联通的过程。当孤立的电脑通过局域网互联互通时，信息化突破了硬件壁垒，实现了硬件集成；当管理软件在部门层面打通业务上下环节时，信息化突破了流程壁垒，实现了业务信息集成；当SAP、ERP等大型软件在企业层大规模应用时，信息化突破了部门壁垒，实现了企业信息集成；当优秀企业将信息化的端口延伸到供应商和客户时，信息化突破了企业壁垒，实现了社会信息集成。会计信息资源的高度共享，消除了"信息孤岛"现象,提高了组织的适应能力和管理水平。

3. 实时动态性

首先,会计数据的采集是动态的。无论是企业组织外部的数据(如发票、订单),还是企业组织内部的数据(如入库单、产量记录),无论是局域数据,还是广域数据,一旦发生,都将存入相应的服务器,并及时送到会计信息系统中等待处理。其次,会计数据的处理是实时的。在会计信息系统中,会计数据一经输入,就会立即触发相应的处理模块,对数据进行分类、计算、汇总、更新、分析等一系列操作,以保证信息动态地反映企业组织的财务状况和经营成果。

4. 多元性和智能性

进入会计信息化阶段后,会计信息系统是一个由人、计算机网络和数据及程序等有机结合的应用系统,它不仅具有核算功能,更具有控制和管理功能。会计系统不再是简单地模拟手工的系统,而是人机交互作用的智能型系统。它既可以按既定的月、季、年来提供会计信息,也可以随机快速地生成需要的会计信息,既可提供历史信息,也可以提供当前信息和未来信息(如预定成本、目标利润等),还可以提供图形化信息(如直方图、折线图等)以及语音化信息。另外,会计信息系统既可以提供货币的信息,也可以提供非货币的信息。其处理信息的方法更体现了多元化和智能性,如折旧计提不仅可采用直线法,也可同时采用双倍余额递减法等其他方法进行试算来比较差异。会计信息化的一个重要特征是数据处理的起点不再是会计凭证,而是业务发生初始环节所生成的各种单据,会计凭证由系统功能自动生成,未来需要由会计人员录入的凭证将越来越少。

五、推进会计信息化建设的意义

会计工作是经济社会发展的基础,直接关系到各单位会计信息质量和内部管理,国家社会管理、宏观决策和市场监管,以及市场经济秩序和社会公众利益等各个方面。信息化是当今世界发展的必然趋势,是推动我国现代化建设和经济社会变革的技术手段和基础性工程。会计工作与信息化建设密切相关、相辅相成、相互促进。在新的历史时期,全面推进会计信息化建设具有重要而深远的意义。

(一)全面推进会计信息化建设,是顺应信息技术发展趋势、贯彻落实国家信息化战略的重大举措

信息化是指充分利用信息技术,开发利用信息资源,可以促进信息交流和资源共享,提高经济增长质量,推动经济社会发展转型。会计信息化是国家信息化的重要组成部分,既是完善国家信息化总体布局的重要环节和基础工程,也对提高全社会信息化水平有着十分重要的促进作用。在信息化时代背景下,会计只有与先进的信息技术手段相结合,才能深度挖掘会计的信息功能,才能充分发挥会计的管理职能,才能实现会计信息的决策目标,才能提升会计在经济社会中的地位。

(二)全面推进会计信息化建设,是顺应市场经济发展要求,改善宏观调控与微观管理的有力支撑

在市场经济条件下,信息资源已经成为弥足珍贵的经济资源。会计信息作为资源配置的引导员、资本市场的风向标和经济信息的主要载体,对于政府加强宏观调控和企业加强微观管理都发挥着无可代替的基础性作用。全面推进会计信息化建设,促进会计信息生成与

披露的标准化、规范化,促进会计信息交换与利用的科学化、集成化,把过去电算化条件下时效迟滞的信息变为实时在线的信息,把相对单一的信息变为联结价值链的整合信息,把单项"零售"的信息变为多向"批发"的信息。全面推进会计信息化建设,对于提高国民经济预测、预警与监测水平以及增强宏观调控的前瞻性、针对性和有效性具有积极的促进作用,对于加强财政会计工作的科学化、精细化管理水平具有重要的支撑作用,对于企业整合信息资源、延伸管理触角、实施精细管理、防范风险舞弊、作出科学决策具有重要的战略意义。

(三)全面推进会计信息化建设,是顺应会计行业发展战略,构建适应社会主义市场经济所需要的会计体系的内在要求

近年来,我国会计改革取得了显著成效和长足进展。财政部初步确定了未来较长一段时期内会计行业的发展战略,把全力加强法制建设、会计准则、内部控制、可扩展商业报告语言(XBRL)、会计鉴证、人才评价、会计指数和会计国际交流与合作等方面的工作作为重中之重,并努力打通各子系统之间的对接通道,形成既各有特色,又相互促进、衔接有序、整体互动、相得益彰的具有中国特色的会计体系,更好地发挥其在促进经济社会发展中的基础作用和服务效能。会计信息化作为其中重要的一环,对于法规制度、会计准则、内控标准的实施等具有支持保障作用,对于监管方式的改进、人才结构的优化和理论研究的拓展具有引领、指导作用,在整个大会计管理体系中居于联结整体、承接上下、穿针引线的基础地位。在新的形势下,全方位的会计改革与发展要求推进会计信息化建设,会计信息化建设本身也属于会计改革的重要内容,应当顺时应势、抓住机遇,全面推进会计信息化建设,为健全适应社会主义市场经济要求的会计体系,促进我国经济社会全面协调可持续发展作出应有的贡献。

(四)全面推进会计信息化建设,是顺应经济全球化要求,参与国际规则制定和协调的必然选择

当今我们正处于经济全球化的时代,经济全球化的一个基本特征是"游戏规则"的全球化、趋同化。在信息技术、信息资源日益深刻影响全球产业分工和竞争格局的新形势下,包括会计信息技术标准在内的信息技术规则问题,成为各国普遍关注的重要问题。谁掌握了信息技术标准的制定权,谁就掌握了行业和市场的主动权。全面推进会计信息化建设,在会计信息化标准化方面加强研究、丰富知识、储备人才、积累经验,全面介入有关国际会计信息化标准的研究与制定工作,充分发挥中国在会计信息化标准方面的国际影响力,不断学习借鉴国外先进成果并大力推进自主创新,积极推动我国会计信息化领域的标准成为国际标准,逐步树立具有中国特色和国际影响力的会计信息化品牌,这些做法必将成为我国会计行业影响国际规则制定的又一重要成果,必将成为我国会计行业维护国家经济安全的又一积极贡献。

六、会计信息化管理软件的基本构架

会计信息化管理软件的基本要求是能集业务处理与会计核算于一体,可以跨部门使用,使企业各种活动信息可以充分共享,使企业各个部门可以及时得到业务处理最需要的相关信息,消除企业各个部门的"信息孤岛"现象,从而实现购销存业务与财务的一体化管理,有效地实现对资金使用和财务风险的控制,提供较充分的分析决策信息。

这种财务业务一体化会计信息化管理软件由财务、购销存、管理分析三部分构成。财务

部分主要由总账、应收款管理、薪资管理、固定资产管理、成本管理、资金管理、财务报表等子系统组成，以总账子系统为核心。购销存部分以库存核算与管理为核心，由库存管理、存货核算、采购计划、采购管理、销售管理等子系统组成。管理分析部分一般包括专家财务分析、财务计划、销售预测、领导查询和决策支持等子系统。本书依托用友 ERP-U8 软件，主要介绍教育部颁布的会计专业教学标准中与会计信息化课程教学要求相关的子系统。

1. 总账系统

总账系统的任务就是利用建立的会计科目体系，输入和处理各种记账凭证，完成记账、结账以及对账工作，输出各种总分类账、日记账、明细账和有关辅助账。总账系统主要提供凭证处理、账簿处理、出纳管理和期末转账等基本核算功能，并提供个人、部门、客户、供应商、项目核算和备查簿等辅助管理功能。在业务处理的过程中，财会人员可随时查询包含未记账凭证在内的所有账表，充分满足管理者对信息及时性的要求。

2. 应收款管理系统

应收款管理系统通过发票、其他应收单、收款单等单据的录入，对企业的往来账款进行综合管理，及时、准确地提供客户的往来账款余额资料，提供各种分析报表，如账龄分析表、周转分析、欠款分析、坏账分析、回款情况分析等，还提供应收票据管理，处理应收票据的核算与追踪。应收款管理系统与销售管理系统、总账系统可集成使用，应收款管理系统可接收在销售系统中所填制的销售发票，对其进行审核，同时可生成相应凭证，并传递至总账系统。

3. 应付款管理系统

应付款管理系统通过发票、其他应付单、付款单等单据的录入，对企业的往来账款进行综合管理，及时、准确地提供供应商的往来账款余额资料，提供各种分析报表，还提供应付票据管理。应付款管理系统可接收来自采购系统中所填制的采购发票，进行审核，同时生成相应凭证，并传递至总账系统。

4. 薪资管理系统

薪资管理系统可以根据企业薪资制度、薪资结构设置企业的薪资标准体系，在发生人事变动或薪资标准调整时执行调资处理，并记入员工薪资档案以作为工资核算的依据；根据不同企业的需要设计工资项目、计算公式，更加方便地输入、修改各种工资数据和资料；自动计算、汇总工资数据，对形成的工资、福利费等各项费用进行月末、年末账务处理，并通过转账方式向总账系统传输会计凭证，向成本管理系统传输工资费用数据。

5. 固定资产管理系统

固定资产管理系统的主要作用是完成企业固定资产日常业务的核算和管理，生成固定资产卡片，按月反映固定资产的增加、减少、原值变化及其他变动，并输入相应的增减变动明细账，按月自动计提折旧，生成折旧分配凭证，同时输出相关的报表和账簿，并将有关数据通过记账凭证的形式传输到总账系统，同时通过对账保持固定资产账目的平衡。

6. 报表系统

报表系统（UFO）是电子表格软件，主要功能有：文件管理功能、格式管理功能、数据处理功能、图形功能、打印功能、二次开发功能。它提供了种类丰富的函数，可以从总账、应收款管理、应付款管理、薪资管理、固定资产管理、销售管理、采购管理、库存管理等系统中提取数据，生成财务报表。UFO 提供了多个行业的标准财务报表模版，也可以根据本单位的实际需要定制模块。

7. 采购管理系统

采购管理系统对采购业务的全部流程进行管理,提供请购、采购订货、采购到货、采购入库、采购发票、采购结算的完整采购流程。它既可以单独使用,又能与用友 ERP-U8 其他子系统集成使用,提供完整全面的业务和财务流程处理。

8. 销售管理系统

销售管理系统提供了报价、订货、发货、开票的完整销售流程,支持普通销售、委托代销、分期付款、直运、零售、零售调拨等多种类型的销售业务,并可对销售价格和信用进行实时监控。销售管理系统可以与其他子系统集成使用,也可以单独使用。

9. 库存管理系统

库存管理系统能够满足采购入库、销售出库、产成品入库、材料出库、其他出入库、盘点管理等业务需要,提供仓库货位管理、批次管理、保质期管理、出库跟踪入库管理、可用量管理、序列号管理等全面的业务应用。库存管理系统可以单独使用,也可以与其他子系统集成使用,发挥更加强大的应用功能。

10. 存货核算系统

存货核算系统是从资金的角度管理存货的出入库业务,主要用于核算企业的入库成本、出库成本、结余成本,反映和监督存货的收发、领退和保管情况,反映和监督存货资金的占用情况。

任务二　会计数据处理技术

会计数据处理技术是指对会计数据进行采集、存储、加工和传输等过程中所采用的技术方法。

一、会计数据处理的特点

会计数据处理的特点如表 1-1 所示。

表 1-1　　　　　　　　　　会计数据处理的特点

序号	会计数据处理的特点
1	数据来源广、种类多、综合性强、连续性强、数据量大、类型较为复杂、结构和处理逻辑复杂
2	会计数据输入时需要进行严格的审核,要求客观、真实,具有公允性、完整性和一致性
3	数据处理过程中必须符合会计制度和相关法规要求,环节比较多,处理步骤定期重复
4	证、账、表种类多,数量大,要作为会计档案长期保存,并方便信息输出查找
5	日常工作操作简单,但准确性要求高
6	对会计数据的处理要具有安全性、可靠性、及时性、保密性、杜绝舞弊
7	会计数据要便于审计

二、手工会计数据处理

手工会计数据处理主要由人工进行会计数据的收集、分类、汇总和计算。

手工会计数据处理的优点在于具有良好的适应性和可靠性。由于某种需要,会计业务的处理方式、程序需要调整变化时,在手工方式下比较易于进行调整;在日常的业务处理过程中出现例外事件时,可以及时灵活地进行相应的处理;会计业务的正常处理不会因为计算机系统的原因而完全中止。

手工会计数据处理的缺点表现为两低一高,即低速度、低效率及高差错率。

手工会计数据处理的技术特性如表1-2所示。

表1-2　　　　　　　　　　　　手工会计数据处理的技术特性

特性	说　　明
有序性	会计系统对经济活动的反映与监督是根据经济业务发生的先后顺序连续不断地进行的,各个环节环环相扣、循序渐进; 根据会计主体每一经济交易或事项发生的时间确定先后顺序:填制和审核会计凭证—设置和登记会计账簿—试算平衡和编制会计报表—进行财务分析; 涉及会计信息的判断、确认、分类、计算、组合、复核、记录、再分录、再重组等多个技术环节,以生成对外会计报表和对内财务报告; 再开始下一个会计期间的循环
规范性	会计信息处理具有一整套系统、完整的程序和方法,必须遵循《企业会计准则》《企业会计制度》等相关规定; 会计信息的收集、处理、交换必须以有形的实物为载体,如出库单、发票等原始凭证,活页式、订本式的账簿,具有一定格式的会计报表等; 每一环节的处理结果都具有可验证性
单一性	会计主体单一,会计信息系统仅收集、处理、交换与主体直接相关的经济事项的信息,而不包括所在行业的信息; 会计期间的单一,在手工条件下,会计系统只能以"月"作为最小会计期间来提供会计信息; 货币计量的单一,会计系统只收集、处理和交换能够用货币描述的经济事项的信息,而不包括非货币计量的信息; 核算方法的单一,会计系统只确认主体认定的核算方法所生成的信息,而不包括其他备选方法或程序所可能生成的信息; 信息确认的单一,会计信息系统仅收集、处理和交换已发生的经济事项的信息,而不包括未发生的经济事项的信息
分散性	会计手工数据处理需要由多名会计人员分工协作才能完成; 为避免人工在任何环节与任何时候都可能出现的计算、记录方面的差错,根据复式记账原理,环环检查、平行登记、账证核对、账账核对、账表核对、试算平衡等技术贯穿于整个处理过程中
复杂性	信息关系复杂,会计信息有着相互依存、相互制约的紧密关系,如资产、负债与所有者权益之间的平衡关系,成本与利润之间的消长关系,总账信息与明细账信息的核对关系; 信息接口复杂,会计信息以货币形式综合地反映企业的生产经营活动,其信息的源点和终点涉及供、产、销每个环节以及人、财、物每个部门或单位; 信息计算复杂,会计信息的处理过程自始至终离不开各种计算方法

三、计算机会计数据处理

计算机会计数据处理就是以计算机为工具进行会计数据处理。

计算机会计数据处理的技术特性如表1-3所示。

表1-3　　　　　　　　　　　计算机会计数据处理的技术特性

特性	说　　明
自动性	系统由计算机来执行从会计凭证到财务报告全过程的信息处理，人工干预大大减少，客观上消除了手工方式下信息处理过程的诸多环节，如过账、结账、对账、试算平衡、编制报表等，同时计提折旧、存货计价和成本计算等繁杂的核算工作均可自动完成
集中性	信息处理的集中：在网络或多用户的环境下，可实现信息共享和集中处理； 信息存储的集中：会计信息存储在中心数据库中，可跨年度存储和利用会计信息
多样性	收集信息的多样性：会计系统通过对各个部门的信息接口转换，接收货币形态的信息，同时亦可接收非货币形态信息； 提供信息时间的多样性：会计期间已不再是提供会计信息的约束条件，可随时生成所需信息； 处理信息的多样性：除了主体认定的计算方法的，会计系统在需要时也可选用其他备选方法进行试算，比较差异。系统可运用有关数字模型和方法，进行财务分析、预测和决策； 提供信息空间的多样性：借助于信息处理方法多样化的结果，根据需要，可提供货币形态的信息，亦可提供非货币形态的相关信息，既可提供历史信息（历史成本），也可提供现在信息（重置成本、市场公允价值）和未来信息（预定成本、目标利润）； 提供信息形式的多样性：随着多媒体技术的应用，系统除了提供数字化信息，也可提供图形化信息以及与语音化信息
开放性	由于采用了信息技术，数据处理高度自动化，因此会计信息资源高度共享。大量的数据通过网络从企业内外有关系统（如证监会、银行、企业生产部门和人事部门）直接采集，而企业内外的各个机构、部门也可根据授权通过互联网从系统直接获取信息，会计信息将更大程度地开放和公开
全面性	从范围上看，计算机会计数据处理涉及会计基本理论与方法、会计实务工作、会计教育以及政府对会计的管理等所有会计领域，使会计系统全面发展； 从功能上看，计算机会计数据处理不仅是进行会计核算，还包括会计监督、会计预测与决策，并根据信息管理的原理和信息技术重整会计流程； 从技术手段上看，计算机会计数据处理不仅要采用计算机技术，更要以网络技术和通信、生物工程等现代技术为主，进行现代会计系统的构建

四、手工会计数据处理与计算机会计数据处理的比较

手工会计数据处理与计算机会计数据处理的比较如表1-4所示。

表1-4　　　　　　　手工会计数据处理与计算机会计数据处理的比较

比较	说　　明
相同之处	目标一致，无论是手工处理还是计算机处理，其最终目的是反映经济活动和加强经营管理
	遵循基本的会计处理与会计方法
	遵守会计法律法规及财经制度
	保存会计档案。会计档案是会计的重要历史资料，必须按规定妥善保管。计算机系统形成的大部分档案有可能容易损坏，这就要求要重视加强管理系统的信息资料
	按照有关规定编制出各种报表

(续表)

比较	说　　明
不同之处	信息载体不同。手工处理以纸为载体,占用空间大,不易长久保存,查找困难。计算机处理以存储介质保存数据文件为主,以计算机输出的纸质证、账、表为辅,存储介质的优点是占用空间小,可以长期保存,能更丰富、更完整、更长久地保留会计信息,但存储介质保存的数据文件具有无形性,容易被复制、篡改与删除且不留痕迹
	簿记形式不同。手工处理规定的日记账、总账要用订本式账册,明细账可用订本式或活页式账册;账簿记录本的错误要用划线更正法或红字冲销法更正;账页中的空行、空页要说明"作废"字样或划线条注销。计算机处理对数据的处理是由程序控制自动运行的,只要原始数据输入正常,就不会发生记账凭证和账簿记录差错的现象,不存在手工处理下使用划线更正法来更正差错
	财务处理程序不同。在手工条件下,各单位根据本单位规模、数量、业务特点、管理要求及核算的繁简程度等因素,可以选择一种较好的实用的记账方式。但无论采取何种方式,都避免不了重复转抄,随之而来的是财会人员和处理环节增多,若不加强内部牵制和核对,难免发生差错和舞弊现象。 计算机处理可以采用科学的财务处理程序和核算方法,整个处理过程分为输入、处理、输出三个环节,都在系统内自动完成,需要的处理结果或任何中间资料,可通过打印或查询获得,避免了重复处理,实现了数据处理一体化,有利于会计工作标准化,给上级部门进一步处理问题创造了条件
	系统的设计方法不同。手工会计系统一般根据会计法规、会计准则、会计制度和行业特点,针对本企业工作的需要来设计。计算机处理因为数据处理实现了自动化,其系统设计除要遵循手工情况下的会计准则和会计制度外,还必须遵循会计信息化的相关制度,如账册、报表设计等要符合输出、打印要求等。计算机处理系统一般由高级会计师、系统分析员和程序员在原来系统基础上进行会计信息系统的分析、设计与开发
	会计数据的收集传输形式趋于自动化。在计算机系统中,各种在现场发生的原始数据通过网络及自动输入装置可以转化为计算机直接处理的数据形式,无需人工重新输入,提高了会计数据的实时性、有用性和共享性
	会计的管理职能可以得到进一步强化。会计是经营管理的一个重要组成部分,但在手工处理环境下,由于人工操作的局限性,会计只能以事后记账、算账、报账为主。在计算机处理环境下,可以充分利用计算机的优势和特点,进行会计预测、会计决策、会计控制以及会计分析活动,从而真正实现会计的管理职能
	会计工作组织和机构发生变化。在手工处理环境下,财务部门一般分为若干个工作岗位,如在工业企业中,一般划分为工资、材料、固定资产、成本等小组用于专门的业务核算,设专人负责记账、编制报表工作。在计算机处理环境下,新的岗位划分包括数据录入、审核、维护等
	内部控制方式不同。在计算机处理环境下,原来的内部控制方式被取消或改变。如原来通过账证核对、账账核对、账表核对的控制方式已被更加严密的输入控制所代替,原来的通过签字、盖章等方式实现的控制已被权限控制所替代
	对人员素质的要求不同。手工处理环境要求从业人员具备一定的会计专业知识及一定的从业经验,而计算机处理环境要求人员除具备专业会计知识外,还要有相应的信息技术方面的知识,对人员的专业要求大大提高

五、会计软件在我国发展的历史

计算机在我国会计工作中的应用开始于20世纪70年代末,我国会计软件的发展主要分为5个阶段。

1. 1979—1988年:定点开发阶段

20世纪70年代末至80年代中期,我国理论界开始研究计算机在会计核算工作中的应用,并逐步建立起会计软件理论结构模型。随后,部门企业开始与一些高等院校、科研院所合作研究探索计算机如何应用于企业管理工作,最早的应用主要集中在会计核算业务处理工作及工资管理工作中。

在这一阶段中,计算机信息处理技术还很落后,我国的软件开发水平也很低,探索计算机在会计业务处理工作中的应用主要在少数企业进行定点开发。1979年,财政部拨专款500万元给长春第一汽车制造厂,用于会计电算化的工作试点。1981年8月,财政部召开"财务、会计、成本应用电子计算机方面的技术应用到会计务实中"的会议。具体地说,就是利用会计软件,由电子计算机代替手工完成记账、算账和报账,进行会计控制,以及进一步完成对会计信息的分析、预测和决策的过程。此次会议被称为信息化发展史上的一个"里程碑"。

这一阶段的主要特点如下:

(1) 会计电算化的管理工作落后于形势的发展。从1983年下半年起,在我国形成了一股应用计算机的热潮,特别是微型计算机得到了比较广泛的应用,一些单位和部门开发了一些会计核算软件,除少数地区成立了专门机构和配置了专职人员,加强了对会计电算化工作的组织领导和管理工作外,大部门地区的会计电算化管理落后于客观形势的发展。

(2) 各单位自行开发的会计核算软件缺乏规范化、标准化,国家没有统一法规。由于各单位和部门是根据自身工作需要和实际情况来开展这一工作的,单位之间、部门之间缺乏必要的交流,低水平、重复开发的现象比较严重,同时由于会计核算软件的规范化、标准化程度低,未能形成商品化的软件。

(3) 由于应用计算机的经验不足,理论准备和人才培训跟不上形势发展的需要,许多单位没有经过认真调查和理论论证分析就匆匆上马,造成先天不足,没有发挥出应有的经济效益。

(4) 重视会计电算化工作的人才培养,一些大、中专院校开设了相应专业。同时会计电算化的理论研究也得到了充分重视,中国会计学会于1987年11月成立了会计电算化研究组,有关院校和研究所组织了专门人员研究会计电算化理论。

2. 1989—1993年:单项业务处理型会计软件

在以计算机应用为标志的新技术革命浪潮的推动下,20世纪80年代后期,企业对会计电算化呼声很高。鉴于前阶段低水平重复开发浪费大、收效小的后果,人们认识到会计电算化单靠定点开发不是办法,应借鉴国外经验,集中财会与计算机应用专家联合开发出水平较高的会计软件,投放市场供用户选择购买,并且要提供用户培训和售后服务,以保证使用单位能迅速上马、获益和持久使用。会计理论界就会计软件开发应用能否形成商品化软件产品和进行大范围推广应用展开了一些讨论,并在上海和吉林召开了会计电算化研讨会。1988年,我国会计软件发展迈入商品化发展阶段,如先锋、用友公司率先推出商品化会计软件。

1989年12月9日,财政部颁布了《会计核算软件管理的几项规定(试行)》,使会计工作走上法制轨道,也为会计电算化工作的推进和会计软件的开发打下了基础。这一法规,对我国会计电算化工作的推动是"跨时代"的。

这一阶段,我国的会计软件产品功能主要是完成账务处理、会计报表制作、工资核算处理和固定资产卡片管理,主要实现以计算机替代手工会计核算业务,由计算机制作凭证、记账、算账和生成账簿。报表软件则实现从财务系统中通过函数提取数据,自动制作会计报表。工资软件的主要功能是定义工资项目、录入人员工资、生成工资汇总表和工资费用分配表,打印输出工资汇总表、工资费用分配表等信息,再到财务处理系统中手工制作工资核算凭证。

单项业务处理型会计软件在功能上只能满足企业一般的记账要求,其主要目标就是减少会计人员的记账工作量。总的来说,当时的会计软件能处理的业务还不多,通用性也不强,数据共享性差,还不能解决相关业务之间的自动转账问题。因为软件通用性差,所以用户使用时普遍觉得死板,不能充分满足企业的某些特殊需要。

3. 1994—1997年:核算型会计软件

随着单项业务处理型会计软件的发展和趋向成熟,各会计软件开发商开始扩展软件功能。核算型会计软件在单项业务处理软件的基础上增加了固定资产核算、材料核算(包括采购核算和存货核算)、销售核算和成本核算功能,基本上实现了以计算机进行业务处理的全面会计核算。

核算型会计软件的各功能模块可以独立运行,模块之间在结构关联上是松散的,不能称为一个系统整体,并且,未能解决数据重复录入和数据一致性控制等问题。数据重复录入现象包括:在工资系统中录入的工资数据不能自动生成工资费用分配凭证以及其他工资核算凭证,只能从工资系统中打印输出工资汇总表、工资费用分配等信息,再到账务处理系统中手工制作工资核算凭证。由于数据存在重复录入现象,即使不考虑数据录入时的出错可能,账务系统中的总账信息与各专项核算系统的明细汇总信息是否一致也没有控制机制,账务处理系统中的金额信息与固定资产、材料或产品库存等实物信息是否一致也同样没有控制机制。

使用某核算模块后,此类业务的明细账设置于该核算模块中,还常常以表代账。例如,以产品成本计算表文件代替成本明细账,成本核算后打印输出产品成本计算表和汇总表,会计人员据此编制成本转账凭证,再输入账务处理系统如总账,而成本核算需要的制造费用、工资费用、材料费用等数据也需要另行输入。对于账务处理模块中的总账信息与各专项核算模块中的明细信息是否一致的问题,软件也不提供控制机制。核算后如果发现差错,往往要从录入的原始数据上查找原因并更正。所以,这类会计软件还称不上是一个系统整体。

在此期间,财政部加强了对会计电算化的领导,推动会计电算化的发展,于1994年5月4日发布了《关于大力发展我国会计电算化事业的意见》,于1994年6月20日发布了《会计电算化管理办法》《商品化会计核算软件评审规则》《会计核算软件基本功能规范》,对会计电算化工作进行了规范。1995年,财政部发布的《会计电算化知识培训管理办法(试行)》拉开了全国范围的会计电算化培训序幕,为各行各业会计软件的普及推广创造了条件。

4. 1998年以后:管理型会计软件

管理型会计软件开发不再在摸索中前行,而是从一开始就进行规范化总体设计,力求克服以前各阶段会计软件产品中存在的问题。管理型会计软件克服了核算型会计软件结构上的缺陷，并在功能上进行了较大调整，主要表现在以下几个方面：

（1）管理型会计软件解决了系统整体性与集成运行问题，各模块之间的数据关联大大增强，可以集成一体化运行。

（2）管理型会计软件解决了各子系统之间的数据一致性控制问题，能实现各核算子系统之间的相互转账。

（3）软件提供的管理功能自成体系，成为独立的功能模块。

（4）提供了对企业除生产环节外的物流进行统计、分析和管理的功能。

（5）管理型会计软件在软件平台上实现了由 DOS 向 Windows 操作系统的转移，软件的界面以及操作的交互性与灵活性等大大得到改进。

（6）管理型会计软件以网络版为主，有的还支持大型数据库，数据的安全性有了很大提高，并能满足大型企业的应用需要。

（7）这一阶段的管理仅仅面向财会部门，缺乏对企业其他职能部门的管理，因此与企业管理信息系统（MIS）联系不紧密，也缺乏对企业高层领导决策的支持。与此同时，财政部开始组织会计电算化中级培训，为管理型会计软件的普及推广铺平了道路。

5. 会计软件从管理型向 ERP 管理软件的发展

当今社会，用户需求多样化、全球经济一体化、市场竞争国际化的特点日益明显。各国企业更加注重内部管理，从以提高生产效率、降低成本为核心的工业经济时代，快速进入面向 3C，即面向客户（customer）、竞争（competition）与变化（change），以建立企业全面竞争优势为核心的知识经济时代。管理日益成为具有竞争能力、获得持续发展的关键问题。管理的目标由传统的提高生产效率转向获取以最佳经济效益为总目标的全面竞争优势，管理已成为生产力的重要组成部分。因此，管理要革命，技术要革新，软件要升级。显然，单纯提供财务管理的会计软件已不能满足企业需要，企业迫切需要支持全面企业管理的软件。

1998 年，我国国内部分具有一定规模和实力的会计软件开发商开始大举进军企业管理软件领域。企业管理软件的开发与应用主要面向大中型企业的全面管理。

企业资源计划（ERP）是由美国加特纳公司（Gartner Group Inc.）在 20 世纪 90 年代初期率先提出的，ERP 是一种面向企业供应链的管理，可对供应链上的所有环节进行有效的管理，这些环节包括订单、采购、库存、计划、生产制造、质量控制、运输、分销、服务与维护、财务管理、人力资源等。

ERP 的核心管理思想是供应链管理。供应链管理的基本思想就是以市场需求为导向，以客户需求为中心，以核心企业为龙头，以提高市场占有率、提高客户满意度和获取最大利润为目标，以协同商务、协同竞争和双赢原则为运行模式，通过运用现代企业管理思想、方法和手段，达到对供应链上的信息流、物流、资金流、价值流和工作流的有效规划和控制，从而将客户、分销商、供应商、制造商和服务商连成一个完整的网络结构，形成一个极具竞争力的战略联盟。供应链管理通过接受信息流（需方向供方流动，如订货合同、加工单、采购单等）和反馈的物料流与信息流（供方向需方的物料流及伴随的供给信息流，如提货单、入库单、完工报告等），将供应商、制造商、分销商、零售商直到最终用户连成一个整体的模式。供应链既是一条从供应商到用户的物流链，又是一条价值的增值链。

企业为了保持和扩大市场份额，先要有相对稳定的销售渠道和客户。为了保证产品质量和技术含量，企业必须有相对稳定的原材料和配套件以及协作件的供应商。企业与其销售代理、客户和供应商的关系，已不再是简单的业务往来对象，而是利益共享的合作伙伴关系，这是现代管理观念的重大转变。这种合作伙伴关系组成了一个企业的供应链，是"精益生产"的核心思想。当遇到有特定的市场和产品需求时，企业的基本合作伙伴不一定能满足这类新产品开发生产的要求，这时企业会组织一个由特定的供应和销售渠道组成的短期或一次性的供应链，形成"动态联盟"（或称"虚拟工厂"），把供应和协作单位（包括产品研究开发）看成是企业的一个组成部分，运用"同步工程"，用最短的时间将新产品打入市场，这是"敏捷制造"的核心思想。当前，企业之间的竞争已不再是一个企业与另一个企业的竞争，而已经发展成为一个企业的供应链与竞争对手的供应链之间的竞争。ERP系统正是适应这种竞争形势的需求而发展起来的。

在供应链上，除了人们已经熟悉的"物流""资金流""信息流"外，还有容易为人们所忽略的"增值流"和"工作流"。就是说，供应链上有5种基本"流"在流动。从形式上看，客户是在购买商品或服务，但实质上，客户是在购买商品或服务带来的效益。各种物料在供应链上移动，是一个不断增加其技术含量或附加值的过程，在此过程中，还要注意消除一切无效劳动与浪费。因此，供应链还有增值链的含义。不言而喻的是，只有当产品能够售出，增值才有意义。企业单靠成本、生产率或生产规模的优势打价格战是不够的，要靠价值的优势打创新战，这才是企业竞争的真正出路，而ERP系统能提供企业分析增值过程的功能。

信息、物料、资金都不会自己流动，物料的价值也不会自动增值，要靠人的劳动来实现，要靠企业的业务活动——工作流或业务流程，才能流动起来。工作流决定了各种流的流速和流量，是企业业务流程重组研究的对象。ERP系统提供各种行业的行之有效的业务流程，而且可以按照竞争形势的发展，随着企业工作流（业务流程）的改革在应用程序的操作上进行相应的调整。

总之，ERP所包含的管理思想是非常广泛和深刻的，这些现金的管理思想之所以能够实现，与信息技术的发展和应用分不开。ERP不仅面向供应链，体现精益生产、敏捷制造、同步工程的精神，而且必然要结合全面质量管理以保证质量和客户满意度，结合准时制生产以消除一切无效劳动与浪费，降低库存和缩短交货期，还要结合约束理论来定义供应链上的瓶颈环节，消除制约因素来扩大企业供应链的有效产出。

六、会计软件的发展趋势

1. 高度模块化

软件系统在分析设计与开发过程中要保证各子系统中的各项功能，要使每个应用程序高度模块化，只有这样才可以对系统自由剪裁和重新配置。对系统的剪裁不仅是对子系统的取舍，还包括对子系统内部各项功能的取舍，例如，对总账系统内部的数量账、银行账、部门账等功能的取舍，这样可以达到根据大、中、小型用户的不同需求配置系统的目的。

2. 高可靠性和安全性

大规模系统、分布式应用、广泛的网络连接需要系统具有更高的可靠性和更强的安全控制。远程通信线路故障、多用户操作冲突、共享数据的大量分发与传递，需要会计信息系统有超强的稳定性，并能够对出现的各种意外情况进行正确处理。针对黑客入侵、越权操作日志的防范措施的建立都是必不可少的安全措施。

3. 面向个性化的设计

软件所面对的是一个充满个性化的世界,不能要求所有企业都按同一模式运作。因此,新一代的会计软件需要有非常灵活的设计,在输入界面(包括文字、图形、图像、声音等)、运作公式、业务逻辑、业务关联等诸多方面都能留给用户足够的自由空间,允许用户通过设置和增值开发建立符合自己需求的应用系统。

跨国企业的管理和企业的跨国交易必然带来对会计软件多语种支持的需求。一套应用系统应当可以按照用户的设定,在不同的用户端显示不同语种的应用界面。由此还可以引申出另一种功能,即可以由用户自行设定应用系统输出界面上使用的术语和界面格局,形成个性化的用户界面,不同行业的用户也可以面对专业性更强的界面。

4. 平台化趋势

会计软件的研制走过了两个阶段:定制和通用。第一个阶段是项目定制阶段:在初期甚至现在还存在这种情况,由于缺乏需求和技术积累,开始一般都采取定制方式。这种方式的缺点是研发成本很高,不可能大范围采用。第二个阶段是通用产品阶段:当管理、技术、用户等积累到一定程度后,开发者开始研制适应某行业的软件。通用软件产品的出现,大大降低了成本,使原来无法承受其昂贵费用的单位也可以接受了。

会计软件平台化是必然趋势。在应用实施的过程中,用户的满意度越来越低。主要原因是,产品更新周期加快,市场响应要求提高,对个性化的要求越来越高。如何应对这种变化?显然,再去走定点开发的路是行不通的。现代的计算机技术和软件技术已经为我们创造了基本条件,那就是走软件的平台化之路。

在计算机刚开始出现时,要直接使用0和1(二进制数)来编制程序,这是最原始的和最直接的方法。为了提高设计效率,简化程序设计,软件专家研制了汇编语言,之后大家就在这个平台上进行设计。当然人们并不满足于此,后来在汇编语言的基础上出现了C语言,在C语言的基础上又出现了Visual Basic、Delphi、PowerBuilder、C++、.NET等开发平台。实际上应用系统就建立在这些基础平台上。

那么在语言平台与最终的应用软件之间是否还存在一个平台呢?回答是肯定的。经过多年的积累,人们已经总结出了业务的核心,其架构和业务模型和标准化的业务处理均是可封装的,如果把这部分封装出来,再开发出辅助这个平台的客户化工具,就可以形成业务化平台。同样,如果对会计软件进行分析、研究,将相关部分封装起来,再加上工具包,就可以形成平台化的会计软件。

平台化会计软件应用具备以下基本特征:

(1) 在数据库方面,具备标准化的基础,还能进行扩展,既要能满足通用的要求,同时又能够考虑再次进行客户化的要求。

(2) 软件架构灵活,能够增加其他客户化的模块,并能一体化运行。

(3) 核心业务、标准化程度的业务要进行封装,对外是一个黑箱,只要调用即可。

(4) 接口标准化。在会计软件中,有许多接口,为了便于进行客户化,接口要标准化,防止升级时出现不兼容问题。

(5) 软件工具部件化。现代软件开发的一个大趋势就是软件部件化,提高可重用度。实际上,业务处理、业务逻辑、工作流等的部件化,使其在客户化过程中可以直接调用,提高定制效率,而且规范。

(6)外围源代码开放。核心进行封装后,外围的源码代能开放,这样在进行客户化时,就能非常密切地与其他软件嫁接。

(7)与其他软件能较好地兼容。在这个平台进行客户化开发时,必然要应用或嵌入其他业务系统,所以要求有较好的兼容性。

(8)具有规范的资源平台,使各种软件能够共享。

5. **平台共存趋势**

会计软件的平台共存体现在跨平台运行,支持多种应用系统数据交换,系统高度集成,分布式应用等几个方面。

(1)跨平台运行。随着不同平台的产生,会计软件需要实现跨平台运行,即同一套程序编码可以在多种硬件平台和操作系统上运行,以便企业根据业务需要和投资能力选最合适的平台,并且帮助企业顺利实现不同应用水平阶段的平滑过渡。在企业建设管理系统初期,可选择普通的PC机网络,投资相对较低。但随着应用规模的扩大,需要具有更强处理能力的硬件环境,如选择小型机,服务器等。这样,跨平台的软件系统显得十分具有优势,也能充分保护用户的投资。

(2)支持多种应用系统数据交换。不少企业已经建立了各自的应用系统。在电子商务时代,企业将会要求新系统也能与原有系统进行数据交换和集成,从而有效利用已有投资。例如,已经采用会计软件的用户,希望整个销售和生产管理系统也能与目前的会计信息系统数据共享。企业间(特别是企业与供应商之间,企业与客户之间)的数据交换将帮助企业有效提升整个供应链的竞争力。

(3)系统高度集成。进入系统的数据要能根据实现的设计以及管理工作的内在规律和内在联系,传递到相关的功能模块中,达到数据高度共享和系统的高度集成。

(4)分布式应用系统。新一代的会计软件系统是超大规模的,它将不再是集中在同一局域网络服务器上的系统,因此,支持分布式应用和分布式数据库是未来会计软件的一个特征。

6. **面向电子商务应用**

电子商务是指在全球各地广泛的商业贸易活动中,以电子及电子技术为手段,在开放的互联网环境下,基于浏览器/服务器模式,买卖双方不谋面地进行各种商贸活动,实现消费者的网上购物、用户之间的网上交易和在线电子支付,以及各种商务活动、交易活动、金融活动和相关的综合服务活动的一种新型的商业运营模式。电子商务能够将原来传统的销售、购物渠道移到互联网上来,打破国家与地区间有形和无形的壁垒,使生产企业达到全球化、网络化、无形化、个性化、一体化。

随着电子商务技术的发展,企业各种对外的业务活动已经延伸到互联网上。新一代的会计软件应当支持互联网上的信息获取及网上交易的实现。电子商务关键在于经营。所以,新的系统要能从企业的实际发展来设计电子商务工作模式。

7. **面向新的信息技术应用**

物联网是新一代信息技术的重要组成部分。"物联网就是物物相连的互联网"。物联网的核心和基础仍然是互联网,是在互联网基础上延伸和扩展的网络;物联网的用户端可延伸和扩展,在物品之间进行信息交换和通信。物联网是指通过各种信息传感设备,如传感器、射频识别技术、全球定位系统、红外感应器、激光扫描器、气体感应器等各种装置与技术,按约定的协议,把任何物品与互联网相连接,进行信息交换和通信,以实现对物品的智能化识别、定位、跟踪、监控和管理的一种网络，实现物与物、物与人，即所有的物品与网络的连接，方便识别、管理和控制。物联网是全球公认的继计算机、互联网与移动通信网之后的世界信息产业又一次信息化浪潮。物联网已经成为我国重点战略，我国已将物联网列为五大必争产业制高点之一。

网域是物联网理念的延伸。人类社会、信息世界与物理世界组成了一个实现世界和虚拟世界的有机结合体，此结合体称为网域。

将感应器嵌入和装备到电网、铁路、桥梁、隧道、公路、建筑、供水系统、大坝、油气管道等各种物体中，并将它们普遍连接，形成物联网，再将物联网与现有的互联网整合起来，可以实现人类社会与物理系统的整合，从而形成所谓的智慧地球。智慧地球网是以物联网时代的推广为方针发展而成的以带网址导航、物联网门户、物联网电子商务为一体的服务型网络平台。智慧地球的核心是通过利用新一代信息技术，以更透彻的感知、更全面的互联互通、更深入的智能化方法来改变政府、公司以及人们相互交互的方式，以提高交互的明确性、效率、灵活性和响应速度。如今信息基础架构与高度整合的基础设施的完美结合，使得政府、企业和市民可以作出更明智的决策。智慧地球理念的推出，使信息技术深度融入现实世界的方方面面，出现了智能交通、智能电子政务、智能电网、智能建筑、智能供水系统、智能城市、智能社区等，这些实体的有机结合，构成了智慧地球的空域。在智慧地球的空域中，应用使人们生活在一个无处不有IT技术的，特别是遥感网与互联网所营造的现实和虚拟世界中。可以相信，智慧地球将极大提高工作效率，产生更大的社会和经济效益。

云计算是一种基于互联网的计算方式，通过这种方式，共享的软、硬件资源和信息可以按需提供给计算机和其他设备。狭义云计算指IT基础设施的支付和使用模式，通过网络以按需、易扩展的方式获得所需资源；广义云计算指服务的交付和使用模式，通过网络以按需、易扩展的方式获得所需服务。这种服务可以是与IT和软件、互联网相关的，也可以是其他的服务。云计算的核心思想是，将大量用网络连接的计算资源统一管理和调度，构成一个计算资源池，向用户按需服务。提供资源的网络被称为"云"。"云"中的资源在使用者看来可以是无限扩展的，并且可以随时获取，按需使用，随时扩展，按使用量付费，像使用水电一样使用IT基础设施。云计算为在线的任何一个用户提供无限扩大其占用社会信息技术和信息资源的能力，是一种基于数据中心，强调性价比、效能和可信的服务运营模式。云计算运营模式的实现，使信息技术和信息自愿的使用效率与效益大大提升，它将改变信息技术和信息资源的使用与服务模式。

随着信息技术的不断发展，物联网、智慧地球、网域、云计算的出现，会计行业、会计理论体系、会计实务、会计人员将面临新一轮的挑战，会计软件也将面临一个全新的开发与应用环境。如何适应新的技术环境，如何面对新技术对会计带来的各类挑战将是会计软件必须面对的考验。会计软件的发展将与信息技术的发展同步。将来的会计软件将在应用环境、数据处理流程、系统功能设计、软件开发平台、系统操作使用、安全控制等各个方面发生巨大的变革。

任务三　互联网＋会计

"互联网＋"是把互联网的创新成果与经济社会各领域深度融合，推动技术进步、效率提升和组织变革,提升实体经济创新力和生产力,形成更广泛的以互联网为基础设施和创新要素的经济社会发展新形态。近些年来,"互联网＋"逐步深入人心,已经改造及影响了各行各业。会计工作的许多方面也开始与互联网深入结合,网络代理记账、在线财务管理咨询、云会计与云审计服务等第三方会计审计服务模式初现端倪;以会计信息化应用为基础的财务一体化进程不断提速,财务共享服务中心模式逐渐成熟;联网管理、在线受理等基于互联网平台的管理模式成为会计管理新手段;在线联机考试、远程培训教育等已成为会计人才培养的重要方式。

党中央、国务院准确把握世界"互联网＋"发展趋势,把推动互联网和各行业深度融合作为构筑经济发展新优势和新动能的重要举措。2015年3月5日,十二届全国人大三次会议上,李克强总理在政府工作报告中首次提出"互联网＋"行动计划;2015年7月4日,经李克强总理签批,国务院正式发布《关于积极推进"互联网＋"行动的指导意见》,明确了推进"互联网＋"的总体思路、基本原则、发展目标和11个具体行动。这是推动互联网由消费领域向生产领域拓展,加速提升产业发展水平,增强各行业创新能力,构筑经济社会发展新优势和新动能的重要举措。到2025年,网络化、智能化、服务化、协同化的"互联网＋"产业生态体系将基本完善,"互联网＋"新经济形态将初步形成,"互联网＋"成为经济社会创新发展的重要驱动力量。2015年12月16日,第二届世界互联网大会在浙江乌镇开幕。《关于积极推进"互联网＋"行动的指导意见》的发布,标志着我国全面开启通往"互联网＋"时代的大门,会计行业也将迎来一场前所未有的变革,这些变革包括:

(1)"互联网＋"为会计技术的发展提供了新支撑。随着云计算、大数据、移动互联网等新兴技术的快速发展,会计信息处理更实时、动态、集中,会计核算更规范、高效、便捷,信息技术的发展为会计技术的演进升级提供了有力支撑。

(2)"互联网＋"为会计人员的转型带来了新机遇。在互联网技术和大数据融合的辅助下,单位构建涵盖财务分析与预测、财务战略规划、资本市场运作、全面预算管理、风险控制和绩效管理等内容的较为完备的现代化管理体系成为可能,这将有助于会计核算向价值管理转型,推动管理会计独特作用进一步体现。

(3)"互联网＋"为会计职能的转变创造了新环境。随着网络技术的迅速发展,会计职能已从传统的"信息处理和提供"转向"信息的分析使用和辅助决策",从"事后算账"转向"事前预测、事中控制"。加快推进"互联网＋",有利于更好地发挥会计的预测、计划、决策、控制、分析、监督等功能,推动会计工作提质升级。

面对"互联网＋"给会计改革与发展带来的新功能,会计行业只有扎根于经济社会发展,服务于国家治理能力的提升和企业创新进步,才能永葆生机和活力。会计行业需要从以下几个方面做好准备,迎接"互联网＋会计"时代的到来。

在会计管理层面,要为促进"互联网＋会计"时代的深度融合营造有利的政策环境,既要完善会计标准体系及配套机制,又要加快修订有关会计法律法规制度,为会计与互联网深度融合提供有力保障;既要稳步推进互联网技术在会计考试、继续教育、会计人员管理等领域的有效应用,又要利用信息技术规范管理,提高效能,推动会计管理与会计监督工作再上新台阶。

在企业层面,要为适应"互联网＋会计"时代的新要求做好调整与准备,既要充分认识"互联网＋会计"时代的商业模式、思维模式及数据处理模式的大变革,在管理思维、经营理念、组织架构等方面作出调整与准备,又要充分发挥互联网在信息交换、数据汇总、集成管控等方面的优势,在会计岗位设置、会计职能定位等方面作出调整与准备,使管理会计的职能得到充分发挥,让企业财务部门更有效地参与分析决策,进行内部控制。

在会计师事务所层面,要为抓住"互联网+会计"时代的新机遇而加快信息化建设步伐。要充分运用移动互联网、云计算、大数据等信息技术,既应用于协同办公管理系统建设、行业信息管理系统升级和行业信息化咨询服务,更要完善会计师事务所的审计软件应用,推动借助于互联网的"智能审计"业务加快发展,切实提升会计行业服务国家战略的水平。

在会计人员方面,要为应对"互联网+会计"时代新挑战而奋发学习。广大会计人员一方面要适应互联网所带来的信息技术新挑战,学习、掌握互联网应用技术,在财务管理工作中应用大数据、云计算等新手段,借助信息新工具,更高效地履行分析、决策、辅助管理等新职能;另一方面要适应互联网所带来的业务延伸新挑战,加强国际化能力的全方位锻造,为服务企业"走出去",承接境外企业会计外包业务等做好准备。

思考题

1. 简述会计各项活动对信息的作用。
2. 简述现代会计信息处理的特点。
3. 简述信息技术的作用。
4. 试分析信息技术对会计理论基础提出的挑战。
5. 试分析信息技术对会计信息收集的影响。
6. 试分析在信息化环境下,会计记账规则、会计核算形式、会计核算方法、账簿体系法上的变化。
7. 试分析在信息化环境下,财务会计报告发生的变化。
8. 试分析信息技术对企业内部控制的影响。
9. 试分析实现会计信息化对会计工作组织体制的影响。
10. 简述会计数据处理的特点。
11. 简述手工会计数据处理的技术特性。
12. 简述计算机会计数据处理的技术特性。
13. 试比较手工会计数据处理与计算机会计数据处理的区别。
14. 简述会计软件在我国发展的历史。
15. 简述"互联网+会计"的意义。

项目二　用友 ERP-U8 V10.1 软件安装

🠖 知识目标

1. 认识用友 ERP-U8 V10.1 软件。
2. 熟悉 IIS、SQL Server 2005。
3. 掌握数据源配置。

🠖 能力目标

1. 会安装用友 ERP-U8 V10.1 软件。
2. 会卸载用友 ERP-U8 V10.1 软件。

任务一　数据库安装

（1）安装 IIS。IIS 是微软公司提供的基于 Windows 系统的互联网基本服务，也是安装 SQL Server 2005 的前提条件，IIS 的默认安装不完整，所以整个安装的第一步是安装 IIS。在操作系统中，打开"控制面板"，选择"程序和功能"中的"打开或关闭 Windows 功能"，选中"Internet 信息服务"，把加号都点开，选取可选的全部项目进行安装，如图 2-1 所示。

（2）数据库类型选择。SQL Server 2005 支持 32 位（x86）和 64 位操作系统，安装前请先查询使用的操作系统是 32 位还是 64 位，然后选择对应的数据库进行安装，

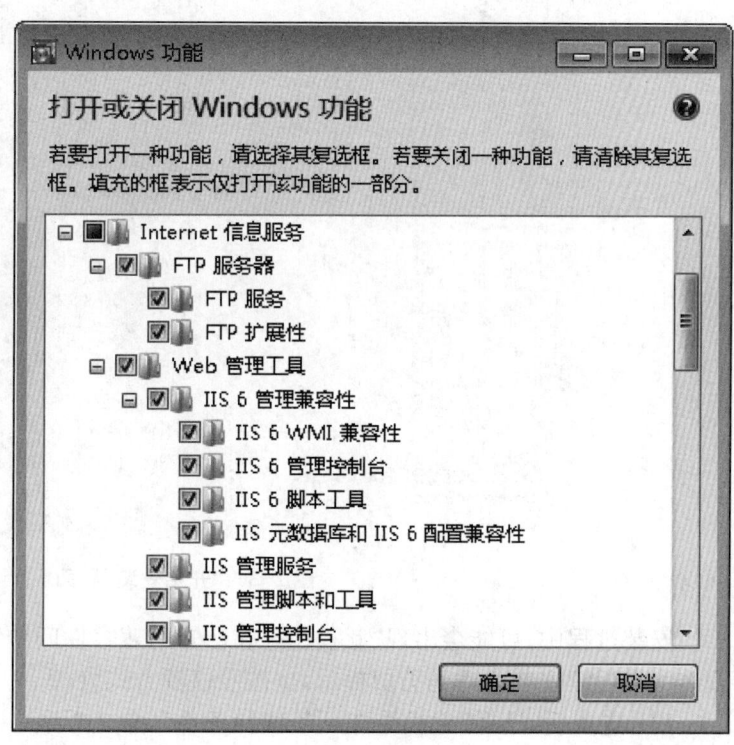

图 2-1　IIS 安装

如图 2-2 所示。

图 2-2 选择对应操作系统

（3）开始安装。点击"服务器组件、工具、联机丛书和示例"即可开始安装，如图 2-3 所示。

图 2-3 "开始安装"界面

安装过程中，可能会出现"此程序存在已知的兼容性问题"的提示，选择"运行程序"继续安装。在后续安装中遇到类似提示，也按照这种方式处理。

（4）进入后，选择"我接受许可条款和条件"，单击"下一步"进入"安装必备组件"界面，如图 2-4 所示。

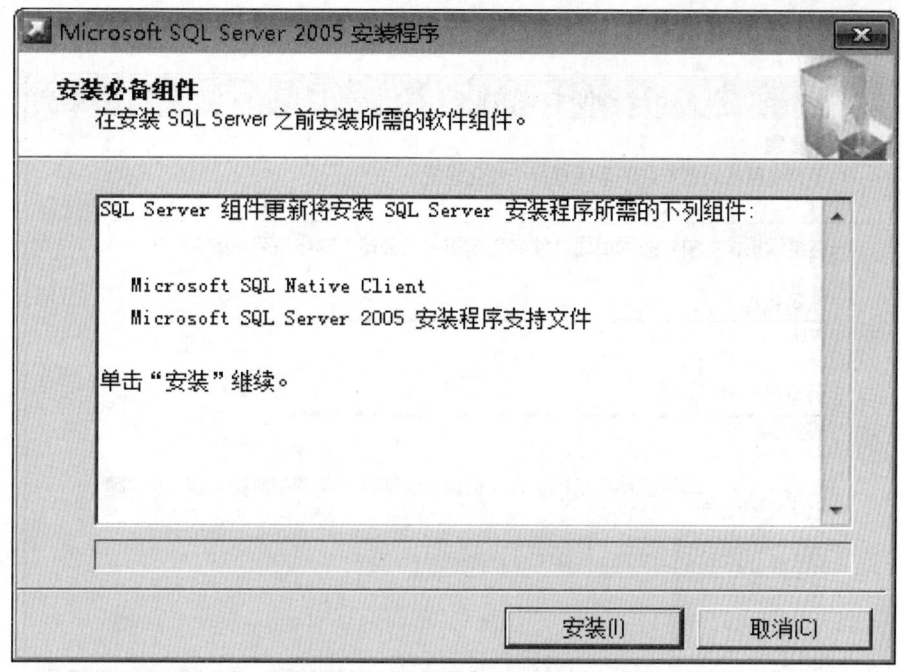

图 2-4 "安装必备组件"界面

(5) 选择"安装",系统将自动进行。进度条指示安装完成后,单击"下一步",直至出现"系统配置检查"界面,如图 2-5 所示。

图 2-5 "系统配置检查"界面

（6）输入软件注册信息，如图 2-6 所示。

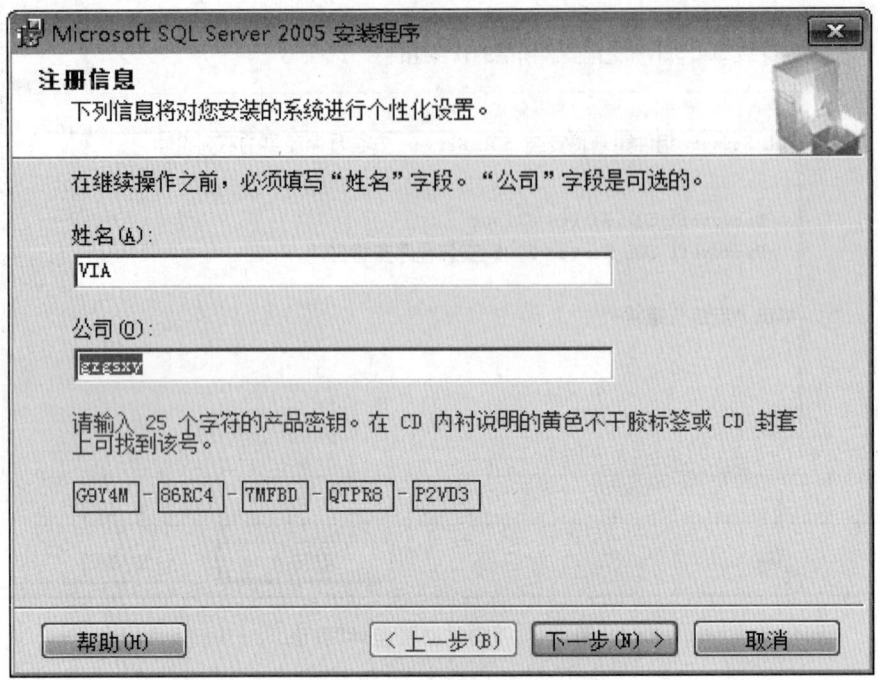

图 2-6　输入软件注册信息

（7）选择需要安装的组件，如图 2-7 所示。

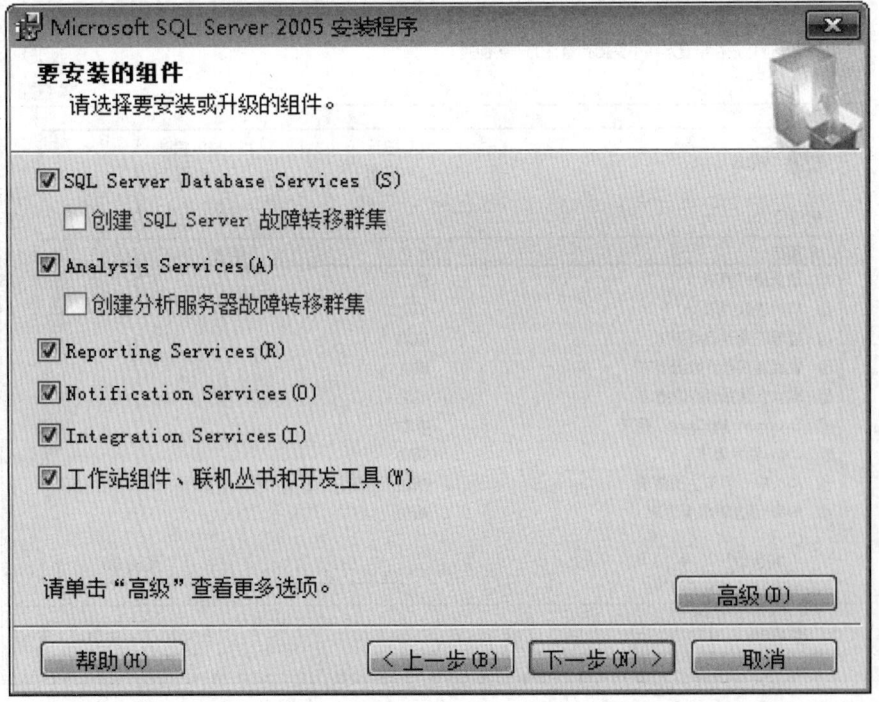

图 2-7　安装组件

(8) 指定实例名,选择"默认实例"即可,如图 2-8 所示。

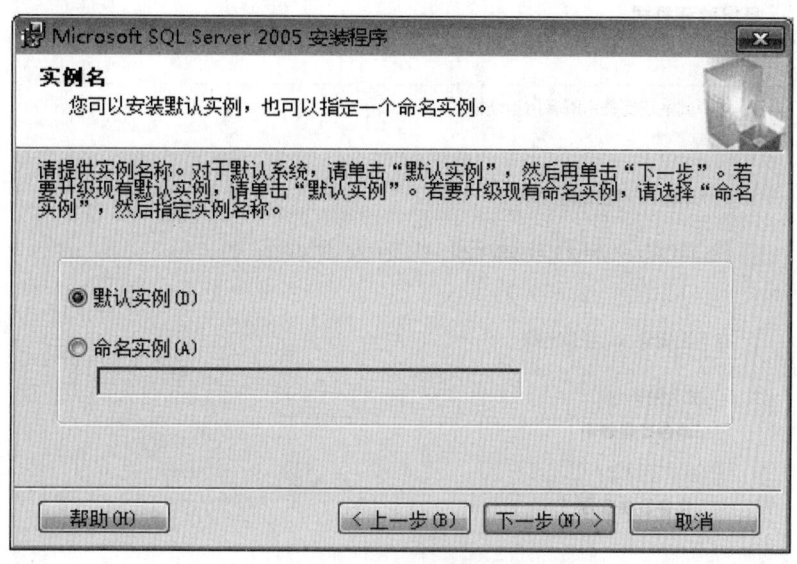

图 2-8　确定实例名

(9) "服务账户"选择"使用内置系统账户",其他选项默认即可,如图 2-9 所示。

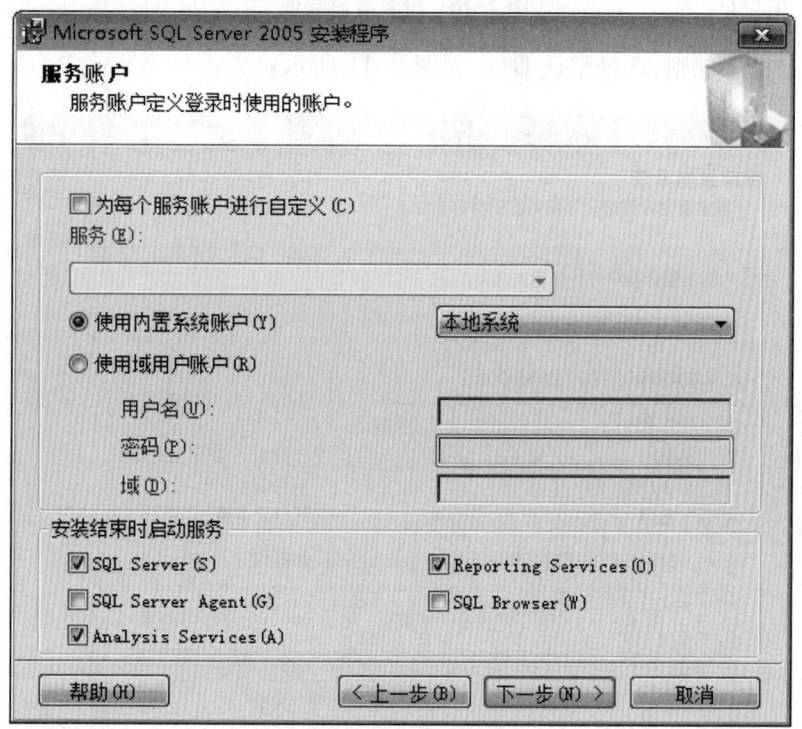

图 2-9　确定服务账户

(10) 身份验证模式选择混合模式,密码可自己设定。这里输入"123456"作为密码,如图 2-10 所示。

图 2-10 设置身份验证

（11）确定排序规则，选择默认即可，如图 2-11 所示。

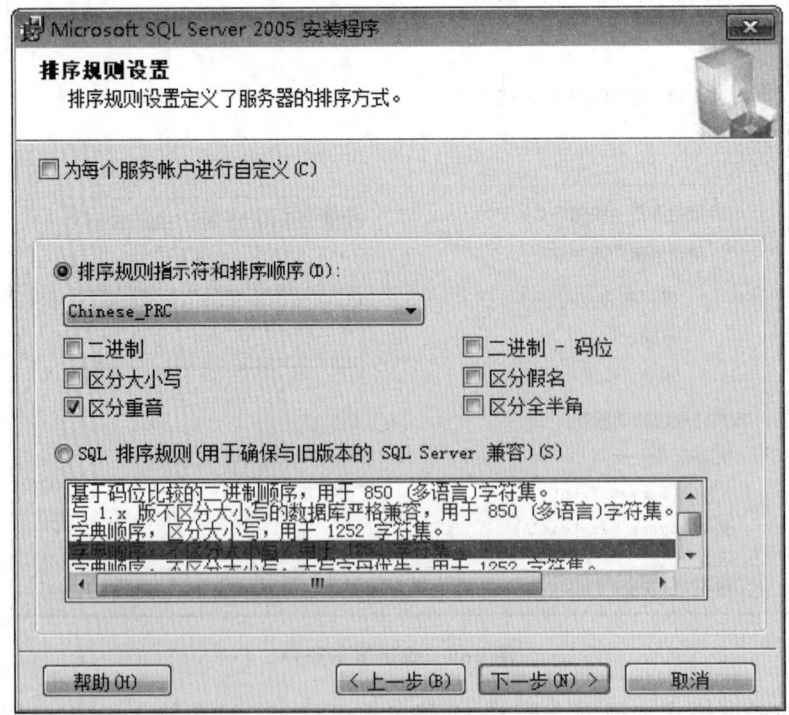

图 2-11 排序规则设置

（12）开始安装，后续安装为默认选择，直至安装完毕，如图 2-12 所示。

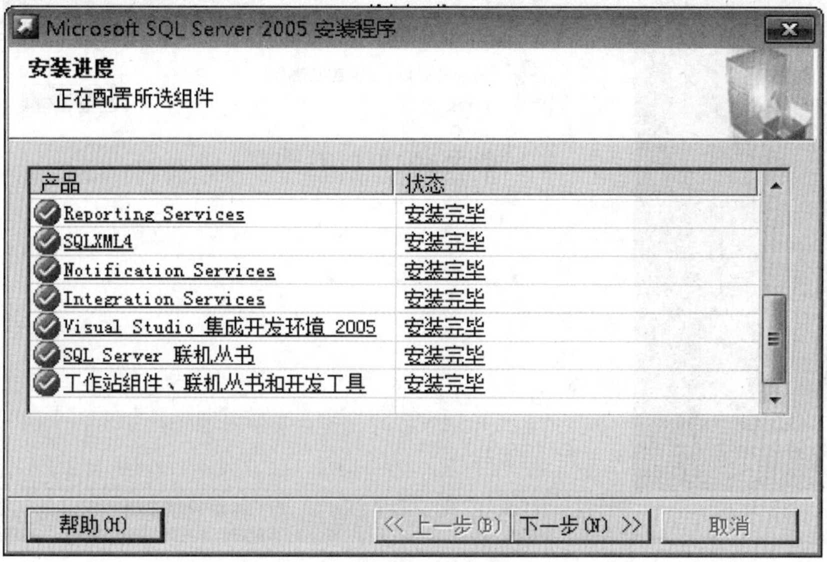

图 2-12　安装完毕

（13）安装 SQL Server 2005 SP2 补丁。由于数据库选择的是 SQL Server 2005，需要安装数据库补丁 SP2 或以上版本。下载 SQL Server 2005 SP2 并默认安装至结束，即可完成数据库环境的部署。

任务二　用友 ERP-U8 V10.1 软件的安装

（1）进入用友 U8 V10.1 安装文件，双击 Setup.exe 安装程序，进入安装欢迎界面，然后单击"下一步"，在"许可证协议"窗口选择接受协议，继续单击"下一步"进入客户信息设置，输入用户名和公司名称（可自行输入，对使用无影响），如图 2-13 所示。

（2）选择安装路径。一般按照默认选择，也可以更改，如图 2-14 所示。

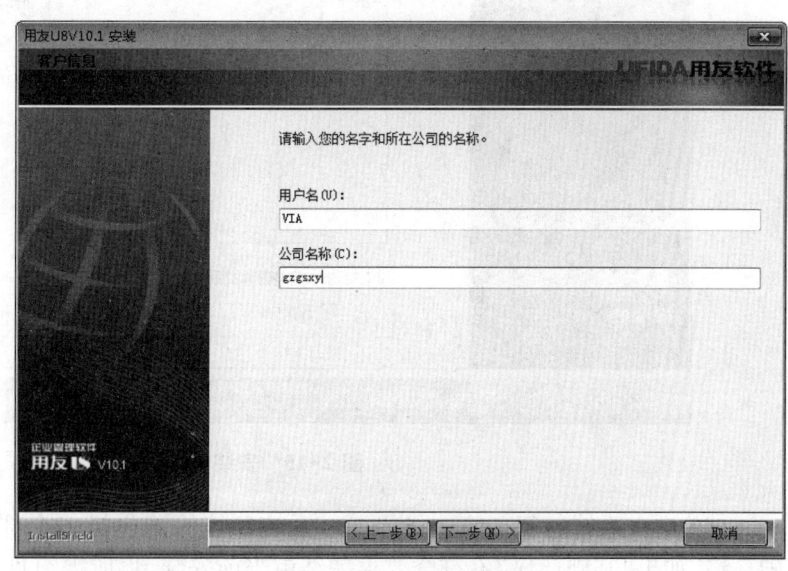

图 2-13　客户信息输入界面

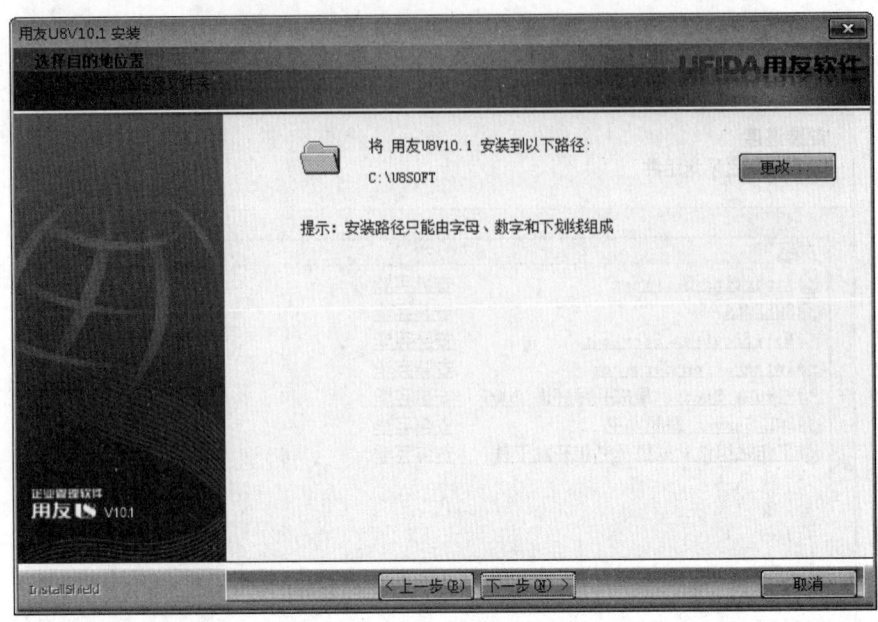

图 2-14　选择程序安装路径

（3）选择安装类型。个人电脑上安装的情况下，需选择"全产品"，即将应用服务器、数据库服务器和客户端所有文件安装在本机上。语种资源可根据需要选择，如图 2-15 所示。

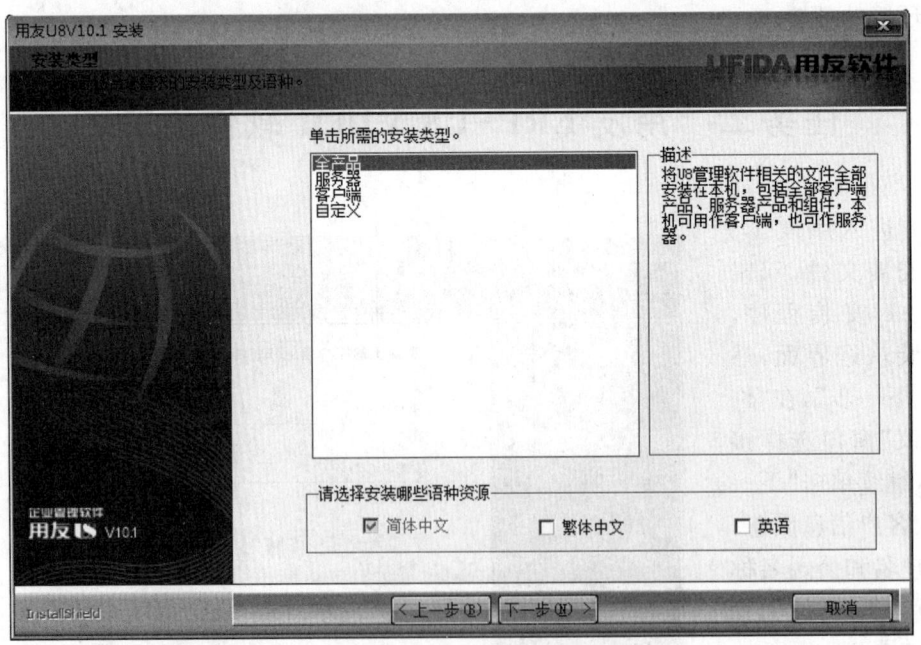

图 2-15　安装类型选择

（4）进入系统运行环境选择界面。系统环境检测包括三个部分，如图 2-16 所示：①基础环境，如果"基础环境"不符合要求需结束当前安装，将所需组件安装完全后方可重新安装用友 U8；②缺省组件，缺省组件没有安装的，可直接通过点击"安装缺省组件"自动安装；

③可选组件可自行选择安装或不装。

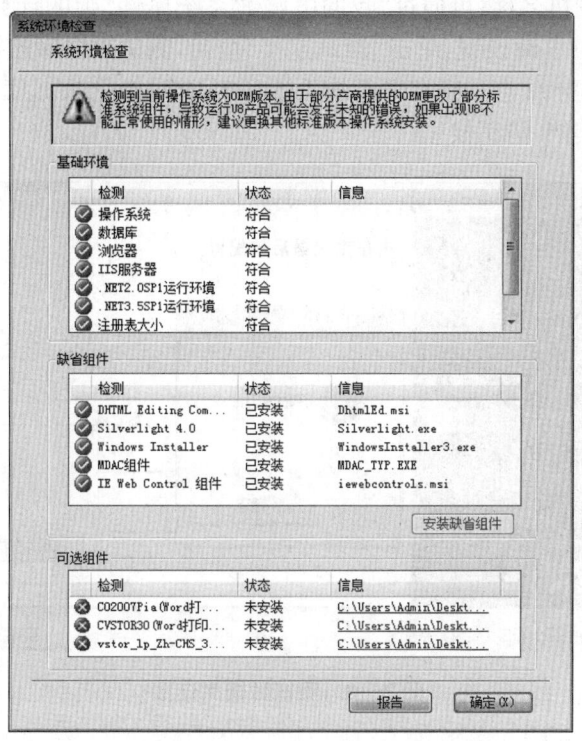

图 2-16　系统环境检测结果

（5）如果系统"基础环境"和"缺省组件"检测通过，即可单击"确定"，进入"可以安装程序了"窗口，选择"安装"进行具体的安装，如图 2-17 所示。安装将持续较长时间，具体与所用机器性能有关。安装完毕后，需要重新启动计算机。

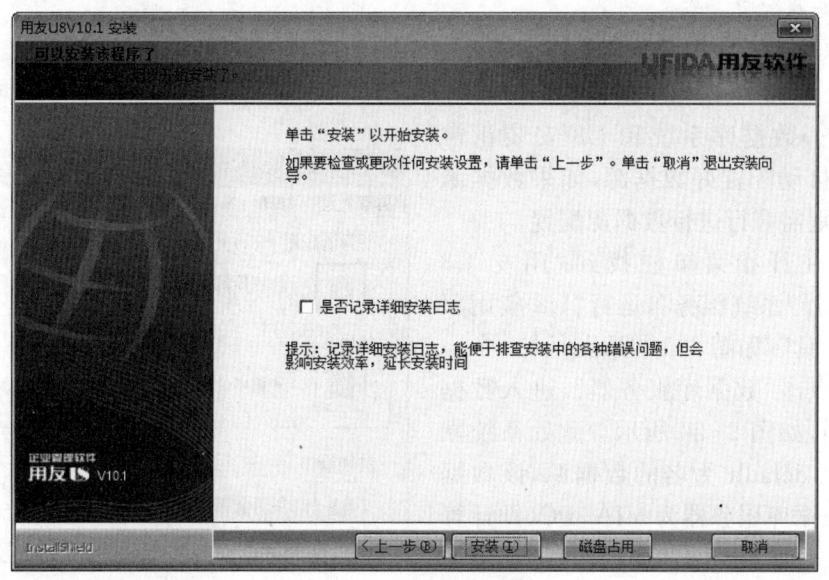

图 2-17　安装就绪界面

（6）重启后，出现"正在完成最后的配置"提示信息，如图 2-18 所示。在其中输入数据库名称（即为本地计算机名称，可通过"我的电脑""系统属性"中的计算机名查看），SA 口令为安装 SQL Server 2005 时设置，单击"测试连接"按钮，测试数据库连接。若一切正常，则会出现"测试成功！"的提示信息。接下来系统会提示是否初始化数据库，单击"是"按钮，提示"正在初始化数据库实例，请稍候……"。

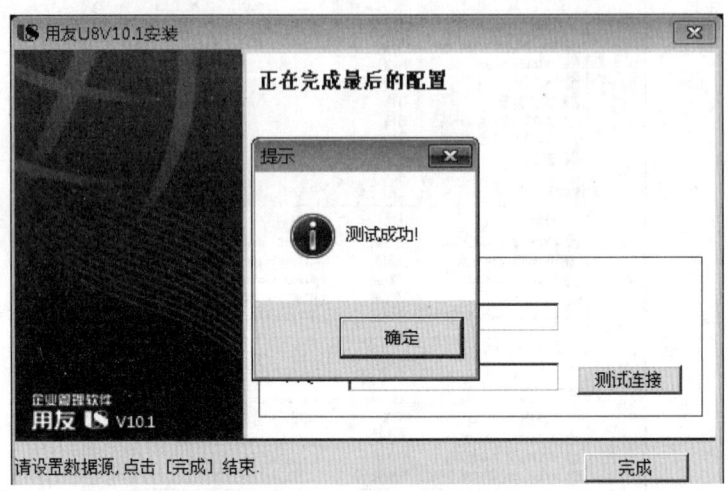

图 2-18　测试数据库连接

任务三　数据源配置

系统安装完成以后，还需进行一些基本的运行配置，确保系统顺利进行接下来的操作。

1. 数据源配置

数据源存储了应用服务器所连接的数据库信息，客户端在登录系统时，首先是登录到应用服务器上，其次根据应用服务器上的数据源配置情况决定用户所能进入的数据库和账套。

一般情况下，数据库系统和 U8 安装正常后，系统会自动配置好数据源，如果数据源出现错误，则需自行进行数据源配置。

首先，在开始菜单栏找到"用友 U8 V10.1"，选择"系统服务"，运行"U8 应用服务器配置工具"，如图 2-19 所示。

其次，点击"数据库服务器"，进入数据源配置界面，如图 2-20 所示。此处系统默认建好了以 default 为名的数据源，该数据源指向的数据库服务器为 VIA-PC（即计算机名或 IP）。如果要增加数据源，点击增加功能，选择数据库服务器（单机版请选择

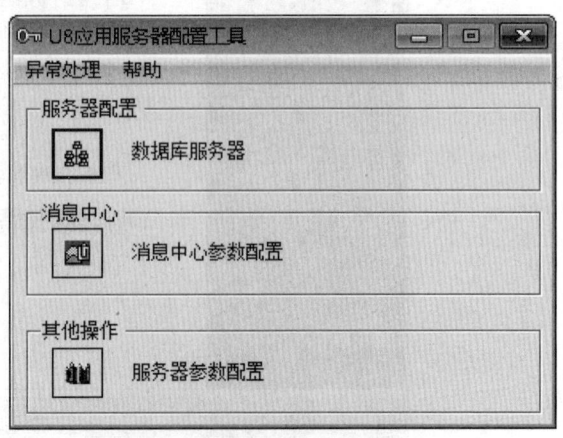

图 2-19　U8 应用服务器配置工具

local),输入用户名和密码。然后点击"测试连接",如图 2-21 所示。

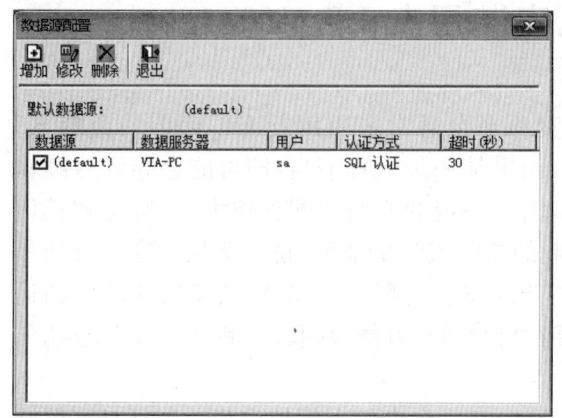

图 2-20 数据源配置界面

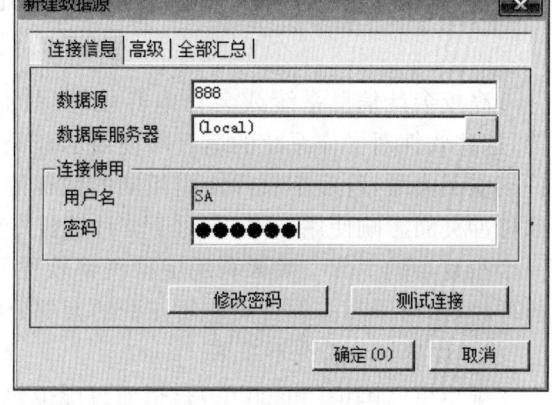

图 2-21 增加数据源

如果出现"连接串测试成功",说明数据源配置成功完成,如图 2-22 所示。

2. 初次登录注册

运行"企业应用平台",打开登录窗口。初次以系统管理员(admin)身份登录平台时,由于此时系统还没有建立账套,无法登陆账套进行具体业务处理,所以该过程实际为注册过程。界面上"账套"选项显示的"888",实际上是数据源名称,如图 2-23 所示。在登录界面中,"登录到"一栏选择自己的服务器名称,管理员密码为空,设置好以后就可以点击登录,进入建账和其他操作。

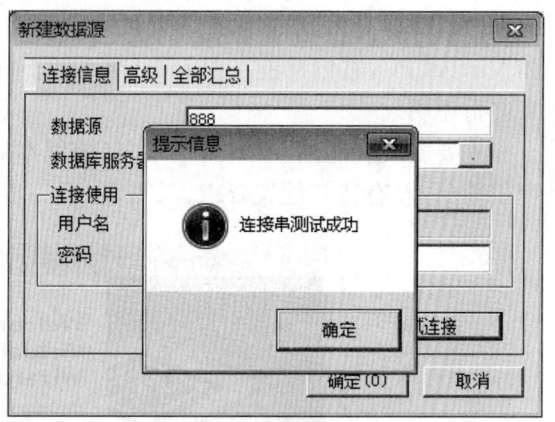

图 2-22 测试成功提示信息

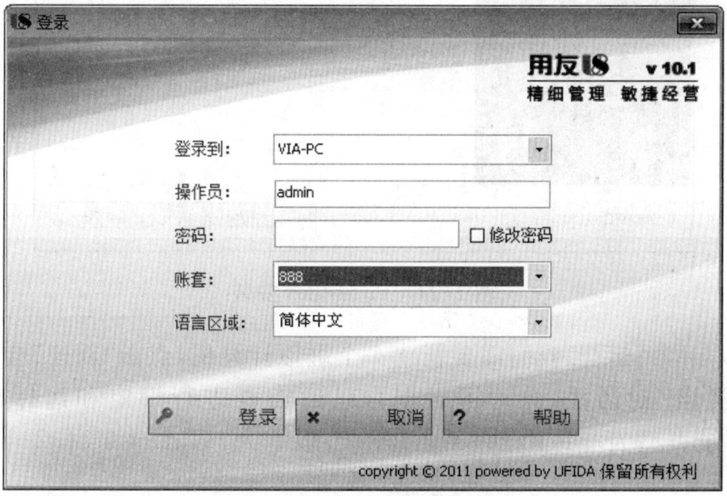

图 2-23 系统管理员登录界面

任务四 利用虚拟机安装用友 U8 V10.1

高校会计信息系统或会计电算化课程的实验平台通常采用用友 U8 V10.1、金蝶 K3 等,这些软件对操作系统的运行环境要求较高,如果某一步配置不当,即可能会导致后续软件的安装失败,且多个软件使用相同的数据库,需要一定的安装和配置技术,以避免和其他软件冲突而影响使用。因此,对于非计算机专业的老师或学生来说,将这套软件安装成功是一个很复杂的工作。如果利用虚拟机将软件复杂的安装过程封装起来,快速构建软件的运行环境,即可以省去软件安装所花费的大部分精力和时间,方便教师教学和学生自主练习。

1. 虚拟机的简介和安装

虚拟机(virtual machine)是指通过虚拟机软件,在一台电脑上模拟出若干台具有完整硬件系统的计算机,如同真正的计算机那样工作,每台计算机可以运行单独的操作系统而互不干扰。并且利用虚拟机可以避免多台电脑的重复安装工作,只需在一次安装完成后,将生成的虚拟机镜像导入其他电脑虚拟机运行即可。主流的虚拟机软件有 VMware、VirtualBox 和 Virtual PC,它们都能在 Windows 系统下虚拟出多台计算机,本书以 VirtualBox5.1 为例来进行说明。

先要安装新版的 VirtualBox5.1,该版本对 32 位和 64 位的计算机系统都支持。安装过程很简单,没有特殊配置要求,只需点"下一步"至完成,如图 2-24 所示。

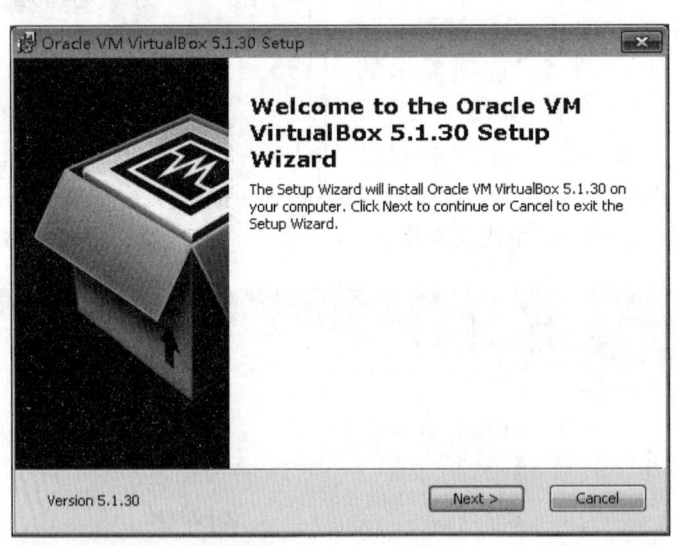

图 2-24 VirtualBox 安装

安装完成以后即可运行,我们需要新建一个虚拟计算机,点击"新建"会弹出"虚拟电脑的名称和系统类型"对话框,此时可根据自己的需要进行设定和选择,如名称为"U8 V10.1",操作系统类型为"Microsoft Windows",版本为"Windows 7(32-bit)",如图 2-25 所示。

点击"下一步"调整虚拟机内存大小,可根据物理机内存情况分配给虚拟机,当然分配的内存越大，虚拟机运行越快，但相应地也会影响物理机的运行速度，这里选择系统建议值，如图 2-26 所示。

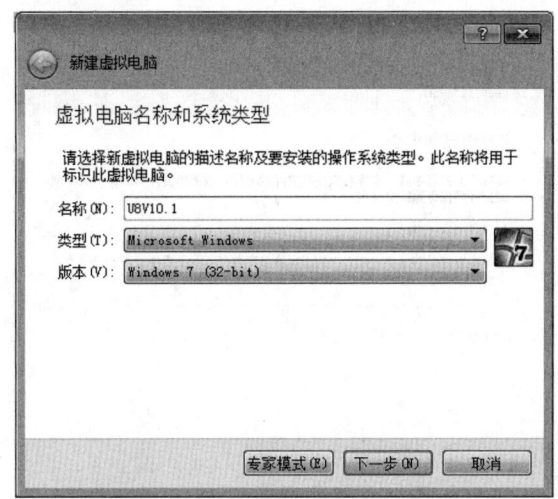

图 2-25　虚拟电脑名称和系统类型

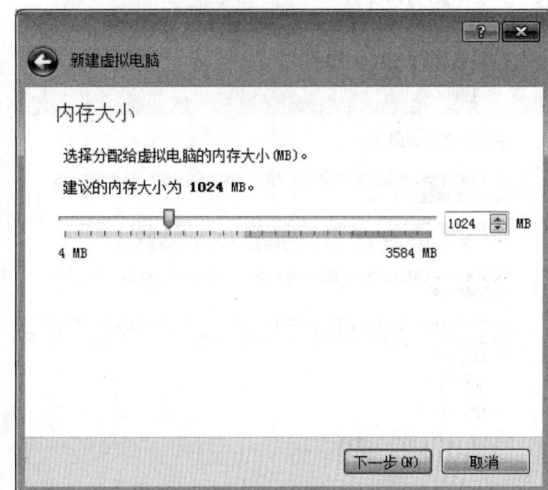

图 2-26　虚拟机内存大小分配

新建虚拟硬盘，将其添加到新虚拟机中，使虚拟机获得存储，如图 2-27 所示。选择"现在创建虚拟硬盘"，点击"创建"后，需要进一步选择虚拟硬盘文件的类型，这里给出了三种支持的文件类型，如图 2-28 所示，其中 VDI 是 VirtualBox 自身的文件格式，其他虚拟机软件产品不能使用，建议选择"VMDK"类型，该类型较流行，VMware 软件也可以使用。

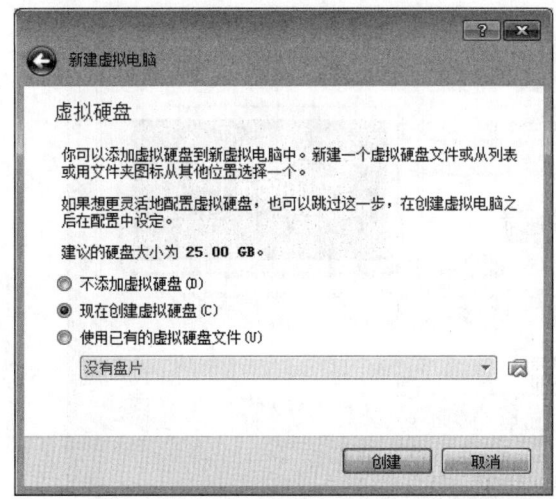

图 2-27　新建虚拟硬盘

图 2-28　选择虚拟硬盘文件类型

确定虚拟硬盘文件是动态分配还是固定大小，这两种硬盘都有一个最大值尺寸设定，决定了在虚拟机显示多大的磁盘。区别是固定大小磁盘将占用主机文件系统上磁盘最大值的大小，而动态扩展磁盘开始占用小，随着空间需要而增加。动态扩展虚拟硬盘提供了在主机上更有效地使用磁盘空间的优势，但存储速度较固定大小的慢。为方便以后的克隆，建议用户选择"动态分配",如图 2-29 所示。

确定新建虚拟硬盘文件存储位置,以及虚拟硬盘文件在实际硬盘中能用的极限大小,如图 2-30 所示,用户可自行决定。

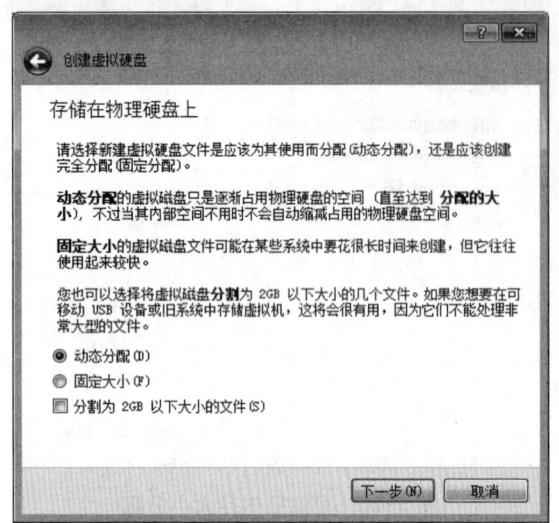

图 2-29 虚拟硬盘文件分配方式选择

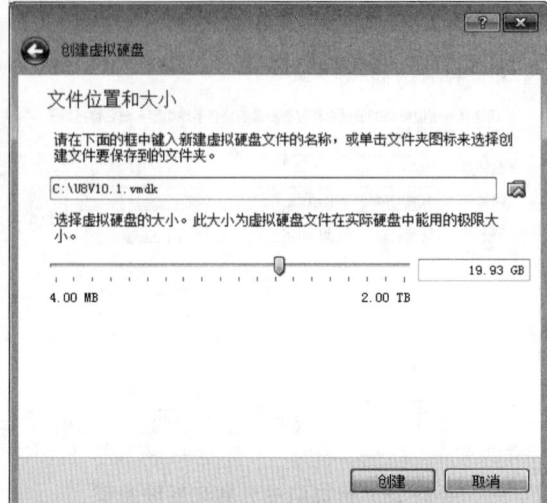

图 2-30 虚拟硬盘文件位置和大小

点击"创建"即可完成一个新虚拟机的建立,如图 2-31 所示。

图 2-31 安装完成的虚拟机

2. 用友 U8 V10.1 在虚拟机中的安装

虚拟机建好以后就相当于配置了一台新的电脑,此时需要给新电脑安装操作系统和应用软件,而这些操作与前面在物理电脑中安装的过程是一样的。

先启动刚建好的虚拟电脑,如 U8 V10.1,点击"启动"后,需要选择一个带有操作系统的光驱,如图 2-32 所示,如果没有光驱也可以选择下载好的系统盘 ISO 镜像,这样才可以启动操作系统的安装。

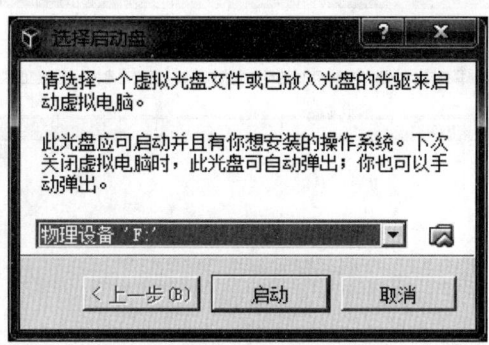

图 2-32　选择启动盘

操作系统安装完成以后就可进入虚拟电脑的系统桌面,此时需要将安装的软件放入虚拟电脑内,VirtualBox 可以通过设置共享文件夹的方式,实现物理电脑和虚拟电脑的文件夹共享,如图 2-33 所示。设置共享以后就可以在虚拟电脑内安装其他软件(前一节已作介绍)。

图 2-33　设置共享文件夹

虚拟电脑中的系统软件和应用软件安装成功以后,就可以使用虚拟机菜单栏的"管理""导出虚拟电脑"功能,如图 2-34 所示,将虚拟电脑进行备份,方便将来在其他电脑上直接导入使用,如图 2-35 所示,实现"一人安装,多人受用"。导出或导入的时间可能较长,但以后用友 U8 的教学环境的建立将非常高效。

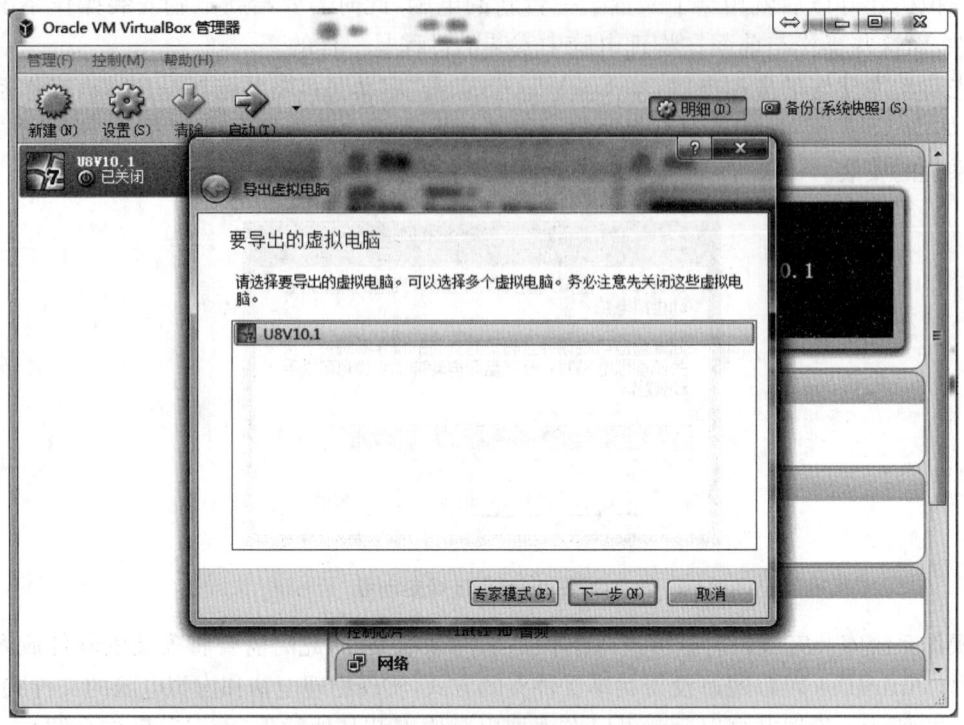

图 2-34　导出虚拟机

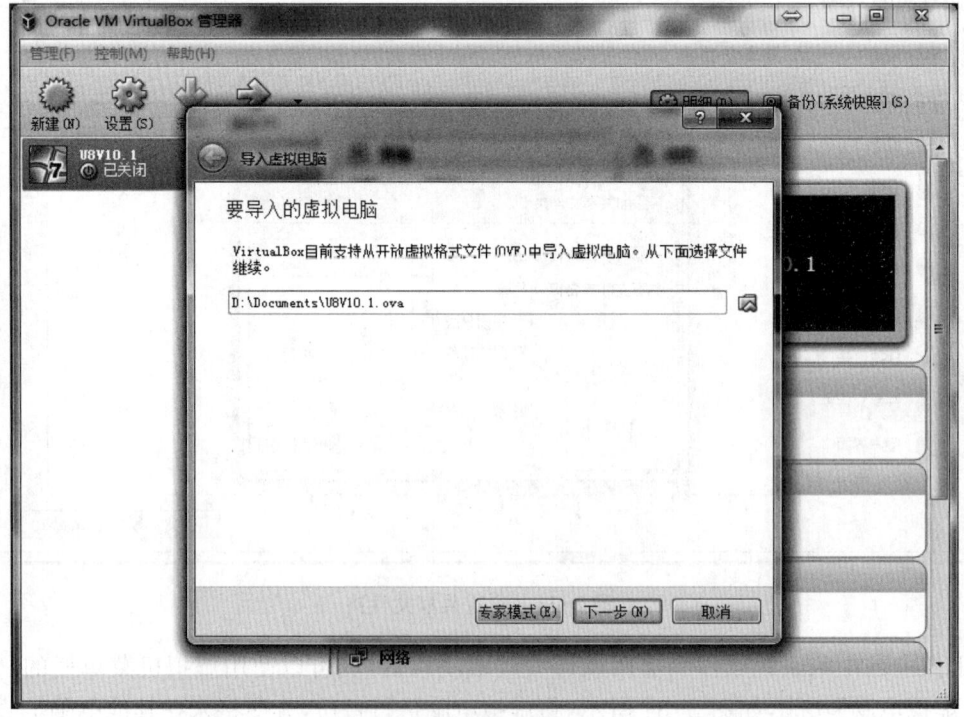

图 2-35　导入虚拟机

思考题

1. 如何开启操作系统的 IIS 服务？
2. 如何进行数据源配置？
3. 简述利用虚拟机软件建立 U8 的运行环境有什么好处。

项目三 系统管理

知识目标

1. 了解系统管理的主要功能和操作方法。
2. 掌握用户设置、账套建立和设置操作员权限的方法。
3. 熟悉账套的引入和输出。

能力目标

1. 理解系统管理的作用。
2. 掌握系统管理员与账套主管的区别。
3. 合理分配操作员权限。
4. 能快速进行数据的备份与恢复。

[概述]

用户安装好软件后,需要建立本单位的核算账套,应运行系统服务下的系统管理。系统允许以两种身份注册进入系统管理。一是以系统管理员的身份,二是以账套主管的身份。

系统管理员负责整个系统的总体控制和维护工作,可以管理该系统中所有的账套。

账套主管负责所选账套的维护工作。主要包括对所选账套进行修改,对年度账进行管理以及对该账套操作员权限进行设置。

[实验内容]

(1) 增加用户。
(2) 建立账套。
(3) 设置用户权限。
(4) 设置备份计划。
(5) 将账套修改为有"外币核算"的账套。
(6) 账套备份。
(7) 系统启用的设置。

[实验资料]

1. 用户及其权限

用户及其权限内容如表3-1所示。

表3-1　　　　　　　　　　　用户及其权限

编号	姓名	口令	角色	权　　限
001	杨子斌	1	账套主管	账套主管的全部权限
002	蔡小心	2	出纳	负责凭证的出纳签字、出纳常规业务、出纳管理
003	曹作勇	3	会计	负责总账工作、应收款管理、应付款管理、薪资管理、固定资产管理、供应链管理、UFO报表

2. 账套信息

账套号:363。

账套名称:广东友和服装有限公司。

账套语言:简体中文。

账套路径:默认。

启用会计期:2020年06月。

该账套为非集团账,不需要建立专家财务评估数据库。

记账本位币:人民币。

企业类型:工业。

行业性质:2007新会计制度科目(建账时按行业性质预置会计科目)。

存货、客户、供应商均需要分类,企业有外币核算。

科目编码如表3-2所示,其他为默认。

表3-2　　　　　　　　　　　科目编码

项目	编码	项目	编码
科目编码级次	4-2-2-2	供应商分类	1-2-2
客户分类	1-2-2	地区分类	1-2
部门级次	1-2	存货分类	1-2-2
收发方式	1-2	结算方式	1-2

数据精度为系统默认值。

3. 单位信息

单位名称:广东友和服装有限公司。

单位简称:友和公司。

单位地址:广州市花都区公益村华侨街2号。

法定代表人:黄小洲。

邮政编码:510800。

联系电话:020-8782289。

税号:914401066888804336。

4. 系统启用的设置

系统启用总账。

所有系统启用日期为2020年6月1日。

5. 自动备份计划

计划编号:2020-06。

计划名称:363账套备份。

备份类型:账套备份。

发生频率:每周。

开始时间:17:00。

有效触发:2。

保留天数:1。

备份路径:C:\363账套备份。

账套:363广东友和服装有限公司。

[实验指导]

任务一　启动系统管理

将Windows系统时间修改为2020-06-01。

执行"开始""所有程序""用友U8 V10.1""系统服务""应用服务器配置"命令,将服务器修改为"local"(本计算机)。

以系统管理员(admin)身份登录系统管理。

执行"开始""所有程序""用友U8 V10.1""系统服务""系统管理"命令,进入"用友U8 [系统管理]"窗口。

执行"系统""注册"命令,打开"登录"系统管理对话框,如图3-1所示。

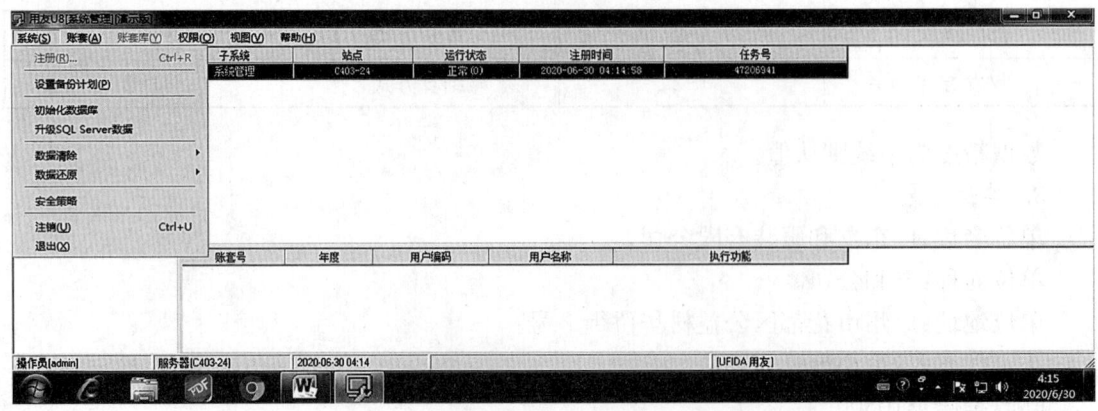

图3-1　登录"用友U8[系统管理]"窗口

系统中预先设定了一个系统管理员 admin,密码为空,如图 3-2 所示,单击"登录"按钮,以系统管理员身份进入系统管理。

图 3-2 登录界面

> **提 示**
>
> 1. "登录到"必须选择本计算机的计算机名,否则无法登录。
> 2. "账套"选择 default(默认)。

任务二 增 加 用 户

只有系统管理员(admin)才能进行增加用户的操作。
操作步骤:
(1) 执行"权限""用户"命令,如图 3-3 所示,打开"用户管理"对话框,如图 3-4 所示。
(2) 单击"增加"按钮,打开"增加用户"对话框,录入编号"001"、姓名"杨子斌"、口令"1",在所属角色列表中选中"账套主管"前的复选框,如图 3-5 所示。
(3) 单击"增加"按钮,依次设置其他操作员。设置完成后单击"取消"按钮退出。

> **提 示**
>
> 如果在增加用户时就制定了相应的角色,则其就自动拥有了该角色的所有权限,如果该用户所拥有的权限与该角色的权限不完全相同,可以在"权限""权限"功能中进行修改。

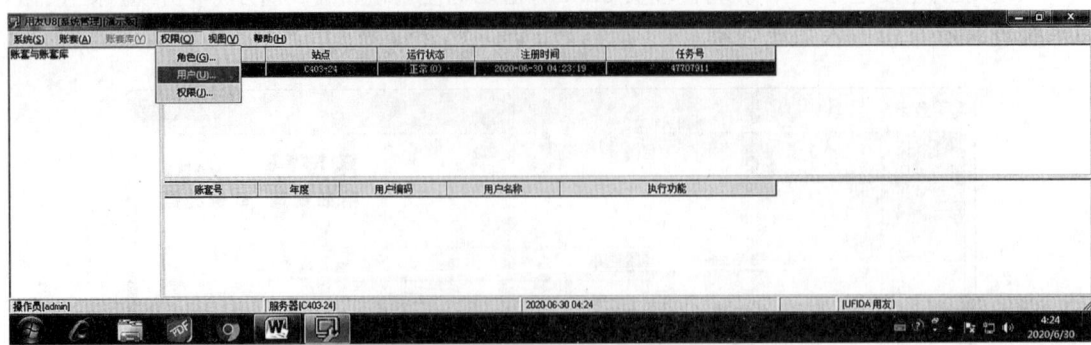

图 3-3 执行"权限""用户"命令

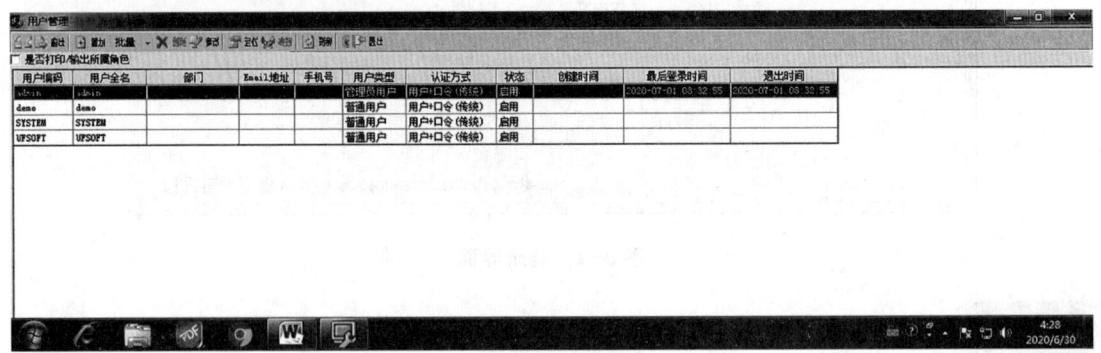

图 3-4 "用户管理"对话框

图 3-5 操作员详细情况

任务三 建立账套

只有系统管理员可以建立企业账套,建账过程在建账向导引导下完成。

(1) 以系统管理员身份注册进入系统管理,执行"账套""建立"命令,打开"账套信息"对话框,录入账套号"363",账套名称"广东友和服装有限公司",启动会计期"2020-6",如图 3-6 所示。

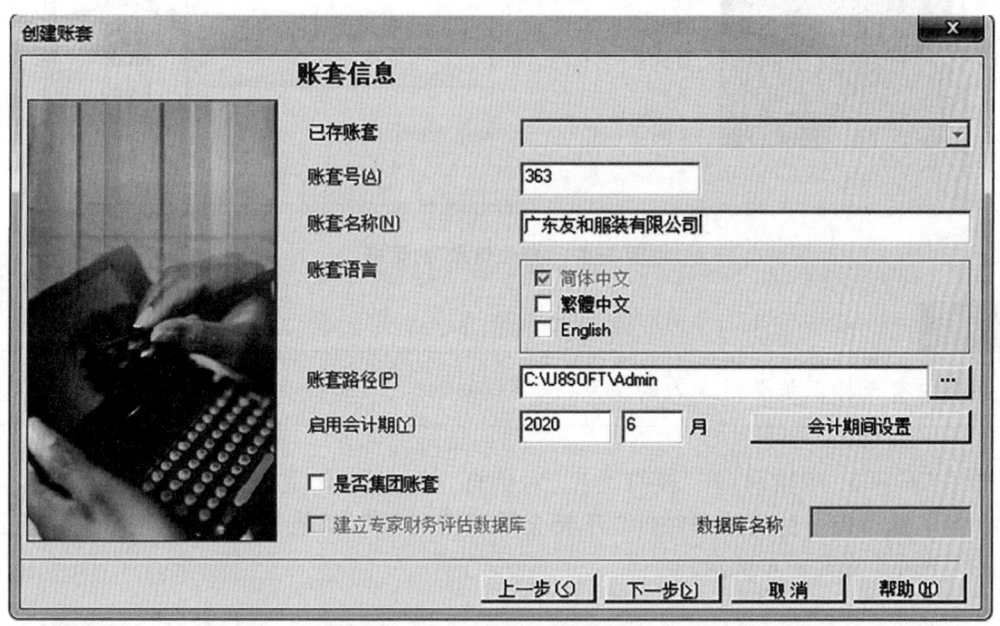

图 3-6 "账套信息"对话框

提 示

1. 新建账套号可设置 3 位数字,不能与已存账套号重复,且在账套建立完毕后不能修改账套号。
2. "账套路径"采用默认设置。
3. "启用会计期"账套建立完毕后不可再做更改,且日期不能滞后于 Windows 的系统日期。

（2）单击"下一步"按钮，打开"单位信息"对话框，录入单位信息，如图3-7所示。

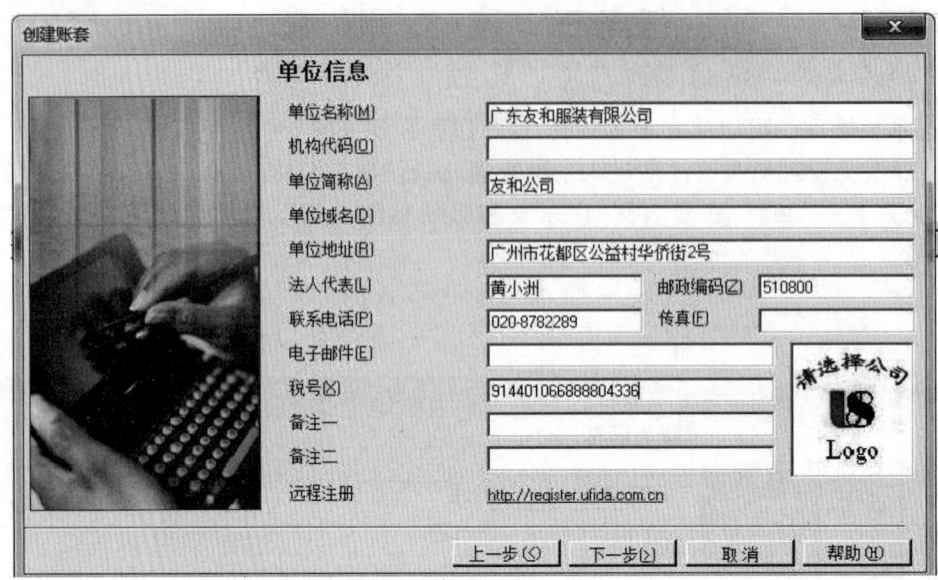

图3-7 "单位信息"对话框

提 示

系统中蓝色标识是必须录入的信息（以下同）。

单击"下一步"按钮，打开"核算类型"对话框，单击"账套主管"栏的下三角按钮，选择"[001]杨子斌"，行业性质选择"2007年新会计制度科目"，其他选取默认，按行业性质预置科目的复选框，如图3-8所示。

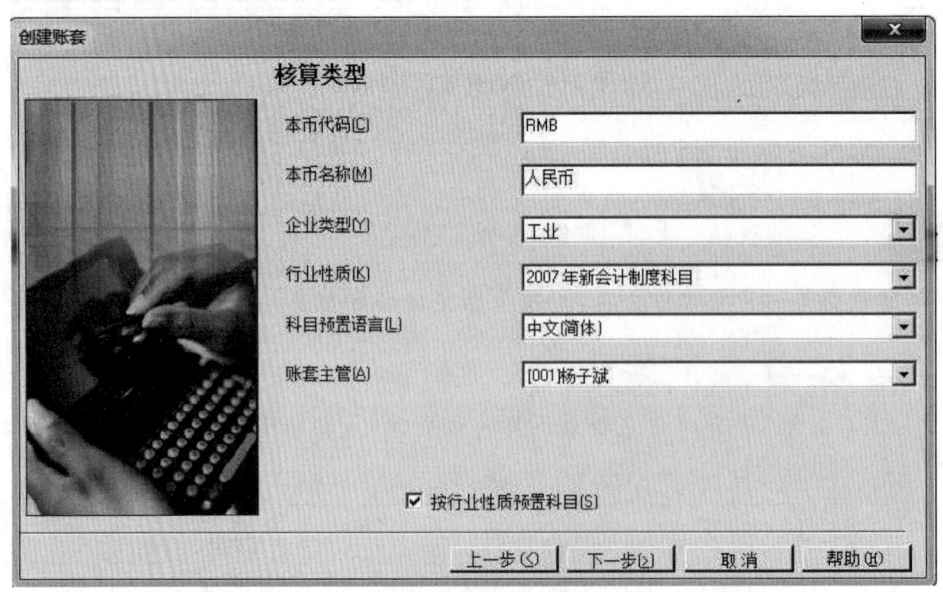

图3-8 "核算类型"对话框

单击"下一步"按钮,打开"基础信息"对话框,分别选中"存货是否分类""客户是否分类""供应商是否分类""有无外币核算"前的复选框,如图3-9所示。

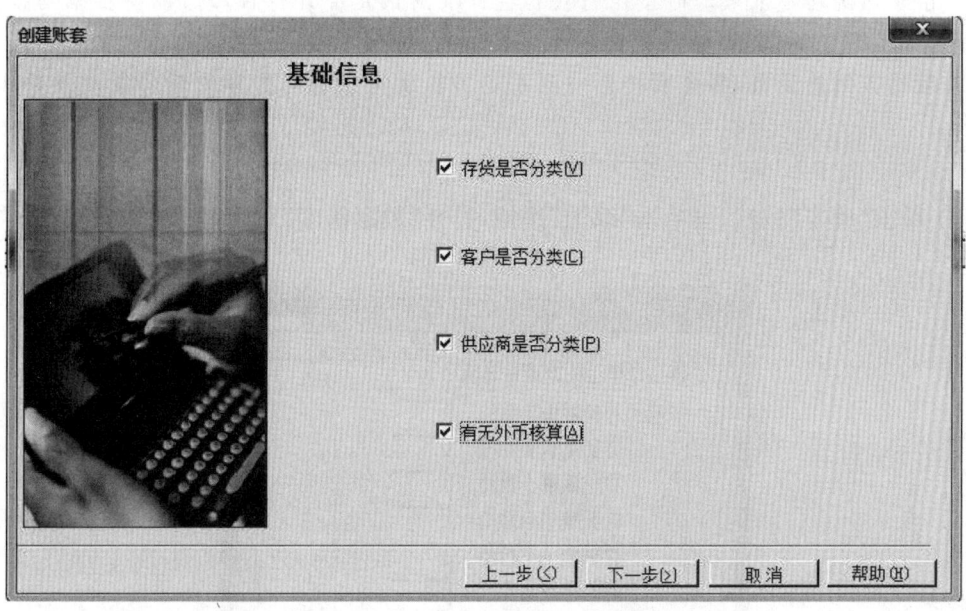

图3-9 "基础信息"对话框

(3) 单击"下一步"按钮,弹出系统提示"可以创建账套了么?"。单击"是"按钮,稍候,弹出"编码方案"对话框,按所给资料修改分类编码方案,如图3-10所示。

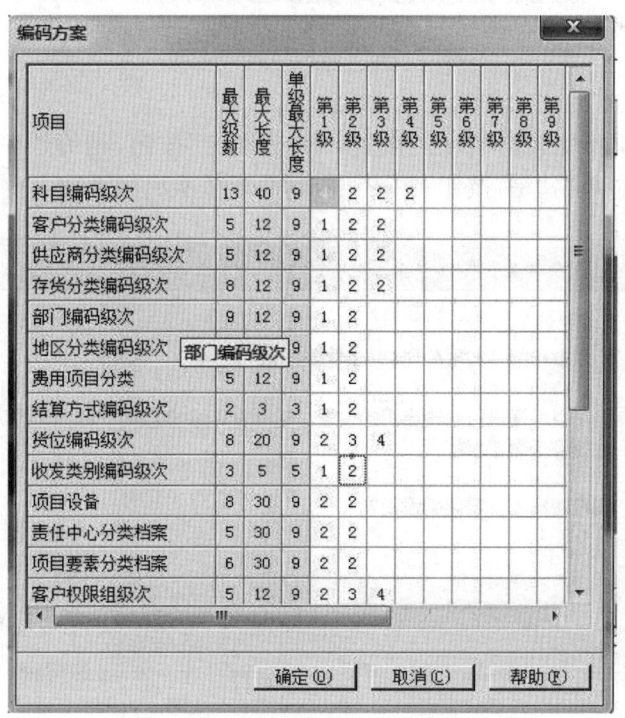

图3-10 "编码方案"对话框

提 示

1. 由于已经在建立账套时按照行业和会计准则预置会计科目，所以"科目编码级次"的第 1 级显示为默认的"4"并呈现灰白色无法修改的状态。

2. 编码方案的设置，将会直接影响到基础信息设置中相应内容的编码级次及每级编码的位长。

(4) 单击"确定"按钮，再单击"取消"按钮，打开"数据精度"对话框，如图 3-11 所示。

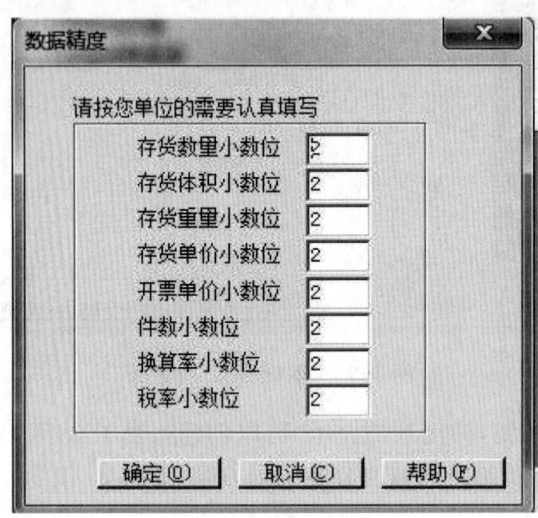

图 3-11 "数据精度"对话框

(5) 默认系统预置的数据精度的设置，单击"确定"按钮，稍等片刻系统弹出信息提示框，如图 3-12 所示。单击"是"按钮，并按照资料要求依次启用系统。

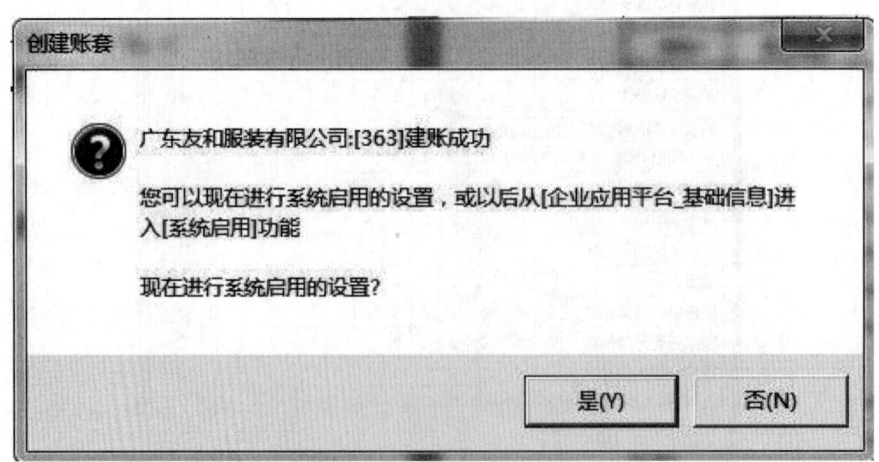

图 3-12 "创建账套"信息提示框

提 示

1. 如果单击"是"按钮,则可以直接进行"系统启动"的设置,也可以单击"否"按钮,然后到企业应用平台的基础信息中进行系统启用设置。

2. "启用会计期间"和"启用自然日期"必须要和账套的启用日期保持一致,否则会影响后续操作,如图 3-13 所示。

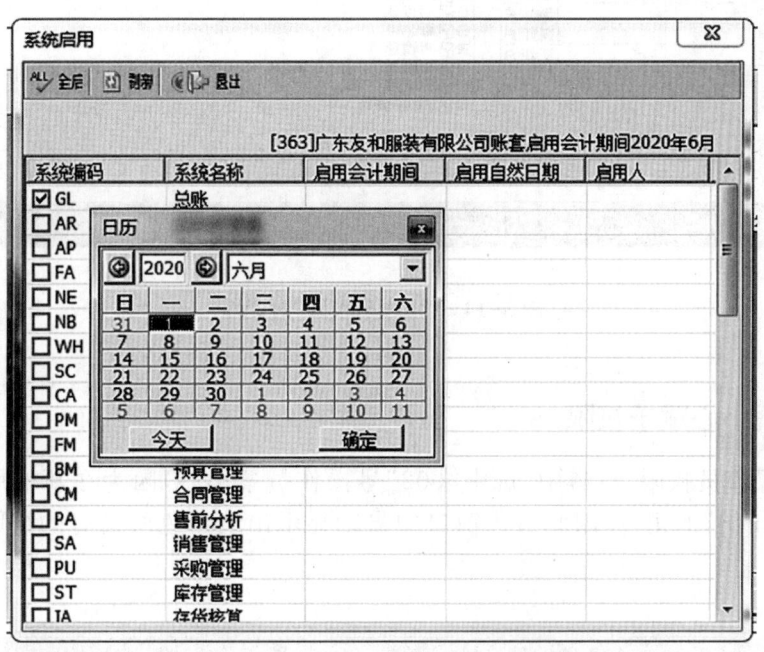

图 3-13　设置"系统启用"对话框

任务四　设置操作员权限

设置操作员权限的工作应由系统管理员(admin)或该账套的主管在系统管理中的权限功能中完成。

一、查看杨子斌是否为 363 账套的账套主管

(1) 在系统管理中,执行"权限""权限"命令,打开"操作员权限"对话框。

(2) 在"账套主管"右边的下拉列表框中选中"广东友和服装有限公司"账套。

(3) 在左侧的操作员列表中,选中"001"号操作员杨子斌,如图3-14所示。

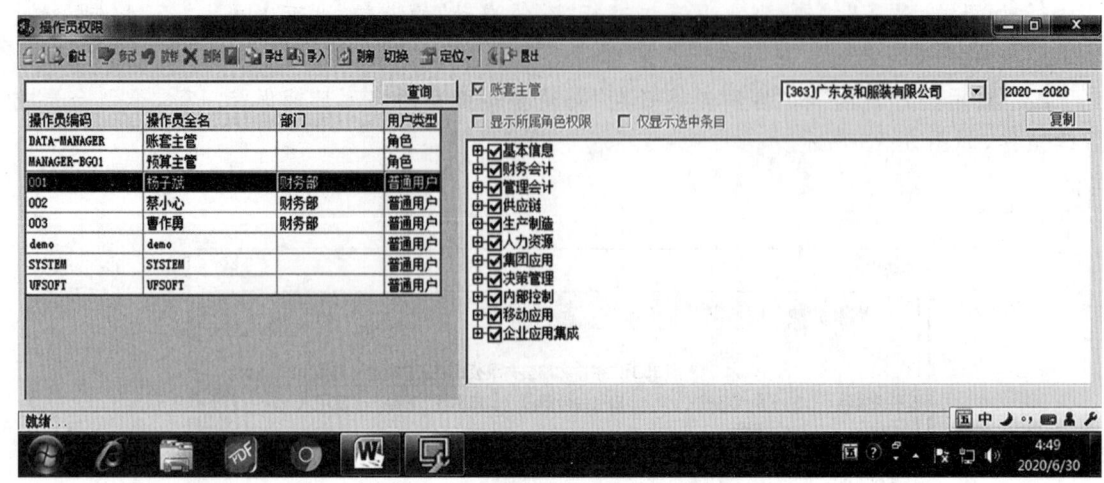

图3-14 "操作员权限"对话框

二、为蔡小心赋予权限

(1) 在"操作员权限"窗口中,选中"002"号操作员蔡小心,因为在新增用户时已经赋予了蔡小心"出纳"的角色,因此右边窗口中自动显示出纳角色所具有的权限,如图3-15所示。

图3-15 出纳角色权限

(2) 单击"修改"按钮。
(3) 在所出现的窗口中,单击"总账"前的"＋"标记,依次展开总账、凭证前的"＋"标记。

(4)单击"出纳签字"前的复选框,再单击"出纳"前的复选框,如图 3-16 所示。

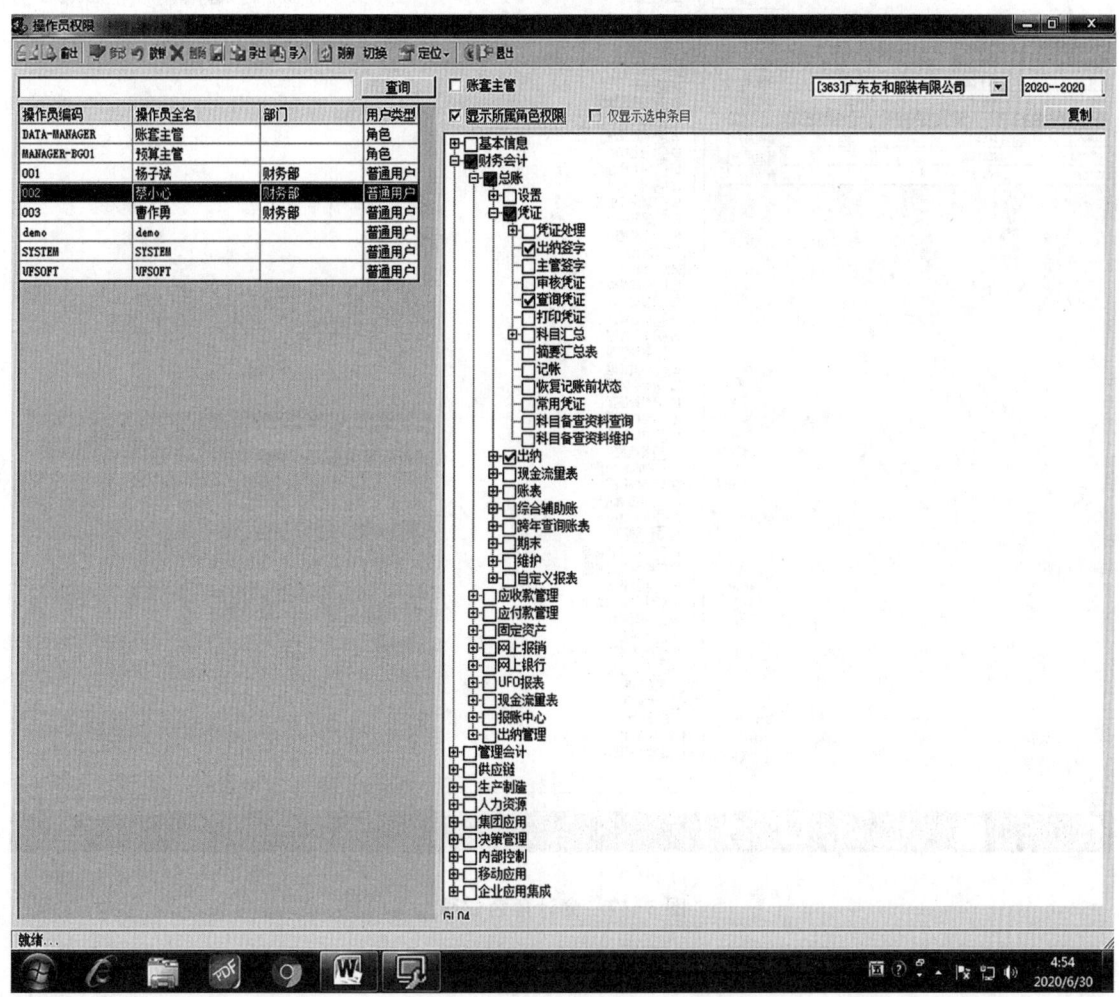

图 3-16　选择"出纳签字"和"出纳"

三、为曹作勇赋予权限

在"操作员权限"窗口中,选中"003"号操作员曹作勇,因为在新增用户时已经赋予了曹作勇"会计"的角色,因此右边窗口中自动显示总账会计所具有的权限,如图 3-17 所示。

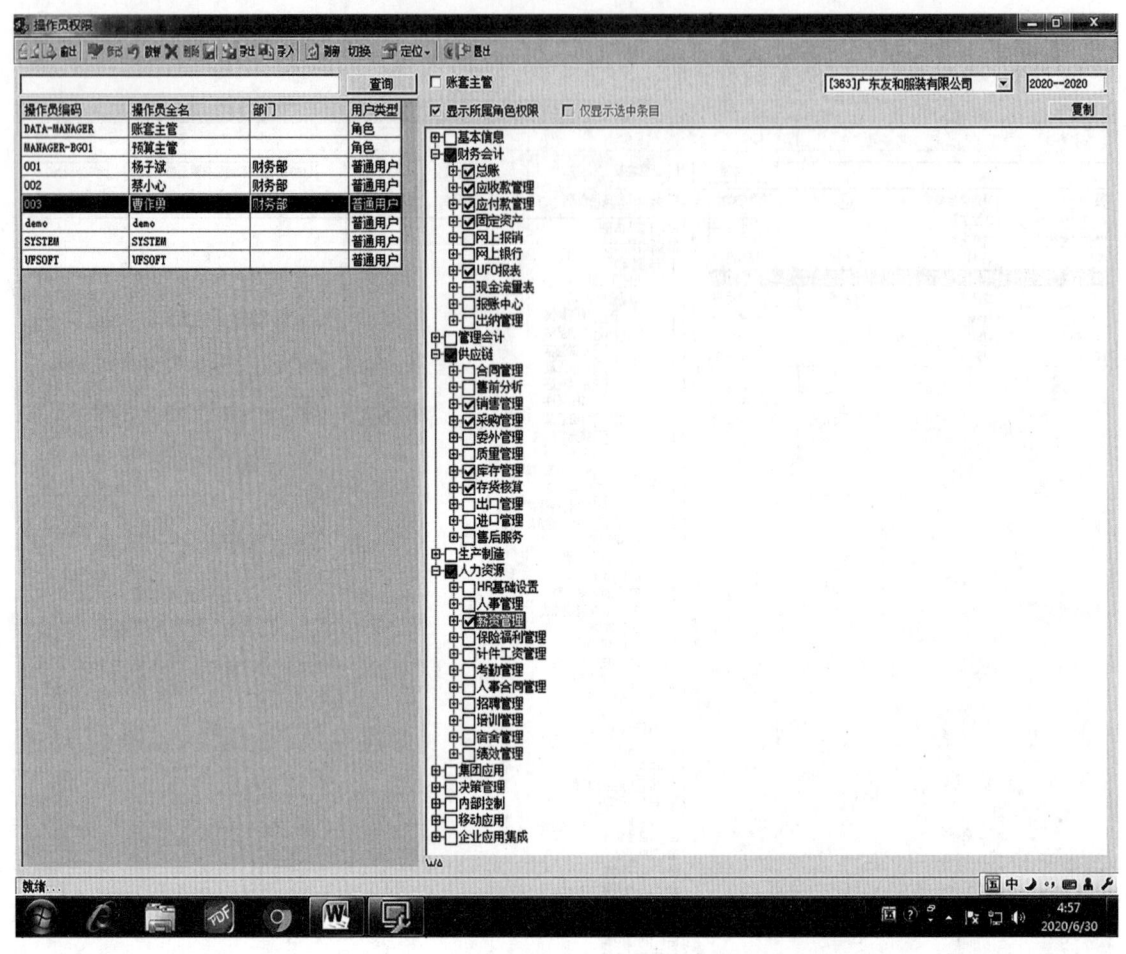

图 3-17 会计角色权限

任务五　设置系统自动备份计划

（1）在 C 盘中新建"账套备份"文件夹。

（2）在系统管理中，执行"系统""设置备份计划"命令，打开"备份计划设置"对话框。

（3）单击"增加"按钮，进入"备份计划详细情况"窗口。

（4）录入计划编号"2020-06"，计划名称"363 账套备份"，单击"发生频率"栏的下三角按钮，选择"每周"按钮，在"开始时间"栏录入"17:00:00"，在"发生天数"栏录入或选择"1"，单击"增加"按钮，在"请选择备份路径"选项区中单击"浏览"按钮，打开"请选择账套备份路径"对话框。

（5）选择"C:\账套备份"文件夹为备份路径，单击"确定"按钮返回。

（6）选中"363 广东友和服装有限公司"前的复选框，如图 3-18 所示。

项目三 系统管理

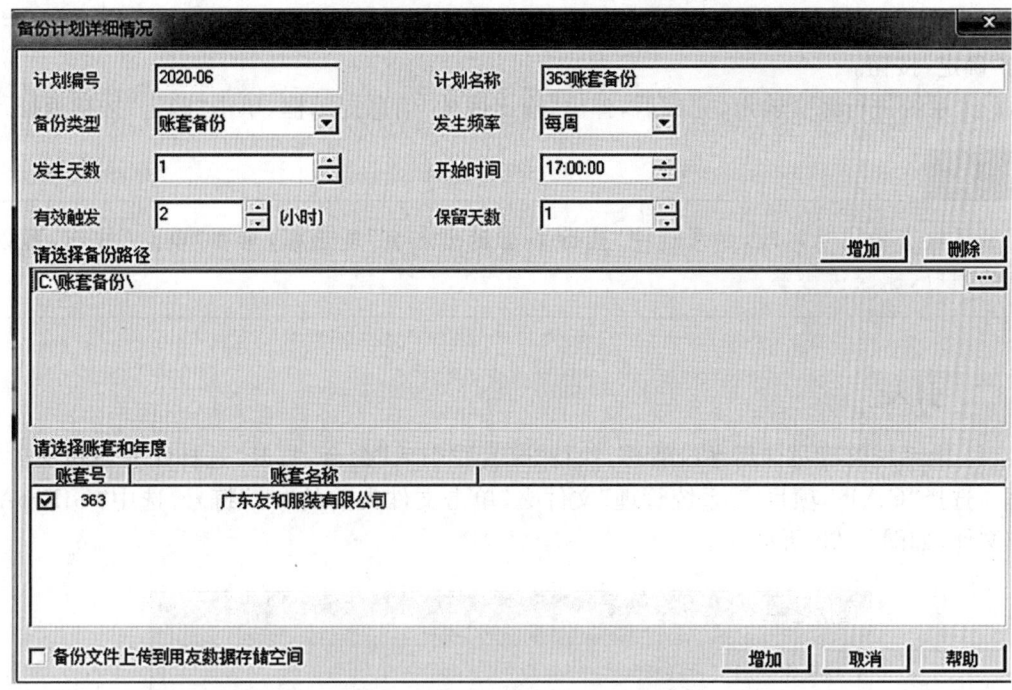

图 3-18 "备份计划详细情况"对话框

(7) 单击"增加"按钮,保存备份计划设置,单击"取消"按钮退出。

任务六　账套的输出与引入

一、输出

(1) 在 C 盘中新建"项目三 系统管理"文件夹。

(2) 由系统管理员注册系统管理,执行"账套""输出"命令,打开"账套输出"对话框。单击"账套号"栏的下三角按钮,选择"[363]广东友和服装有限公司",如图 3-19 所示。

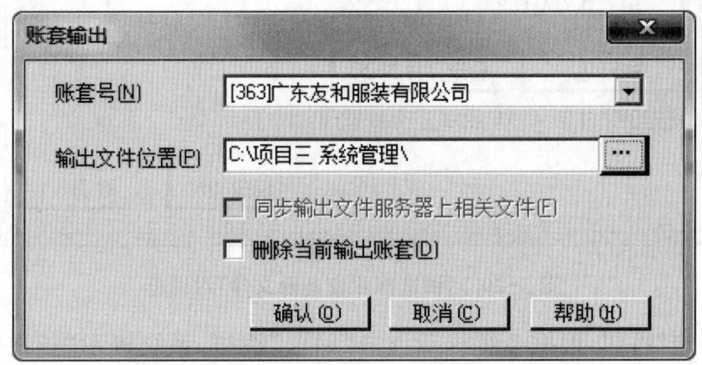

图 3-19 "账套输出"对话框

51

（3）单击"确认"按钮，打开"选择备份目标"对话框，选择"C:\项目三 系统管理"文件夹，单击"确定"按钮。

（4）系统进行账套输出，完成后，弹出"输出成功"信息提示框，单击"确定"按钮返回。

提 示

利用账套输出功能时，如果选中"删除当前输出账套"复选框，单击"确认"按钮，可以在输出的同时，删除该账套。

二、引入

（1）由系统管理员注册系统管理，执行"账套""引入"命令，打开"选择账套备份文件"对话框。选择"C:\1 项目三 系统管理"文件夹，单击文件夹前的"＋"符号，选中"UfErpAct.Lst"文件，如图3-20所示。

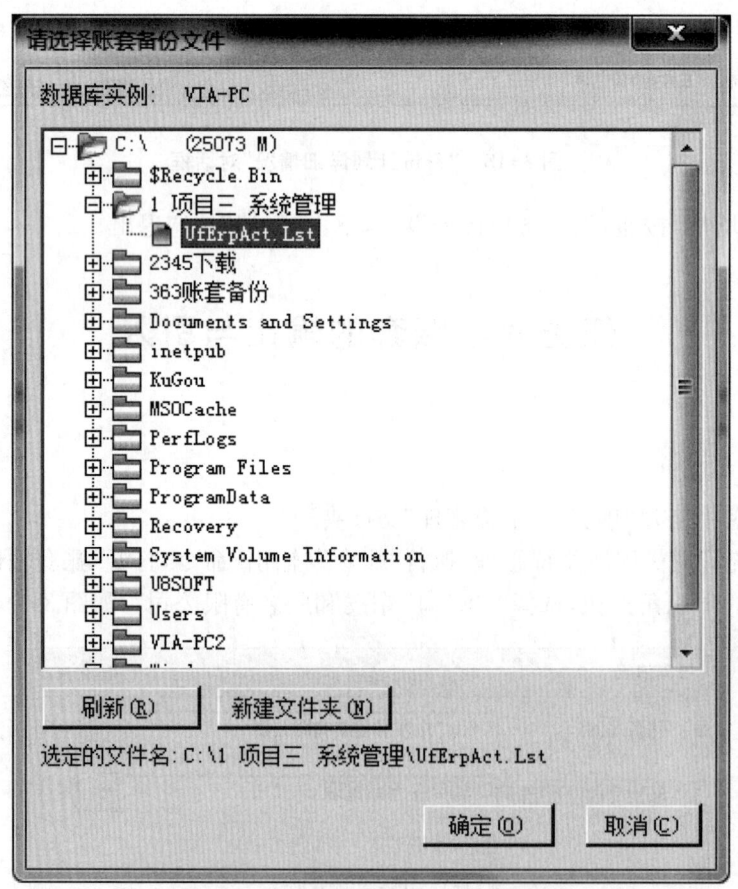

图 3-20 "请选择账套备份文件"对话框

（2）点击"确定"按钮，根据系统提示点击"确定"按钮，系统提示"正在引入账套"，最后提示引入成功。

思考题

1. 系统管理的主要功能是什么？
2. 系统管理员与账套主管的区别是什么？
3. 为什么要引入和输出账套？

项目四　基础设置

➡ 知识目标

1. 掌握系统启用、修改建账时设置分类编码方案和数据精度的方法。
2. 掌握部门档案、人员档案、客户分类、供应商分类等信息的设置。

➡ 能力目标

1. 掌握企业应用平台中系统启用和修改的方法。
2. 理解各个基础设置信息在企业总体中的作用和意义。

[概述]

在系统管理中,"363账套"已经建立,这时应进入企业应用平台。企业应用平台中包含的内容极为丰富,与系统应用相关的主要项目包括:

(1) 设置:包括基本信息、基础档案、数据权限和单据的设置。

(2) 业务:将用友管理软件分为财务会计、供应链、集团应用等功能群,每个功能群中又包括若干功能模块,此处也是用户访问用友管理软件中各功能模块的唯一通道。

(3) 工具:提供常用的传统配置工具。

[实验内容]

(1) 设置部门档案。
(2) 设置职员档案。
(3) 设置客户分类。
(4) 设置客户档案。
(5) 设置供应商分类。
(6) 设置供应商档案。

[实验资料]

1. 部门档案

部门档案情况如表4-1所示。

表4-1　　　　　　　　　　部门档案

部门编码	部门名称	成立日期
1	行政部	2010-01-01
101	总经理办公室	2010-01-01

(续表)

部门编码	部门名称	成立日期
102	财务部	2010-01-01
2	销售部	2010-01-01
3	采购部	2010-01-01
4	生产部	2010-01-01
401	生产一部	2010-01-01
402	生产二部	2010-01-01

2. 人员类别

企业正式工人员类别如表4-2所示。

表4-2　　　　　　　　　　人员类别

人员类别编码	人员类别名称	人员类别编码	人员类别名称
1011	企业管理人员	1013	车间管理人员
1012	经营人员	1014	生产人员

3. 人员档案

人员档案情况如表4-3所示。

表4-3　　　　　　　　　　人员档案

代码	姓名	性别	部门	人员类别	是否业务员	是否操作员
001	杨子斌	男	财务部	企业管理人员	是	
002	蔡小心	男	财务部	企业管理人员	是	
003	曹作勇	男	财务部	企业管理人员	是	
004	史小刚	男	总经理办公室	企业管理人员	是	
005	赵零零	女	总经理办公室	企业管理人员	是	
006	周龙彬	男	销售部	经营人员	是	
007	邹辉	女	销售部	经营人员	是	
008	刘秋梅	女	采购部	经营人员	是	
009	金娣	女	生产一部	生产人员	是	
010	王智勇	男	生产二部	生产人员	是	
011	洪梅	女	总经理办公室	车间管理人员	是	是

4. 地区分类

地区分类情况如表4-4所示。

表4-4　　　　　　　　　　　　　地区分类

地区分类	分类名称	地区分类	分类名称
1	东部区	3	西部区
2	南部区	4	北部区

5. 客户分类

客户分类情况如表4-5所示。

表4-5　　　　　　　　　　　　　客户分类

分类编码	分类名称	分类编码	分类名称
1	事业单位	202	商业
2	企业单位	203	金融
201	工业	3	其他

6. 供应商分类

供应商分类如表4-6所示。

表4-6　　　　　　　　　　　　　供应商分类

分类编码	分类名称	分类编码	分类名称
1	原料供应商	3	其他
2	成品供应商		

7. 客户档案

客户档案如表4-7所示。

表4-7　　　　　　　　　　　　　客户档案

客户编号	客户名称	客户简称	所属分类	所属地区	税号	开户银行	银行账号	分管部门	专管业务员
001	新粤服装有限公司	新粤	202	2	52440000886068918P	工行	123456	销售部	邹辉
002	广东立信服装有限公司	立信	201	2	442000618777623	工行	123457	销售部	周龙彬
003	北京美乐服装商城	美乐	203	4	110112588879658	工行	123458	销售部	周龙彬

8. 供应商档案

供应商档案如表 4-8 所示。

表 4-8　　　　　　　　　　　供应商档案

供应商编号	供应商名称	供应商简称	所属分类	所属地区	税　号	开户银行	银行账号	分管部门	专管业务员
001	吉林长青实业集团	长青	1	4	220204888745828	中行	123459	采购部	刘秋梅
002	江西赣江服装有限公司	赣江	2	2	91360100787223988P	中行	123451	采购部	刘秋梅

9. 外币设置

币符:$。币名:美元。固定汇率:1:6.25。

[实验指导]

以账套主管(001 杨子斌)的身份操作。

任务一　查看系统启用情况

(1)执行"开始""程序""用友 U8 V10.1""企业应用平台"命令,打开"登录"对话框。

(2)录入操作员"001"杨子斌,密码"1",单击"账套"栏的下三角按钮,选择"[363](default)广东友和服装有限公司",如图 4-1 所示。

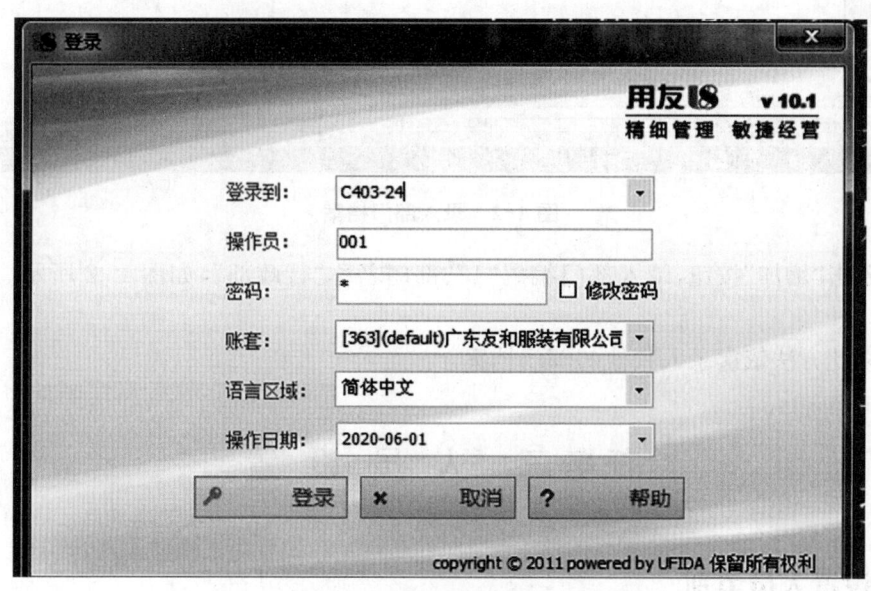

图 4-1　"登录"对话框

> 提 示
>
> 1. "登录到"必须为本计算机的计算机名。
> 2. "账套"选择广东友和服装有限公司。
> 3. "操作日期"必须修改为本账套的初始化日期,即 2020-06-01。

任务二 设置部门档案

(1) 在"基础设置"选项卡中,执行"基础档案""机构人员""部门档案"命令,进入"部门档案"窗口。

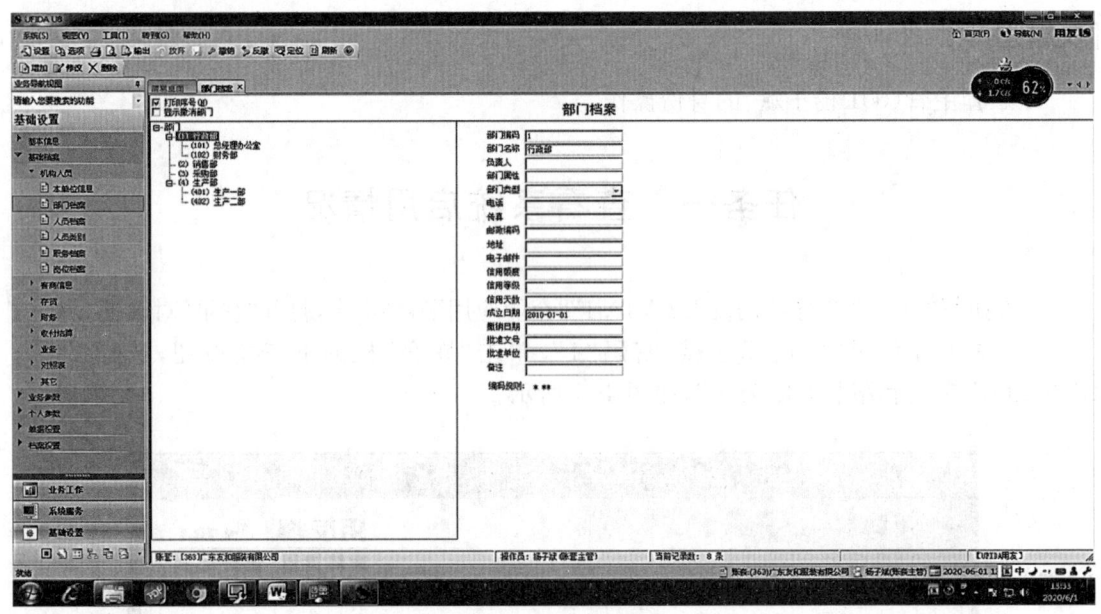

图 4-2 录入部门档案

(2) 单击"增加"按钮,录入部门编码"1"、部门名称"行政部",如图 4-2 所示。单击"保存"按钮。

(3) 以此方法依次录入其他的部门档案。

任务三 人 员 设 置

一、设置人员类别

人员类别与工资费用的分摊有密切关系,在人员档案建立之前需设置人员类别。

（1）在"基础设置"选项卡中，执行"基础档案""机构人员""人员类别"命令，进入"人员类别"窗口。

（2）选中"正式工"，单击"增加"按钮，录入"1011"编码，名称为"企业管理人员"，点击"确定"按钮，如图4-3所示。以此方法依次录入其他人员类别。

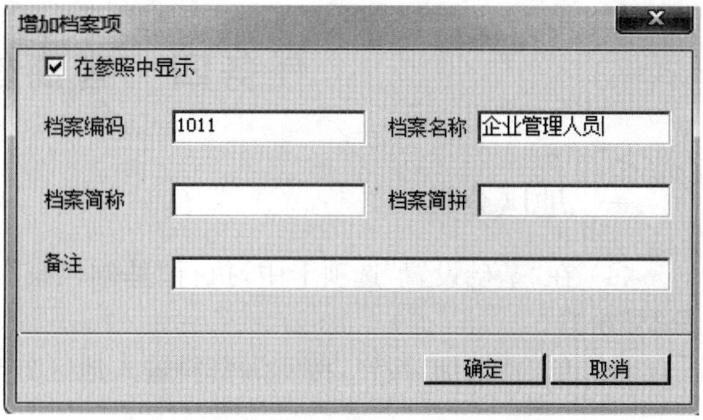

二、设置人员档案

（1）在"基础设置"选项卡中，执行"基础档案""机构人员""人员档案"命令，进入"人员列表"窗口。

图4-3 "增加档案项"对话框

（2）单击左窗口中"部门分类"下的"行政部"，按部门添加人员。

（3）单击"增加"按钮，按实训资料输入人员信息，如图4-4所示。

（4）单击"保存"按钮。同理依次输入其他人员档案。

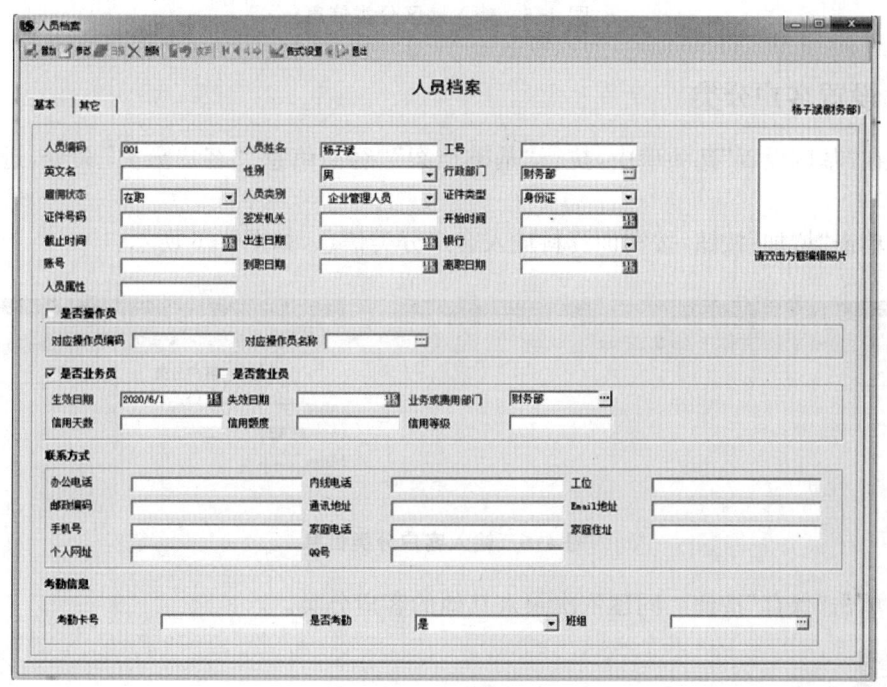

图4-4 人员档案

提 示

1. 所有人员雇佣状态均为"在职"。
2. 系统中的蓝色字体为必填信息。

任务四 客商信息设置

一、地区分类

(1) 在"基础设置"选项卡中,执行"基础档案""客商信息""地区分类"命令,进入"地区分类"窗口。

(2) 单击"增加"按钮,按实训资料输入地区分类信息,如图 4-5 所示。

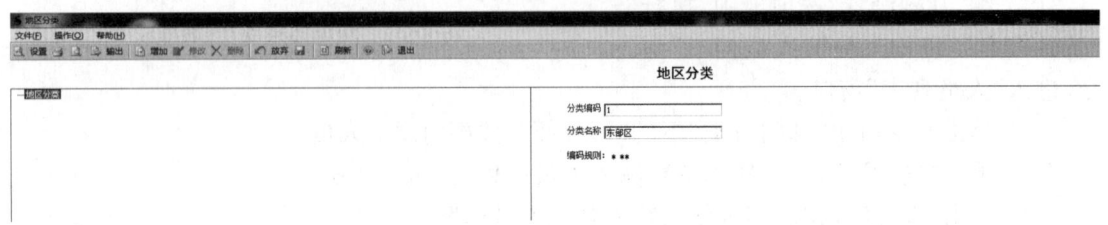

图 4-5　输入地区分类信息

二、设置客户分类

(1) 在"基础设置"选项卡中,执行"基础档案""客商信息""客户分类"命令,进入"客户分类"窗口。

(2) 单击"增加"按钮,按实训资料输入客户分类信息,如图 4-6 所示。

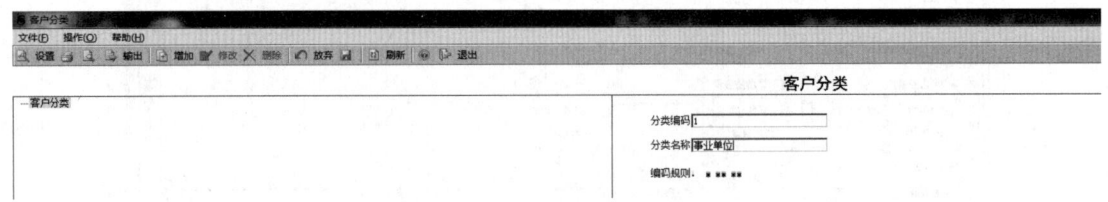

图 4-6　输入客户分类信息

(3) 单击"保存"按钮。同理依次录入其他的客户分类。

提　示

客户分类编码必须符合编码规则,编码规则详见"项目三　系统管理"资料。

三、设置客户档案

(1) 在"基础设置"选项卡中,执行"基础档案""客商信息""客户档案"命令,进入"客户档案"窗口。

(2) 单击左窗口中"企业单位—商业",点击"增加"按钮,打开"增加客户档案"窗口。窗口中共包含4个选项卡,按实训资料输入相关信息,如图4-7所示。

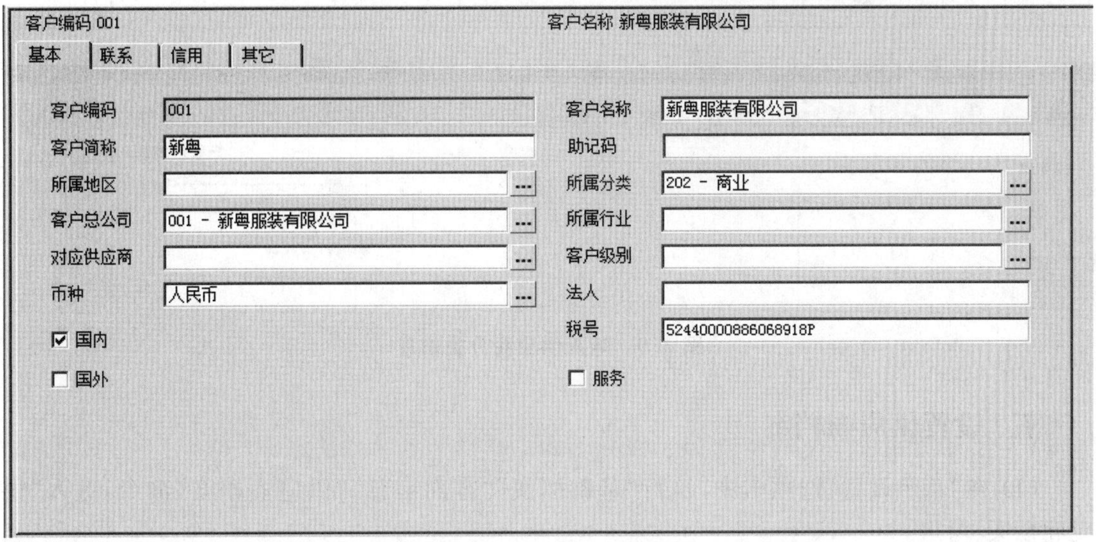

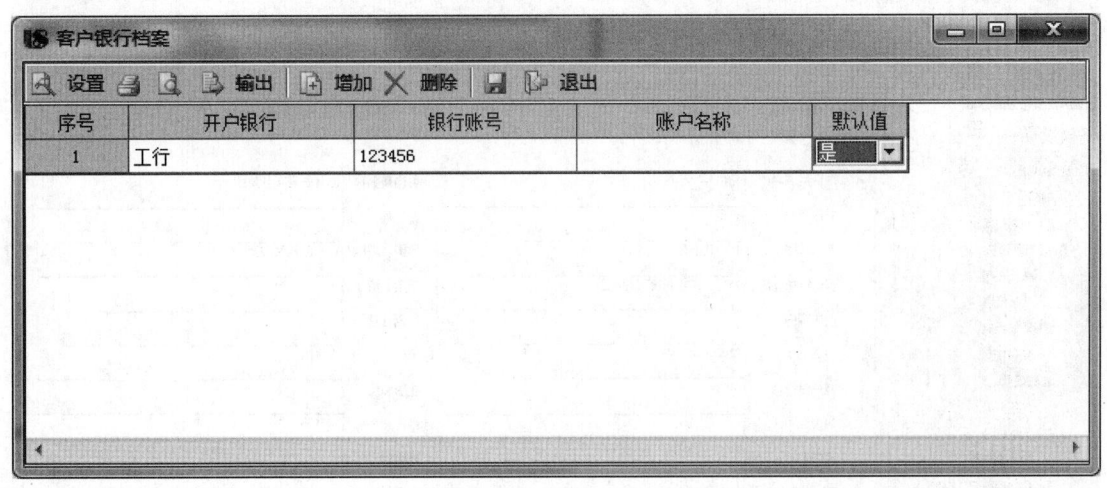

图 4-7　增加客户档案

(3) 单击界面左上角"保存"按钮下方的"银行"按钮,实验资料输入相关银行信息,如图4-8所示。

图 4-8　"客户银行档案"对话框

四、设置供应商分类

(1) 在"基础设置"选项卡中,执行"基础档案""客商信息""供应商分类"命令,进入"供应商分类"窗口。

(2) 单击"增加"按钮,按实训资料输入供应商分类信息,如图4-9所示。

(3) 单击"保存"按钮。同理依次录入其他的供应商分类。

提 示

供应商分类编码必须符合编码规则。

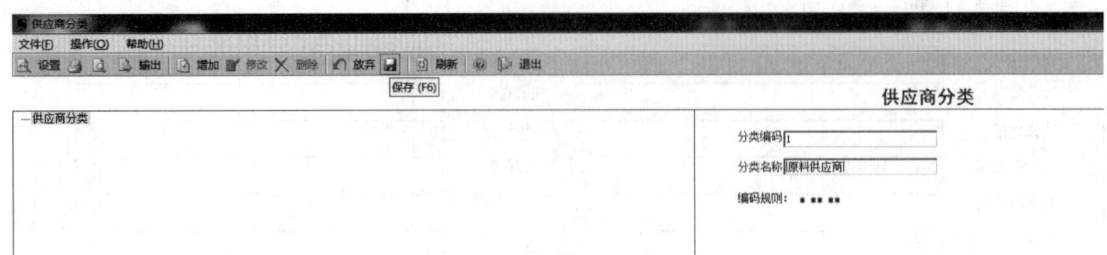

图 4-9 输入供应商分类信息

五、设置供应商档案

（1）在"基础设置"选项卡中，执行"基础档案""客商信息""供应商档案"命令，进入"供应商档案"窗口。

（2）单击左窗口中"4-北部区"，点击"增加"按钮，打开"增加供应商档案"窗口。窗口中共包含 4 个选项卡，按实训资料输入相关信息，如图 4-10 所示。

（3）单击"保存"按钮，以此方法依次录入其他的供应商档案。

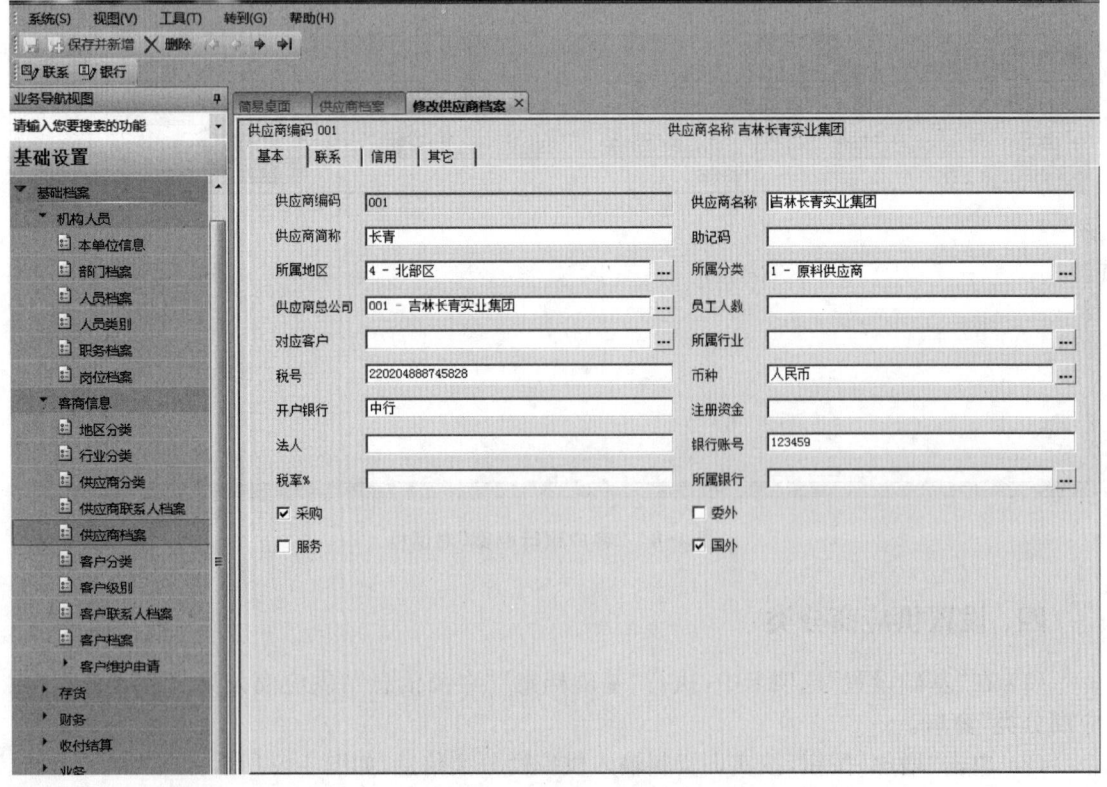

图 4-10 录入供应商档案

任务五 外币设置

(1) 在"基础设置"选项卡中,执行"基础档案""财务""外币设置"命令,进入"外币设置"窗口,设置币符、币名、折算方式,单击"确认"按钮。

(2) 点击"美元"并设置记账汇率,如图 4-11 所示。

图 4-11 外币设置

思考题

1. 基础设置的重要性是什么?
2. 企业需要准备哪些基础设置?
3. 客户档案中一般需要设置哪些内容?

项目五　总账管理系统

➡ 知识目标

1. 掌握总账系统中系统参数的设置。
2. 掌握会计科目的编码规则和设置。
3. 掌握期初余额的录入。
4. 掌握凭证类别的设置。
5. 掌握结算方式的设置。
6. 掌握凭证处理、银行对账、自动转账的设置与生成。
7. 掌握对账和月末结账的方法。

➡ 能力目标

1. 能理解初始化的意义。
2. 熟悉初始化的流程。
3. 能进行试算平衡。
4. 能够进行银行对账的操作。
5. 能够进行结账的操作。

[概述]

总账管理系统是指完成设置账户、复式记账、填制和审核凭证、登记账簿等工作的子系统。总账管理系统是财务、业务一体化管理软件的核心系统,综合、全面、概括地反映企业各个方面的会计工作内容,适合于各行各业进行账务核算及管理工作。总账管理系统既可以独立运行,也可同其他系统协同运转。

一、总账管理系统的基本功能

总账管理系统主要包括初始设置、凭证管理、现金管理、账簿管理、辅助核算管理和月末处理等。

1. 初始设置

初始设置是指由用户根据本企业的需要建立账务应用环境,将用友通用账务处理系统变成适合本单位实际需要的专用系统,主要工作包括选项设置、期初余额的录入和明细账权限设置等。

2. 凭证管理

凭证管理是指通过制单控制保证凭证填制的正确性。它能提供资金赤字控制、支票控制以及查看最新余额等功能,完成凭证的录入、审核、查询、打印,以及出纳签字、常用凭证定义等。

3. 现金管理

现金管理功能由出纳人员负责。它能加强对现金及银行存款的管理,可以完成银行日记账、现金日记账的登记,随时输出最新资金日报表、余额调节表及进行银行对账。

4. 账簿管理

账簿管理主要能够实现查询整个系统的总账、明细账以及凭证,并可查询包含未记账凭证的最新数据,还可随时提供总账、余额表、明细账、日记账等标准账表的查询。

5. 辅助核算管理

(1) 个人往来核算。个人往来核算主要进行个人借款、还款的管理工作,及时地控制个人借款,完成清欠工作。

(2) 部门核算。部门核算主要是为了考核部门费用收支的发生情况,及时地反映、控制部门费用的支出,对各部门的收支情况加以比较,便于部门考核。它能提供各级部门总账、明细账的查询,并对部门收入与费用进行部门收支分析等。

(3) 项目管理和往来管理。辅助核算管理除了有个人往来核算和部门核算之外,还有项目管理和往来管理,它们作为一个独立的系统与总账系统分离。

项目管理:用于生产成本、产品、在建工程等业务的核算,以项目为中心为使用者提供各项目的成本、费用、收入、往来等汇总与明细情况,提供项目总账、明细账以及项目统计表的查询。

往来管理:主要进行客户和供应商往来款项的发生、清欠管理工作,及时掌握往来款项的最新情况;提供往来款的总账、明细账、催款单、往来账清理等。

6. 月末处理

月末处理运用灵活的自定义转账功能,以及各种取数公式满足多种业务的账务处理工作。月末处理功能可自动完成月末分摊、计提、对应转账、销售成本、汇兑损益、期间损益结转等业务,还可进行试算平衡、对账、结账、生产月末工作报告等工作。

二、总账管理系统的业务处理流程

对于业务简单、核算要求低的企业,可以只使用总账管理系统,按照"制单—审核—记账—结账"的核算流程进行操作。

对于业务较为复杂、核算要求高的企业,必须在总账管理系统的基础上,依靠其他业务管理系统实现对企业的管理,基本流程包括"初始设置—日常处理—期末处理"。其中初始设置包括启动总账管理系统,设置基础信息,辅助核算,建立部门、个人、客户、供应商档案,设置凭证类别,设置外币及汇率,设置结算方式以及录入期初余额等;每月重复的日常处理包括填制凭证、审核凭证、出纳签字、记账、查询账簿等;期末处理包括银行对账、自动转账、对账、结账以及汇兑损益和期末结账等。

三、总账管理系统与其他子系统之间的关系

总账管理系统是会计信息系统的核心系统。其他各子系统的数据都必须传递到总账管理系统中,同时总账管理系统要把数据传递到其他子系统中供其使用。

四、总账管理系统的初始化设置

系统初始化是为总账系统日常业务处理工作所做的准备,主要包括设置基础参数、定义外币及汇率、设置会计科目、设置凭证类别、设置结算方式、设置明细权限、录入期初余额等。

(一)设置基础参数

设置基础参数是对总账管理系统的系统选项进行设置,以便为总账管理系统配置相应的功能或设置相应的控制,主要包括凭证、账簿、会计日历和其他选项参数。

(二)定义外币及汇率

汇率管理是专为外币核算服务的,有外币业务的企业,要进行外币及汇率的设置。这项功能,一方面可以减少录入汇率的次数和差错,另一方面可以避免在汇率发生变化时出现错误。

(三)设置会计科目

设置会计科目是会计核算方法之一,财务软件一般都提供了符合国家会计制度规定的一级会计科目;明细科目要根据企业实际情况自行确定。一级科目要符合国家标准,明细科目要通俗易懂。

(四)设置凭证类别

第一次使用总账系统,应正确选择凭证类别的分类方式。系统提供了 5 种常用分类方式供企业选择:①记账凭证;②收款、付款、转账凭证;③现金、银行、转账凭证;④现金收款、现金付款、银行收款、银行付款、转账凭证;⑤自定义凭证类别。

对选择的凭证分类可以在制单时设置对科目的现值条件,系统有以下 5 种现值类型:

(1)借方必有:制单时,此类凭证借方至少有一个限制科目发生。
(2)贷方必有:制单时,此类凭证贷方至少有一个限制科目发生。
(3)凭证必有:制单时,此类凭证的借方或贷方至少有一个限制科目发生。
(4)凭证必无:制单时,此类凭证无论是借方还是贷方均不可有限制科目发生。
(5)无限制:制单时,此类凭证可使用所有合法科目。

限制科目由用户录入,可以是任意级次的科目。科目之间用逗号分隔,数量不限,也可参照录入,但不能重复录入。若限制科目为非末级科目,则制单时所有下级科目都将受到同样的限制。

(五)设置结算方式

该功能用于建立和管理企业在经营活动中所涉及的结算方式。它与财务结算方式一致,如现金结算、支票结算等。

(六)设置明细权限

在需要对操作员的操作权限做进一步细化时,如希望制单权限控制到科目,凭证审核控制到操作员,明细账查询控制到科目等,应先在设置系统参数时,将上述选项做选中标志,再到"明细权限"功能中进行设置。

(七)录入期初余额

在开始使用总账管理系统时,应将经过整理的手工账目的期初余额录入计算机。假如企业是在年初建账,则期初余额就是年初数;假如是年中启用总账管理系统,则应先将各账户此时的余额和年初到此时的借贷方累计发生额计算清楚。例如,某企业2020年6月开始启用总账管理系统,那么应将该企业2020年5月末各科目的期末余额及1至5月的累计发生额计算出来,作为启用系统的期初数据录入总账管理系统中,系统将自动计算年初余额。若科目有辅助核算,还应整理各辅助项目的期初余额,以便在期初余额中录入。

期初余额的录入分总账期初余额录入和辅助账期初余额录入两部分。

五、凭证处理

记账凭证是登记账簿的依据,是总账管理系统的数据源。凭证管理的内容包括凭证填制、凭证审核、凭证汇总和凭证记账等。

(一) 填制凭证

实际工作中,可直接在计算机上根据审核无误准予报销的原始凭证填制记账凭证(即前台处理),也可以先由人工制单而后集中录入(即后台处理),企业可根据本单位实际情况灵活使用。

记账凭证的内容一般包括两部分:一是凭证头部分,包括凭证类别、凭证编号、制单日期和附单据数等;二是凭证正文部分,包括摘要、科目、辅助信息和金额等。如果录入会计科目有辅助核算要求,则应录入辅助核算内容;如果一个科目同时兼有多种辅助核算,则同时要求录入各种辅助核算的有关内容。

1. 凭证头部分

(1) 凭证类别:可以录入凭证类别,也可以参照录入。

(2) 凭证编号:一般情况下,凭证编号由系统分类按月自动编制,即每类凭证每月从0001号开始。对于网络用户,如果是几个人同时制单,在凭证的左上角,系统先显示一个参考凭证号,真正的凭证编号只有在凭证保存时才给出;如果只有一个人制单或使用单用户版制单时,凭证左上角的凭证号即是正在填制的凭证的编号。系统自动管理凭证页号,规定每页证有5条记录,当某号凭证不止一页时,系统将自动在凭证号后标上分单号,例如,"收-0001号0002/0003"表示为收凭证第0001号凭证共有3张分单,当前光标所在分录在第2张分单上。如果在启用账套时将凭证编号方式设置为"手工编号",则用户可在此处手工录入凭证编号。

(3) 制单日期:即填制凭证的日期。系统自动进入账务系统前录入的业务日期为记账凭证填制的日期,如果日期不对,可进行修改或参照录入。

(4) 附单据数:即录入原始凭证张数。

(5) 凭证自定义项:是由用户自定义的凭证补充信息。用户可根据需要自行定义和录入,系统对这些信息不进行校验,只进行保存。

2. 凭证正文部分

(1) 摘要:录入本笔分录的业务说明,要求简洁明了,不能为空。

(2) 科目:必须录入末级科目。科目可以录入科目编码、中文科目名称、英文科目名称或助记码。

(3) 辅助信息：对于要进行辅助核算的科目，系统提示录入相应的辅助核算信息。

辅助核算信息包括客户往来、供应商往来、个人往来、部门核算和项目核算。如果需要对所录入的辅助项进行修改，可双击所要修改的项目，在系统显示的辅助信息录入窗口内进行修改。

(4) 金额：即该笔分录的贷方或贷方本币发生额，金额不能为零，但可以是红字，红字金额以负数形式录入。

（二）生成和调用常用凭证

总账管理系统可以将某张凭证作为常用凭证存储在常用凭证库中，以后可按所存代号调用这张常用凭证。当填制一张与常用凭证相类似或完全相同的凭证时，可调用此常用凭证，这样会加快凭证的录入速度。

（三）修改凭证

在填制的凭证中，通过翻页查找或录入查询条件找到要修改的凭证，将光标移到需要修改的地方进行修改即可。可修改的内容包括摘要、科目、金额及方向、辅助项、增删分录等。（外部系统传过来的凭证不能在总账管理系统中进行修改，只能在生成该凭证的系统中进行修改。）

（四）作废/恢复凭证

当某张凭证不想要或出现不便修改的错误时，可将其作废。

作废凭证的操作方法如下：打开填制的凭证后，找到要作废的凭证。执行"制单""作废/恢复"命令，凭证上显示"作废"字样，表示已将该凭证作废，作废凭证仍保留凭证内容及凭证编号。

若已作废的凭证需要恢复，可执行"制单""作废/恢复"命令，取消作废标志，并将当前凭证恢复为有效凭证。

（五）凭证整理

凭证整理就是删除所有作废凭证，并对未记账凭证重新编号。若本月已有凭证记账，那么，本月最后一张已记账凭证之前的凭证将不能做凭证整理，只能对其后面的未记账凭证做凭证整理。若想做凭证整理，应先利用"恢复记账前状态"功能恢复本月月初的记账前状态，再做凭证整理。

（六）制作红字冲销凭证

发现已记账凭证错误时，可以制作一张红字冲销凭证。执行"制单""冲销凭证"命令，制作红字冲销凭证。通过红字冲销法增加的凭证，应视同正常凭证进行保存管理。

（七）查看凭证有关信息

总账管理系统的填制凭证功能不仅是各账簿数据的录入口，同时也提供了强大的查询功能。通过"填制凭证""查询凭证"功能，可以查询符合条件的凭证信息；通过"查看"菜单可以查看到当前科目最新余额、外部系统制单信息、联查明细账等。

六、审核凭证

为确保登记到账簿的每一笔经济业务的准确性和可靠性，制单员填制的每一张凭证必须经过审核员的审核。审核凭证主要包括出纳签字、主管签字和审核凭证三方面的工作,根据会计制度规定,审核与制单不能为同一人。

(一) 出纳签字

由于出纳凭证涉及企业现金的收入与支出,应加强对出纳凭证的管理。出纳人员可通过出纳签字功能对制单员填制的带有现金银行科目的凭证进行检查核对,主要核对出纳凭证的出纳科目的金额是否正确,审查认为错误或有异议的凭证,应交与填制人员修改后再核对。

出纳签字应先更换操作员,由具有签字权限的人签字。对于出纳凭证,可以单个签字,也可以成批签字。

(二) 主管签字

为了加强对会计人员制单的管理,系统提供"主管签字"功能,若选择该功能,会计人员填制的凭证必须经主管签字后才能记账。

(三) 审核凭证

审核凭证是指审核员按照财会制度,对制单员填制的记凭证进行检查核对,主要审核记账凭证是否与原始凭证相符,会计分录是否正确等。审查认为错误或有异议的凭证,应交与填制人员修改后再审核,只有具有审核权的人才能进行审核操作。

凭证审核同出纳签字一样需先重新注册,更换操作员,由具有审核权限的操作员进行,凭证既可逐张审核,也可成批审核。

七、凭证汇总

凭证汇总是指按条件对记账凭证进行汇总并生成一张凭证汇总表。进行汇总的凭证可以是已记账凭证,也可以是未记账凭证,因此财务人员可在凭证未全部记账前,随时查看企业目前的经营状况及其他财务信息。

八、凭证记账

记账凭证经审核签字后,即可用来登记总账、明细账、日记账、部门账、往来账、项目账以及备查账等。记账一般采用向导方式,使记账过程更加明确。记账工作由计算机自动进行数据处理,不用人工干预。

取消记账又称反记账或恢复记账前状态。在记账过程中,如果发生断电等情况使记账发生中断,导致记账错误;或者记账后发现录入的记账凭证有错误,需要进行修改,可调用恢复记账前状态功能,将数据恢复到记账前状态,待调整完成后重新记账。

[实验资料]

一、初始设置

1. 363账套总账系统的参数

不允许修改、作废他人填制的凭证;凭证审核控制到操作员。可以使用应收受控科目,可以使用应付受控科目。

2. 会计科目及期初余额

在业务处理工作之前,完成会计科目的设置和期初余额的录入,友和公司会计科目设置和录入资料如表 5-1 至表 5-8 所示。

表 5-1 2020 年 06 月会计科目及期初余额表 单位：元

科目编码	科目名称	外币/单位	方向	辅助核算	余　额
1001	库存现金		借	日记账	9 182.18
1002	银行存款		借	银行账、日记账	261 000.00
100201	工商银行		借	银行账、日记账	261 000.00
10020101	人民币		借	银行账、日记账	261 000.00
10020102	美元		借	银行账、日记账、外币核算	
1121	应收票据		借	客户往来	
1122	应收账款		借	客户往来	142 000.00
1123	预付账款		借	供应商往来	30 500.00
1221	其他应收款		借		5 400.00
122101	公司		借		5 400.00
122102	个人		借	个人往来	
1231	坏账准备		贷		11 500.00
1403	原材料		借		205 000.00
140301	面料		借		90 000
				数量核算（米）	2 250
140302	辅料		借		90 000
				数量核算（套）	6 000
140303	纽扣		借		25 000
				数量核算（袋）	250
1405	库存商品		借		608 000.00
140501	T恤		借		300 000
				数量核算（件），自定义项"保管人""出厂日期"	3 000
140502	牛仔裤		借		308 000
				数量核算（条）	2 200
1601	固定资产		借		350 080.00
1602	累计折旧		贷		60 782.83
1701	无形资产		借		508 500.00
1702	累计摊销		贷		

(续表)

科目编码	科目名称	外币/单位	方向	辅助核算	余额
2001	短期借款		贷		150 000.00
200101	工行借款		贷		150 000.00
2201	应付票据		贷	供应商往来	
2202	应付账款		贷	供应商往来	9 680.00
2203	预收账款		贷	客户往来	40 000.00
2211	应付职工薪酬		贷		9 000.00
2221	应交税费		贷		−16 800.00
222101	应交增值税		贷		−16 800.00
22210101	进项税额		贷		−33 800.00
22210102	销项税额		贷		17 000.00
2241	其他应付款		贷		3 000.00
4001	实收资本		贷		2 000 000.00
4103	本年利润		贷		
4104	利润分配		贷		−147 500.65
410401	未分配利润		贷		−147 500.65
5001	生产成本		借		
500101	直接材料		借	项目核算	
500102	直接人工		借		
500103	制造费用		借		
500104	折旧费		借		
500105	其他		借		
5101	制造费用		借		
510101	工资		借		
510102	折旧费		借		
510103	其他		借		
6001	主营业务收入		贷	项目核算	
6401	主营业务成本		借	项目核算	
6601	销售费用		借		

(续表)

科目编码	科目名称	外币/单位	方向	辅助核算	余额
660101	工资福利费		借		
660102	办公费		借		
660103	差旅费		借		
660104	折旧费		借		
660105	招待费		借		
660106	其他		借		
6602	管理费用		借		
660201	工资福利费		借	部门核算	
660202	办公费		借	部门核算	
660203	差旅费		借	部门核算	
660204	折旧费		借	部门核算	
660205	招待费		借	部门核算	
660206	其他		借	部门核算	

利用增加、修改、成批复制等功能完成会计科目的编辑，指定科目为库存现金、银行存款。所有科目不受控。

表 5-2　　　　　　　　　应收账款(1122)期初余额　　　　　　　　　单位：元

日期	凭证号	客户名称	摘要	方向	余额
2020-5-05	转-58	广东立信服装有限公司	客户欠款	借	80 000.00
2020-5-24	转-19	北京美乐服装商城	客户欠款	借	62 000.00

表 5-3　　　　　　　　　预收账款(2203)期初余额　　　　　　　　　单位：元

日期	凭证号	客户名称	摘要	方向	余额
2020-5-14	收-28	北京美乐服装商城	预收货款	贷	40 000.00

表 5-4　　　　　　　　　应付账款(2202)期初余额　　　　　　　　　单位：元

日期	凭证号	供应商名称	摘要	方向	余额
2020-5-02	转-90	吉林长青实业集团	欠款	贷	9 680.00

表 5-5　　　　　　　　　预付账款(1123)期初余额　　　　　　　　　单位：元

日期	凭证号	供应商名称	摘要	方向	余额
2020-5-15	付-35	江西赣江服装有限公司	预付货款	借	30 500.00

表 5-6　　　　　　　　　　　　　　　　凭证类别

类别名称	限制类型	限制科目
收款凭证	借方必有	1001,1002
付款凭证	贷方必有	1001,1002
转账凭证	凭证必无	1001,1002

表 5-7　　　　　　　　　　　　　　　　项目目录

项目大类	产　　品	
核算科目	500101 直接材料	
	6001 主营业务收入	
	6401 主营业务成本	
项目分类	1 T 恤	2 牛仔裤
项目目录	101 长袖 T 恤	201 长裤
	102 七分裤	202 短袖 T 恤

表 5-8　　　　　　　　　　　　　　　　结算方式

结算方式编码	结算方式名称	票据管理
1	支票结算	是
101	现金支票	是
102	转账支票	是
2	汇票结算	否
201	商业承兑汇票	否
202	银行承兑汇票	否
3	现金结算	否
4	其他	否

二、凭证管理

(1) 填制凭证-操作员:003 曹作勇。
(2) 出纳签字-操作员:002 蔡小心。
(3) 审核凭证。
(4) 记账。
(5) 查询凭证。
查询银行存款在 10 000 元以上的凭证。

【例 5-1】 资料：友和公司 2020 年 6 月经济业务如下。

业务 1 1 日，采购部刘秋梅预借差旅费 3 500 元。

借：其他应收款——刘秋梅	3 500
贷：库存现金	3 500

业务 2 5 日，出纳员从工商银行提取现金 9 000 元，作为备用金，现金支票号为 XJ001。

借：库存现金	9 000
贷：银行存款——工商银行——人民币	9 000

业务 3 6 日，总经理办公室赵零零购买了 800 元的办公用品，用现金支付。

借：管理费用——办公费	800
贷：库存现金	800

业务 4 7 日，收到某集团投资资金 100 000 美元，汇率为 6.25，转账支票号为 ZZW001。

借：银行存款——工商银行——美元	625 000
贷：实收资本	625 000

业务 5 8 日，收到赣江公司寄来的发票，纽扣 300 袋，不含税单价为 100 元/袋，增值税税率为 13%，材料验收入库，以转账支票 ZZR001 付讫。

借：原材料——纽扣	30 000
应交税费——应交增值税（进项税额）	3 900
贷：银行存款——工商银行——人民币	33 900

业务 6 16 日，采购部购进面料 1 000 米，单价为 45 元/米，增值税税率为 13%，开出现金支票支付，票号为 XJ002。

借：原材料——面料	45 000
应交税费——应交增值税（进项税额）	5 850
贷：银行存款——工商银行——人民币	50 850

业务 7 25 日，销售部邹辉向美乐公司销售长袖 T 恤共 800 件，每件不含税单价为 100 元，增值税税率为 13%，通过转账支票 ZZR002 收回货款。

借：银行存款——工商银行——人民币	90 400
贷：主营业务收入	80 000
应交税费——应交增值税（销项税额）	10 400

业务 8 30 日，生产部领用辅料 2 000 套，每套 15 元，用于生产七分牛仔裤。

借：生产成本——直接材料	30 000
贷：原材料——辅料	30 000

业务 9 30 日，采购部刘秋梅出差归来，报销差旅费 3 200 元，余款 300 元以现金形式交回。

借：库存现金	300
管理费用——差旅费	3 200
贷：其他应收款——刘秋梅	3 500

三、出纳管理

（1）查询现金日记账。

（2）查询资金日报表。

（3）出纳管理。

25日，采购部刘秋梅借转账支票一张，票号为ZZR125，预计金额为15 000元，出纳在支票登记簿中进行登记。

四、账簿管理

（1）查询基本会计核算账簿。

（2）查询部门账。

五、期末处理

1）银行对账。

（1）银行对账期初：

广东友和服装有限公司企业日记账调整前余额为261 000元，银行对账单调整前余额为250 000元。5月31日，未达账项借方金额为11 000元，结算方式为转账支票，票号为102。

（2）银行对账单如表5-9所示。

表5-9　　　　　　　　　　　　6月份银行对账单　　　　　　　　　　　　单位：元

日　期	结算方式	票　号	借方金额	贷方金额
2020.06.05	101	XJ001		9 000
2020.06.08	102	ZZR001		33 900
2020.06.16	101	XJ002		50 850
2020.06.25	102	ZZR002	90 400	

2）自定义转账及期间损益结转。

（1）计提借款利息：

按短期借款期末余额的0.2%计提短期借款利息。

借：财务费用[JG( )取对方科目计算结果]
　　贷：应付利息（短期借款2001科目的期末贷方余额×0.2%）

（2）制造费用结转：

借：生产成本——制造费用
　　贷：制造费用——工资

（3）期间损益结转：

将本月"期间损益"科目转入"本年利润"科目。

3）自动转账生成。

（1）生成上述定义的自定义凭证，并审核、记账。

(2)生成期间损益结转凭证,并审核记账。
4)对账。
5)结账。

[实验指导]

任务一　总账系统初始化设置

一、登录总账管理系统

(1)执行"开始""程序""用友 ERP-U8 V10.1""企业应用平台"命令,在"登录"对话框中,使用"杨子斌(001)"身份登录,登录时间为"2020-06-01"。

(2)在企业应用平台"业务工作"选项卡中,执行"财务会计""总账"命令,打开总账管理系统,如图 5-1 所示。

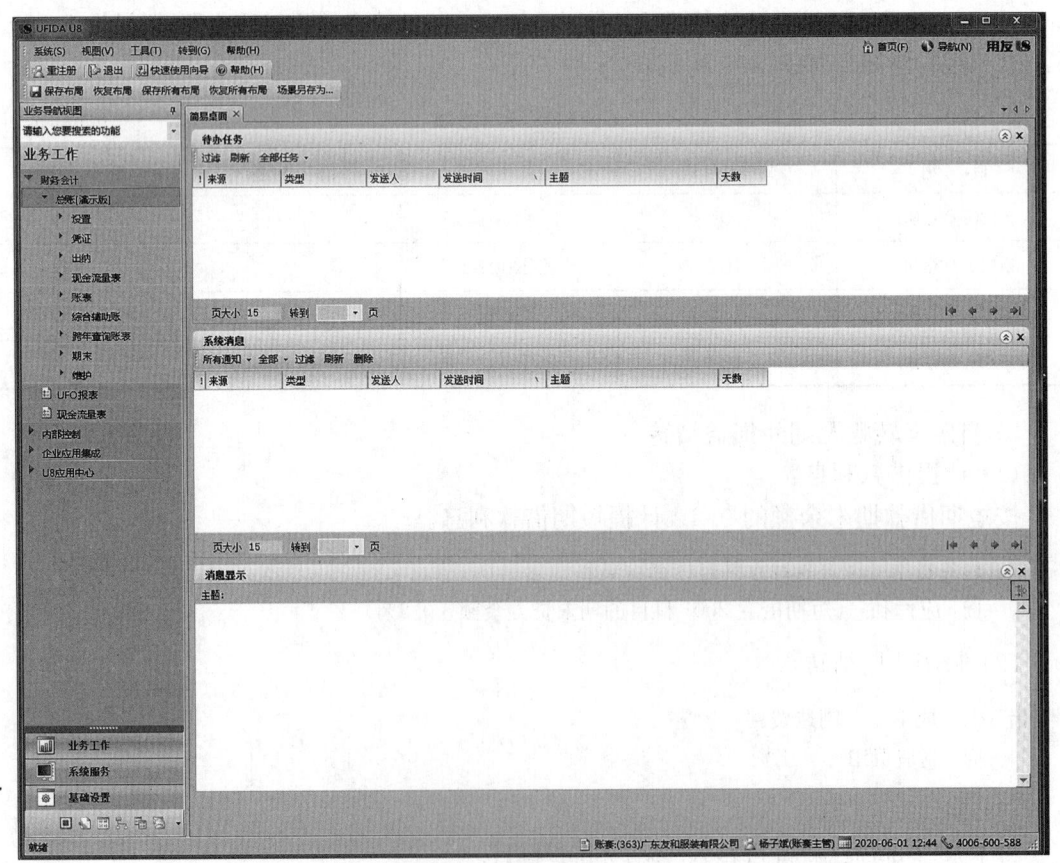

图 5-1　总账管理系统

二、设置总账控制参数

(1) 在企业应用平台"业务工作"选项卡下,执行"财务会计""总账""设置""选项"命令,打开"选项"窗口,如图 5-2 所示。

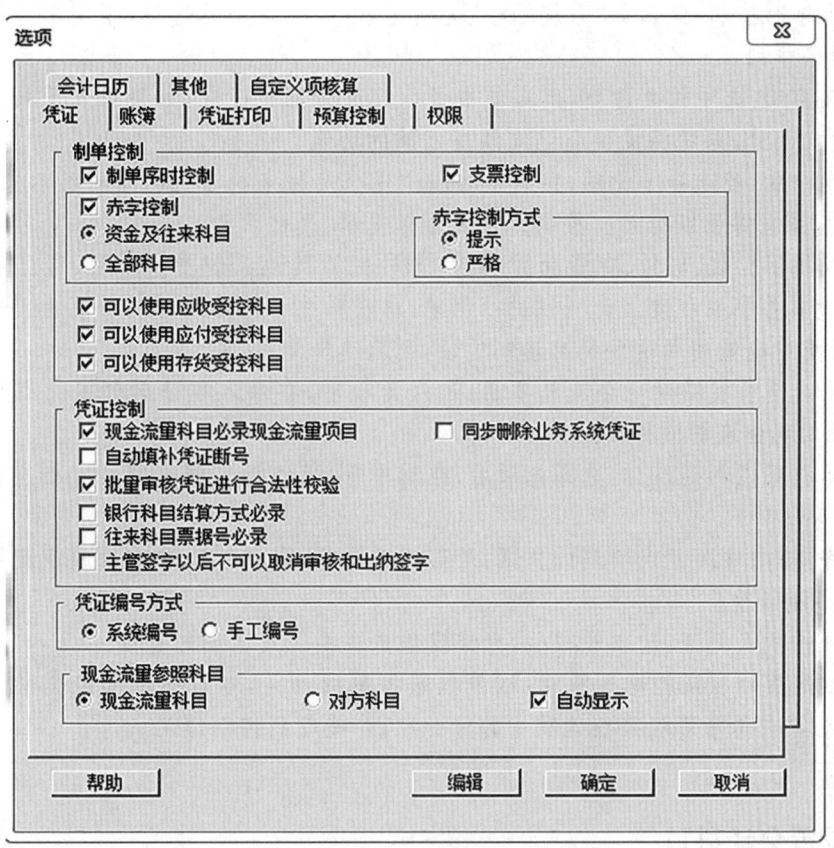

图 5-2 "选项"窗口

(2) 单击"编辑"按钮,根据任务资料在"凭证"选项卡上进行设置。在选中"可以使用应收受控科目""可以使用应付受控科目"时,弹出以下窗口,如图 5-3 所示,直接单击"确定"按钮即可。

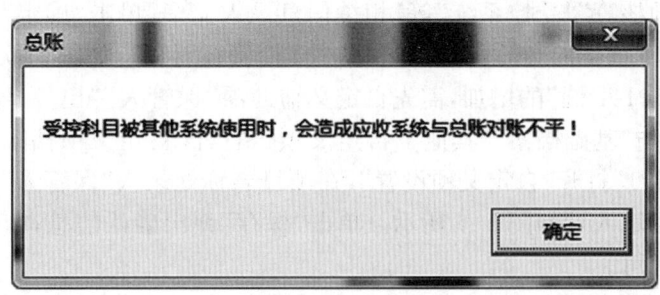

图 5-3 "总账"提示对话框

(3) 打开"权限"选项卡，按照任务资料要求，选中"凭证审核控制到操作员"，在"允许修改、作废他人填制的凭证"前留白，其他选项为默认设置，单击"确定"按钮完成操作。

提示

1. 制单序时控制：此项与"系统编号"选项连用，若选中该复选框，则制单时凭证编号必须按日期顺序排列。

2. 支票控制：选中该复选框，则在使用银行科目编制凭证时，如果录入了未在支票登记簿中登记的支票号，系统将提供登记支票登记簿的功能。

3. 赤字控制：若选择了此项，在制单时，当"资金及往来科目"或"全部科目"的最近余额出现负数时，系统将予以提示。控制方可以选择提示、严格两种。

4. 可以使用应收、应付、存货受控科目：若科目为其他系统受控科目，为了防止重复制单，只允许受其控制系统使用此科目进行制单，总账系统不能使用此科目制单。所以如果希望在总账系统中也能使用这些科目填制凭证，则应选择此项。

5. 现金流量科目必录现金流量项目：选择此项后，在录入凭证时如果使用现金流量科目则必须录入现金流量项目及金额。

6. 制单权限控制到科目：选择此项后，在制单时，操作员只能使用具有相应制单权限的科目制单。

7. 允许修改、作废他人填制的凭证：若选择了此项，在制单时可修改或作废别人填制的凭证，否则不能修改。

8. 可查询他人凭证：选中此项后，允许操作员查询他人填制的凭证。

9. 明细账查询权限控制到科目：这是权限控制的开关，在数据权限设置中设置明细账查询权限，必须在总账管理系统选项中打开此项，才能起到控制作用。

三、设置会计科目

(一) 增加会计科目

(1) 在企业应用平台"基础设置"选项卡中，执行"基础档案""财务""会计科目"命令，进入"会计科目"窗口，如图 5-4 所示。

(2) 单击"增加"按钮，进入"新增会计科目"窗口。用户可根据需要录入"科目编码""科目名称"，选择"辅助核算""受控系统"等，相关信息录入完毕，单击"确定"按钮，系统自动按照科目编码顺序保存增加的会计科目。如增加"工商银行"科目，如图 5-5 所示。

(3) 针对"140501 T恤"的增加，需先自定义辅助项"保管人""出厂日期"，选择"基础设置"选项卡，依次单击"基础档案""其他""自定义项"，打开"自定义项档案"窗口，单击"单据头"，双击"自定义项1"打开"自定义项设置"，在项目名称处录入"保管人"，长度处录入"8"，数据来源选择"手工输入"，如图 5-6 所示。单击"保存"弹出确认信息，如图 5-7、图 5-8 所示，单击"是"按钮即可。

(4) 依同样的操作完成"出厂日期"自定义的设置，完成后如图 5-9 所示。单击"退出"按钮，进行"140501 T恤"会计科目的增加。

图 5-4 "会计科目"窗口

图 5-5 "新增会计科目"窗口

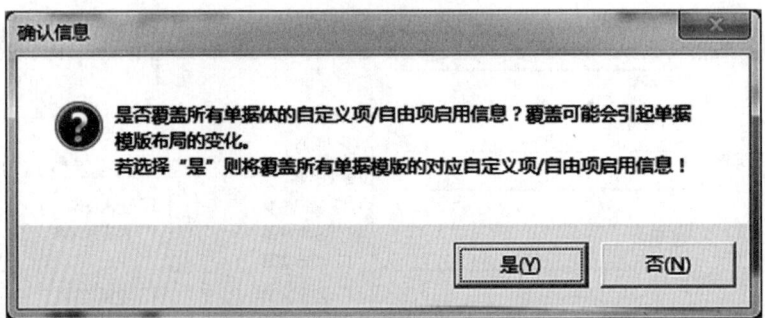

图 5-6 "自定义项设置"窗口

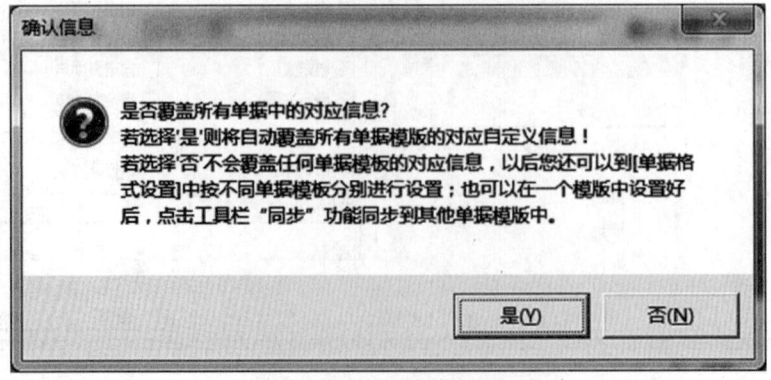

图 5-7 "确认信息"对话框-1

图 5-8 "确认信息"对话框-2

图 5-9 "自定义项档案-单据头"窗口

(5) 在"基础设置"选项卡中,执行"基础档案""财务""会计科目"命令,进入"会计科目"窗口,单击"增加"按钮,打开"新增会计科目"窗口,选中"数量核算"复选框,计量单位为"件",辅助核算选择"保管人""出厂日期",如图 5-10 所示,单击"确定"按钮完成操作。

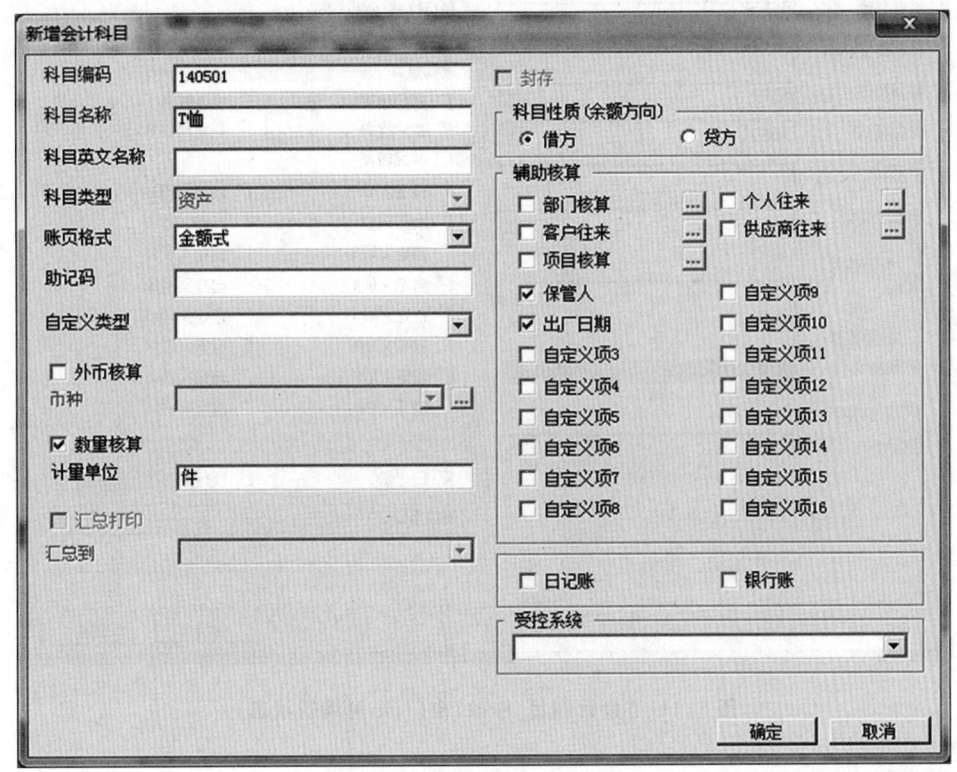

图 5-10 "新增会计科目"窗口

(6) 重复以上操作,依次增加其他会计科目。单击"关闭"按钮,返回"会计科目"设置窗口。

提 示

1. 增加会计科目时,应当先增加上级科目,再增加下级科目,遵循自上而下的原则。
2. 增加的会计科目编码长度及每段位数要符合编码规则。
3. 科目如果需要进行外币核算,应选中"外币核算"复选框,并选择其核算的币种。
4. 科目如果要进行数量核算,应选择"数量核算"复选框,并设置相应的计量单位。这样在录入该科目的期初余额和用该科目制单时,不仅要求录入金额,还需要录入物品数量。

(二)修改会计科目

(1) 在"会计科目"窗口中,选中要修改的会计科目"1001",单击"修改"按钮或双击该科目,进入"会计科目_修改"窗口。

(2) 单击"修改"按钮,进入科目修改的可编辑状态,如图 5-11 所示。选中"日记账"前复选框。修改完毕,单击"确定"按钮进行保存。

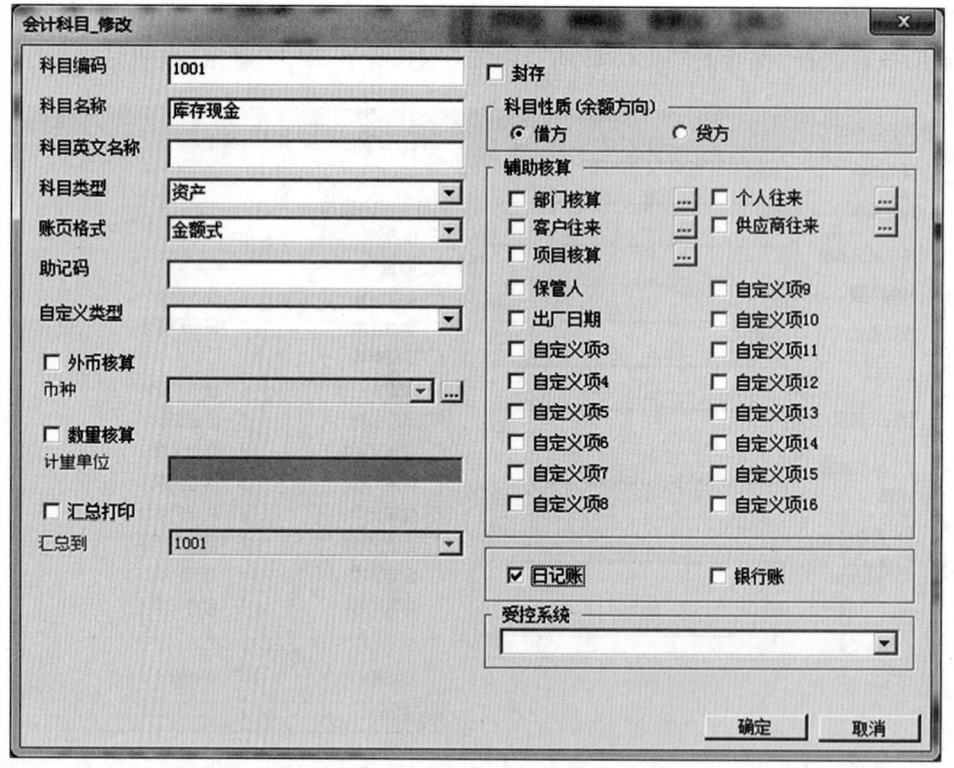

图 5-11 "会计科目_修改"窗口(不可编辑状态)

(三)成批复制会计科目

完成由"销售费用(6601)"会计科目到"管理费用(6602)"子科目的成批复制。

(1) 在"会计科目"窗口中,执行"编辑""成批复制"命令,如图 5-12 所示。打开"成批复制"对话框。

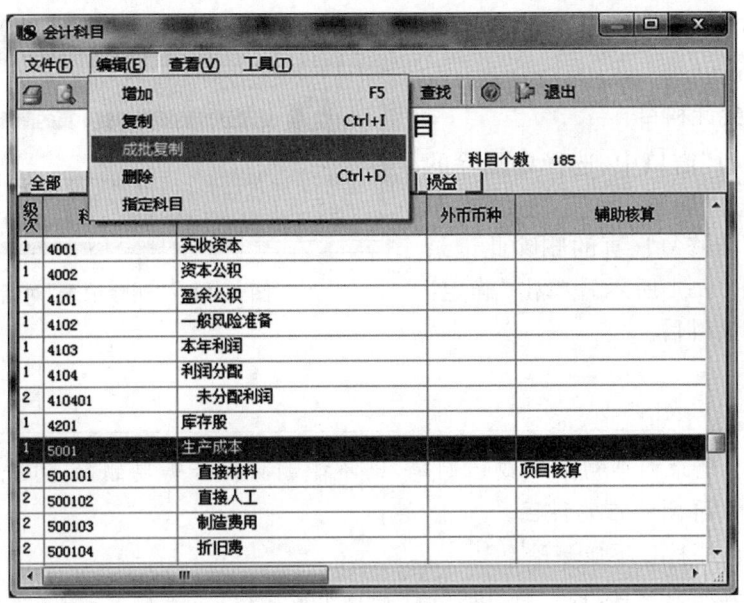

图 5-12 "会计科目"窗口

（2）在"成批复制"对话框中第一行空白栏录入"6601"，第二行空白栏处录入"6602"，单击"确认"按钮完成操作，完成后如图 5-13 所示。

图 5-13 会计科目录入完成

(3) 补充完成"管理费用(6602)"辅助信息修改。

(四) 删除会计科目

在"会计科目"窗口中,选择要删除的会计科目。单击"删除"按钮,系统提示"记录删除后不能修复!真的删除此记录吗?"信息,如图 5-14 所示。单击"确定"按钮,即可删除该科目。

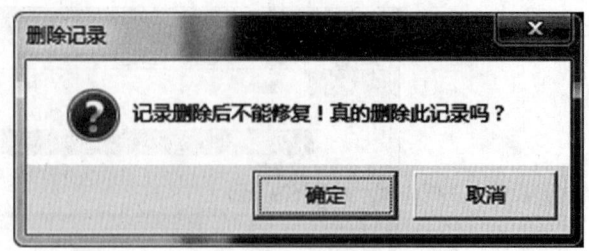

图 5-14 "删除记录"对话框

> **提 示**
>
> 1. 如果科目已录入期初余额或已制单,则不能删除。若需要删除,可先删除期初余额或删除制单,之后再删除相关科目。
> 2. 非末级会计科目不能删除。
> 3. 被指定为现金科目、银行科目的会计科目不能删除,若要删除,必须先取消指定。

(五) 指定会计科目

(1) 在"会计科目"窗口中,执行"编辑""指定科目"命令,进入"指定科目"窗口,如图 5-15 所示。

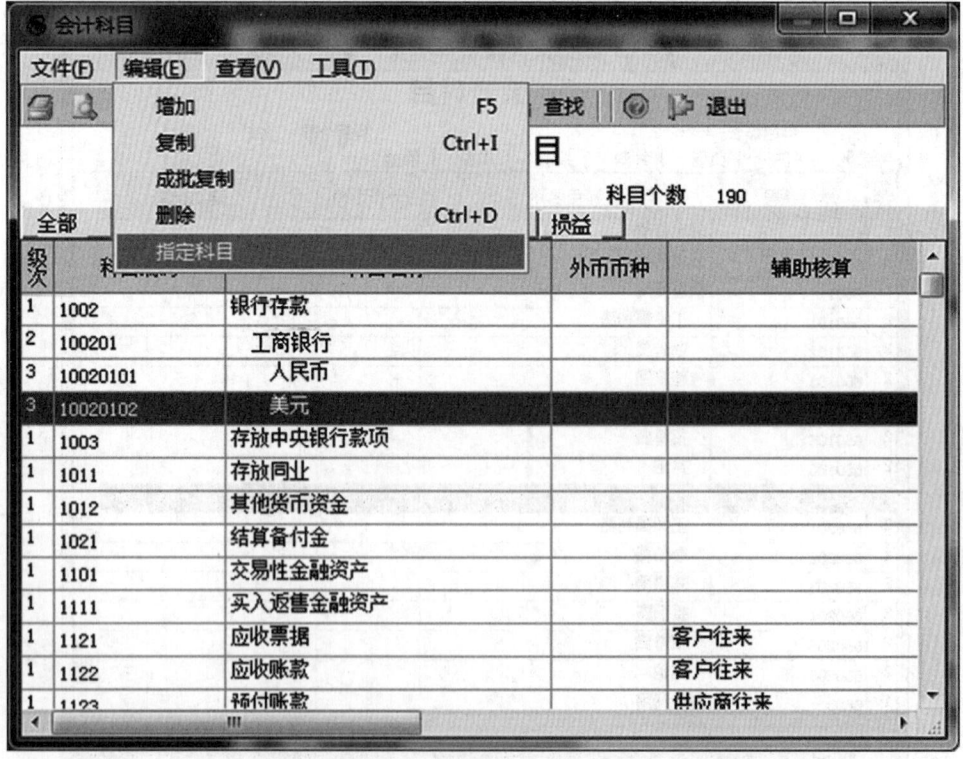

图 5-15 进入"指定科目"窗口

(2)选择"现金科目",将"1001 库存现金"由待选科目选入已选科目,如图 5-16 所示。

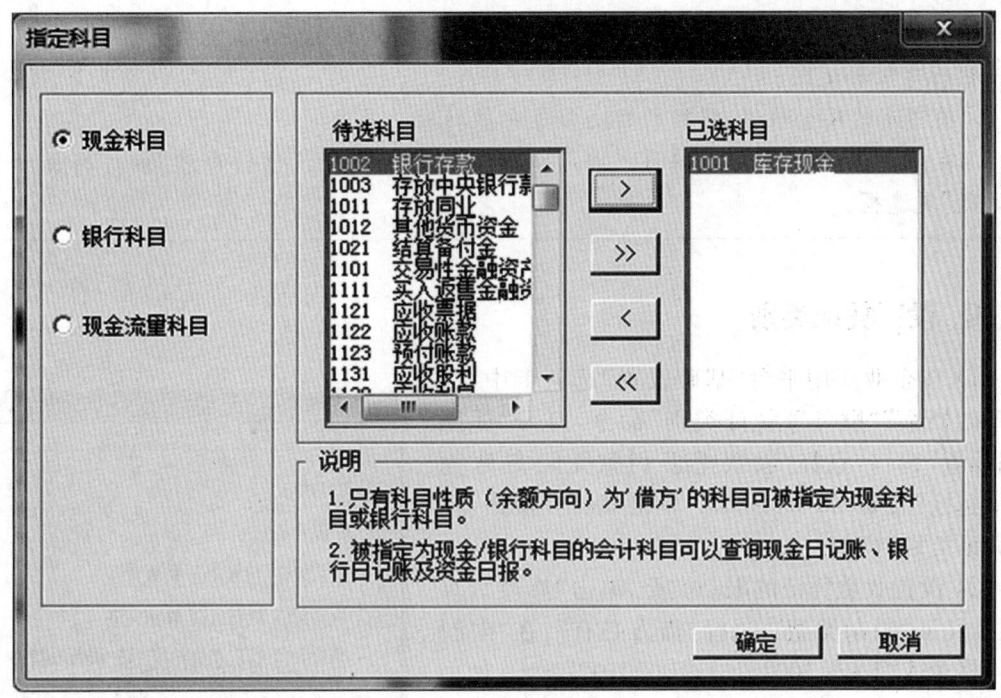

图 5-16　指定现金科目

(3)选择"银行科目",将"1002 银行存款"由待选科目选入已选科目,如图 5-17 所示。

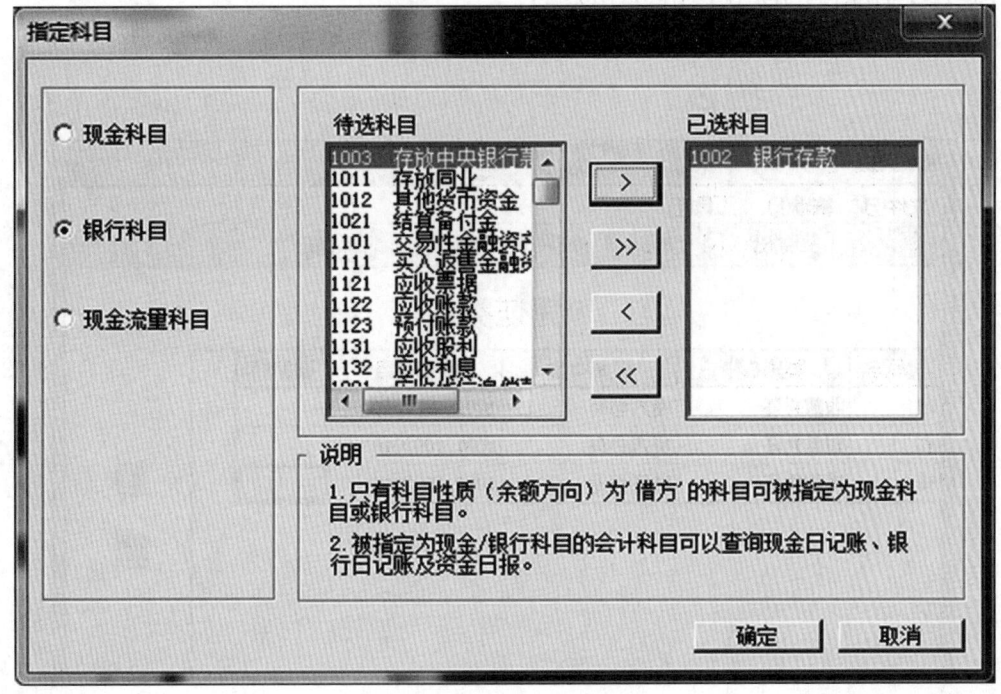

图 5-17　指定银行科目

> 提 示
>
> 1. 指定会计科目即指定出纳的专管科目。只有指定科目后，才能执行出纳签字，查看现金、银行存款日记账。
> 2. 被指定的现金科目、银行科目必须是一级科目。
> 3. 在指定现金科目、银行科目之前，应在建立"存款现金""银行存款"会计科目时选中"日记账"复选框。

四、设置凭证类别

(1) 在企业应用平台"基础设置"选项卡中，执行"基础档案""财务""凭证类别"命令，打开"凭证类别预置"窗口，选择"收款凭证 付款凭证 转账凭证"单选按钮，如图5-18所示。单击"确定"按钮，进入"凭证类别"窗口。

(2) 设置收款凭证的限制类型，单击"修改"，双击收款凭证"限制类型"，选择"借方必有"；在"限制科目"栏录入"1001,10020101,10020102"。

(3) 设置付款凭证的限制类型为"贷方必有"，在"限制科目"栏录入"1001,10020101,10020102"；设置转账凭证的限制类型为"凭证必无"，在"限制科目"栏录入"1001,10020101,10020102"。

(4) 设置完成后，如图5-19所示，单击"退出"按钮。

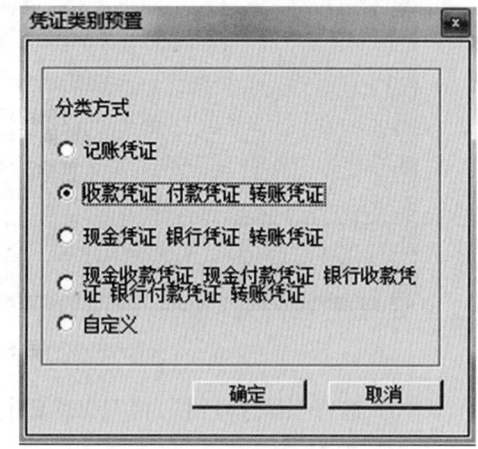

图5-18 "凭证类别预置"窗口

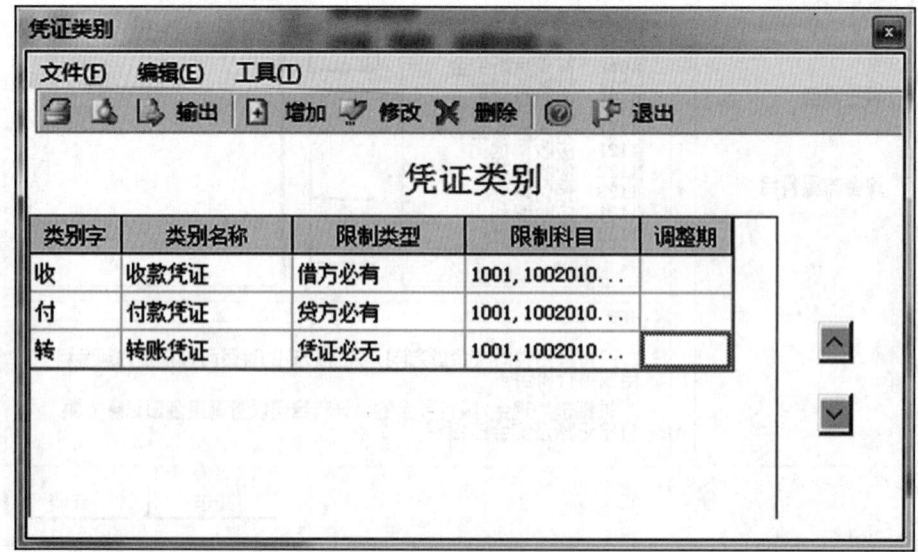

图5-19 "凭证类别"窗口

五、设置结算方式

(1) 在企业应用平台"基础设置"选项卡中,执行"基础档案""收付结算""结算方式"命令,进入"结算方式"窗口,如图 5-20 所示。

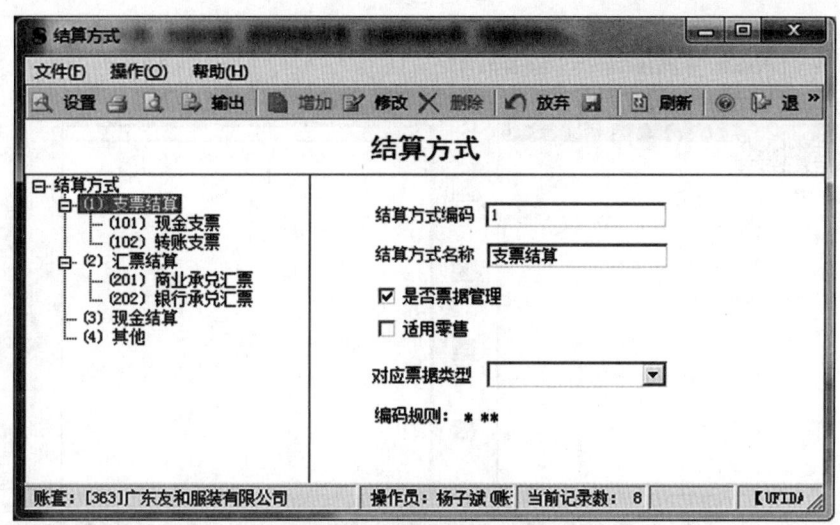

图 5-20 "结算方式"窗口

(2) 单击"增加"按钮,录入结算方式"1"、结算方式名称"支票结算",选中"是否票据管理",单击"保存"按钮。

(3) 依次录入其他结算方式,设置完成后,单击"退出"按钮。

六、设置项目目录

(一) 定义项目大类(生成产品项目)

(1) 在企业应用平台"基础设置"选项卡中,执行"基础档案""财务""项目目录"命令,进入"项目档案"窗口,如图 5-21 所示。

(2) 单击"增加"按钮,打开"项目大类定义_增加"对话框,录入新项目大类名称"产品",如图 5-22 所示。

(3) 单击"下一步"按钮,依次打开"定义项目级次""定义项目栏目"对话框,录入要定义的项目级次和要修改的项目栏目,本例采用系统默认值。

(4) 单击"完成"按钮,返回"项目档案"窗口。

> 提 示
>
> 1. 项目大类的名称是该类项目的总称,而不是会计科目名称。
> 2. 系统预设了"现金流量项目"和"项目管理"两个大类,企业可根据需要增设项目大类。

(二) 指定核算科目

(1) 在"项目档案"窗口中,选中"核算科目"单选项。

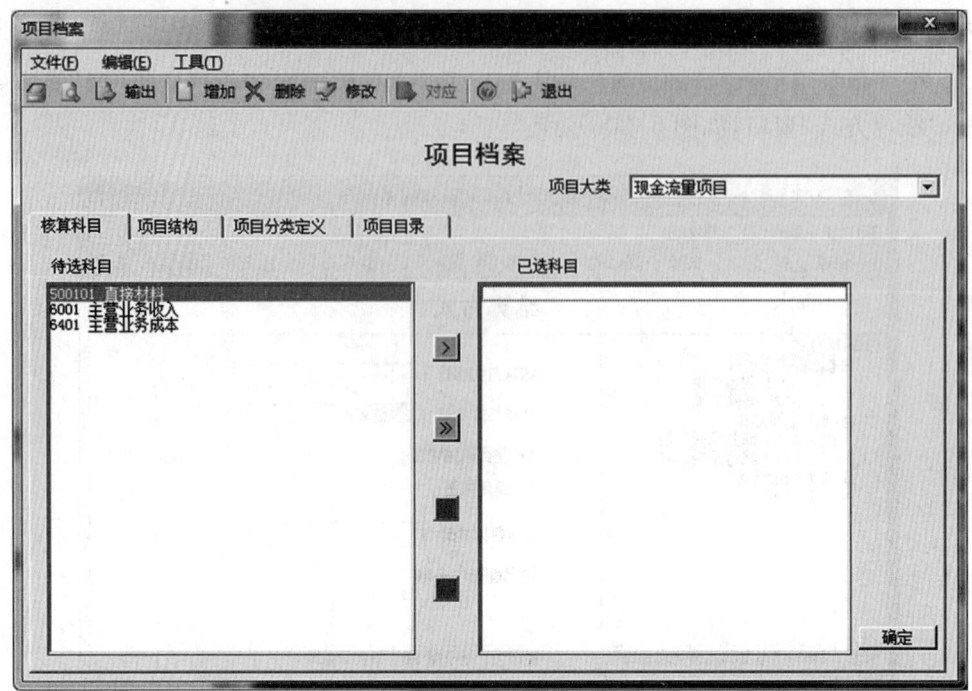

图 5-21 "项目档案"窗口

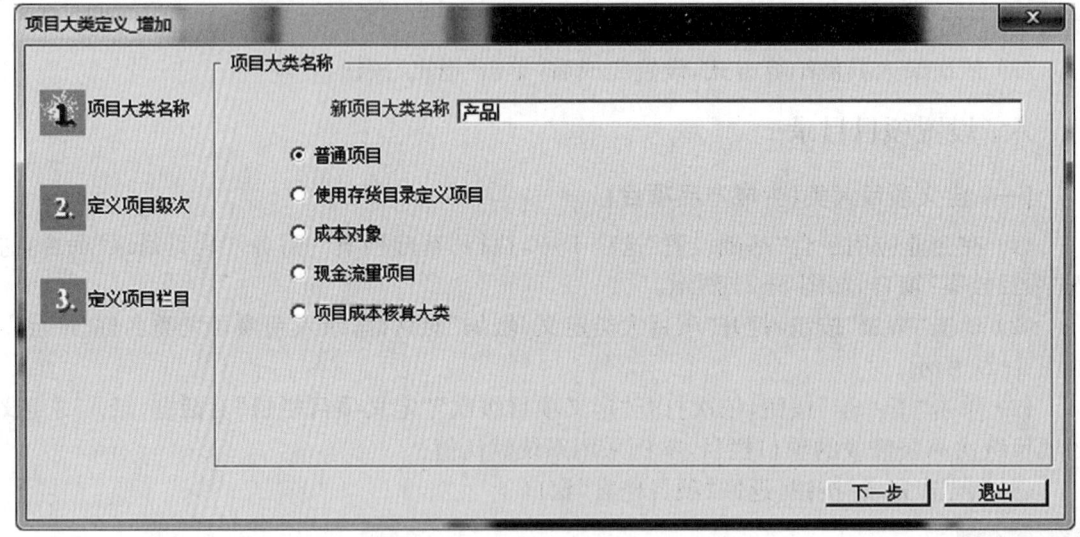

图 5-22 录入新项目大类名称

(2) 选择项目大类为"产品",如图 5-23 所示。
(3) 单击" > "按钮,或双击"500101 直接材料",将直接材料选为核算科目。
(4) 按实验资料选择其他核算科目,如图 5-24 所示。
(5) 单击"确定"按钮,在弹出的"保存成功"对话框中单击"确定"按钮。
(6) 单击"退出"按钮退出设置。

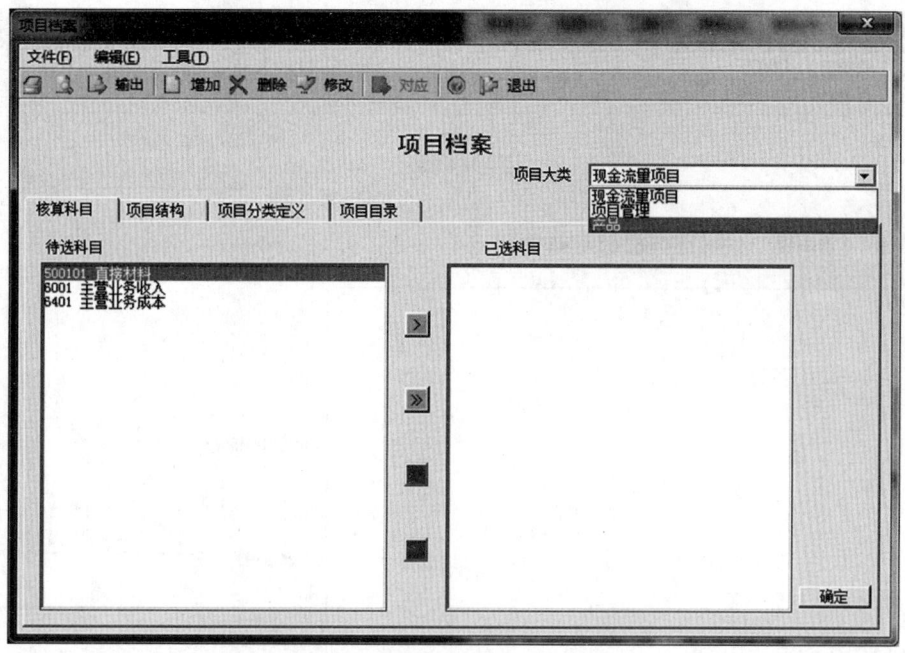

图 5-23 选择项目大类为"产品"

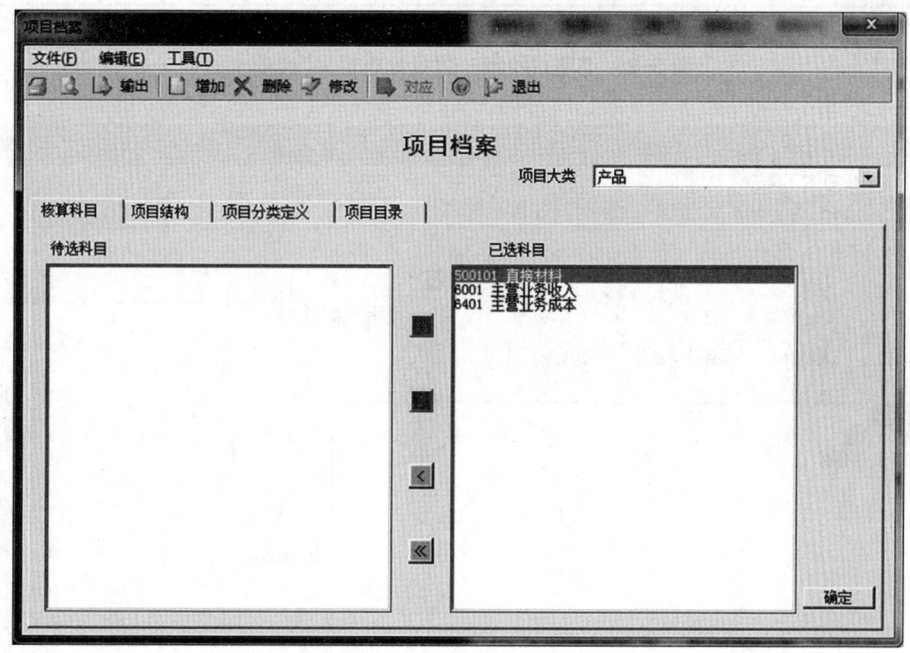

图 5-24 选择核算科目

(三) 定义项目分类

(1) 在"项目档案"窗口中,选中"项目分类定义"选项卡,如图 5-25 所示。
(2) 单击右下角的"增加"按钮,录入分类编码"1"、分类名称"T 恤",单击"确定"按钮。
(3) 同理,定义"2　牛仔裤",如图 5-26 所示。

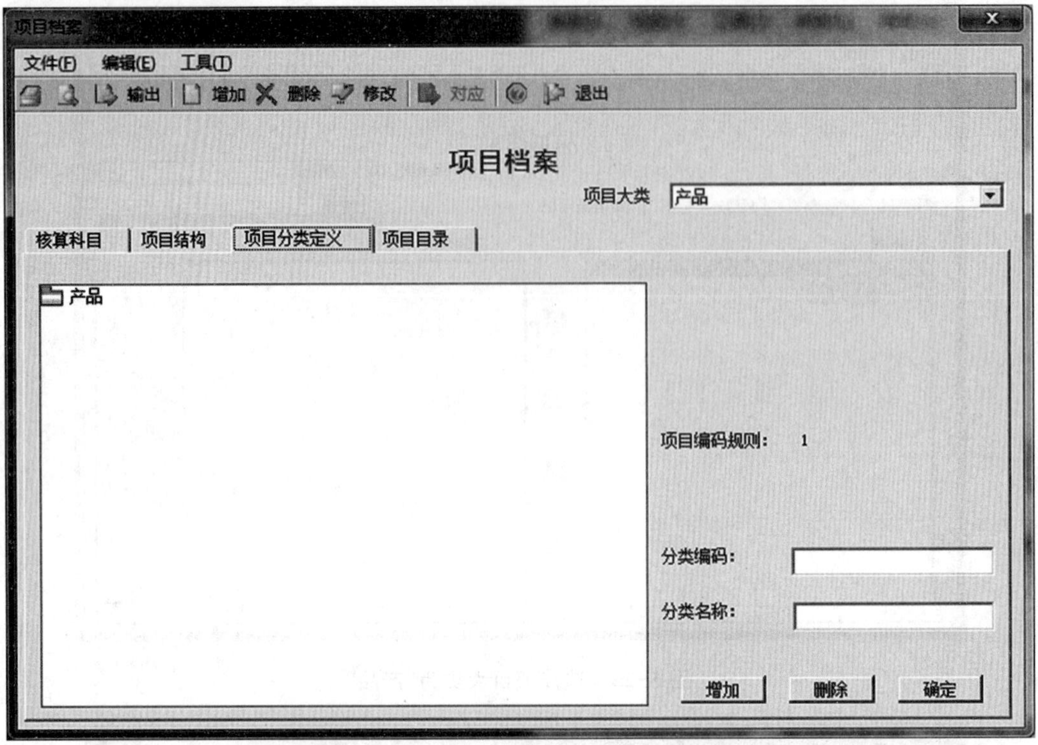

图 5-25 "项目档案—项目分类定义"选项卡

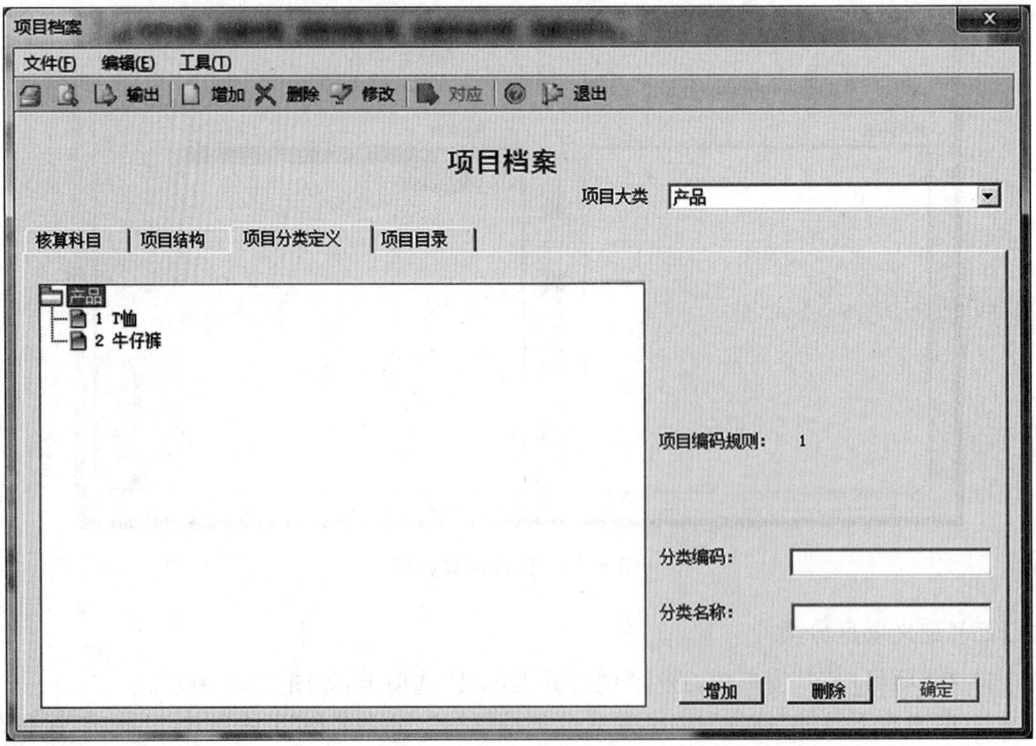

图 5-26 定义"2 牛仔裤"

(四) 项目目录维护

(1) 在"项目档案"窗口中,选中"项目目录"选项卡,如图5-27所示。

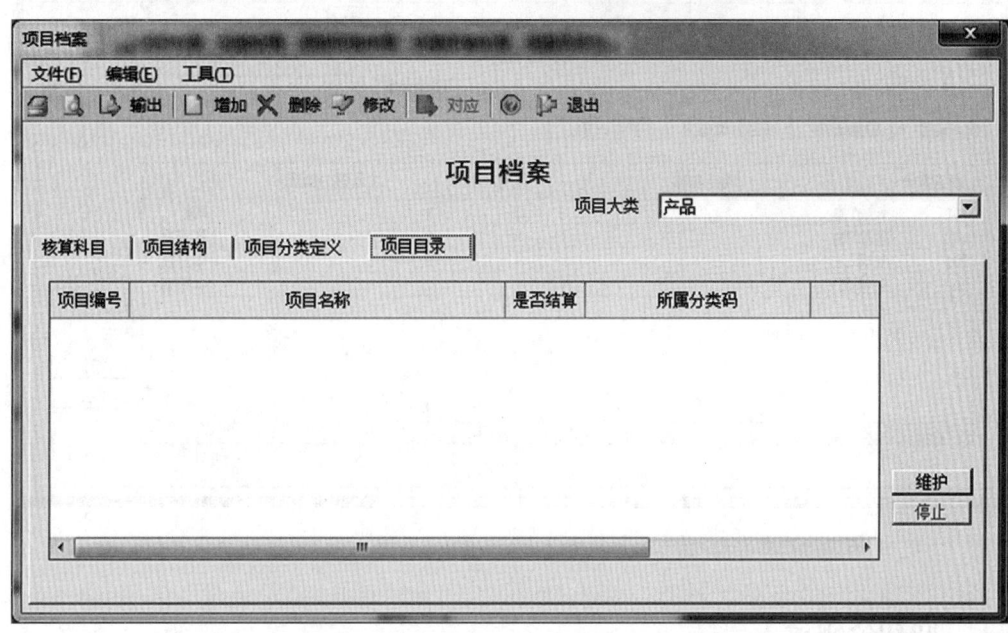

图 5-27 "项目档案—项目目录"选项卡

(2) 单击右下角"维护"按钮,进入"项目目录维护"窗口。

(3) 单击"增加"按钮,录入项目编号"101"、项目名称"长袖 T 恤",选择所属分类码"1",然后按"Enter"键。

(4) 同理,继续增加"102 短袖 T 恤"项目档案,所属分类码为"1";"201 长裤"项目档案,所属分类码为"2";"202 七分裤"项目档案,所属分类码为"2",维护完毕如图5-28所示。单击"退出"按钮,如图5-29所示。

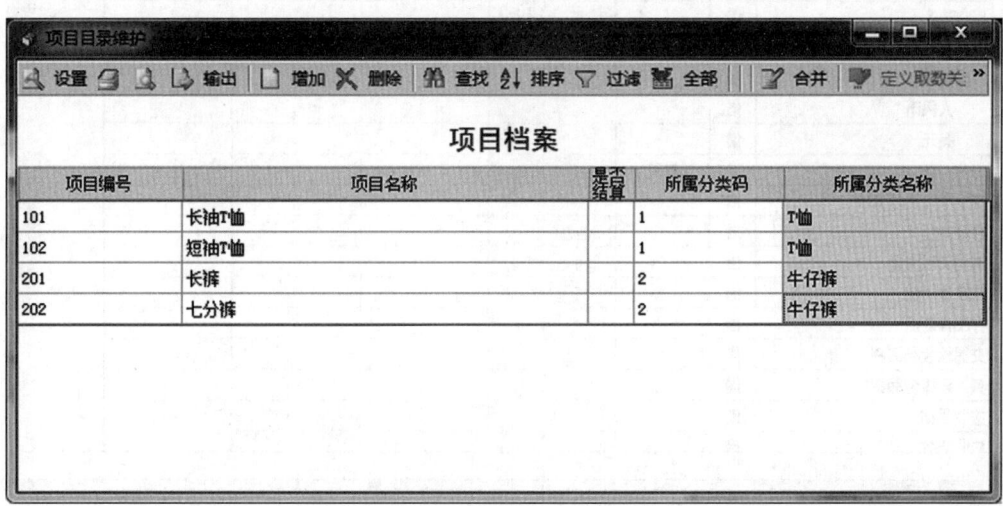

图 5-28 "项目目录维护"窗口

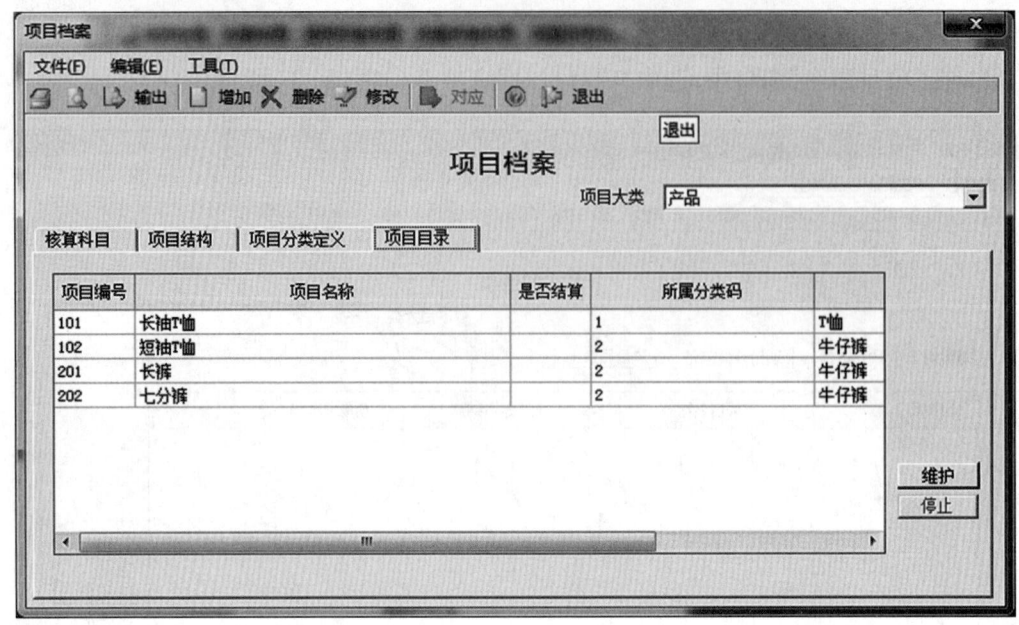

图 5-29 退出

七、期初余额录入

在企业应用平台"业务工作"选项卡中,执行"财务会计""总账""设置""期初余额"命令,打开"期初余额"对话框,如图 5-30 所示。

图 5-30 期初余额录入(空表)

(一)直接录入期初余额

(1)将光标定在"库存现金"科目的"期初余额"栏,录入期初余额"9 102.10"。

(2)录入数据栏为白色的其他各末级科目的期初余额,如图 5-31 所示。

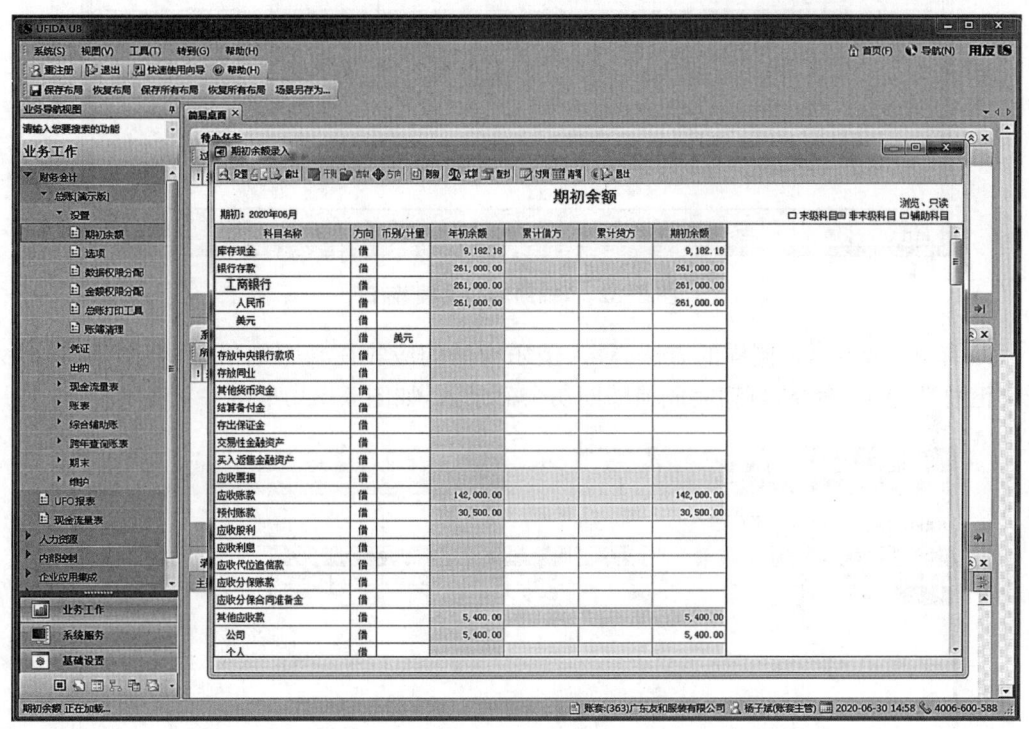

图 5-31 "期初余额录入"窗口

提 示

1. 录入"期初余额"时,期初余额栏会显示 3 种颜色。其中,白色代表"末级科目",灰色代表"非末级科目",黄色代表"辅助核算科目"。

2. 只需录入最末级科目的余额和累计发生数,上级科目的余额和累计发生数由系统自动计算。

3. 总账科目与下级科目的方向必须一致。如果所录明细余额的方向与总账余额相反,则可用"一"号表示。

4. 年中启用会计电算化软件的,只需录入末级科目的期初余额及累计借方、累计贷方,年初余额则由系统自动计算出来。

(二)涉及辅助核算会计科目期初余额

(1)双击"应收账款"科目的"期初余额"栏,进入"辅助期初余额"窗口,如图 5-32 所示。

(2)单击工具栏上的"往来明细",之后执行"增行"命令,根据资料信息,在日期栏录入"2020-05-05",凭证号处选择或录入"转-58",客户名称处选择或录入"广东立信服装有限公司",摘要处录入"客户欠款",金额处录入"80 000"。

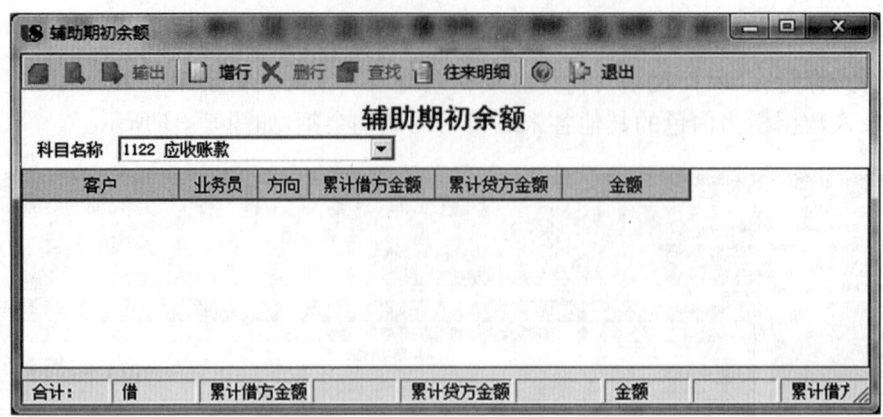

图 5-32 "辅助期初余额"窗口

(3) 单击"增行",以同样的方法,录入美乐商城的应收往来明细信息,如图 5-33 所示。执行"汇总""退出"命令,自动完成辅助期初余额录入,如图 5-34 所示。

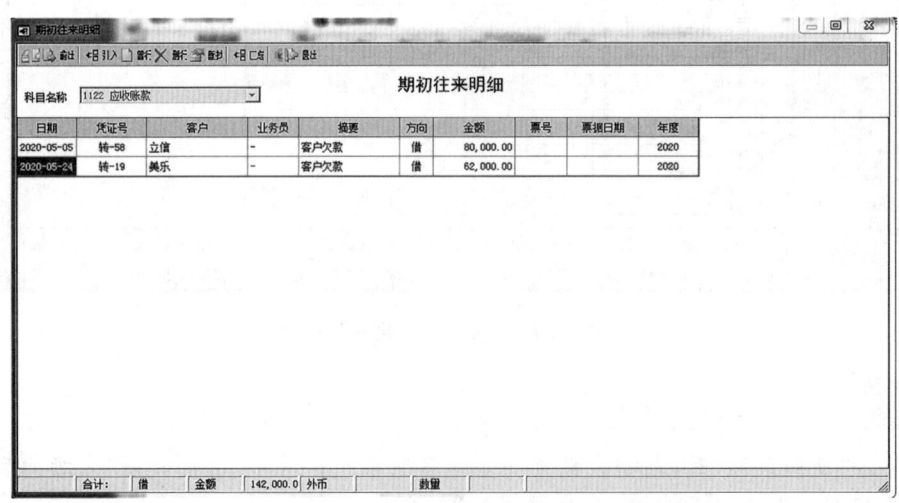

图 5-33 "期初往来明细"窗口

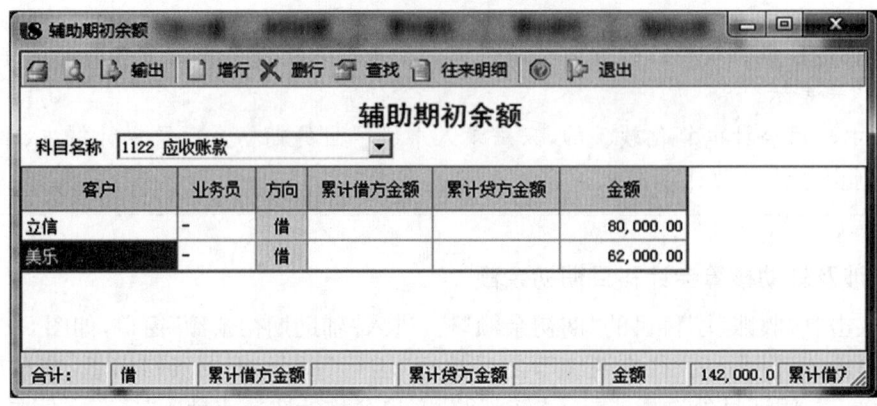

图 5-34 "辅助期初余额"窗口

(4)录入完毕,单击"退出"按钮返回。

(5)录入其他带有辅助核算项的会计科目期初余额。

提 示

1. 录入带有辅助项会计科目的"期初余额"时,有往来明细的应先录入往来明细科目,明细录入完成后需要单击"汇总"按钮,使得明细科目数据汇总到辅助期初余额表中。

2. 录入"140501T恤"科目数据时,直接在"辅助期初余额"对话框中录入金额和数量即可,其余信息留白。

3. 在录入带有辅助项的应收、应付账款科目前,需先设置凭证类别,否则凭证号将不能录入。

(三)试算平衡

(1)输完所有科目余额后,单击"试算"按钮,打开"期初试算平衡表"对话框。

(2)若期初余额试算平衡,如图5-35所示,则单击"确定"按钮,返回"期初余额录入"窗口,单击"退出"按钮返回。

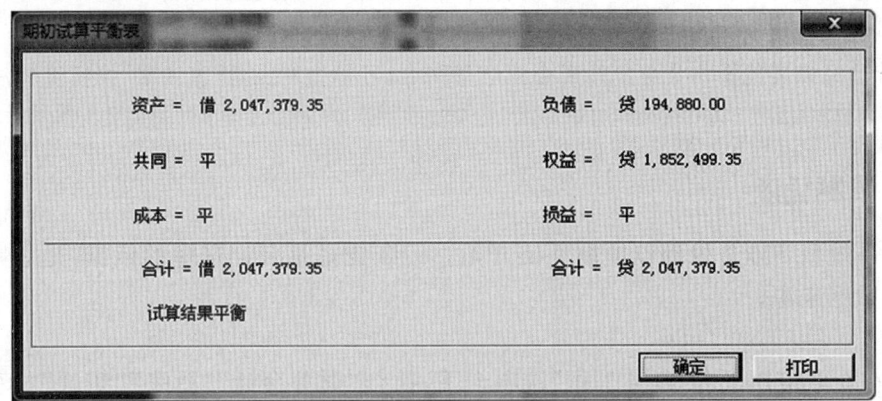

图 5-35 期初试算平衡表(试算结果平衡)

(3)若期初余额不平衡,如图5-36所示,则查找错漏原因,修改期初余额调整至试算平衡。

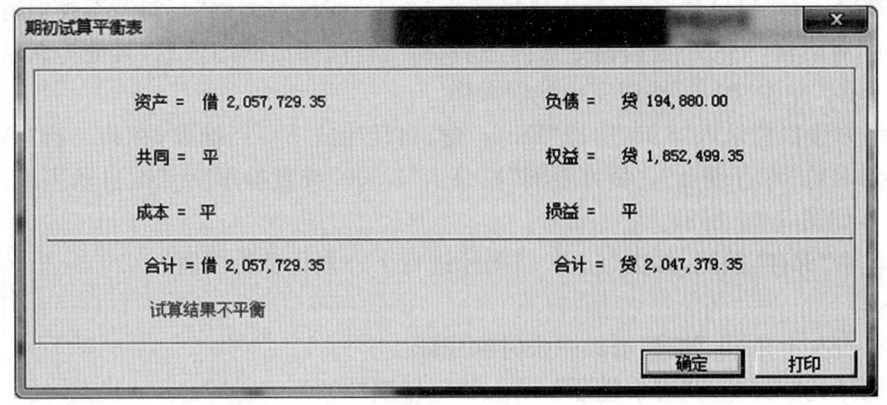

图 5-36 期初试算平衡表(试算结果不平衡)

> 提示
>
> 1. 期初余额试算不平衡时将不能记账，但可以填制凭证。
> 2. 若已经记过账，则不能再录入、修改期初余额，也不能执行"结转上年余额"功能。

任务二 凭证管理

一、注册系统平台

以"003 曹作勇"身份注册进入系统平台，操作日期选择"2020-06-30"。

> 提示
>
> 1. 操作日期录入"2020-06-30"，这样可以只注册一次企业应用平台就可以录入不同日期的凭证。
> 2. 若已经以其他操作员身份注册企业应用平台，可单击左上角"重注册"按钮重新注册系统。

二、填制凭证

总账系统日常业务处理以填制凭证开始。记账凭证是登记账簿的依据，是总账管理系统的唯一数据来源。

业务1

（1）在企业应用平台"业务工作"选项卡下，执行"财务会计""总账""凭证""填制凭证"命令，进入"填制凭证"窗口，如图5-37所示。

（2）单击左上角"＋"按钮或者按"F5"快捷键，系统自动增加一张收款凭证。

（3）选择凭证类型为"付款凭证"，录入制单日期"2020.06.01"、摘要"预借差旅费"。

（4）在第一行"科目名称"栏录入科目名称"个人"或科目编码"122102"，按"Enter"键弹出"辅助项"对话框，"个人"空白栏处选择"刘秋梅"，自动弹出部门信息，其他为默认设置，如图5-38所示。单击"确定"按钮完成此项操作。

（5）借方金额栏录入"3 500"，按"Enter"键，自动生成下一行摘要，在第二行"科目名称"栏录入科目名称"库存现金"，"贷方金额"栏录入"3 500"或直接按"＝"键自动生成借贷差额数额3 500，如图5-39所示。

（6）单击"保存"按钮，再次点击"＋"图标进行下一张凭证的填制。

业务2

（1）单击左上角"＋"按钮增加一张付款凭证。

（2）选择凭证类型为"付款凭证"，录入制单日期"2020.06.05"。

（3）第一行摘要内容为"从银行提取现金"，"科目名称"栏录入科目名称"库存现金"

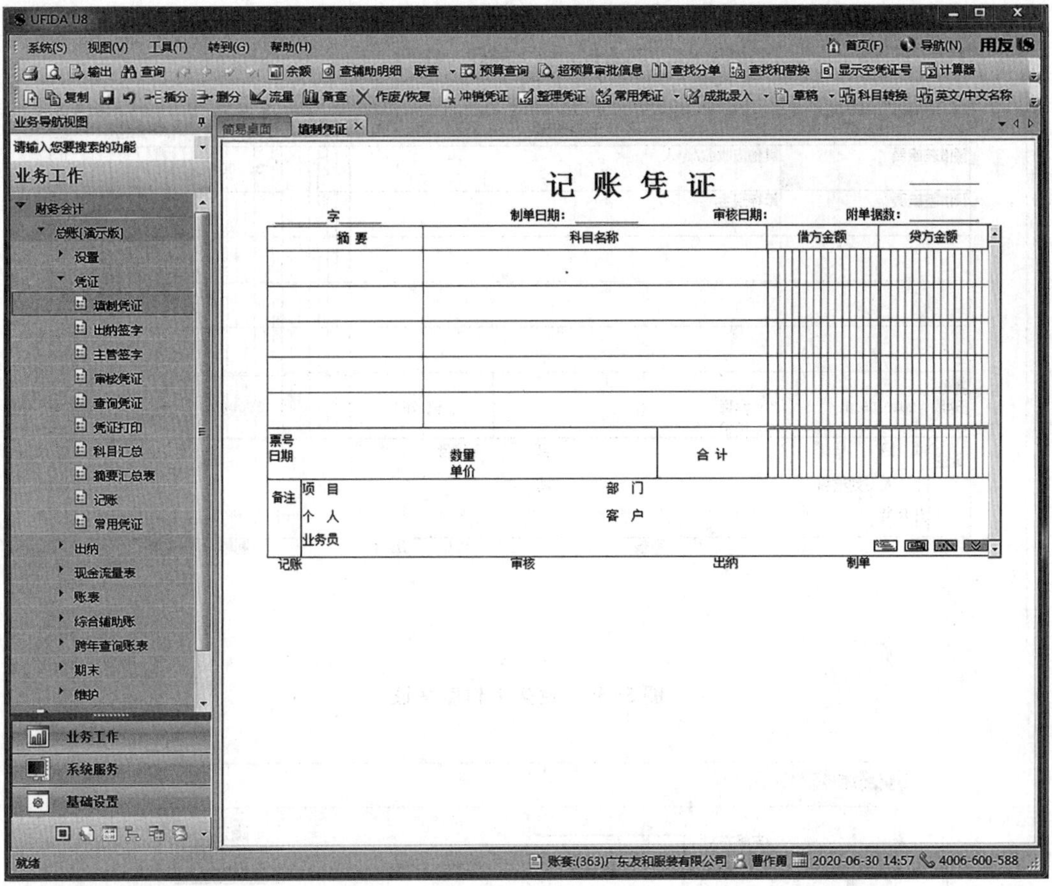

项目五　总账管理系统

图 5-37　填制凭证

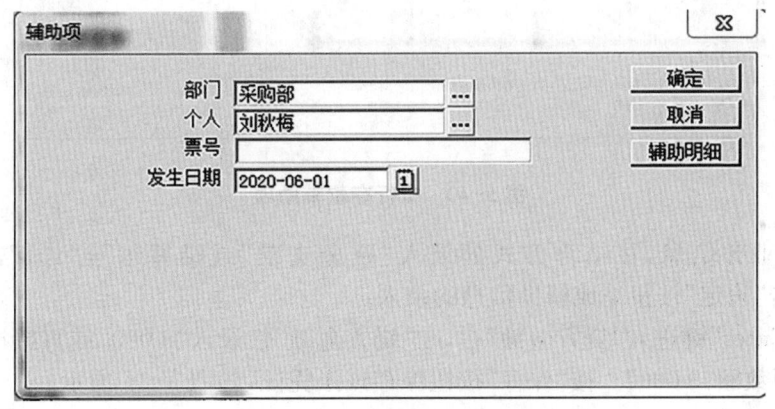

图 5-38　"辅助项"对话框

或科目编码"1001",借方金额栏录入金额"9 000",按"Enter"键,自动生成下一行摘要,在第二行"科目名称"栏录入科目名称"银行存款/工行存款/人民币"或直接录入"人民币"或者录入科目代码"10020101",按"Enter"键,此时会弹出银行存款的辅助项,如图 5-40 所示。

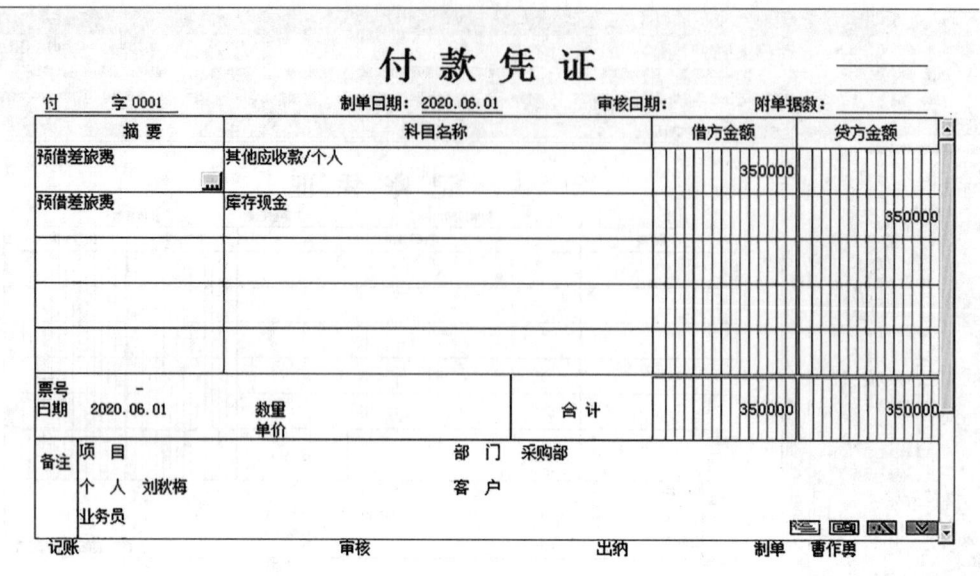

图 5-39 业务 1 付款凭证

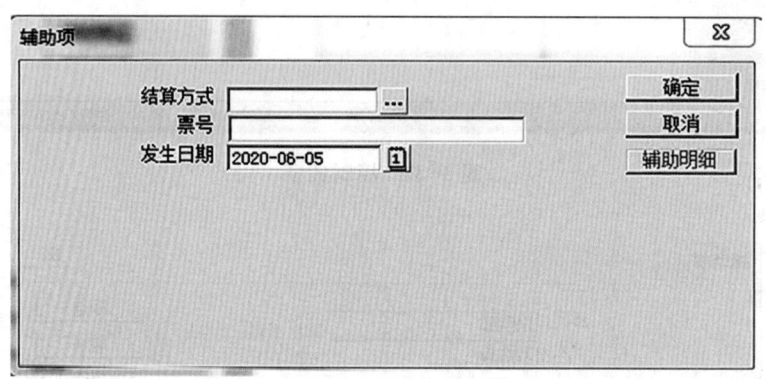

图 5-40 银行存款辅助项

(4) 根据业务信息,在结算方式处录入"现金支票"或结算编号"101",票号处录入"XJ001",点击"确定"按钮完成辅助信息的录入。

(5) 按"Enter"键进入"贷方金额"栏,在"贷方金额"栏录入"9 000"或直接按"="键自动生成借贷差额数额"9 000"。按"保存"按钮保存该张凭证,如图 5-41 所示。

业务 3

略。

业务 4

(1) 单击左上角"＋"按钮增加一张新凭证。

(2) 选择凭证类型为"收款凭证",录入制单日期"2020.06.07"。

(3) 第一行摘要内容为"收到投资款","科目名称"栏录入科目名称末级科目"美元",也可

图 5-41 业务 2 付款凭证

从该栏右下角"…"处选择"资产""银行存款""工商银行""美元"科目，按"Enter"键，弹出"辅助项"窗口，录入对应结算方式和票号，如图 5-42 所示。单击"确定"按钮完成辅助项录入。

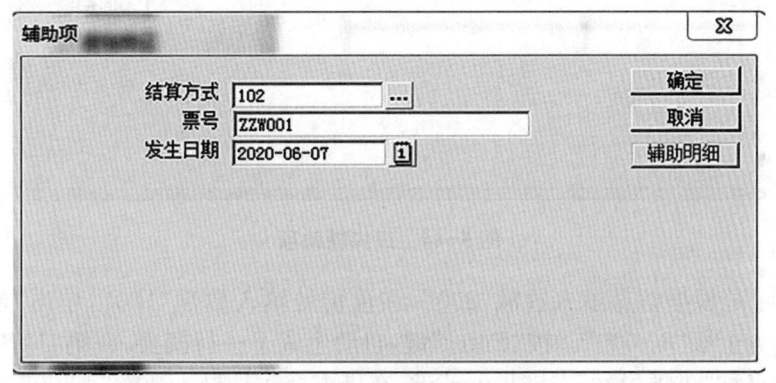

图 5-42 美元辅助项

（4）在外币栏录入外币金额"100 000"，按"Enter"键，借方金额栏自动换算出金额"62 500"，按"Enter"键跳转至第二行，在贷方科目处录入科目名称"实收资本"，按"Enter"到贷方金额栏，按"="键完成贷方金额录入，如图 5-43 所示。单击保存，完成操作。

业务 5

（1）单击左上角"＋"按钮增加一张付款凭证。

（2）选择凭证类型为"付款凭证"，录入制单日期"2020.06.08"。

（3）第一行摘要内容为"材料验收入库"，"科目名称"栏录入末级科目名称"纽扣"，也可从该栏右下角"…"处选择"资产""原材料""纽扣"科目，按"Enter"键，弹出纽扣辅助项窗口，如图 5-44 所示。

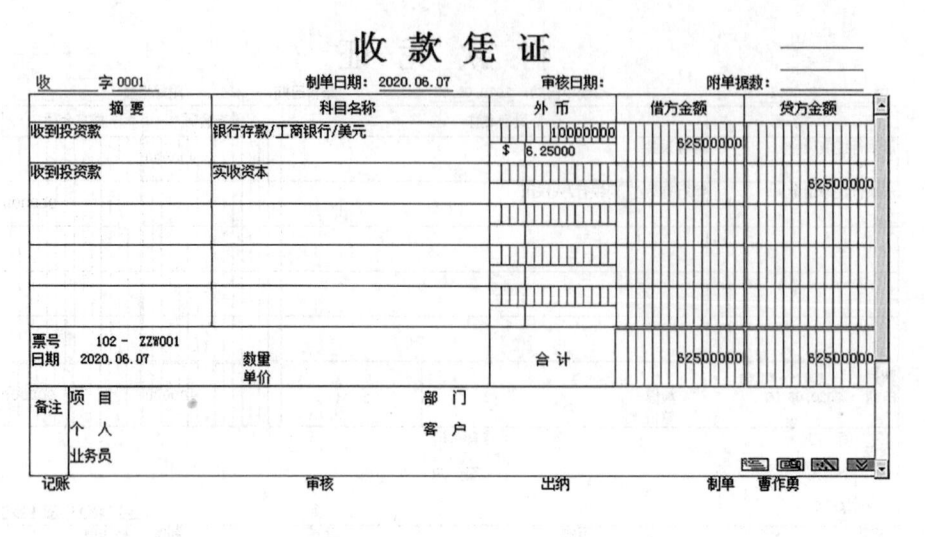

图 5-43 业务 4 收款凭证

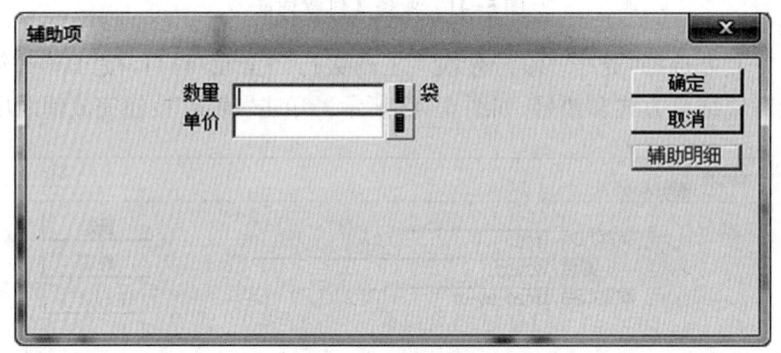

图 5-44 纽扣辅助项

(4) 在数量处根据信息填入数额"300",在单价处填入数额"100",单击"确定"按钮,系统自动弹出借方金额"30 000"。按"Enter"键,自动生成下一行摘要,在第二行"科目名称"栏录入末级科目名称"进项税额",按"Enter"键,在借方金额栏录入数额"4 800",按"Enter"键,自动生成第三行摘要内容,按"Enter"键,录入科目编号"10020101",再按"Enter"键,弹出银行存款辅助项,如图 5-45 所示。

(5) 根据业务信息,在结算方式处录入"102"转账支票结算方式,在票号处录入"ZZR001"编号,单击"确定"按钮,完成辅助信息填制。

(6) 按"Enter"键,进入贷方金额栏,再按"="键,系统自动弹出贷方金额"34 800",单击"保存"按钮完成凭证填制。系统显示"凭证已保存成功",单击"确定"按钮完成操作,如图 5-46 所示。

业务 6

(1) 单击左上角"+"按钮增加一张付款凭证。

(2) 选择凭证类型为"付账凭证",录入制单日期"2020.06.16"。

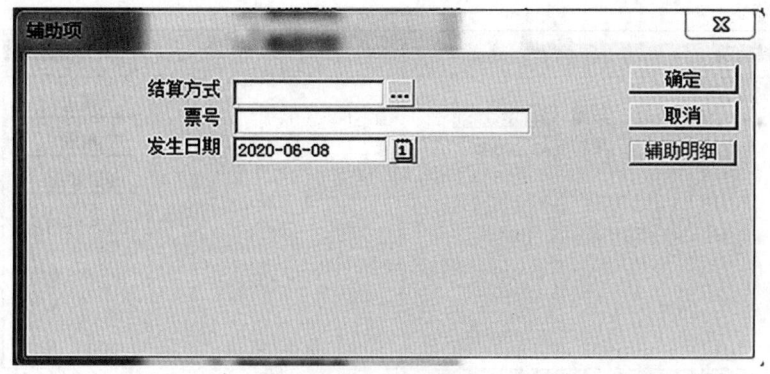

图 5-45　银行存款辅助项

图 5-46　业务 5 付款凭证

（3）第一行摘要内容为"购买材料"，"科目名称"栏录入末级科目名称"面料"，也可从该栏右下角"…"处选择"资产""原材料""面料"科目，按"Enter"键，弹出面料辅助项窗口，根据信息录入对应的数量与单价，如图 5-47 所示。单击"确定"按钮，系统自动弹出借方金额"45 000"。

（4）按"Enter"键，自动生成下一行摘要，在第二行"科目名称"栏录入末级科目名称"进项税额"，按"Enter"键，在借方金额栏录入数额"7 200"，按"Enter"键，自动生成第三行摘要内容，按"Enter"键，在科目名称栏录入编号"10020101"，再按"Enter"键，弹出银行存款辅助项，根据信息录入结算方式和票号，如图 5-48 所示。

（5）按"Enter"键，进入贷方金额栏，按"="键，系统自动弹出贷方金额"52 200"，单击"保存"按钮完成凭证填制。系统显示"凭证已保存成功"，单击"确定"按钮退出。

业务 7

略。

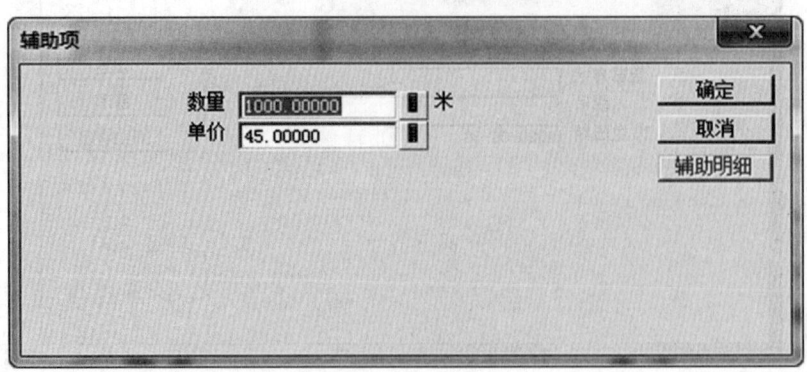

图 5-47 面料辅助项

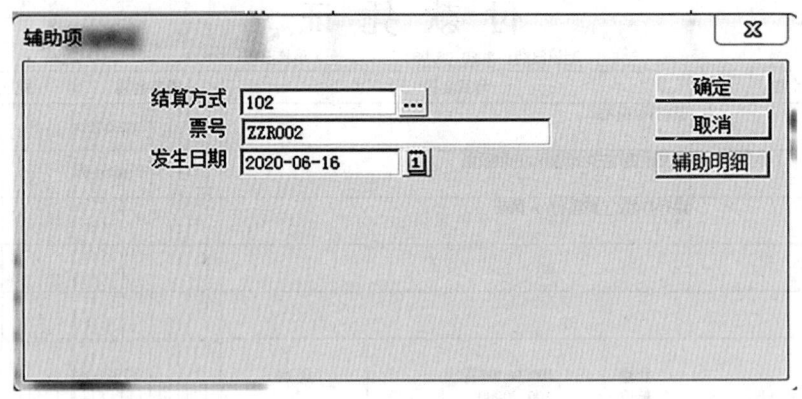

图 5-48 银行存款辅助项

业务 8

（1）单击左上角"＋"按钮增加一张空白凭证。

（2）选择凭证类型为"转账凭证"，录入制单日期"2020.06.30"。

（3）第一行摘要内容为"领用辅料"，"科目名称"栏录入末级科目名称"直接材料"，也可从该栏右下角"…"处选择"成本""生产成本""直接材料"科目，按"Enter"键，弹出项目名称辅助项窗口，根据信息选择"七分裤"，如图 5-49 所示。

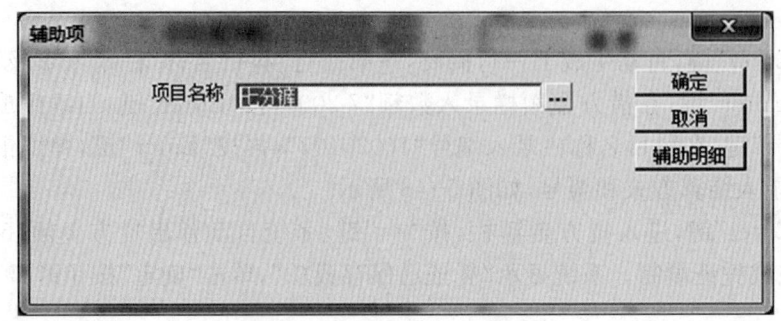

图 5-49 项目名称辅助项

(4) 单击"确定",在借方金额栏录入金额"30 000",按"Enter"键,自动弹出第二行摘要内容,按"Enter"键,在科目名称处录入"原材料/辅料"或录入科目编码"140302",按"Enter"键,弹出辅料辅助项,根据信息,分别填入数量与单价数额,如图5-50所示。

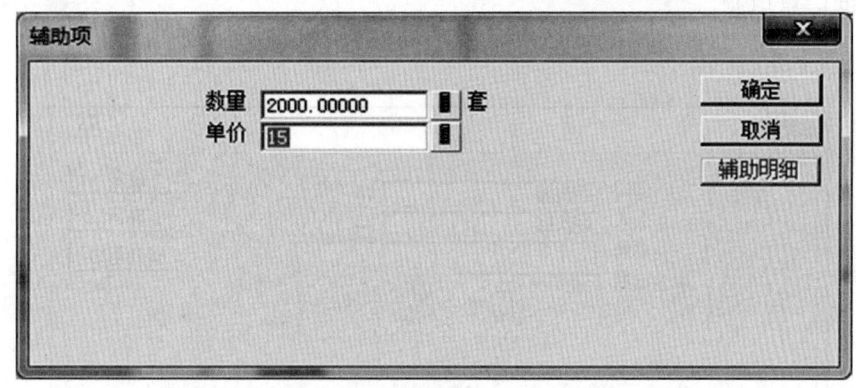

图 5-50 辅料辅助项

(5) 按"Enter"键,此时弹出借方金额"30 000",应将其删除,在贷方手动录入金额"30 000",保证借贷相平,如图5-51所示。

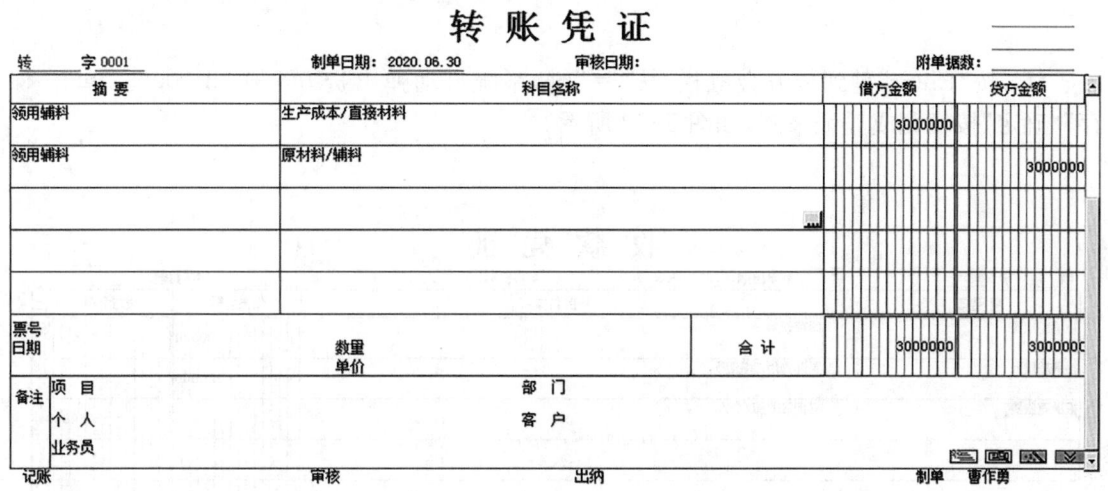

图 5-51 业务8转账凭证

(6) 单击"保存"按钮,完成该凭证录制。

业务9

(1) 单击左上角"+"按钮增加一张空白凭证。
(2) 选择凭证类型为"收款凭证",录入制单日期"2020.06.30"。
(3) 第一行摘要内容为"报销差旅费","科目名称"栏录入科目名称"库存现金"或科目编号"1001",也可从该栏右下角"…"处选择"资产""库存现金"科目,按"Enter"键,录入借方金额"300"。

(4)按"Enter"键,自动弹出第二行摘要内容,在科目名称处录入"管理费用/差旅费"或在该栏右下角"…"处选择"损益""管理费用""差旅费"科目,按"Enter"键,弹出部门信息辅助项,根据业务信息在部门栏选择"采购部",个人栏选择"刘秋梅",如图 5-52 所示,单击"确定"完成辅助信息填制。

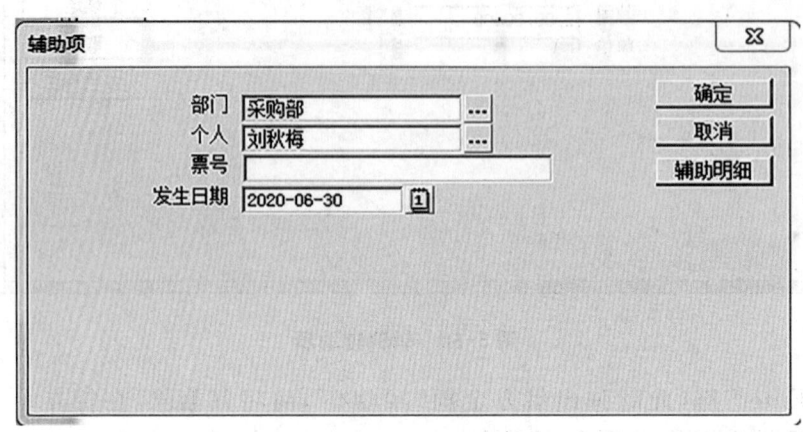

图 5-52 部门信息辅助项

(5)按"Enter"键到贷方金额栏,按"="键,系统自动弹出贷方金额"3 500"。单击"保存""确定"按钮完成凭证录制,如图 5-53 所示。

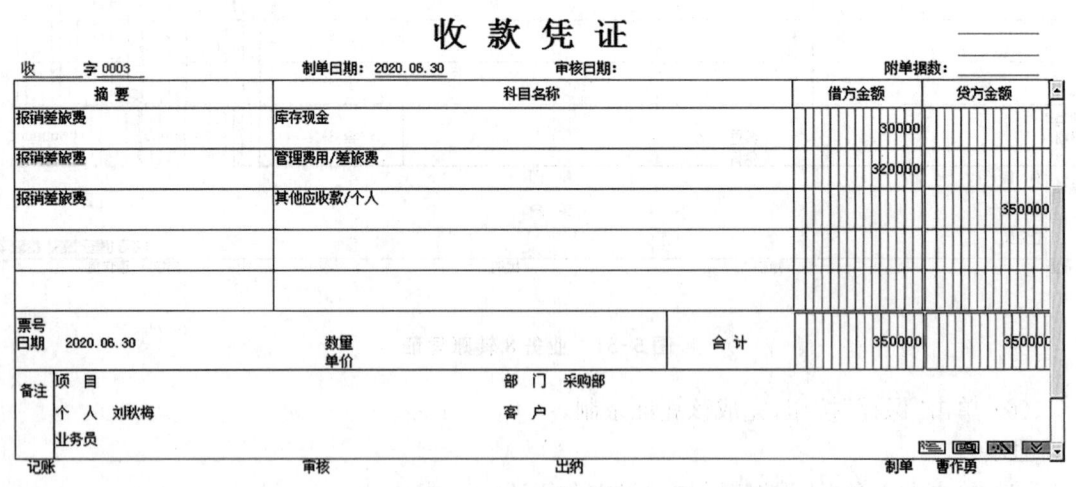

图 5-53 业务 9 收款凭证

(6)退出填制凭证窗口,完成凭证填制,填制列表如图 5-54 所示。

制单日期	凭证编号	摘要	借方金额合计	贷方金额合计	制单人	审核人	系统名	备注	审核日期	年度
2020-06-07	收-0001	收到投资款	625,000.00	625,000.00	曹作勇					2020
2020-06-25	收-0002	收到销货款	90,400.00	90,400.00	曹作勇					2020
2020-06-30	收-0003	报销差旅费	3,500.00	3,500.00	曹作勇					2020
2020-06-01	付-0001	预借差旅费	3,500.00	3,500.00	曹作勇					2020
2020-06-05	付-0002	从银行提取现金	9,000.00	9,000.00	曹作勇					2020
2020-06-06	付-0003	购买办公用品	800.00	800.00	曹作勇					2020
2020-06-08	付-0004	材料验收入库	33,900.00	33,900.00	曹作勇					2020
2020-06-16	付-0005	购进面料	50,850.00	50,850.00	曹作勇					2020
2020-06-30	转-0001	领用辅料	30,000.00	30,000.00	曹作勇					2020
		合计	846,950.00	846,950.00						

图 5-54 填制列表

提　示

1. 采用序时控制时,凭证日期应晚于或等于启用日期,不能超过业务日期。
2. 制单日期不能超过计算机系统日期。
3. 凭证一旦保存,其凭证类别、凭证编号不能修改。
4. 正文中不同行的摘要可以相同也可以不同,但不能为空。每行摘要将随相应的会计科目在明细账、日记账中出现。
5. 科目编码必须是末级的科目编码;金额不能为"零";红字以"—"号表示。
6. 可按"＝"键取当前凭证借贷方金额的差额到当前光标位置。
7. 选择支票控制,即该结算方式设为支票管理,银行账辅助信息不能为空,而且该方式的票号应在支票登记簿中有记录。
8. 对于具有客户往来的辅助核算,如果往来单位不属于已定义的往来单位,则要正确录入新的往来单位的辅助信息,系统会自动追加到往来单位目录中。

三、查询凭证

(1) 选择"业务工作"选项卡,执行"总账""凭证""查询凭证"命令,打开"凭证查询"对话框,如图5-55所示。

(2) 单击"确定"打开全部凭证,选择要查询的凭证,双击打开即可,如图5-56所示。

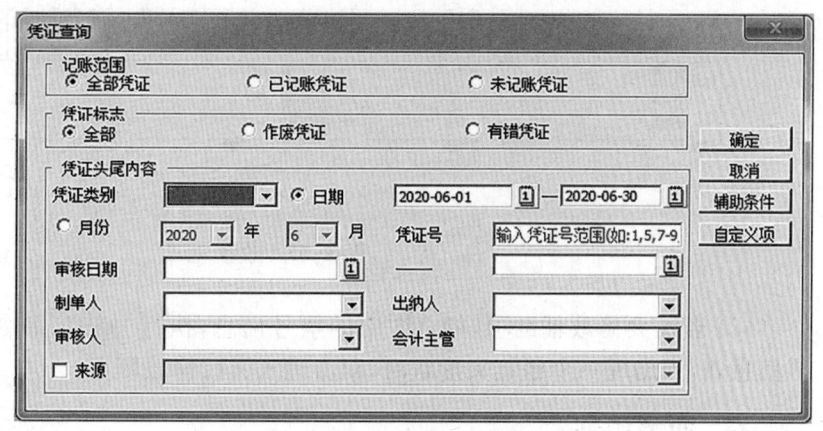

图 5-55 "凭证查询"对话框

图 5-56　选择要查询的凭证

四、修改凭证

（1）进入"业务工作"选项卡，执行"总账""凭证""查询凭证"命令，打开"查询凭证"状态，执行"修改"命令即可直接进行修改，如图 5-57 所示，修改完成后，单击保存后退出即可。

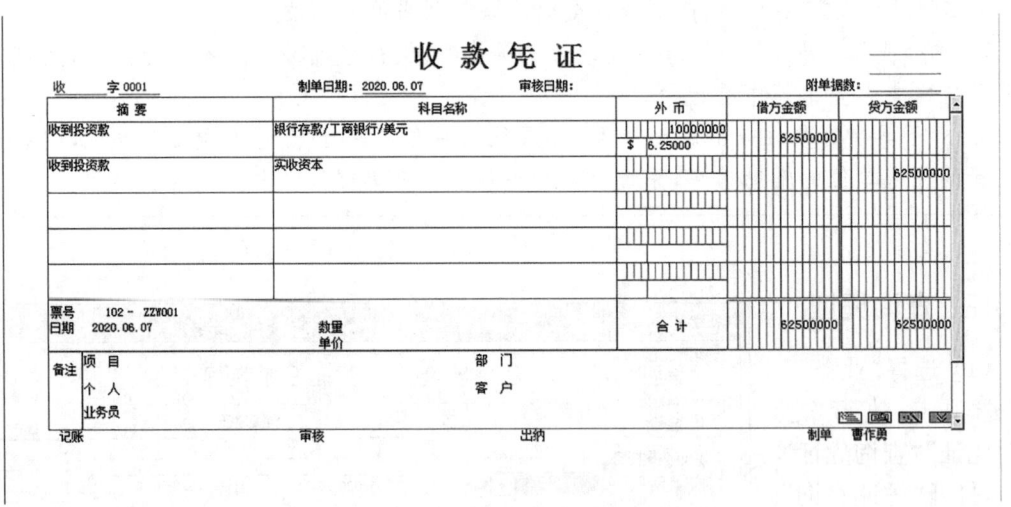

图 5-57　收款凭证

（2）若需要修改辅助项，如上图中的票号信息，执行"修改"命令后，只需将光标放在票号信息处，当出现一个粗笔头形状时，双击进入进行修改即可。

五、冲销凭证

在"业务工作"选项卡中，执行"总账""凭证""填制凭证"命令，打开已有凭证窗口，选择

要冲销的凭证,单击上方"冲销凭证"命令,打开"冲销凭证"对话框,如图5-58所示。(红字冲销只针对已记账凭证)

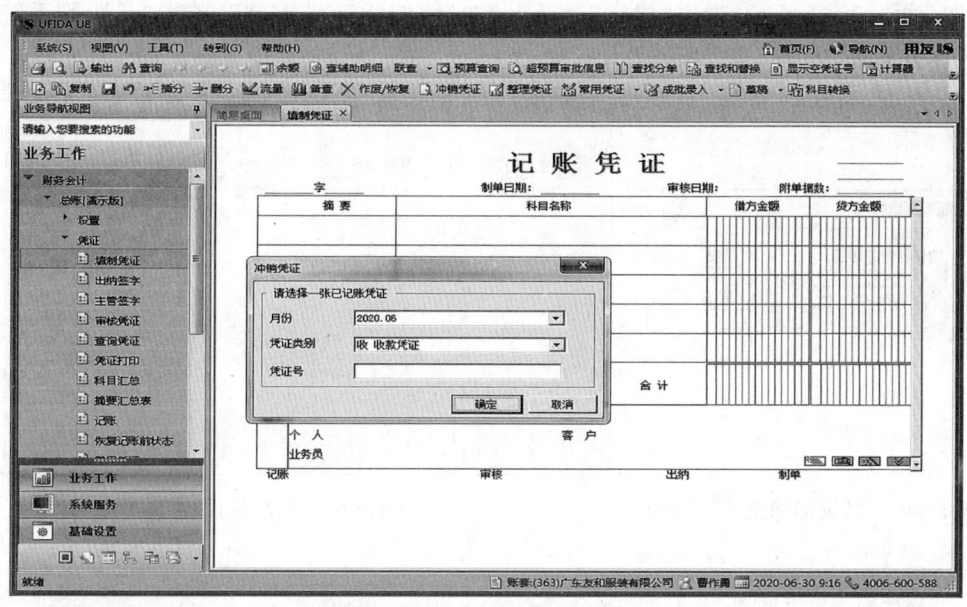

图5-58 "冲销凭证"对话框

六、删除凭证

查询凭证时,发现需要进行删除的凭证,操作如下:在用友ERP-U8 V10.1中,需要分两步进行,即先进行"作废"操作,然后再进行"整理"操作才能删除凭证。

(1) 在"填制凭证"窗口中,单击"查询"按钮,可先查询到要作废的凭证。

(2) 对要作废的凭证,执行"制单""作废/恢复"命令。凭证左上角显示"作废"字样,如图5-59所示,表示该凭证已作废。

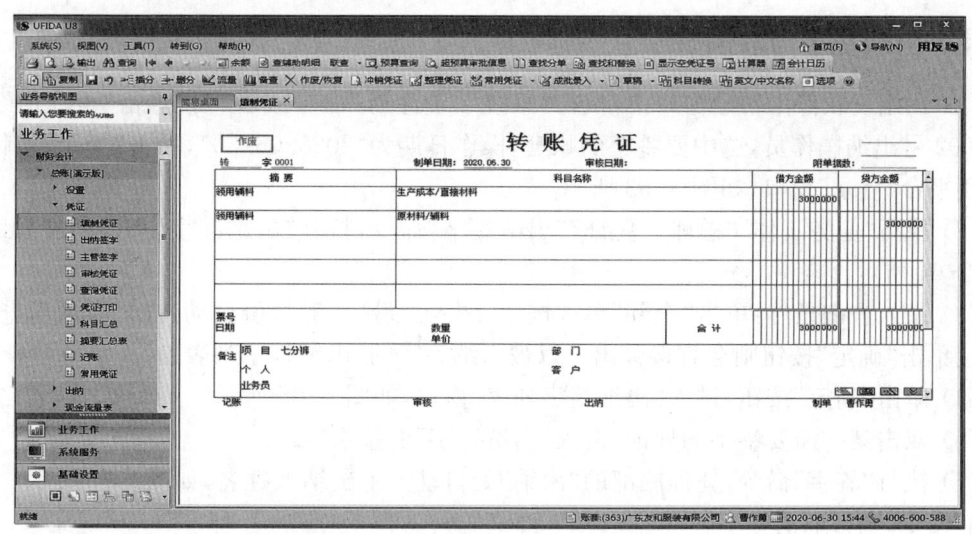

图5-59 凭证作废

（3）在"填制凭证"窗口，选择菜单栏"整理凭证"按钮，打开"凭证期间选择"对话框，如图 5-60 所示，单击"确定"按钮，打开"作废凭证表"，双击要作废凭证的"删除"栏，单击"确定"按钮，如图 5-61 所示，弹出"提示"对话框，选择"按凭证号重排"，单击"是"，则系统删除被选中作废凭证，如图 5-62 所示。

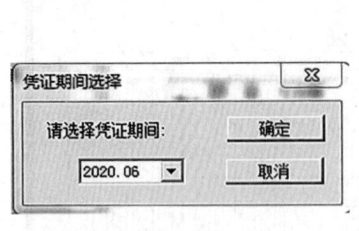
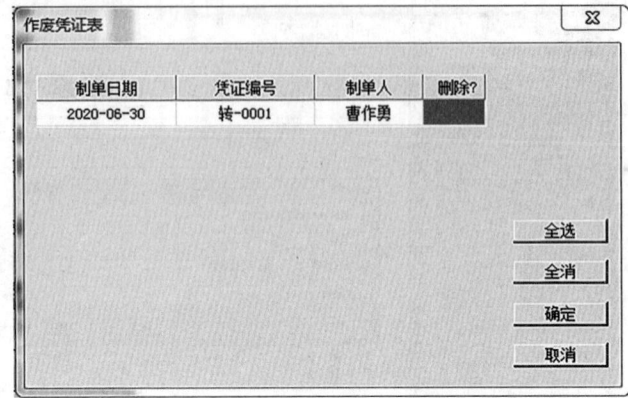

图 5-60　"凭证期间选择"对话框　　　　图 5-61　删除凭证

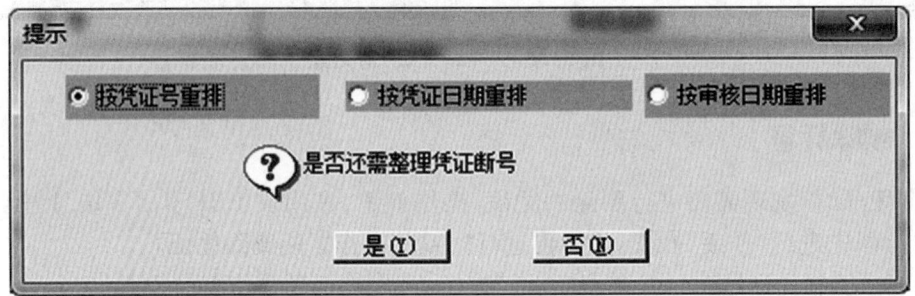

图 5-62　"提示"对话框

七、出纳签字与取消签字

（1）在用友软件中初始窗口中，执行"系统""重注册"命令或者直接点击"重注册"按钮更换 002 号出纳操作员，选中要签字的账套，操作日期为"2020.06.30"，单击"登录"按钮，进入应用平台"登录"窗口，如图 5-63 所示。

（2）执行"业务工作""总账""凭证""出纳签字"命令，打开"出纳签字"查询条件对话框，如图 5-64 所示。

（3）录入查询条件：单击"全部"单选按钮，录入月份（一般月份自动弹出，不录入查询条件直接单击"确定"按钮则会直接弹出可以被出纳签字的"出纳签字列表"）。

（4）单击"确定"按钮，进入"出纳签字列表"窗口，如图 5-65 所示。

（5）双击某一需要签字的凭证，进入"出纳签字"的签字窗口。

（6）执行"签字"命令，凭证底部的"出纳"处自动签上出纳人姓名，如图 5-66 所示。执行"取消"命令，则可取消签字。

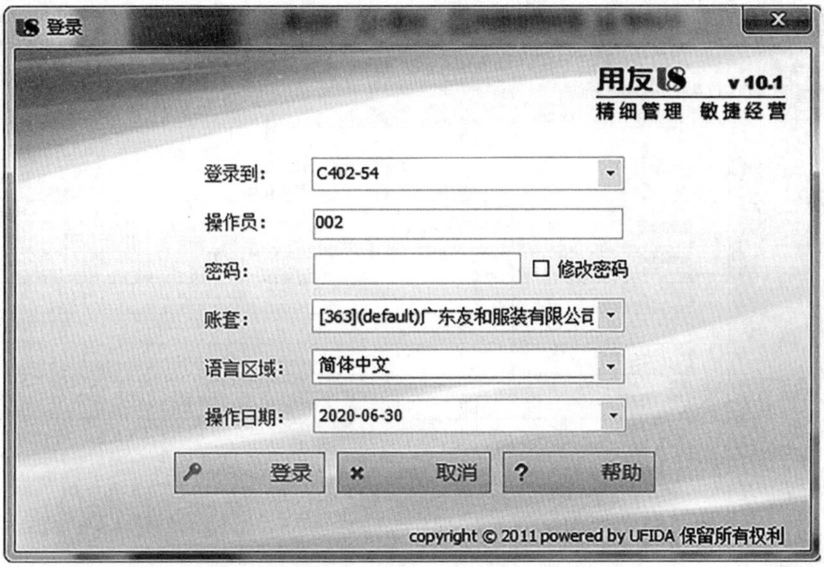

图 5-63　“登录”窗口

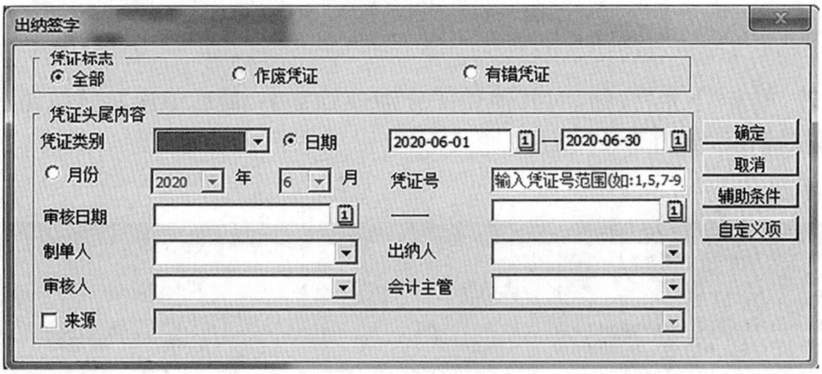

图 5-64　“出纳签字”查询条件对话框

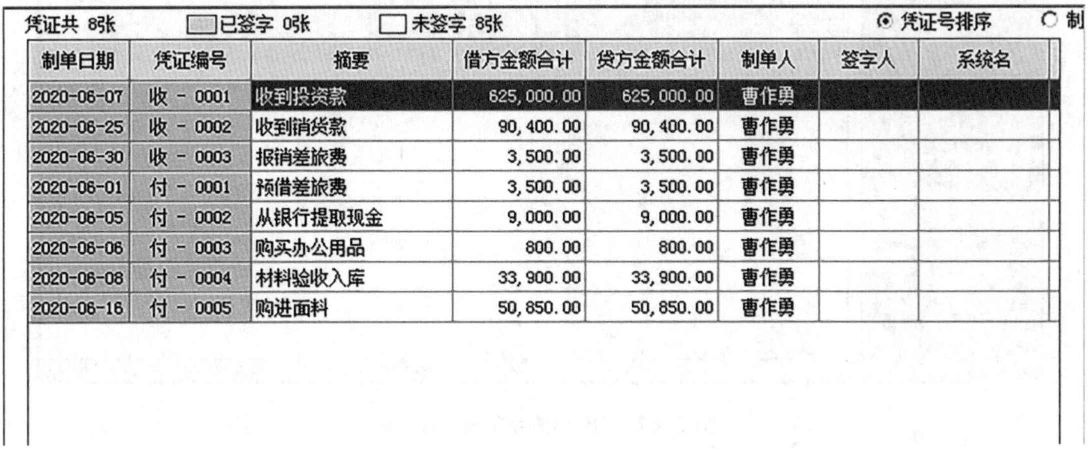
凭证共 8张　已签字 0张　未签字 8张　凭证号排序　制

制单日期	凭证编号	摘要	借方金额合计	贷方金额合计	制单人	签字人	系统名
2020-06-07	收 - 0001	收到投资款	625,000.00	625,000.00	曹作勇		
2020-06-25	收 - 0002	收到销货款	90,400.00	90,400.00	曹作勇		
2020-06-30	收 - 0003	报销差旅费	3,500.00	3,500.00	曹作勇		
2020-06-01	付 - 0001	预借差旅费	3,500.00	3,500.00	曹作勇		
2020-06-05	付 - 0002	从银行提取现金	9,000.00	9,000.00	曹作勇		
2020-06-06	付 - 0003	购买办公用品	800.00	800.00	曹作勇		
2020-06-08	付 - 0004	材料验收入库	33,900.00	33,900.00	曹作勇		
2020-06-16	付 - 0005	购进面料	50,850.00	50,850.00	曹作勇		

图 5-65　出纳签字列表

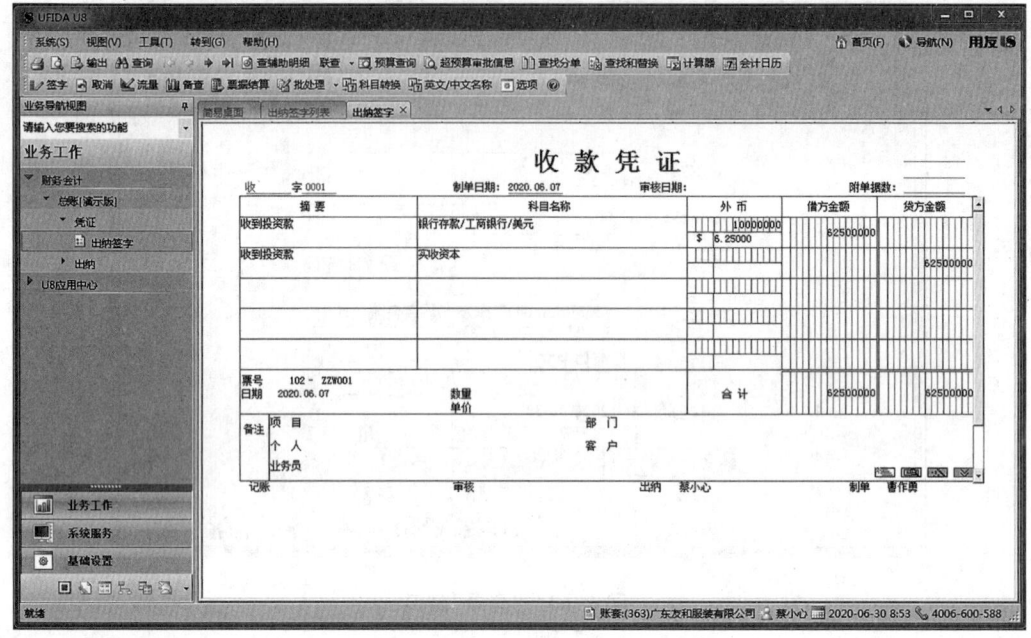

图 5-66 "出纳签字"窗口

（7）同理，单击"下张"按钮，对其他凭证分别进行签字，最后单击"×"按钮退出返回"出纳签字列表"对话框，如图 5-67 所示。

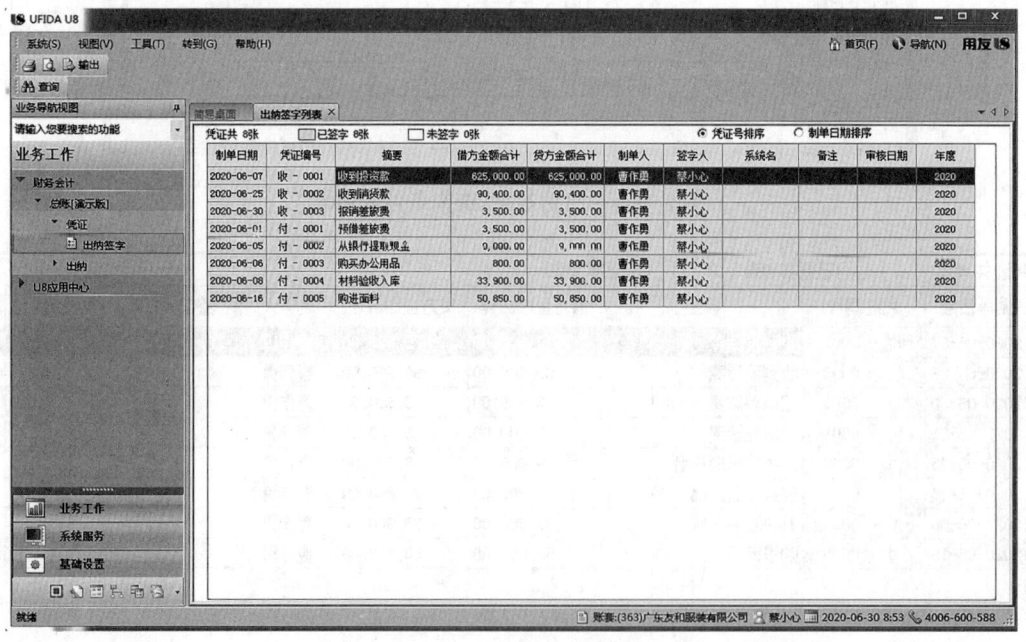

图 5-67 "出纳签字列表"对话框

> 提示
>
> 1. 凭证填制人和出纳签字人可以为不同的人,也可以为同一个人。
> 2. 按照会计制度规定,凭证的填制与审核不能是同一个人。
> 3. 在进行出纳签字和审核之前,通常需先更换操作员。
> 4. 要进行出纳签字的操作应满足以下条件:
>   (1) 在总账系统的选项里面已经设置了出纳凭证必须经由出纳签字。
>   (2) 已经在会计科目中进行了指定科目的操作。
>   (3) 凭证中所使用的会计科目是在总账系统中设置为日记账辅助核算内容的会计科目。
>   (4) 涉及指定为现金科目和银行科目的凭证才需出纳签字。
> 5. 凭证一经签字,就不能被修改、删除,只有取消签字后才可以修改或删除,取消签字只能由出纳自己进行。
> 6. 凭证签字并非审核凭证的必要步骤。若在设置总账参数时,不选择"出纳凭证必须经由出纳签字",则可以不执行"出纳签字"功能。
> 7. 可以执行"签字""成批出纳签字"功能对所有凭证进行出纳签字。

八、审核凭证

(1) 执行左上角"重注册"命令,打开"登录"对话框,以"001 杨子斌"的身份登录,时间为"2020.06.30",选中要审核的账套,点击"登录"进行重新注册。

(2) 执行"业务工作""总账""凭证""审核凭证"命令,打开"凭证审核"查询条件对话框,如图 5-68 所示。

图 5-68 "凭证审核"查询条件对话框

(3) 录入查询条件,单击"确定"按钮,进入"凭证审核列表"窗口,如图 5-69 所示。

(4) 双击要审核的凭证,进入"凭证审核"的"审核凭证"窗口,检查要审核的凭证,无误后,单击左上角"审核"按钮,凭证底部的"审核"处自动签上审核人姓名,并自动弹出下张要审核的凭证,同上依次进行审核,如图 5-70 所示。

(5) 若要取消审核,同样执行"业务工作""总账""凭证""审核凭证"命令,进入审核凭证窗口,单击左上方"取消"命令即可,凭证审核完成,如图 5-71 所示。

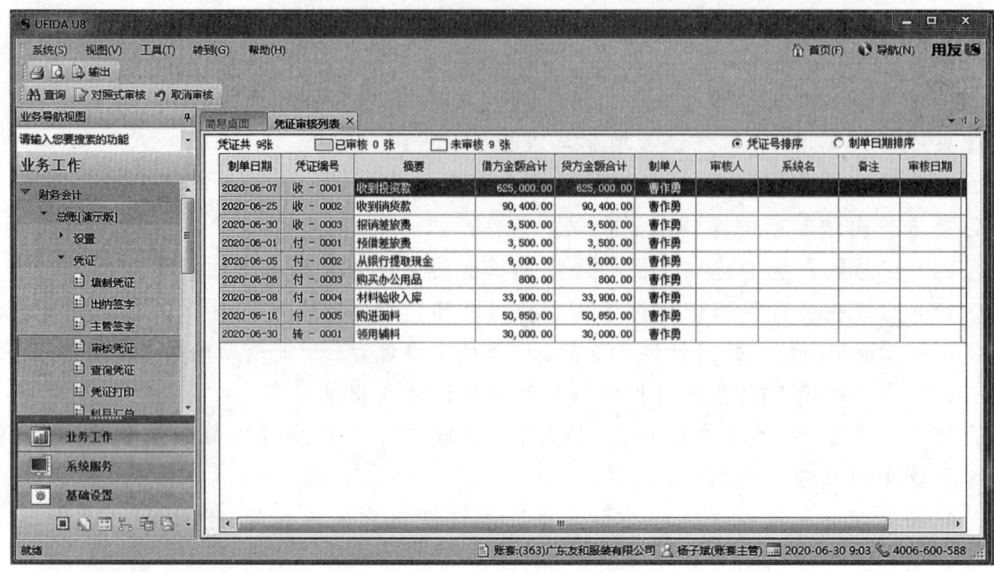

图 5-69 "凭证审核列表"窗口

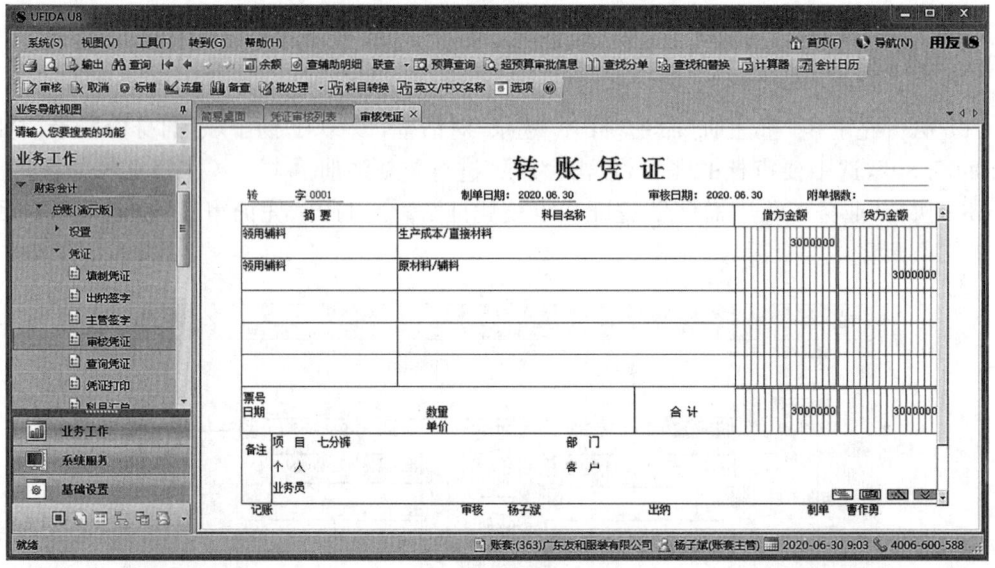

图 5-70 审核凭证

> **提 示**
>
> 1. 审核人必须具有审核权。当通过"凭证审核权限"设置了明细审核权限时,还需要有对制单人所制凭证的审核权。
> 2. 作废凭证不能被审核,也不能被标错。
> 3. 审核人和制单人不能是同一个人,凭证一经审核,不能被修改、删除,只有取消审核签字后才可修改或删除,已标记作废的凭证不能被审核,需先取消作废标记后才能审核。

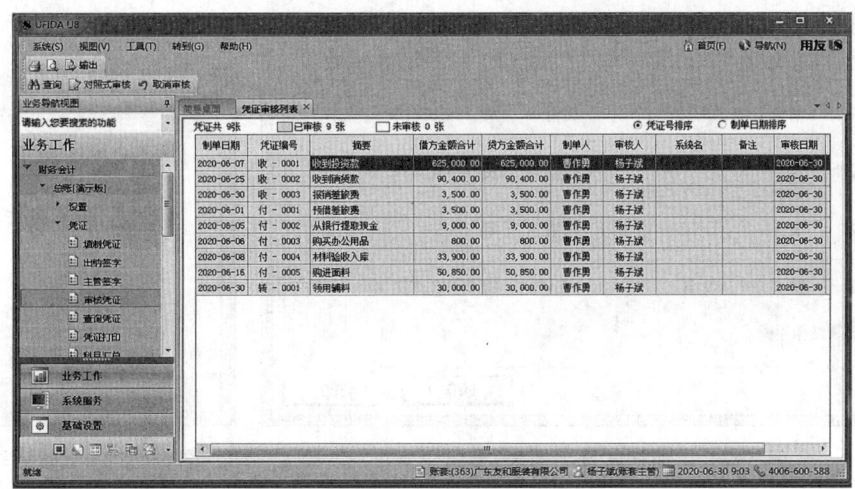

图 5-71　审核凭证完成

九、凭证记账

(1) 执行左上角"重注册"命令，打开"登录"对话框，以"003 曹作勇"的身份登录，时间为"2020.06.30"，选中要审核的账套，点击"登录"进行重新注册。

(2) 执行"业务工作""总账""凭证""记账"命令，进入"记账"窗口，如图 5-72 所示。

图 5-72　"记账"窗口

(3) 单击"全选"按钮，选择所有要记账的凭证。单击"记账"按钮，弹出"期初试算平衡表"窗口，如图 5-73 所示。单击"确定"按钮开始记账，记账完成后弹出"记账完毕!"窗口，单击"确定"按钮即可，如图 5-74 所示。

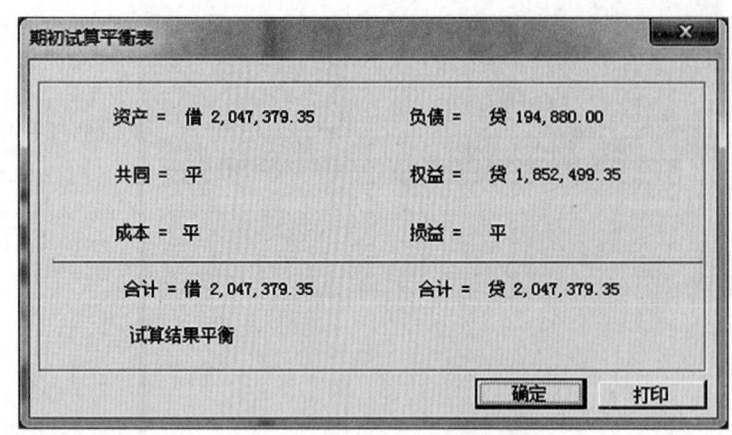

图 5-73 "期初试算平衡表"窗口　　　图 5-74 "记账完毕"窗口

> 提 示

1. 第一次记账时,若期初余额试算不平衡,不能记账。
2. 上月未记账,本月不能记账。
3. 未审核凭证不能记账,记账范围应小于等于已审核范围。
4. 作废凭证不需审核可直接记账。
5. 记账过程一旦断电或其他原因造成中断后,系统将自动调用"恢复记账前状态"恢复数据,然后再重新记账。

十、取消记账

(1) 在"业务工作"选项卡中,执行"财务会计""总账""期末""对账"命令,进入"对账"窗口,如图 5-75 所示。

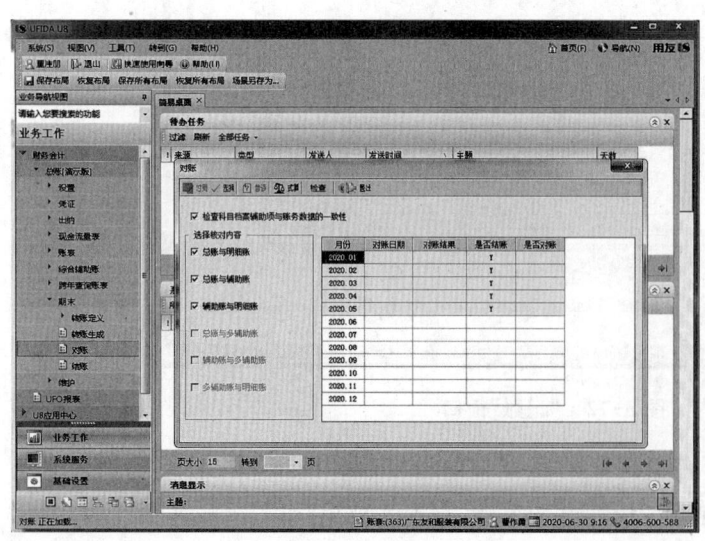

图 5-75 "对账"窗口　　　图 5-76 恢复记账前状态

（2）按"Ctrl＋H"键，弹出"恢复记账前状态功能已被激活。"信息提示框，如图 5-76 所示，单击"确定"按钮退出。

（3）执行"总账""凭证""恢复记账前状态"命令，打开"恢复记账前状态"对话框，如图 5-77 所示。

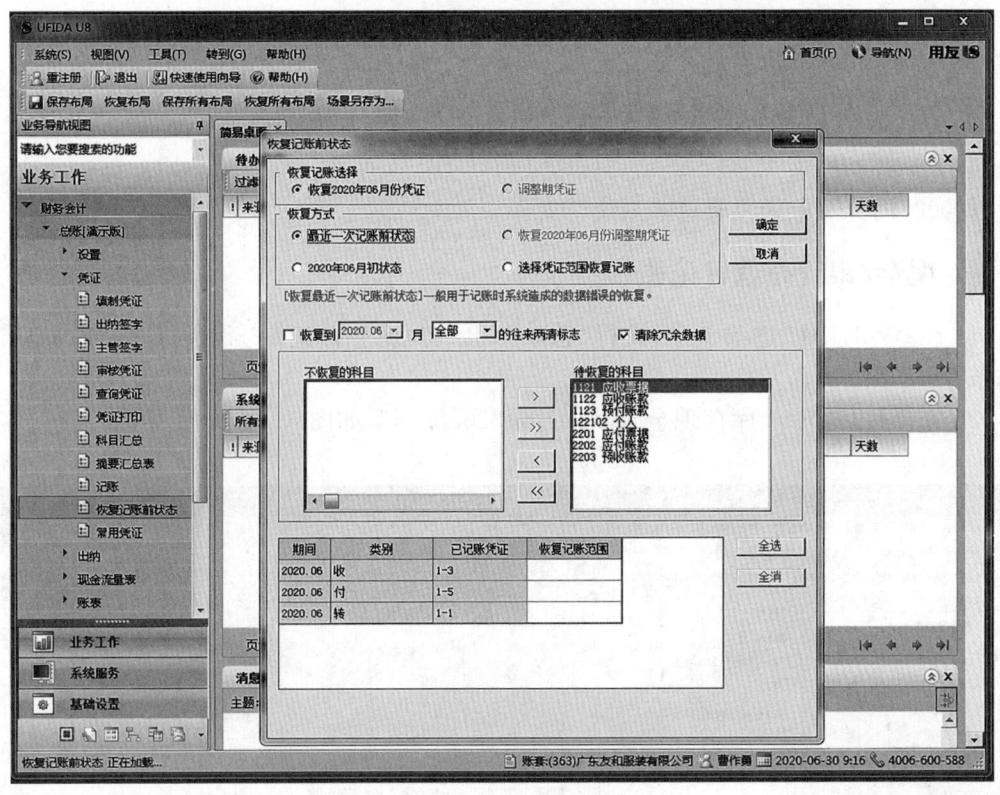

图 5-77 "恢复记账前状态"对话框

（4）选择"最近一次记账前状态"，单击"确定"按钮，弹出"输入"对话框，如图 5-78 所示，输入口令"3"，完成恢复记账前状态操作。

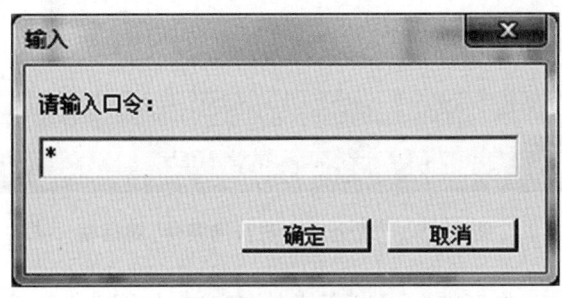

图 5-78 "输入"对话框

提 示

1. 已结账月份数据不能取消记账。
2. 取消记账后,一定要重新记账。
3. 取消记账口令为该操作员的登录密码。

任务三 出纳管理

以"002"的身份重新注册总账系统。

一、现金/银行存款日记账

(1) 在"业务工作"选项卡中,执行"总账""出纳""现金日记账"命令,打开"现金日记账查询条件"对话框。

(2) 选择科目"1001 库存现金",默认月份"2020.06",如图 5-79 所示。

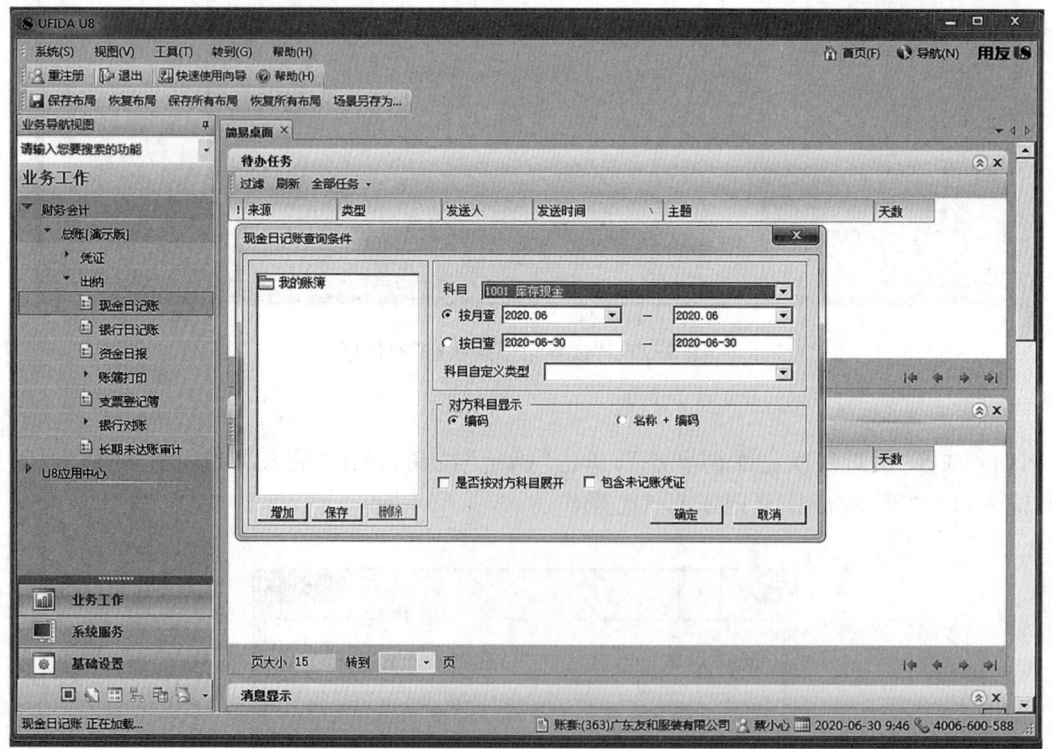

图 5-79 "现金日记账查询条件"对话框

(3) 单击"确定"按钮,打开"现金日记账"查询窗口,如图 5-80 所示。
(4) 同样的方法可以查询银行存款日记账,如图 5-81 所示。

项目五 总账管理系统

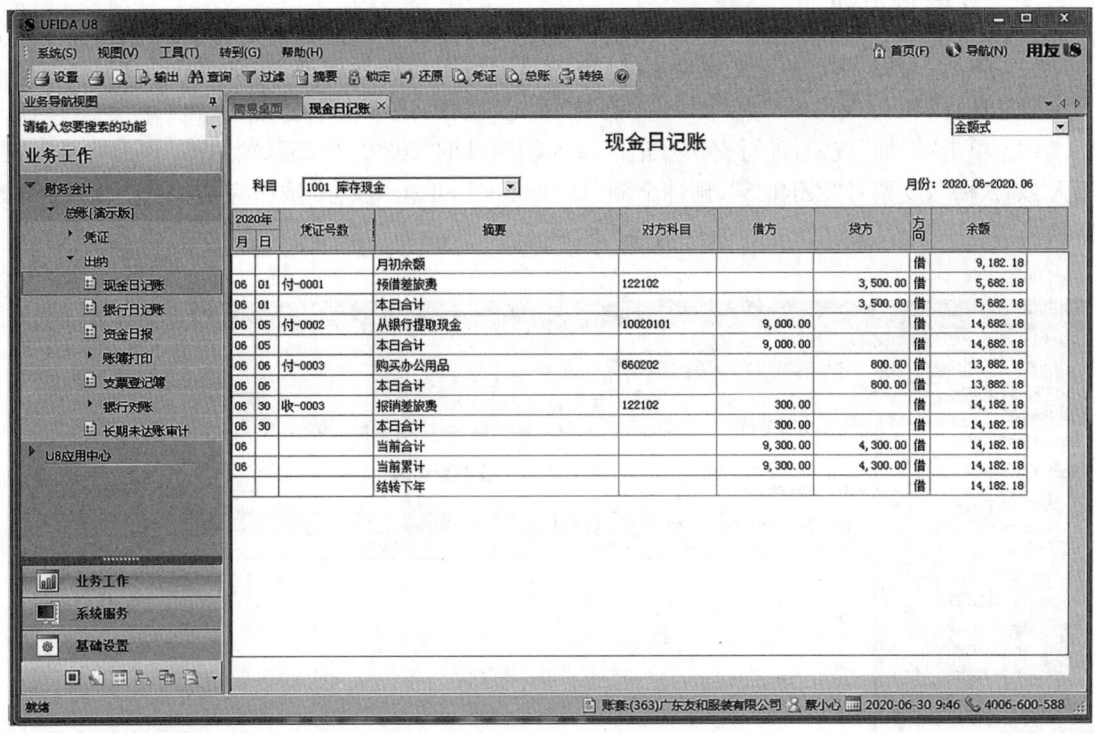

图 5-80 "现金日记账"对话框

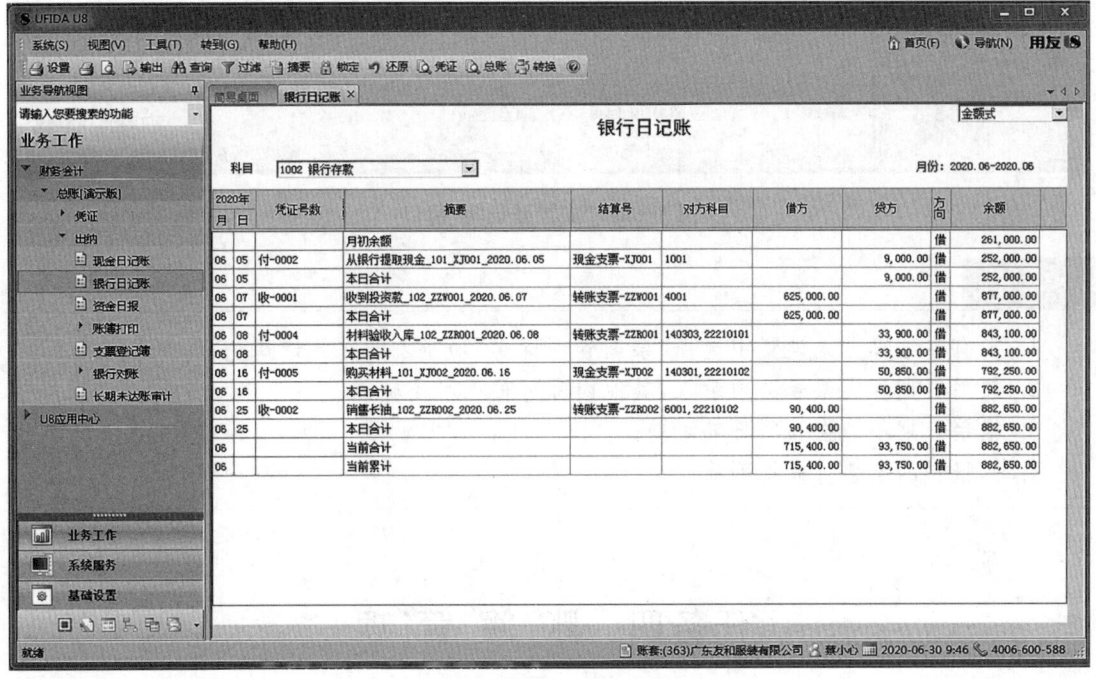

图 5-81 查询银行存款日记账

二、支票登记簿

（1）执行"总账""出纳""支票登记簿"命令，打开"银行科目选择"对话框。

（2）选择科目：人民币"10020101"，单击"确定"按钮，进入支票登记窗口。

（3）单击"增加"按钮，进行支票登记。录入领用日期"2020.06.25"，领用部门"采购部"，领用人"刘秋梅"，支票号"ZZR125"，预计金额"15 000.00"，单击"保存"按钮完成操作，如图5-82所示。

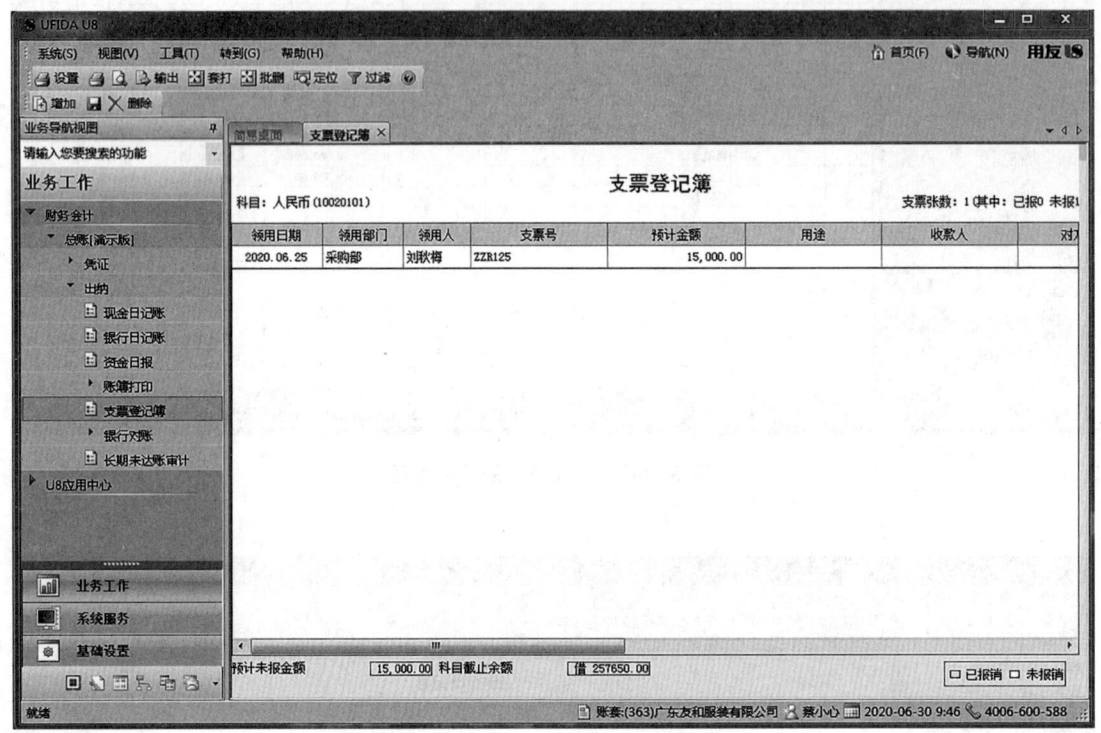

图5-82 "支票登记簿"窗口

提　示

1. 只有在结算方式设置中选择"票据管理标志"功能才能在此选择登记。
2. 领用日期和支票号必须录入，其他内容可输入可不输入。
3. 报销日期不能在领用日期之前。
4. 已报销的支票可成批删除。

任务四　账　簿　管　理

除了前面介绍过的现金和银行存款的查询和输出，账簿管理还包括基本会计核算账簿的查询,以及各种辅助核算账簿的查询和输出。基本会计核算账簿管理包括总账、余额表、明细账、序时账和多栏账等;各种辅助核算账簿管理包括个人往来、部门核算、项目核算账簿的总账、明细账查询等。

以"杨子斌(001)"的身份登录企业应用平台。

一、查询基本会计核算账簿

(一) 查询总账

(1) 在"业务工作"选项卡中,执行"总账""账表""科目账""总账"命令,打开"总账查询条件"窗口,如图 5-83 所示。

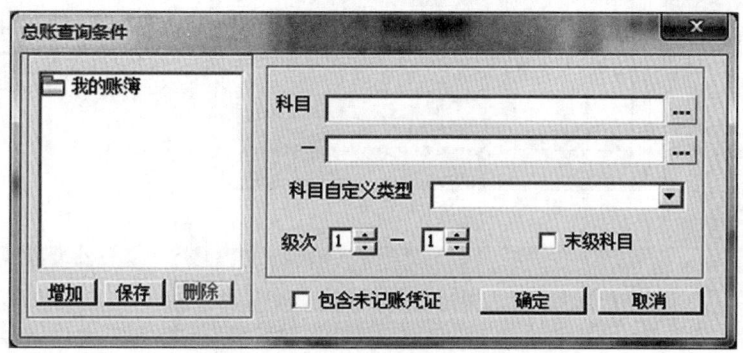

图 5-83 "总账查询条件"窗口

(2) 直接录入或选择科目编码"1001 库存现金",单击"确定"按钮查询该科目总账,如图 5-84 所示。

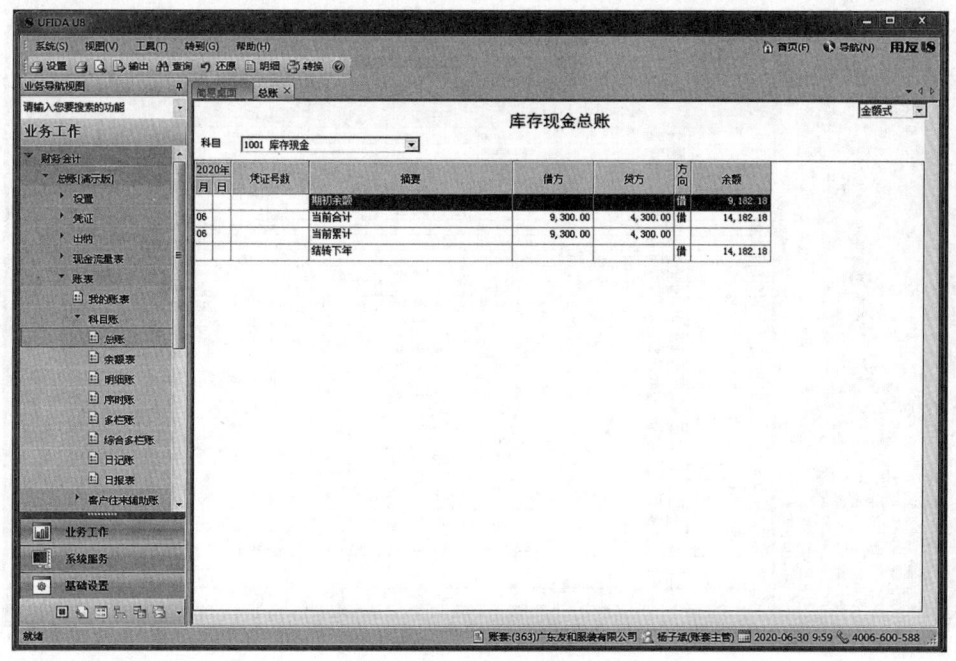

图 5-84 库存现金总账

(二) 查询余额表

(1) 在“业务工作”选项卡中,执行“总账”“账表”“科目账”“余额表”命令,打开“发生额及余额查询条件”窗口,如图 5-85 所示。

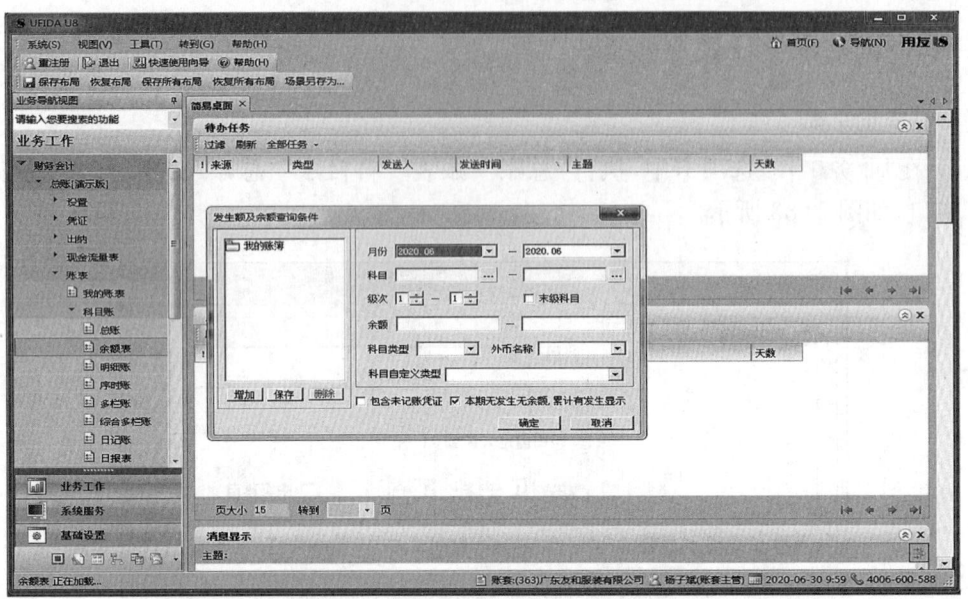

图 5-85 “发生额及余额查询条件”窗口

(2) 单击“确定”按钮,进入“发生额即余额表”窗口,如图 5-86 所示。

发生额及余额表

月份: 2020.06-2020.06

科目编码	科目名称	期初余额 借方	期初余额 贷方	本期发生 借方	本期发生 贷方	期末余额 借方	期末余额 贷方
1001	库存现金	9,182.18		9,300.00	4,300.00	14,182.18	
1002	银行存款	261,000.00		715,400.00	93,750.00	882,650.00	
1122	应收账款	142,000.00				142,000.00	
1120	预付账款	30,500.00				30,500.00	
1221	其他应收款	5,400.00		3,500.00	3,500.00	5,400.00	
1231	坏账准备		11,500.00				11,500.00
1403	原材料	205,000.00		75,000.00	30,000.00	250,000.00	
1405	库存商品	608,000.00				608,000.00	
1601	固定资产	350,080.00				350,080.00	
1602	累计折旧		60,782.83				60,782.83
1701	无形资产	508,500.00				508,500.00	
资产小计		2,119,662.18	72,282.83	803,200.00	131,550.00	2,791,312.18	72,282.83
2001	短期借款		150,000.00				150,000.00
2202	应付账款		9,680.00				9,680.00
2203	预收账款		40,000.00				40,000.00
2211	应付职工薪酬		9,000.00				9,000.00
2221	应交税费	16,800.00		9,750.00	10,400.00	16,150.00	
2241	其他应付款		3,000.00				3,000.00
负债小计		16,800.00	211,680.00	9,750.00	10,400.00	16,150.00	211,680.00
4001	实收资本		2,000,000.00		625,000.00		2,625,000.00
4104	利润分配	147,500.65				147,500.65	
权益小计		147,500.65	2,000,000.00		625,000.00	147,500.65	2,625,000.00
5001	生产成本			30,000.00		30,000.00	
成本小计				30,000.00		30,000.00	
6001	主营业务收入				80,000.00		80,000.00
6602	管理费用			4,000.00		4,000.00	
损益小计				4,000.00	80,000.00	4,000.00	80,000.00
合计		2,283,962.83	2,283,962.83	846,950.00	846,950.00	2,988,962.83	2,988,962.83

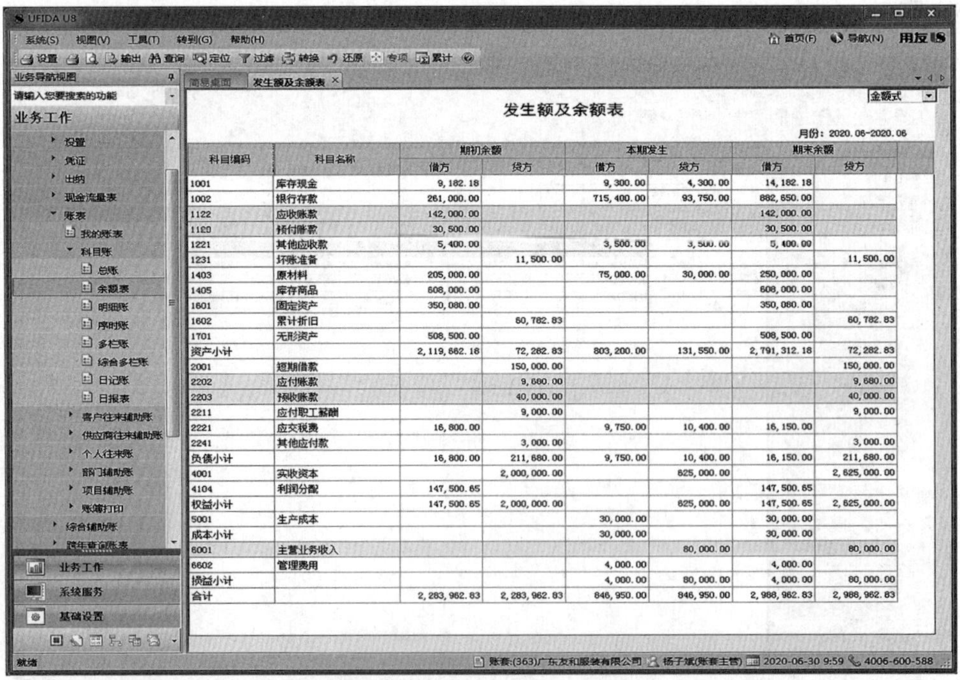

图 5-86 “发生额及余额表”窗口(部分)

（三）查询明细账

（1）在"业务工作"选项卡中，执行"总账""账表""科目账""明细账"命令，打开"明细账查询条件"窗口，如图 5-87 所示。

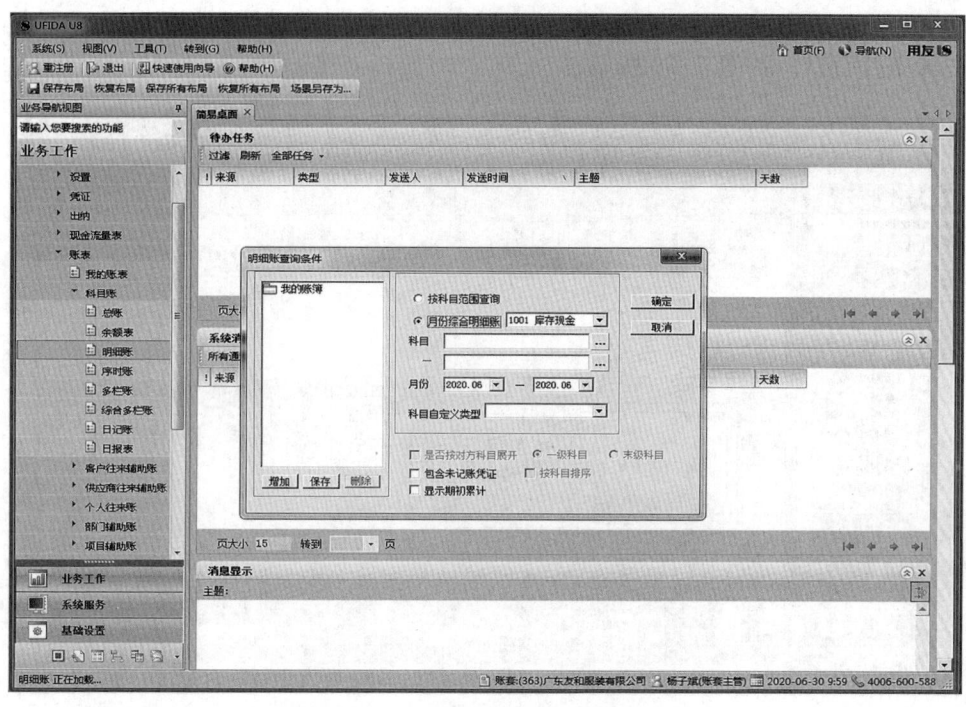

图 5-87 "明细账查询条件"窗口

（2）选择"月份综合明细账"，单击"确定"按钮，查询"库存现金明细账"，如图 5-88 所示。

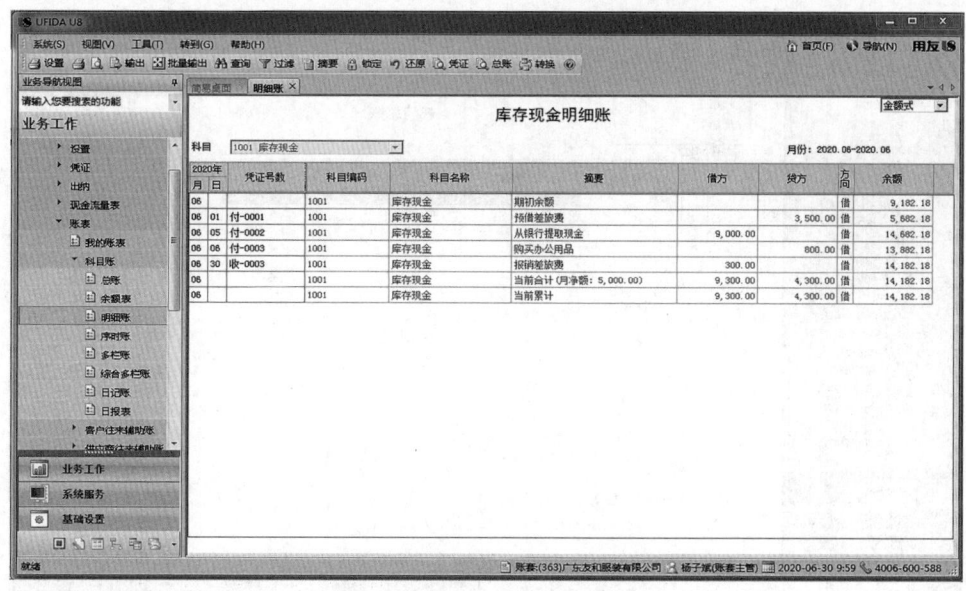

图 5-88 "库存现金明细账"窗口

二、查询部门账

(一) 部门总账

(1) 在"业务工作"选项卡中,执行"总账""账表""部门辅助账""部门总账"命令,进入"部门总账条件"窗口,如图5-89所示。

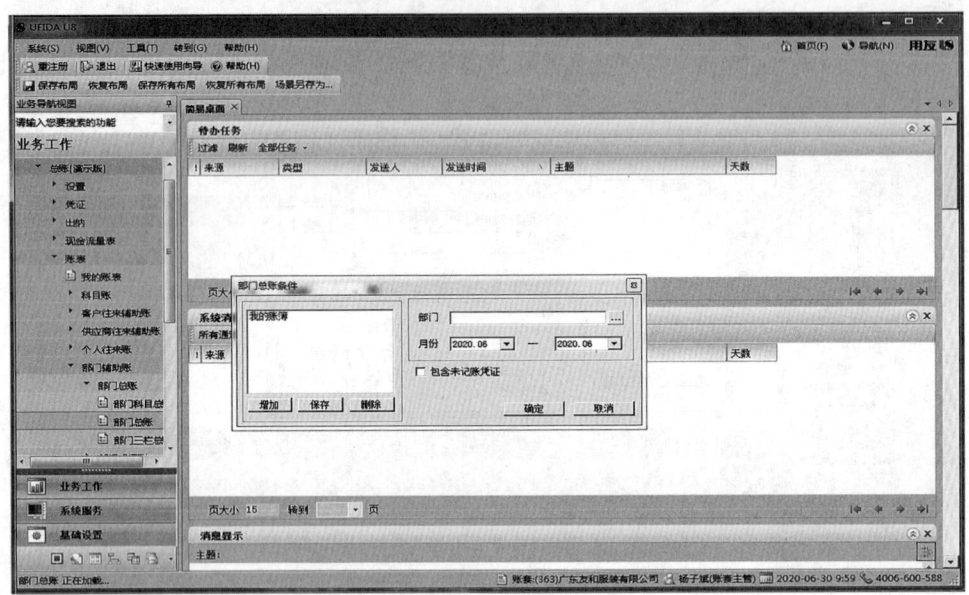

图 5-89 "部门总账条件"窗口

(2) 选择"总经理办公室",单击"确定"按钮,查询总经理办公室"部门总账",如图5-90所示。

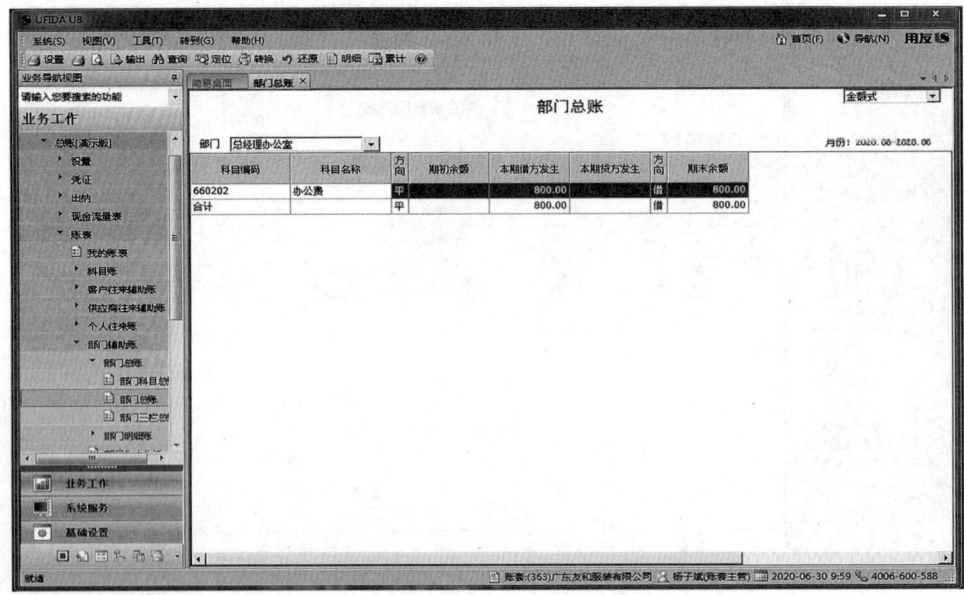

图 5-90 "部门总账"窗口

（二）部门明细账

（1）在"业务工作"选项卡中，执行"总账""账表""部门辅助账""部门明细账"命令，进入"部门明细账条件"窗口，如图 5-91 所示。

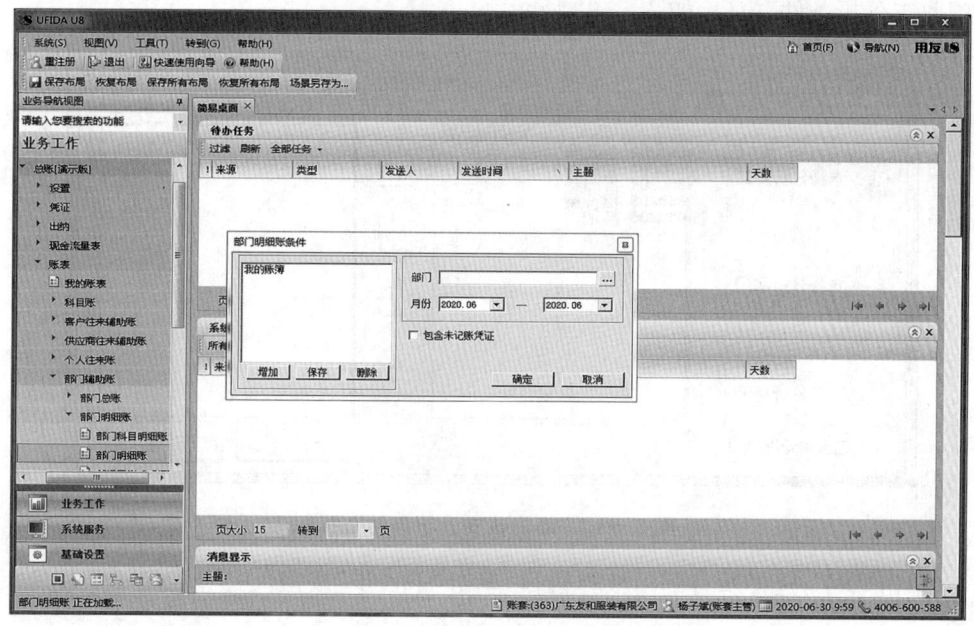

图 5-91 "部门明细账条件"窗口

（2）选择"总经理办公室"，单击"确定"按钮，查询总经理办公室"部门明细账"，如图 5-92 所示。

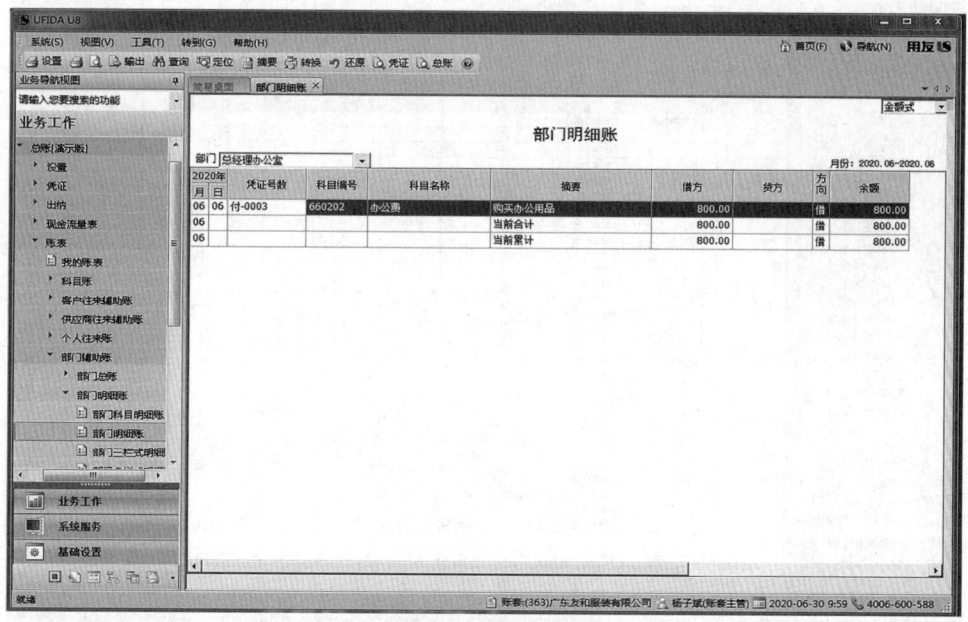

图 5-92 "部门明细账"窗口

(3) 选择部门明细账的某笔业务,双击该笔业务,可以联查该笔业务的凭证。

(三) 部门收支分析

(1) 在"业务工作"选项卡中,执行"总账""账表""部门辅助账""部门收支分析"命令,进入"部门收支分析条件"窗口,如图 5-93 所示。

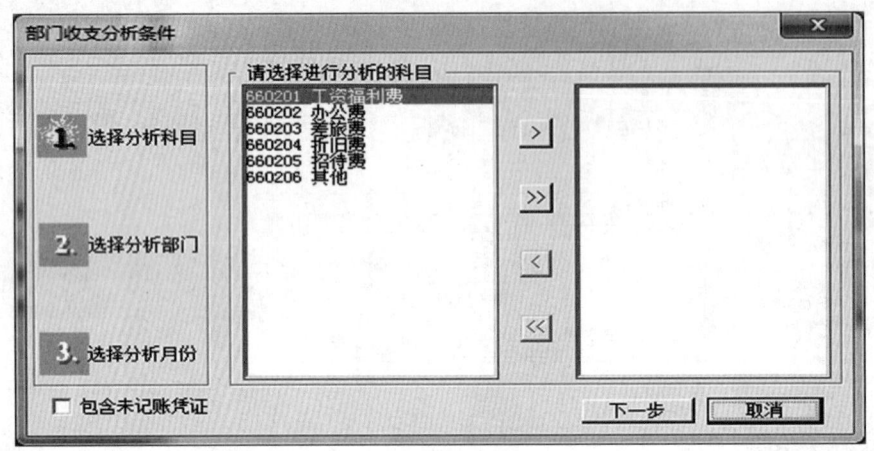

图 5-93 "部门收支分析条件"窗口

(2) 单击"≫",选择所有部门核算科目,单击"下一步"按钮。

(3) 单击"≫",选择所有部门,单击"下一步"按钮。

(4) 起止月份为"2020.01—2020.06",单击"完成"按钮,显示查询结果,如图 5-94 所示。

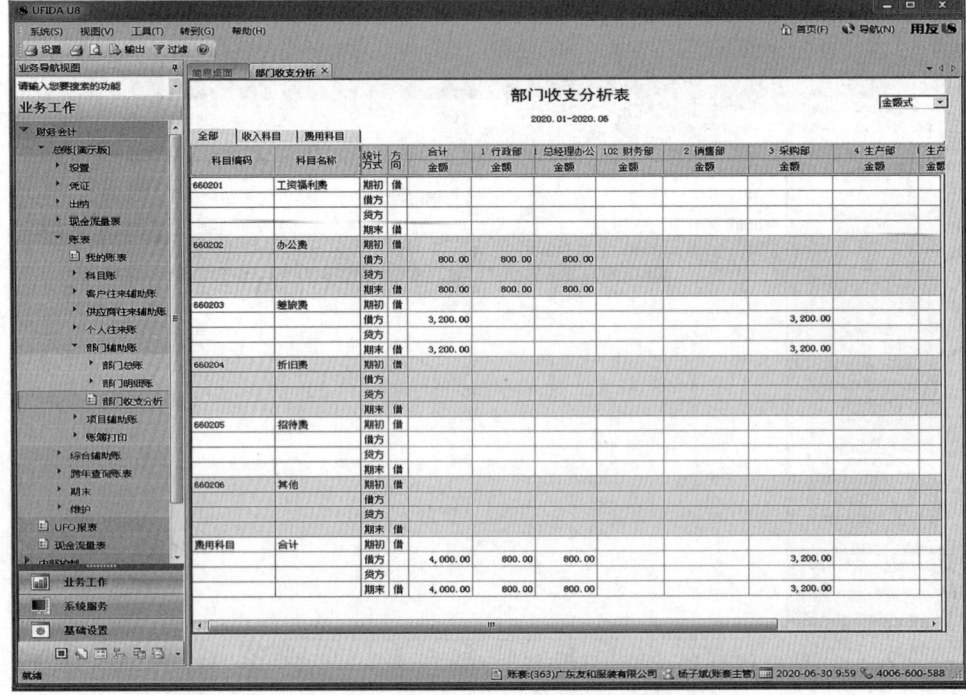

图 5-94 部门收支分析查询结果(部分)

任务五 期末处理

一、银行对账

任务资料：友和公司银行账的启用日期为"2020.06.01"，工行人民币户企业日记账调整前余额为261 000.00元，银行对账单调整前余额为250 000.00元，未达账项一笔，为企业已收银行未收的货款11 000元，日期为"2020.05.31"，结算方式为ZZR102转账支票。

以"002"的身份注册进入企业应用平台。

（一）录入银行对账期初数据

（1）在总账管理系统中，执行"财务会计""总账""出纳""银行对账""银行对账期初录入"命令，打开"银行科目选择"对话框，如图5-95所示，选择"人民币（10020101）"科目，单击"确定"按钮，进入"银行对账期初"窗口，确定启用日期为"2020.06.01"，如图5-96所示。

（2）录入单位日记账的调整前余额"261 000.00"，录入银行对账单的调整前余额"250 000.00"。

（3）单击"日记账期初未达账项"，进入"企业方期初"窗口，如图5-97所示。

图5-95 "银行科目选择"对话框

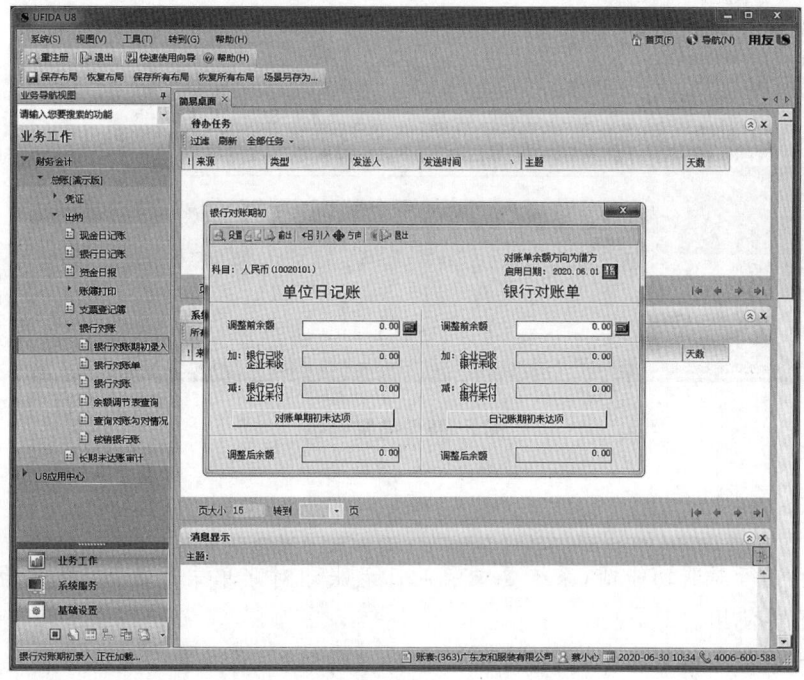

图5-96 录入银行对账期初数据

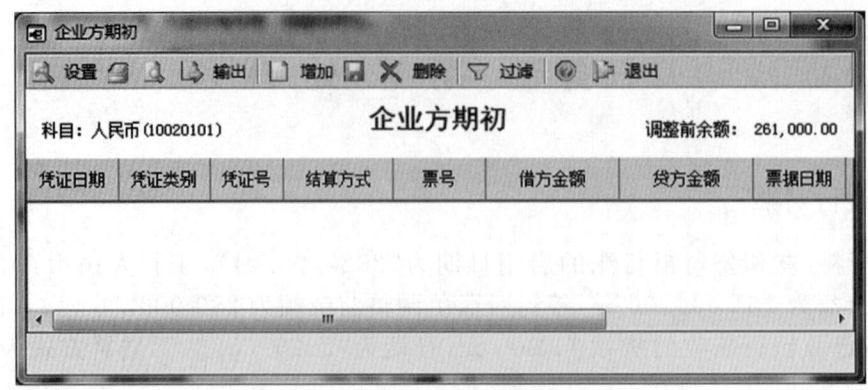

图 5-97 "企业方期初"窗口

(4) 单击"增加",输入日期"2020.05.31",结算方式"102"转账支票,票号"102",借方金额"11 000.00",单击"保存"按钮退出。结果显示如图 5-98 所示。

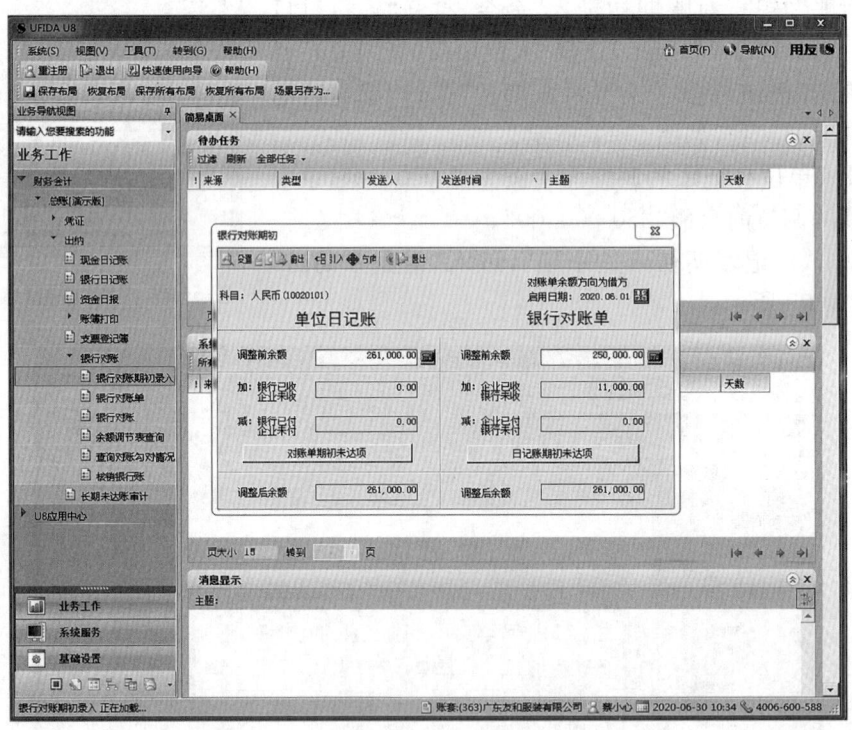

图 5-98 结果显示

提 示

- 第一次使用银行对账功能前,系统要求录入日记账即对账单未达账项,在开始使用银行对账之后则不再使用。
- 银行对账单余额方向为借方时,借方表示银行存款增加,贷方表示银行存款减少。

（二）录入银行对账单

(1) 执行"财务会计""总账""出纳""银行对账""银行对账单"命令，打开"银行科目选择"对话框。

(2) 选择科目"人民币（10020101）"，月份"2020.06—2020.06"，单击"确定"按钮，进入"银行对账单"窗口。

(3) 单击"增加"按钮，根据资料录入日期"2020.06.05"，结算方式"101"，贷方金额"9 000.00"，单击"增加"按钮，录入银行对账单其他数据，单击"保存"按钮，如图5-99所示。

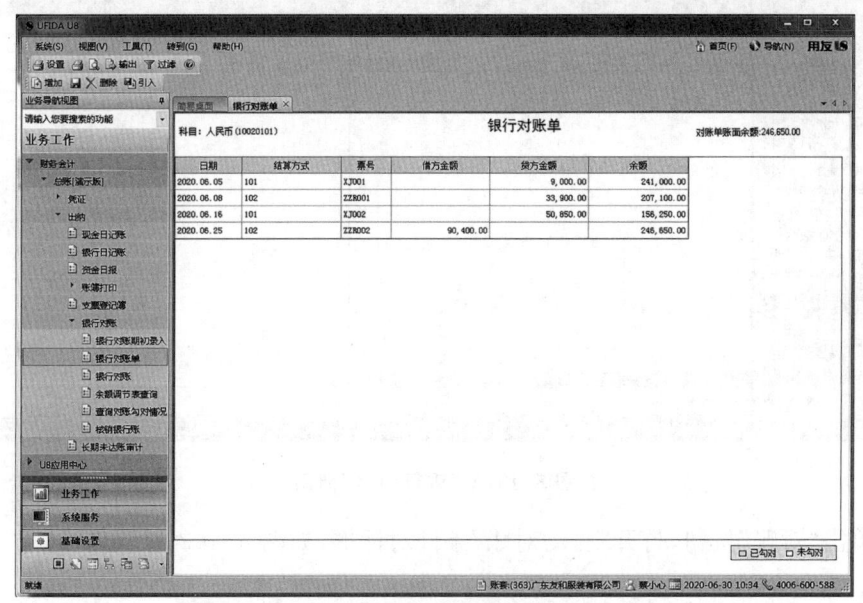

图5-99 "银行对账单"窗口

（三）银行对账

自动对账：对账的方向、金额相同是对账成功的必备条件，如果不具备重要性，可采用手工对账进行两清，若已达账项相同，则可在自动对账中在银行存款日记账和银行对账单双方的"两清"栏显示出圆圈标志。

(1) 执行"财务会计""总账""出纳""银行对账""银行对账"命令，打开"银行科目选择"对话框，如图5-100所示。

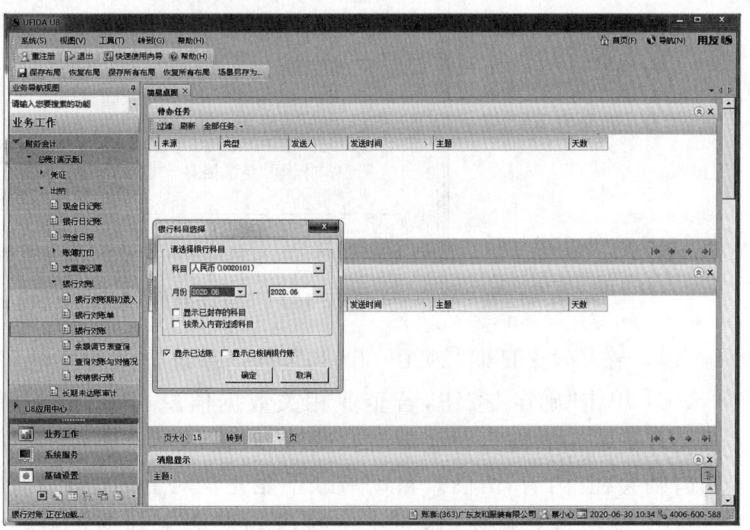

图5-100 "银行科目选择"对话框

(2) 选择科目"人民币(10020101)",月份"2020.06—2020.06",单击"确定"按钮,进入"银行对账"窗口,如图 5-101 所示。

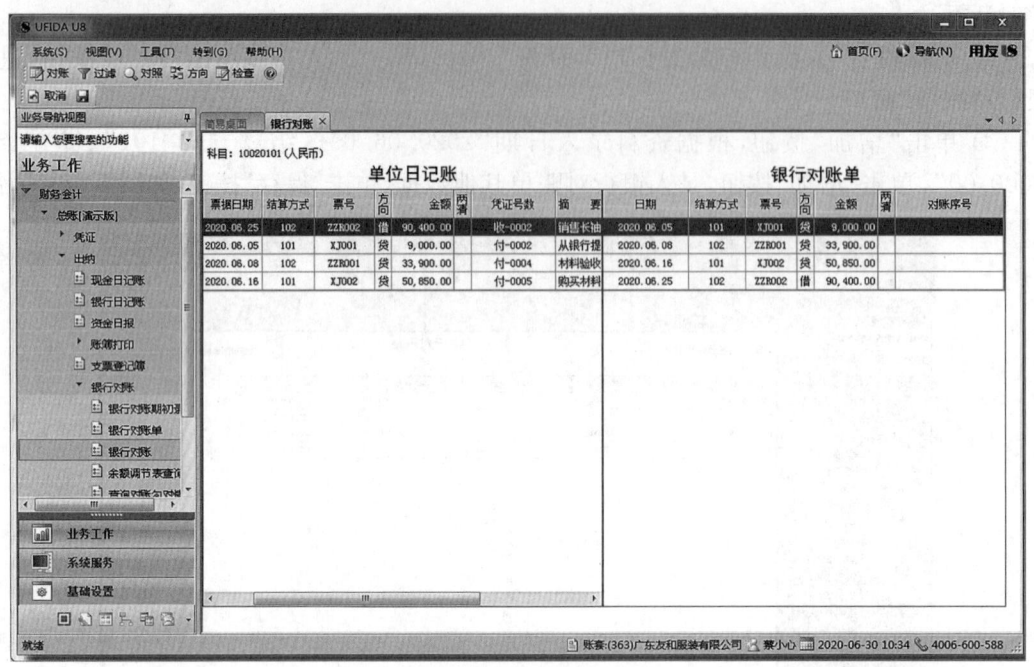

图 5-101 "银行对账"窗口

(3) 单击"对账"按钮,打开"自动对账"条件对话框,如图 5-102 所示。

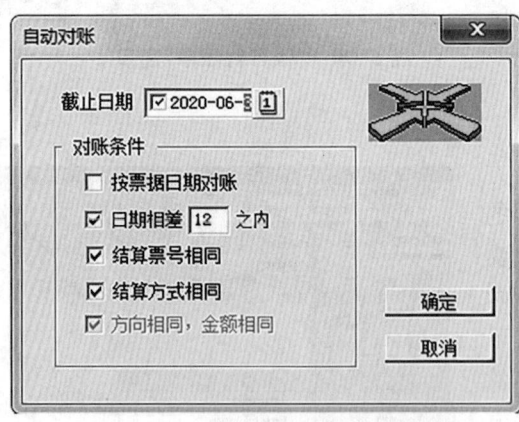

图 5-102 "自动对账"条件对话框

(4) 录入截止日期"2020-06-30",默认系统提供的其他对账条件。

(5) 单击"确定"按钮,若企业相关数据信息与银行相关数据信息完全吻合,则自动在"单位日记账"和"银行对账单"的"两清"栏显示"○"表示一致,如图 5-103 所示。若有任何差异,则会在"两清"留白。自动对账不能完全对上的情况下,可采用手工对账。

(6) 在银行对账窗口,对于一些应勾对而未勾对的账项,可分别双击"两清"栏,直接进行手工调整,单击"保存"完成手工对账。手工对账标志为"√",以区别于自动对账标志,如图5-104所示。

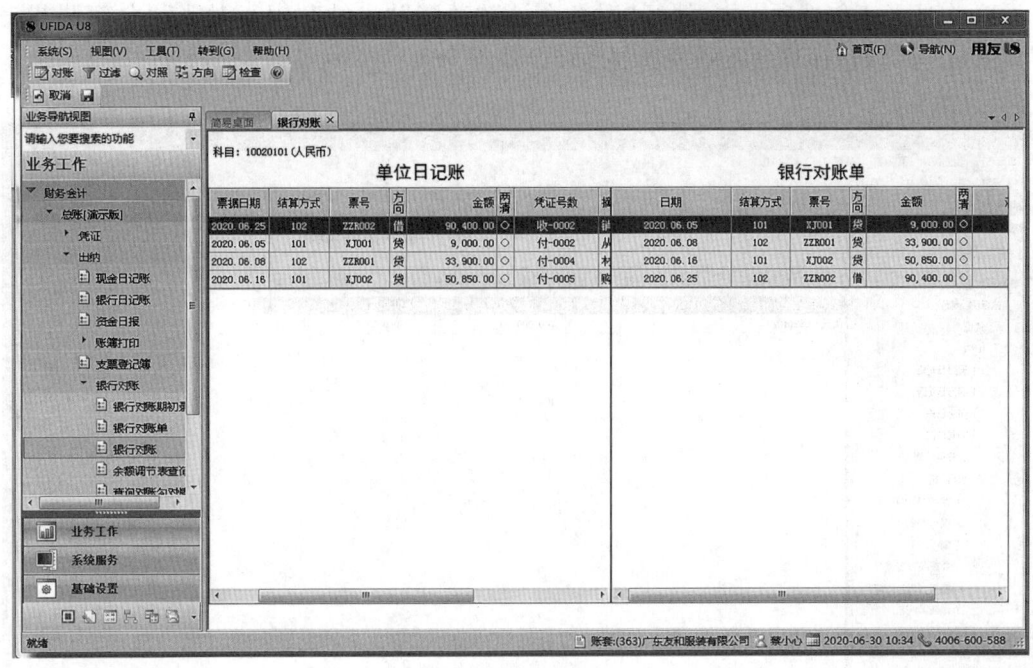

图 5-103　自动对账

图 5-104　手工对账

（7）对账完毕,单击"检查"按钮,检查结果平衡,如图5-105所示。单击"确认"按钮完成操作。

图 5-105　检查结果平衡

(四) 输出余额调节表

(1) 在业务工作选项卡中，执行"财务会计""总账""出纳""银行对账""余额调节表查询"命令，打开"银行存款余额调节表"对话框，如图 5-106 所示。

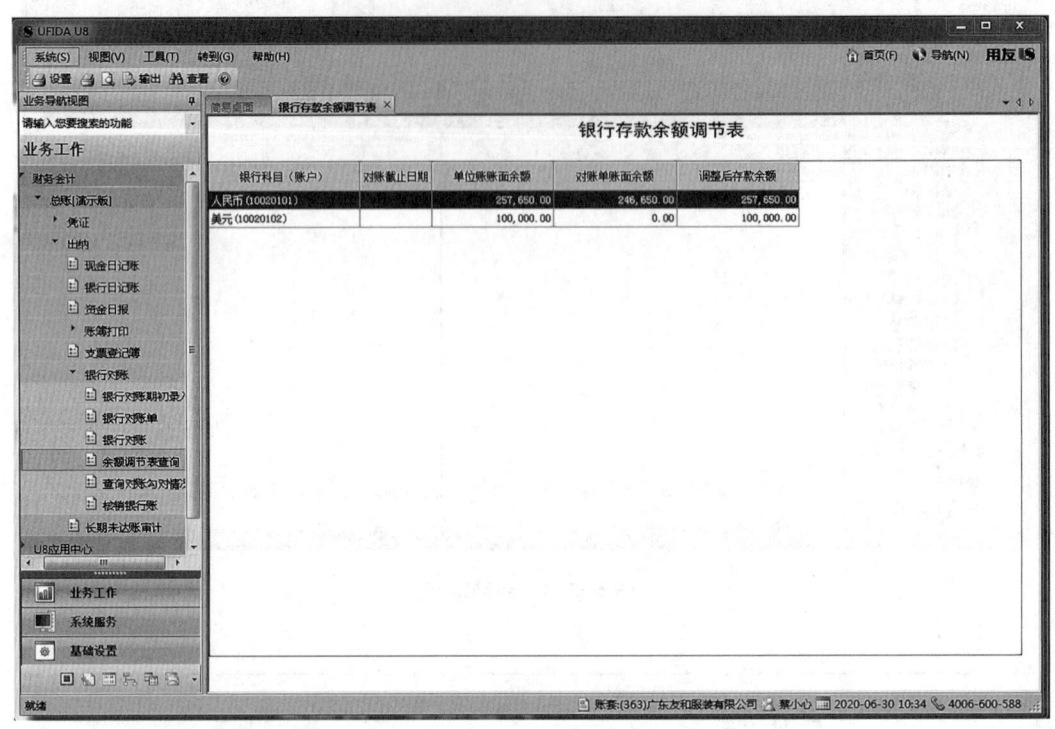

图 5-106 "银行存款余额调节表"对话框

(2) 选择"人民币(10020101)"，单击"查看"或者双击该行即显示该银行账户的银行存款余额调节表，如图 5-107 所示。

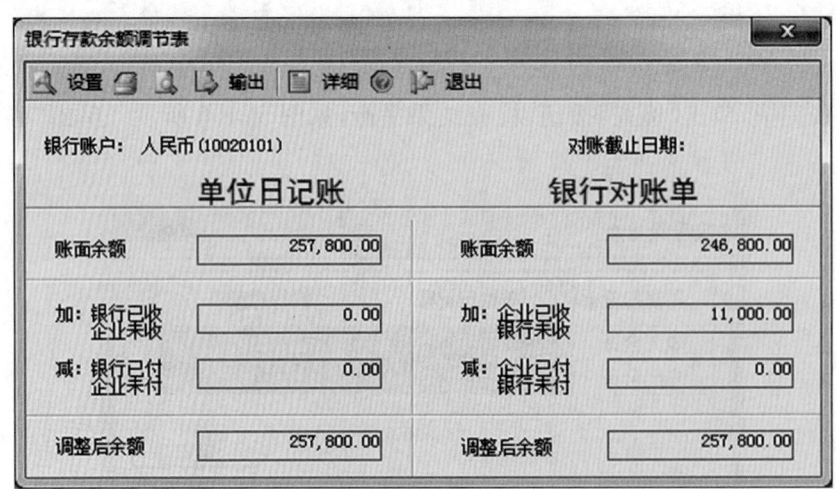

图 5-107 "银行存款余额调节表"对话框

二、自动转账

(一) 自定义转账设置

转账定义包括自定义转账、对应结转、汇兑损益结转和期间损益结转等。

1. 自定义转账设置

自定义转账主要包括：费用分配结转，如工资分配；费用分摊结转，如制造费用等；税金计算结转，如增值税等；提取各项费用的结转，如提取福利费等；各项辅助核算的结转。

2. 对应结转设置

对应结转不仅可以进行两个科目的一对一结转，还提供科目的一对多结转功能。对应结转的科目可为上级科目，但其下级科目的科目结构必须一致（相同明细科目），如有辅助核算，则两个科目的辅助账类也必须一一对应。

本功能只结转期末余额，若结转发生额，需在自定义结转中设置。

3. 汇兑损益结转设置

本功能用于期末自动计算外币账户的汇兑损益，并在转账生成中自动生成汇兑损益转账凭证。汇兑损益能够处理外汇存款账户、外币现金账户、外币结算的各项债权、债务，但不包括所有者权益类账户、成本类账户和损益类账户。

为了保证汇兑损益计算正确，填制某月的汇兑损益凭证时，账户必须先将本月的所有未记账凭证记账。

汇兑损益入账科目不能是辅助账科目或有外币核算的科目。若启用了供应链管理系统，则计算汇兑损益的外币科目不能是具有客户或供应商往来核算的科目。

4. 期间损益结转设置

本功能是指在一个会计期间终止时，将损益类科目的余额结转到本年利润科目中，从而及时反映企业利润的盈亏情况。期间损益结转主要是对管理费用、销售费用、财务费用、销售收入和营业外收支等科目的结转。

损益科目结转中将列出所有的损益科目。如果希望某损益科目参与期间损益的结转，则应在该科目所在行的本年利润科目栏填写本年利润科目代码；若为空，则将不结转此损益科目的余额。

以"003"的身份进行自动转账操作。

1）计提短期借款利息：利息费用＝短期借款×0.002。

（1）在"业务工作"选项卡中，执行"财务会计""总账""期末""转账定义""自定义转账"命令，进入"自动转账设置"窗口。

（2）单击"增加"按钮，打开"转账目录"设置对话框。

（3）录入转账序号"0001"，转账说明"计提短期借款利息"；选择凭证类别"转 转账凭证"，如图5-108所示。

（4）单击"确定"按钮，继续定义转账凭证分录信息，如图5-109所示。

（5）单击"增行"按钮，选择科目编码为"财务费用(6603)"，方向为"借"，双击金额公式栏，选择参照按钮，打开"公式向导"对话框，如图5-110所示。选择"期末余额"函数为"QM()"，单击"下一步"按钮，继续公式定义。

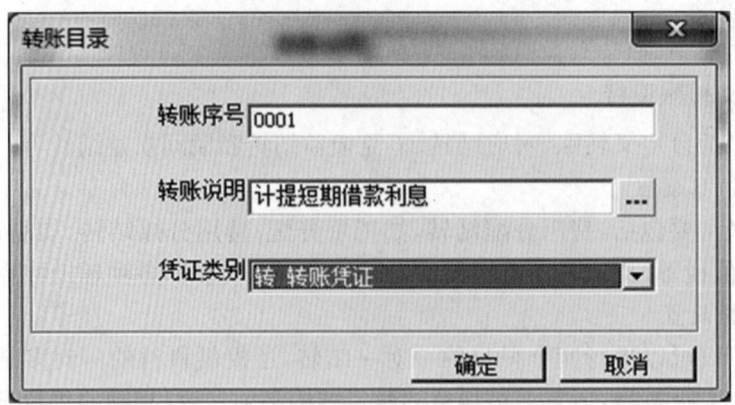

图 5-108 "转账目录"对话框

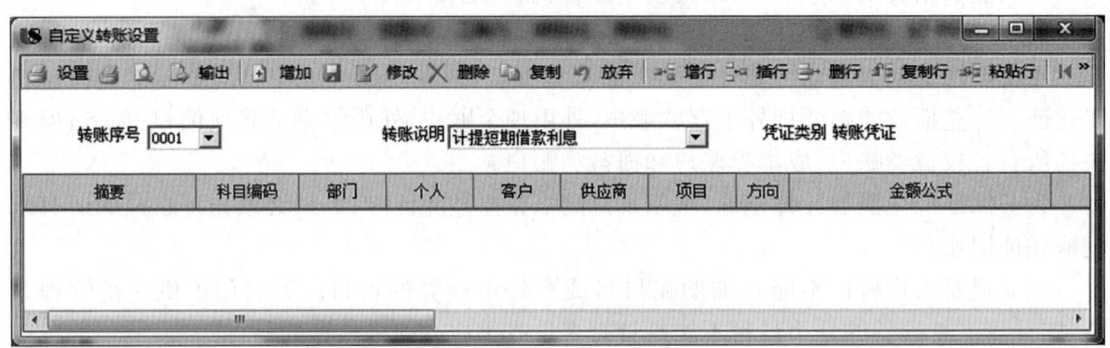

图 5-109 定义转账凭证分录信息

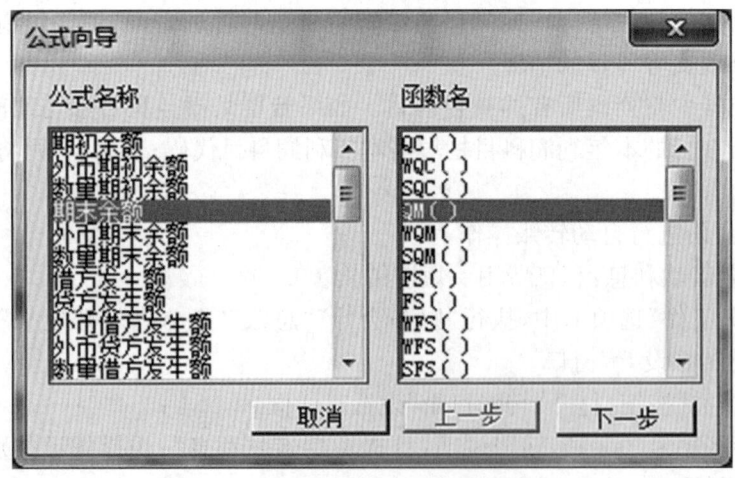

图 5-110 打开"公式向导"对话框

(6) 选择科目为"2001",期间为"月",方向为"贷",其他默认,如图 5-111 所示。

(7) 单击"完成"按钮,金额公式栏带回自定义转账设置窗口中设置的信息。将光标移至末尾,在金额栏输入"*0.002",按"Enter"键确认。

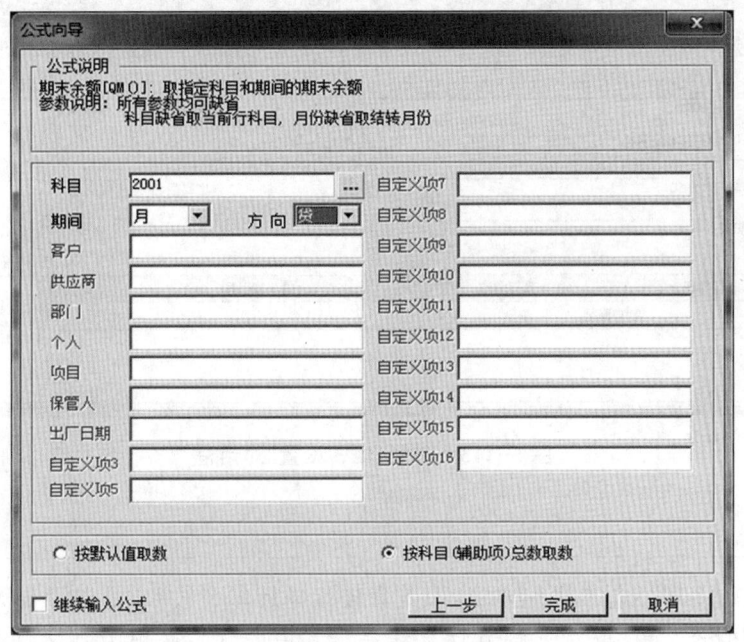

图 5-111 公式定义

(8) 单击"增行"按钮,选择科目编码为"2231",方向为"贷",金额公式为"JG()",单击"保存"按钮完成操作,如图 5-112 所示。

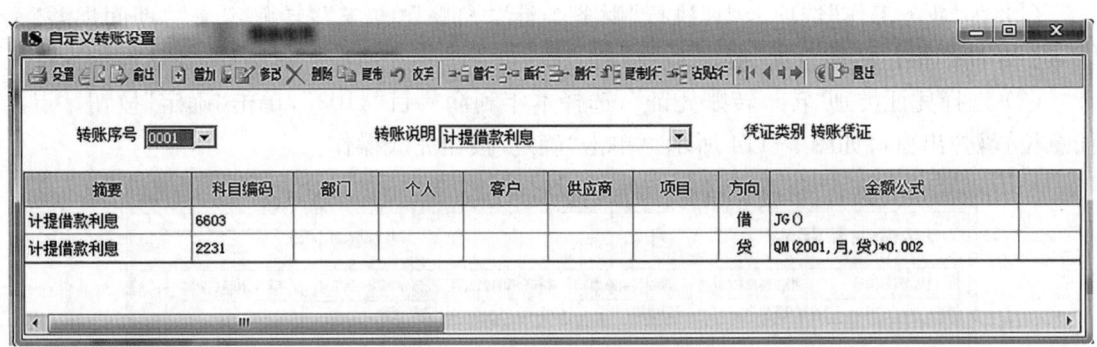

图 5-112 自定义转账设置

2) 制造费用结转:"制造费用——工资(510101)"科目转入"生产成本——制造费用(500103)"科目。

(1) 在"业务工作"选项卡中,执行"财务会计""总账""期末""转账定义""对应结转"命令,进入"对应结转设置"对话框。

(2) 单击"增加"按钮,打开"转账目录"设置对话框。

(3) 录入转账序号"0002",转账说明"制造费用结转";选择凭证类别"转账凭证",转出"制造费用——工资(510101)"科目,单击"增行"按钮,选择转入科目编码为"500103",转入科目名称自动弹出"制造费用",结转系数为"1.00",如图 5-113 所示,单击"保存"按钮完成操作。

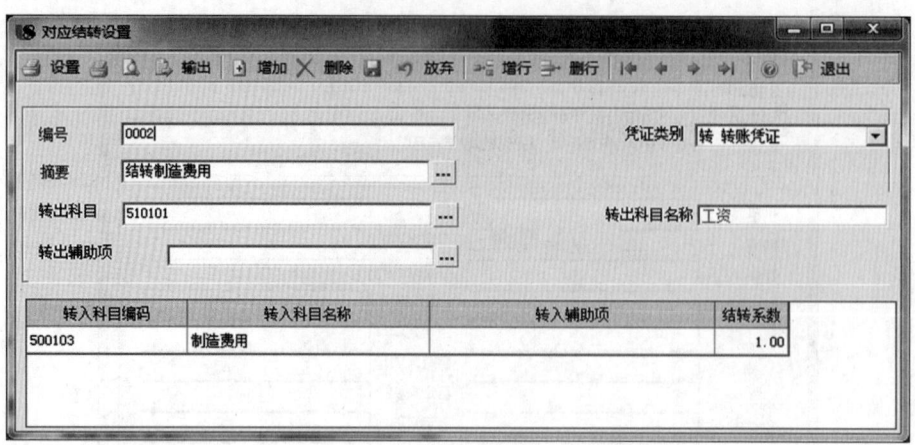

图 5-113 "对应结转设置"对话框

提　示

1. 录入转账计算公式有两种方法：一是直接选择计算公式；二是以引导方式录入公式。
2. "JG()"的含义为"取对方科目计算结果"，其中的"()"必须为英文符号，否则系统将提示"金额公式不合法：未知函数名"。

3) 期间损益结转设置。

(1) 在"业务工作"选项卡中，执行"财务会计""总账""期末""转账定义""期间损益"命令，进入"期间损益结转设置"窗口。

(2) 选择凭证类别"转　转账凭证"，选择本年利润科目"4103"，单击"确定"按钮。点击任意位置，弹出窗口如图 5-114 所示。单击"确定"按钮完成操作。

图 5-114 "期间损益结转设置"窗口

（二）转账生成

完成转账定义后，每月月末只需执行"转账生成"功能即可由计算机快速生成转账凭证，并将在此生成的转账凭证自动追加到未记账凭证中去，而通过审核、记账后才能真正完成结转工作。

由于转账凭证中定义的公式基本上取自账簿，因此，在进行月末转账之前，必须将所有未记账凭证全部记账，否则生成的转账凭证中的数据可能不准确。特别是对于一组相关转账分录，必须按顺序集中进行转账生成、审核、记账。

如果启用了供应链管理系统，则在总账管理系统中不能按客户、供应商进行结转。

企业可根据实际需要选择生成结转方式、结转月份及需要结转的转账凭证，系统在进行结转计算后显示将要生成的凭证，确认无误后，将生成的凭证追加到未记账凭证中。结转月份为当前会计月，且每月只结转一次。在生成结转凭证时，要注意操作日期，一般在月末进行。

若转账科目有辅助核算，但未定义具体的转账辅助项，则可以选择"按所有辅助项结转"或"按所有发生的辅助项结转"。

1. 自定义转账

（1）在"业务工作"选项卡中，执行"财务会计""总账""期末""转账生成"命令，进入"转账生成"窗口，如图5-115所示。

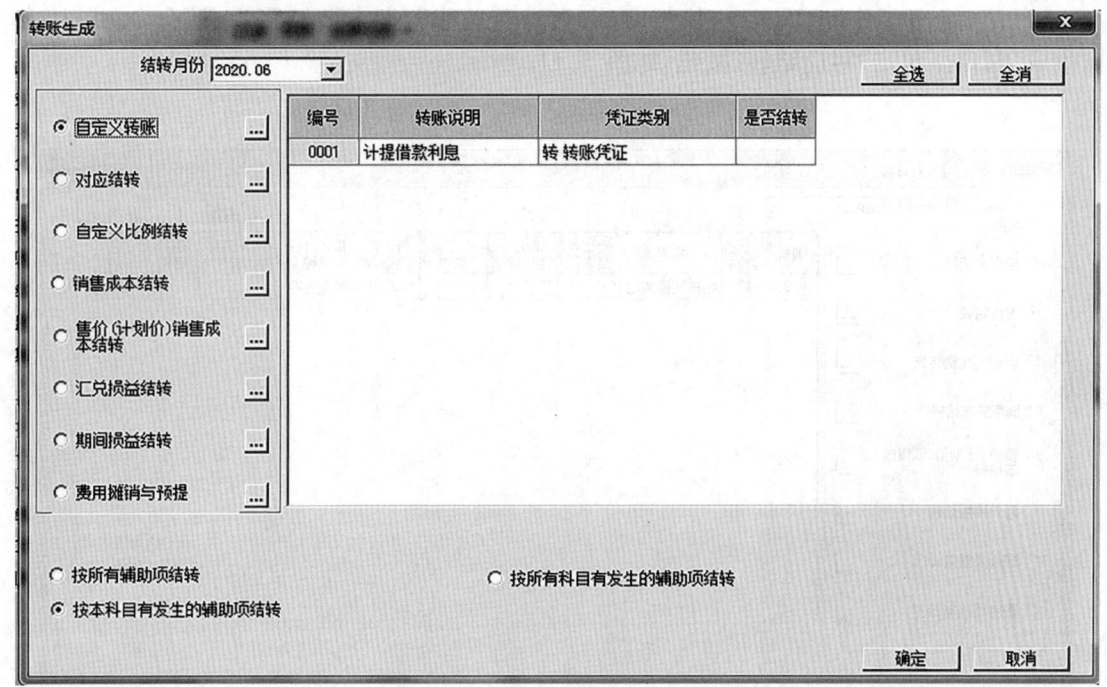

图 5-115　自定义转账

（2）执行"全选""确定"命令，弹出该结转凭证，单击"保存"按钮，生成凭证，如图5-116所示。

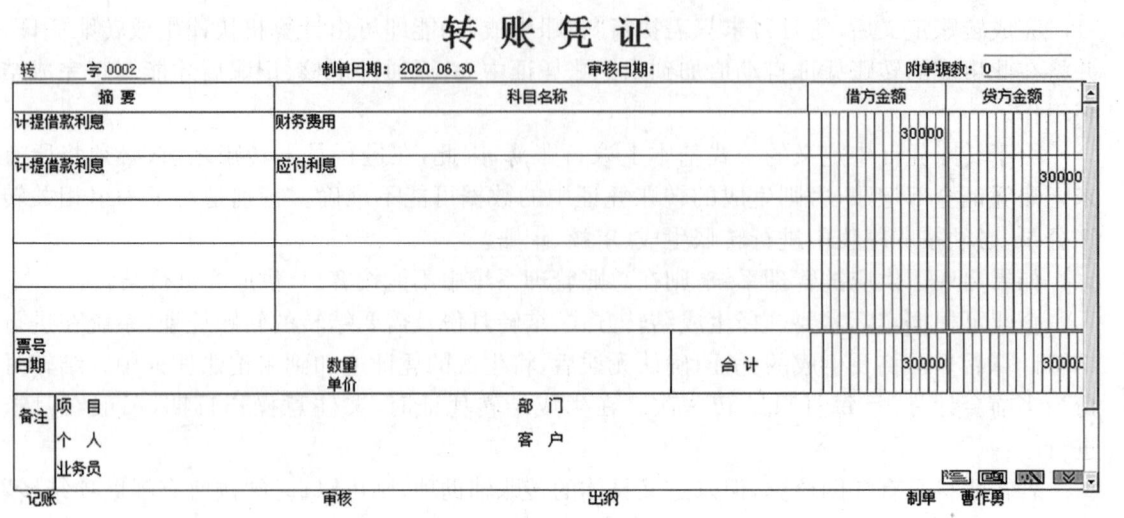

图 5-116 转账凭证

2. 对应结转

(1) 在"业务工作"选项卡中,执行"财务会计""总账""期末""转账生成"命令,进入"转账生成"窗口。单击"对应结转"按钮,如图 5-117 所示。

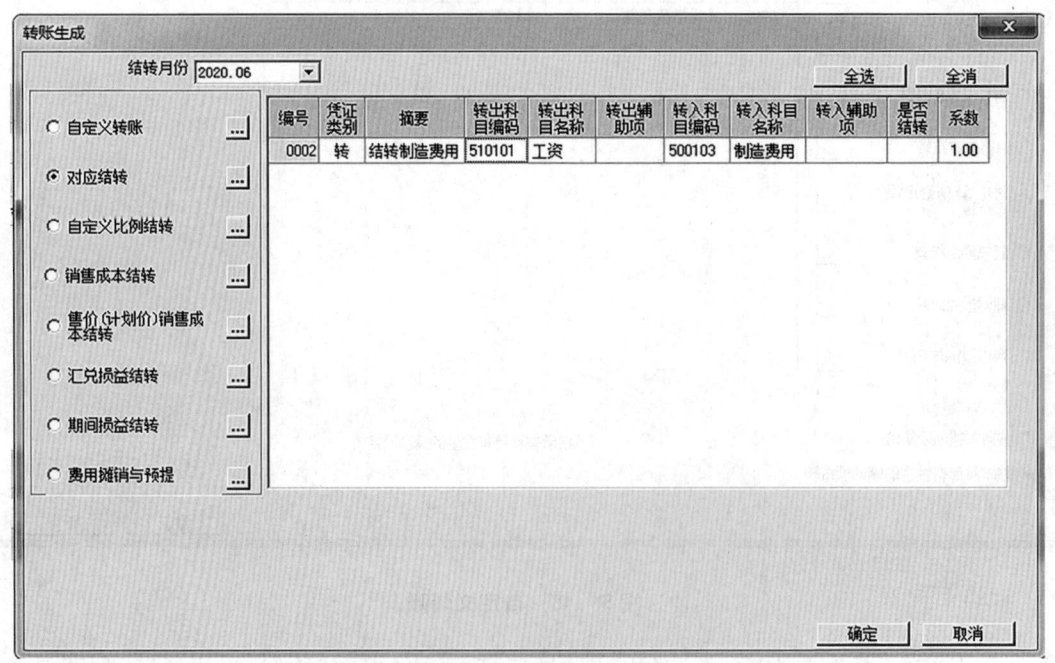

图 5-117 对应结转

（2）执行"全选""确定"命令,弹出"2020.06月或之前有未记账凭证,是否继续结转?"对话框,如图 5-118 所示,单击"是"按钮,弹出"第 0002 号凭证余额均为零,不能生成凭证"对话框,如图 5-119 所示,单击"确定"按钮,弹出"没有生成转账凭证"对话框,单击"确定"按钮完成操作练习,如图 5-120 所示。

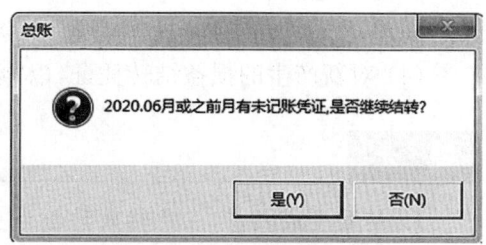

图 5-118 完成操作练习-1

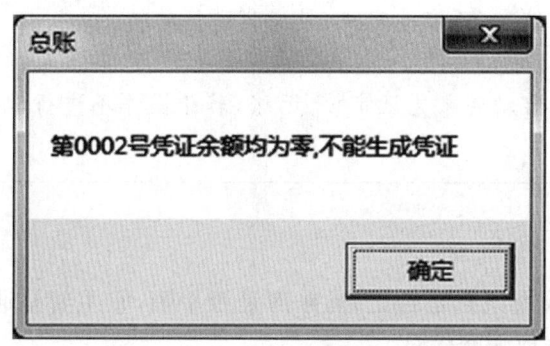

图 5-119 完成操作练习-2

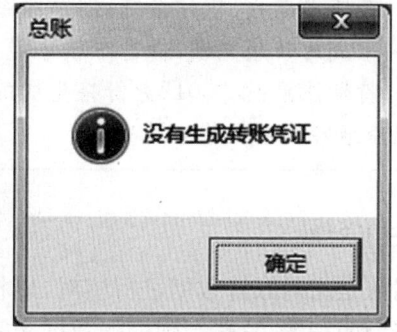

图 5-120 完成操作练习-3

3. 期间损益结转生成

（1）在进行期间损益结转之前,应先保证所有凭证均已记账,因此应先按"账套主管(001)审核、记账"的顺序完成未记账凭证的记账。

（2）在所有凭证均已记账的前提下,以"会计(003)"身份在"业务工作"选项卡中,执行"财务会计""总账""期末""转账生成"命令,进入"转账生成"窗口。

（3）单击"期间损益结转"按钮,执行"收入""全选""确定"命令,生成转账凭证,单击"保存"按钮,系统自动将当前凭证追加到未记账凭证中,如图 5-121 所示。

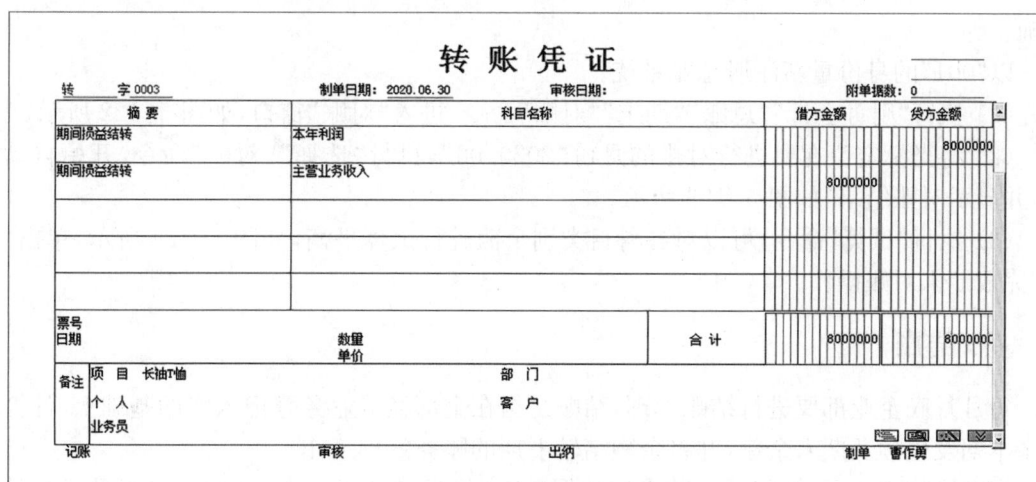

图 5-121 转账凭证

同理，执行"支出""全选""确定"命令，生成转账凭证。

（4）对新产生的损益结转凭证，以"账套主管(001)"身份进行审核记账。

提示

1. 转账生成之前，注意转账月份为当前会计月份。
2. 进行转账生成之前，先将相关经济业务的记账凭证登记入账。
3. 转账凭证每月只生成一次。
4. 若使用应收、应付系统，则总账系统中，不能按客户、供应商进行结转。
5. 生成的转账凭证，仍需审核才能记账。
6. 特别注意：以"001"身份将生成的自动转账凭证审核、记账，若此操作不进行，后面期间的损益结转的数据将会不完整。

（三）对账

对账是指对账簿数据进行核对，以检查记账是否正确、账簿是否平衡，它主要是通过核对总账与明细账、总账与辅助账数据来完成账账核对。

试算平衡就是将系统中设置的所有科目的期末余额按照会计平衡公式"借方余额＝贷方余额"进行平衡检验，并输出科目余额表及是否平衡的信息。

一般来说，计算机记账后，只要记账凭证录入正确，各种账簿都是正确、平衡的，但由于非法操作、计算机病毒或其他原因，有时可能会造成某些数据被破坏，因而引起账账不符。为了保证账证相符、账账相符，应经常使用本功能进行对账，至少一个月一次，一般可在月末结账前进行。

如果使用了供应链管理系统，则在总账管理系统中不能对往来客户账、供应商往来进行对账。

当对账出现错误或记账有误时，系统允许"恢复记账前状态"，进行检查、修改，直到对账正确。

以"001"的身份重新注册总账系统。

（1）执行"财务会计""总账""期末""对账"命令，进入"对账"窗口，如图5-122所示。

（2）将光标定位在要进行对账的月份"2020.06"，执行"选择""对账"命令，开始自动对账，并显示对账结果，如图5-123所示。

（3）执行"试算"命令，可以对各科目类别余额进行试算平衡，如图5-124所示，单击"确定"完成期末对账操作。

三、结账

每月月底企业都要进行结账处理，结账是指在全部经济业务登记入账的基础上，计算和记录本期发生额及期末余额，并将余额结转下期的账务处理工作。

在电算化方式下，结账是一种成批数据处理，每月只结账一次，主要是对当月日常处理的限制和对下月账簿的初始化，由计算机自动完成，比手工记账要简便得多。

图 5-122 "对账"窗口

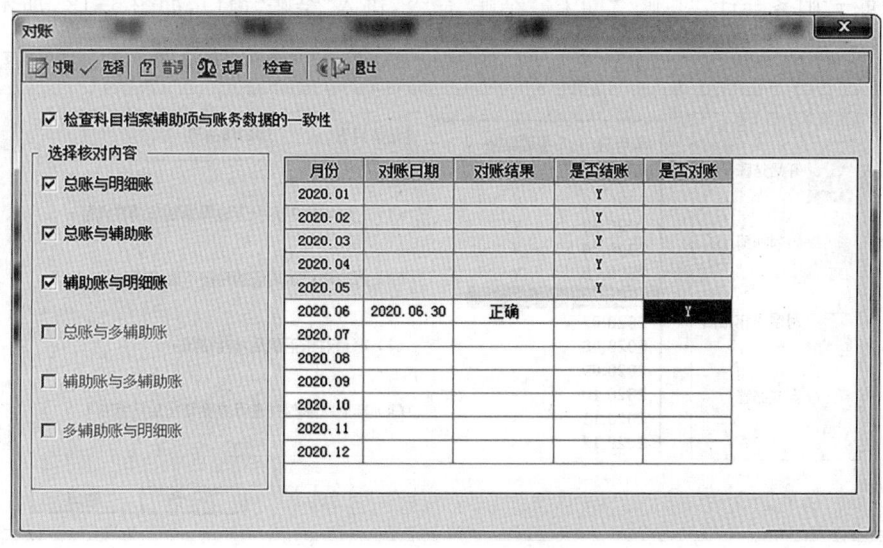

图 5-123 自动对账

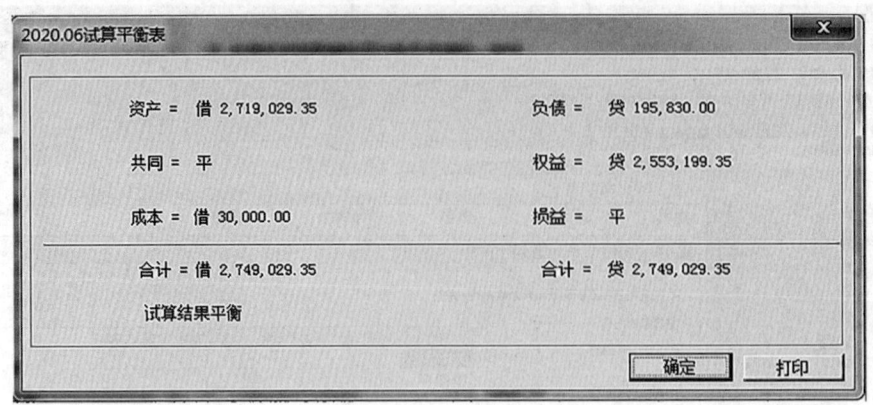

图 5-124 试算平衡表

在结账前要进行下列检查：
(1) 检查本月业务是否全部记账，有未记账凭证则不能结账。
(2) 月末结转必须全部生成并记账，否则本月不能结账。
(3) 检查上月是否已结账，若上月未结账，则本月不能结账。
(4) 核对总账与明细账、主体账与辅助账、总账管理系统与其他子系统数据是否一致，若不一致，则不能结账。
(5) 损益类账户是否全部结转完毕，若未全部结转完毕，则本月不能结账。
(6) 若与其他子系统联合使用，核对其他子系统是否已结账；若没有，则本月不能结账。

结账前要进数据备份，结账后不得再录入本月凭证，并终止各账户的记账工作；计算本月各账户发生额合计和本月账户期末余额，并将余额结转下月月初。

如果结账以后发现结账错误，可以进行"反结账"，即取消结账标志，然后进行修正，再进行结账工作。

(1) 执行"财务会计""总账""期末""结账"命令，进入"结账"窗口，如图 5-125 所示。

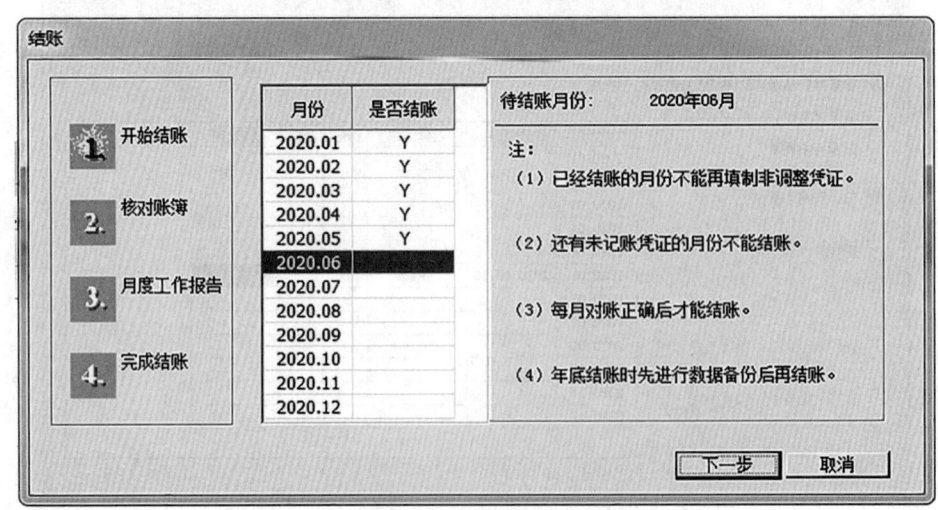

图 5-125 进入"结账"窗口

（2）单击要结账月份"2020.06"，执行"下一步""对账""下一步""下一步"命令，系统对要结账的月份进行账账核对，显示"2020年6月工作报告"。

（3）单击"结账"命令完成结账操作，如图5-126所示。

图 5-126　显示"2020 年 6 月工作报告"

四、取消结账

（1）在企业应用平台"业务工作"选项卡下，执行"财务会计""总账""期末""结账"，进入"结账"窗口，如图5-127所示。

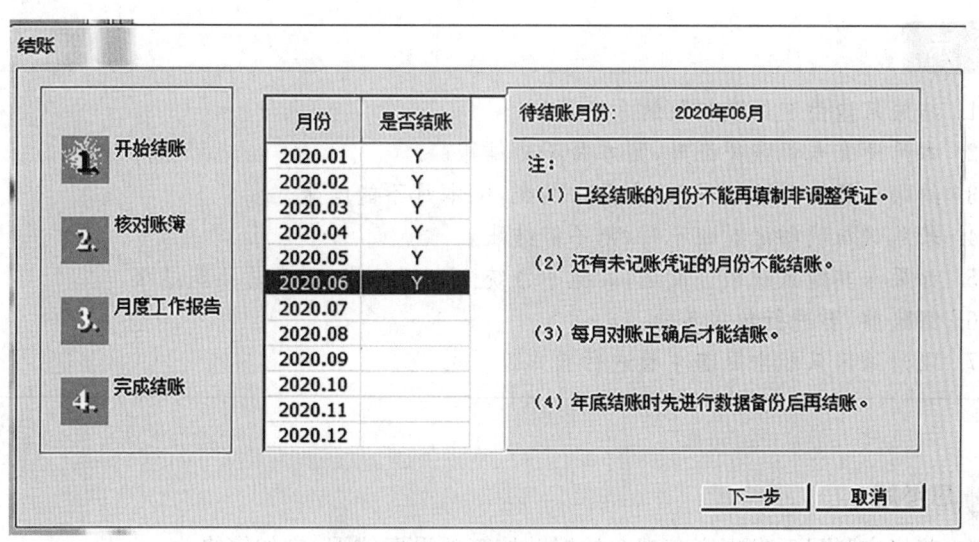

图 5-127　进入"结账"窗口

（2）选择要取消结账的月份"2020.06"，按"Ctrl＋Shift＋F6"键，激活"取消结账"功能。

（3）输入口令"1"，单击"确定"按钮，完成取消结账操作，如图5-128和图5-129所示。

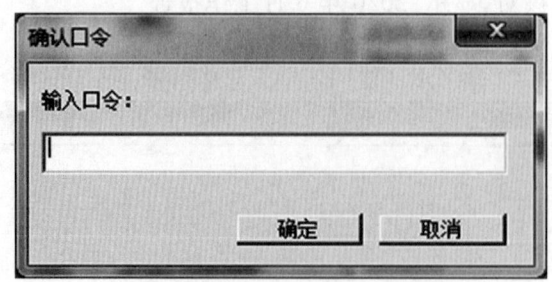

图 5-128　输入口令

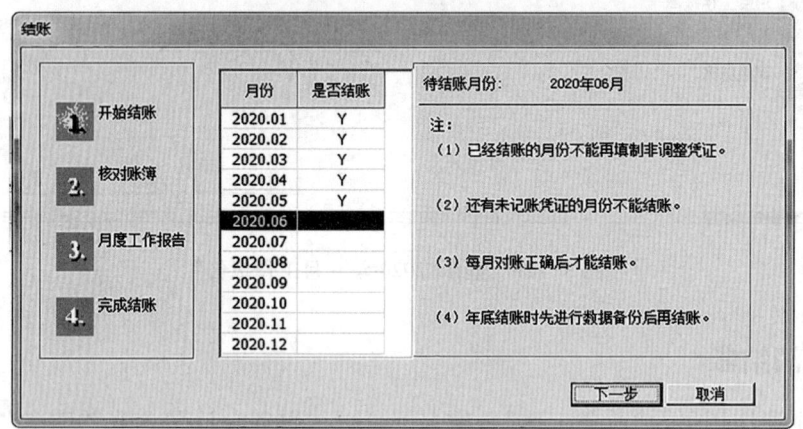

图 5-129　完成取消结账操作

> 提　示
>
> 1. 结账只能由有结账权限的人进行。
> 2. 本月还有未记账凭证时，则本月不能结账。
> 3. 结账必须按月连续进行，上月未结账，则本月不能结账。
> 4. 若总账与明细账对账不符，则不能结账。
> 5. 如果与其他系统联合使用，其他子系统未全部结账，则本月不能结账。
> 6. 结账前，要进行数据备份。
> 7. 取消结账只能由账套主管进行操作。

思考题

1. 若指定科目后发现库存现金的辅助核算项设置错误，应如何修改。
2. 若表5-7做错，会给后面业务带来哪些影响？
3. 简述审核过的记账凭证错误如何删除。
4. 简述银行对账错误如何修改。

项目六 UFO 报表

知识目标

1. 了解报表系统的基本功能。
2. 熟悉报表系统的业务处理流程。
3. 掌握报表系统基础设置的内容。
4. 掌握报表系统格式设计和公式设置的方法。

能力目标

1. 能熟练进行报表格式设计。
2. 能熟练进行报表数据处理。

［概述］

一、报表结构

就会计报表的框架结构来说,报表一般由表头、表体和表尾三部分组成。

（一）表头

表头通常用来描述报表的名称、报表编号、编制单位、编制日期和货币计量单位等内容。

（二）表体

表体是报表的主要构成部分,由表样单元(项目及项目名称)和数据单元(报表数据)组成。在报表编制过程中,表样单元输入的内容一般为文字,数据单元输入的内容为数字(数值),且数字是通过预先定义好的取数公式自动计算生成的。

（三）表尾

表尾是指报表表格下放的说明及附注、签章等,既包括文字说明,也包括部分数据。例如,报表附注等补充资料、制表人、会计主管等。

二、报表基本概念

（一）格式状态和数据状态

报表格式设计工作与报表数据处理工作是在不同的状态下进行的。

1. 格式状态

在格式状态下设计报表的格式,如表尺寸、行高列宽、单元属性、组合单元、关键字等,报表的三类公式:单元公式、审核公式、舍位平衡公式也在格式状态下定义。

在格式状态下所做的操作对本报表包含的所有表页都发生作用,格式状态下所看到的的报表中,报表的数据全都隐藏了,在该状态下不能进行数据的录入、计算等操作。

2. 数据状态

在数据状态下管理报表的数据,如输入数据、增加或删除表页、审核、舍位平衡、生成图形、合并报表等。

在数据状态下看到的是报表的全部内容,包括格式和数据,但不能修改报表的格式。

(二) 行列与单元

单元是组成报表的最小单位,单元名称由所在行、列标识。行号用数字 1~9 999 标示,列标用字母 A~IU 表示,如 B26 表示第 2 列第 26 行的单元。

单元有三种类型。

1. 数值单元

数值单元是报表的数据,在数据状态下输入。数值单元的数字可以直接输入或者由单元中存放的单元公式运算生成。建立一个新表时,所有单元的类型缺省为数值。

2. 字符单元

字符单元是报表的数据,在数据状态下输入。字符单元的内容可以是汉字、字母、数字及各种字符串,一个单元中最多可输入 63 个字符。字符单元的内容也可以由单元公式生成。

3. 表样单元

表样单元是报表的格式,是定义一个没有数据的空表所需的所有文字、符号或数字。表样在格式状态下可进行输入和修改,在数据状态下不允许修改。

(三) 组合单元与区域

1. 组合单元

组合单元由相邻的两个或更多个单元组成,这些单元必须是同一单元类型(数值、字符、表样),财务报表在处理时将组合单元视为一个单元。

组合单元的名称可以用区域的名称或区域中单元的名称来表示,如把 C2 到 C3 定义为一个组合单元,这个组合单元可以用"C2""C3"或者"C2:C3"表示,组合单元也可以定义公式。

2. 区域

区域是由一张表页上的一组单元组成,自起点单元至终点单元是一个完成的长方形矩阵。在财务报表中,区域是二维的,最大的一个区域是一个二维表的所有单元(整个表页),最小的一个区域是一个单元。

(四) 固定区和可变区

固定区是指一个行数和列数是固定的区域,一旦设定好以后,在固定区域内其单元总数是不变的。

可变区是指屏幕显示的一个区域的行数或列数是不固定的,可变区的最大行数或最大列数是在格式设计中设定的。在一个报表中只能设置一个可变区,即行可变区或是列可变区。行可变区是指可变区中的行数是可变的;列可变区是指可变区中的列数是可变的。

设置可变区后,屏幕只显示可变区的第一行或第一列,其他可变行列隐藏在表体内。在以后的数据操作中,可变行列数随着用户的需要而增减。

有可变区的报表称为可变表,没有可变区的报表称为固定表。

(五) 表页与关键字

1. 表页

一个UFO报表最多可容纳99 999张表页,每一张表页是由若干单元组成的。表页在报表中的序号在表页的下方以标签的形式出现,称为页标。页标用"第1页"~"第99 999页"表示。

2. 关键字

一个UFO报表的各个表页代表着不同的经济含义,如主管单位把其30个下属单位的利润表组成一个报表文件,每个单位的利润表占一张表页。为了在这30张表页中迅速找到特定单位,有必要给每张表页设置一个标记,如:把单位名称设置为标记,这个标记就是关键字。

关键字是游离于单元之外的特殊数据单元,可以唯一标识一个表页,在大量表页中用于区别于其他表页,并以此快速选择表页。

UFO报表共提供了以下六种关键字,关键字的显示位置在格式状态下设置,其值在数据状态下录入,每个报表可定义多个关键字。

单位名称:字符型(最大28个字符),为该报表表页编制单位的名称。

单位编号:字符型(最大10个字符),为该报表表页编制单位的编号。

年:数字型(1 980~2 099),为该报表表页反应的年度。

季:数字型(1~4),为该报表表页反映的季度。

月:数字型(1~12),为该报表表页反映的月份。

日:数字型(1~31),为该报表表页反映的日期。

除此之外,UFO有自定义关键字功能,可以用于业务函数中。

[实验内容]

(1) 自定义报表。

(2) 使用报表模板生成资产负债表、利润表。

(3) 掌握报表格式设计和公式设置的方法以及报表数据的计算方法。

[实验资料]

(1) 自定义报表。

(2) 按2007新会计制度科目生成363账套6月份的"资产负债表"。单位名称为"广东友和服装有限公司";编制时间为2020年6月;同理,生成利润表。

[实验指导]

以账套主管身份进行操作。货币资金表如表6-1所示。

表 6-1　　　　　　　　　　　　　　货币资金表

编制单位：　　　　　　　　　　　　年　月　日　　　　　　　　　　　　　　单位：元

项　目	行　次	期 初 数	期 末 数
现金	1		
银行存款	2		
合　计	3		

制表人：

说明：编制单位和年、月、日应设为关键字。

任务一　报表格式设计

一、新建报表

（1）进入企业应用平台后，点击"财务会计"下的"UFO 报表"选项，打开"UFO 报表"窗口，如图 6-1 所示。

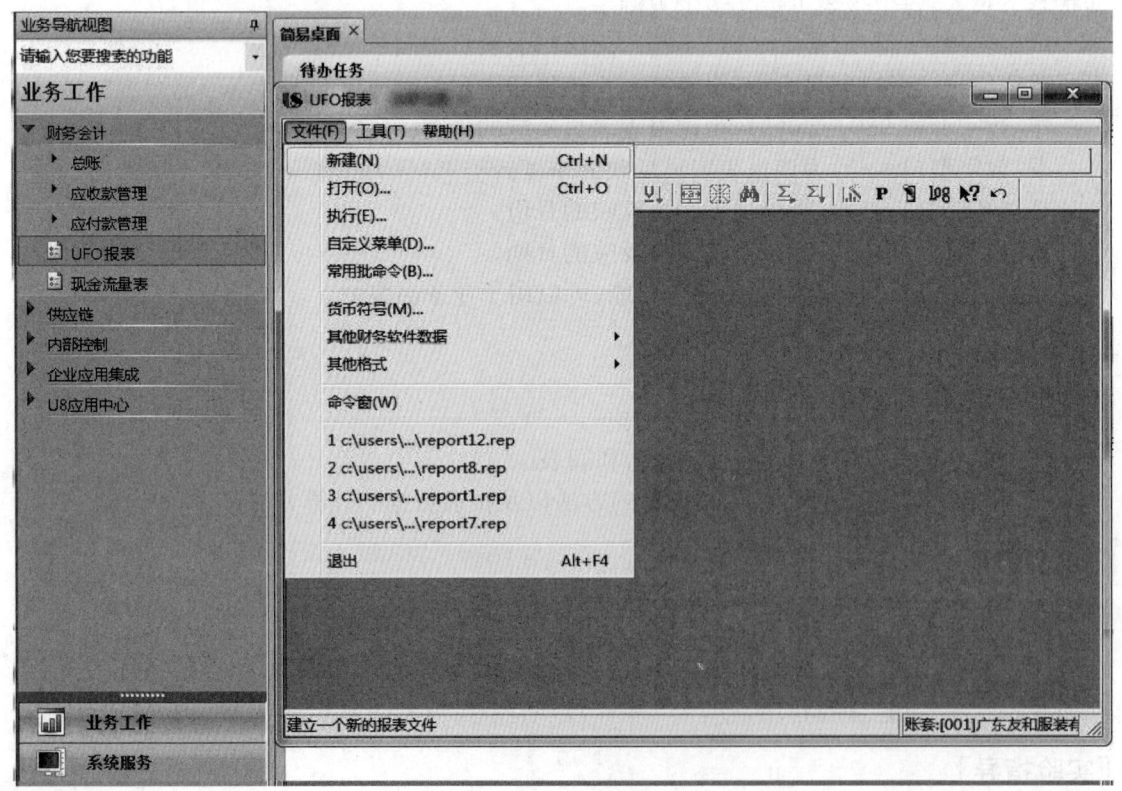

图 6-1　"UFO 报表"窗口

报表的表样设计主要包括设置报表尺寸,定义行高列宽,画表格线,定义组合单元,定义单元格属性等。

(2)执行"文件""新建"命令,建立一张空白表格,报表默认为"report1"。

二、设置报表尺寸

表尺寸主要用来设计报表的大小,如行数列数。

(1)在"UFO报表"窗口选择"格式"菜单中的"表尺寸"命令,打开"表尺寸"对话框,如图6-2所示。

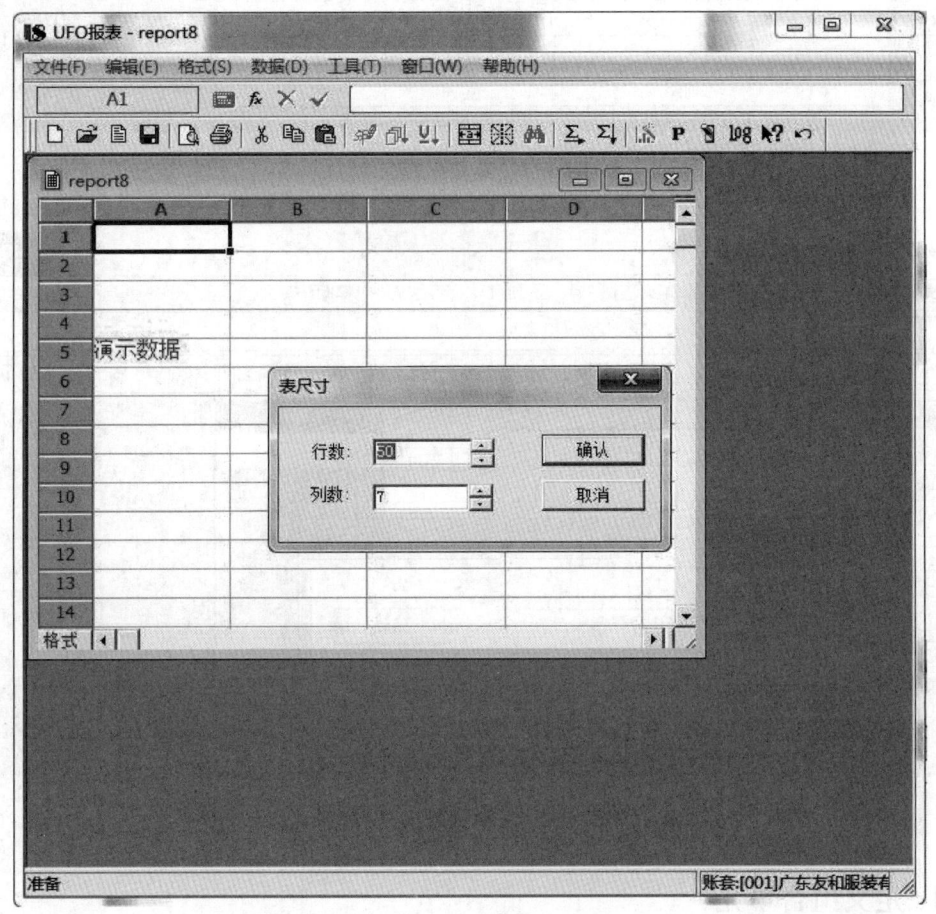

图 6-2 打开"表尺寸"对话框

(2)直接输入或者单击"行数"微调按钮选择"7","列数"选择"4";单击"确认"按钮,如图 6-3 所示。

三、定义报表行高列宽

一些报表的格式往往需要特定的行高列宽,可以通过如下方法操作。

选中第 1 行,单击工具栏中"格式"菜单,选择"行高"命令,输入或选择"7",单击"确认"按钮。调整列宽:A 为 60;B 为 15;C 为 60;D 为 60,如图 6-4 所示。

图6-3 设置报表尺寸

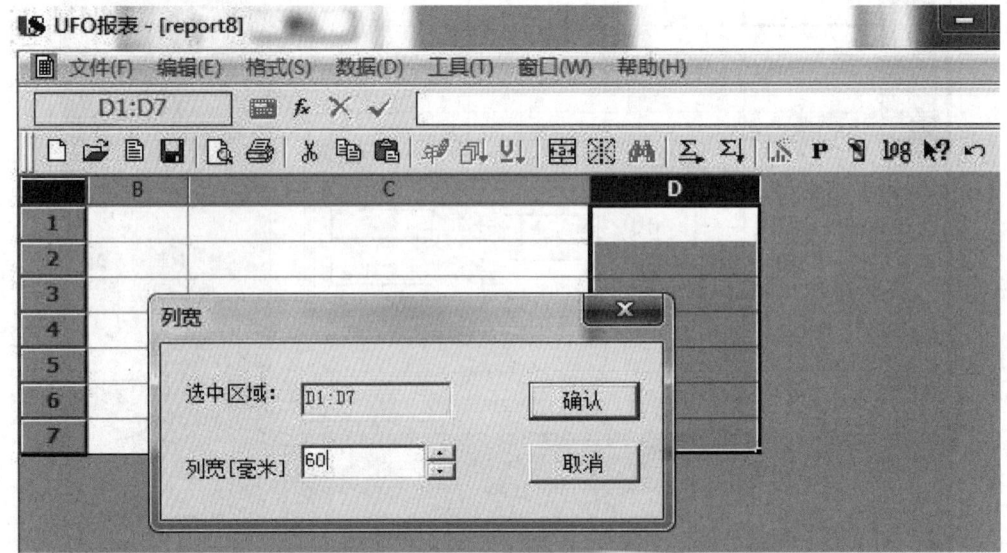

图6-4 定义报表行高列宽

四、定义组合单元

一些表格的表头表体中需要一些合并单元格,可以通过以下步骤实现。

选择需要合并的区域"A1:D1",单击"格式"菜单,选择"组合单元"命令,单击"整体组合"按钮或"按行组合",如图6-5所示。

五、画表格线

在设计好表格总体框架后,需要画适当的表格线来增强美观性。方法所示如下。

(1)在表格内选择需要画线的区域"A3:D6",单击"格式"菜单,选择"区域画线"命令,设置表格线,如图6-6所示。

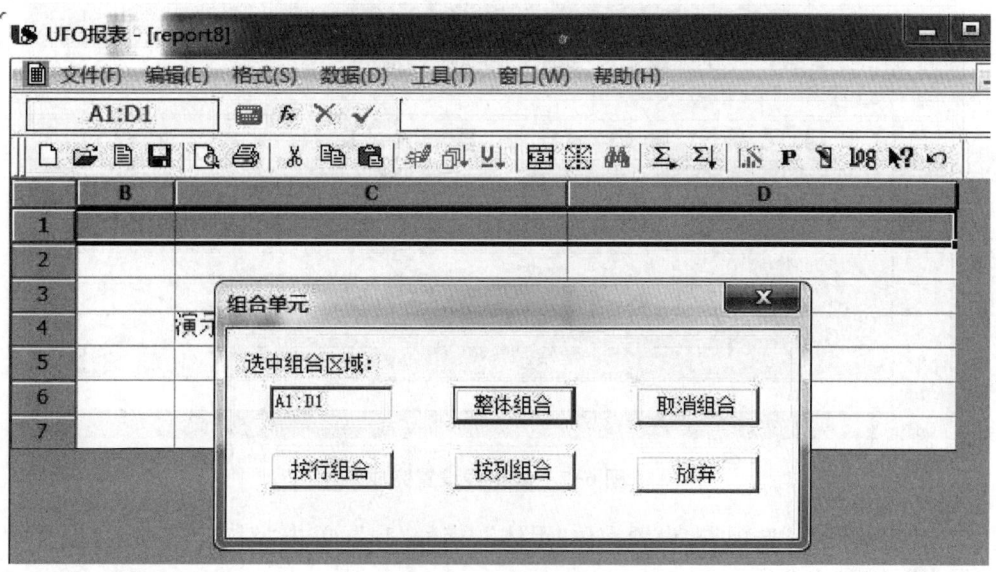

图 6-5　定义组合单元

图 6-6　设置表格线

（2）在弹出的"区域画线"对话框选择"网线"单选按钮并选择"样式"，单击"确认"按钮，如图 6-7 所示。

六、定义单元格属性

单元格属性通常用来定义单元格类型、字体图案等，比如通常设置字符型数据或者数值型数据，都是通过这个功能实现。

（1）选择组合单元"A1"，单击"格式"菜单，选择"单元属性"命令，弹出"单元格属性对话

图 6-7 表格线设置完成

框"。单击"字体图案"选项卡,设置字体"黑体"、字号"14",单击"对齐"选项卡,设置对齐方式为"居中",如图 6-8 所示。

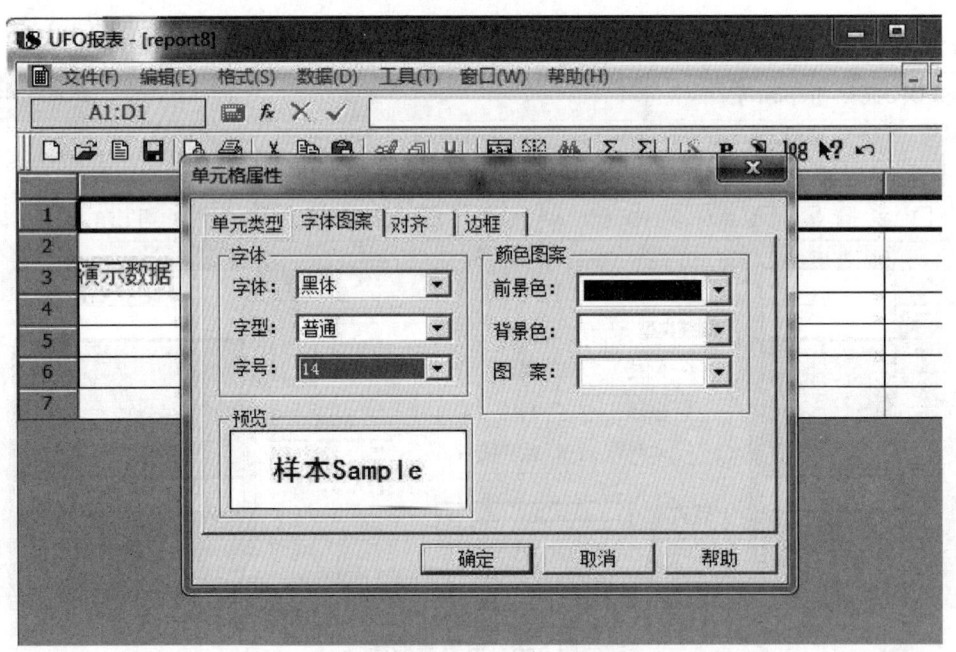

图 6-8 设置"单元格属性"

(2)选定单元格"D7",执行"格式""单元属性",打开"单元格属性"对话框。单击"单元格类型"选项卡,选择"字符"选项。同理,设置其他为"字符"属性的单元格。

提 示

1. 一般而言,此功能最常用的就是数值型与字符型数据的互换。
2. 在表体内通常将单元格属性设为数值,而第 1 行与第 1 列等不计算数据的通常设为字符。

任务二　设置关键字

关键字是游离于单元之外的特殊数据单元,可以唯一标识一个表,用于在大量表页中快速选择表页。UFO共提供了6种关键字,关键字的显示位置在格式状态下设置,关键字的值则在数据状态下录入,每个报表可以定义多个关键字。通常将单位名称、单位编号、年、季、月、日等设为关键字。

(1) 选择需要输入关键字的组合单元"A2",单击"数据"菜单,执行"关键字""设置"命令。系统弹出"设置关键字"对话框,选择其中需要列示的关键字选项,选择"C2"单元,选择"单位名称""年""月""单位编号"等,单击"确定"按钮。具体操作如图6-9所示。

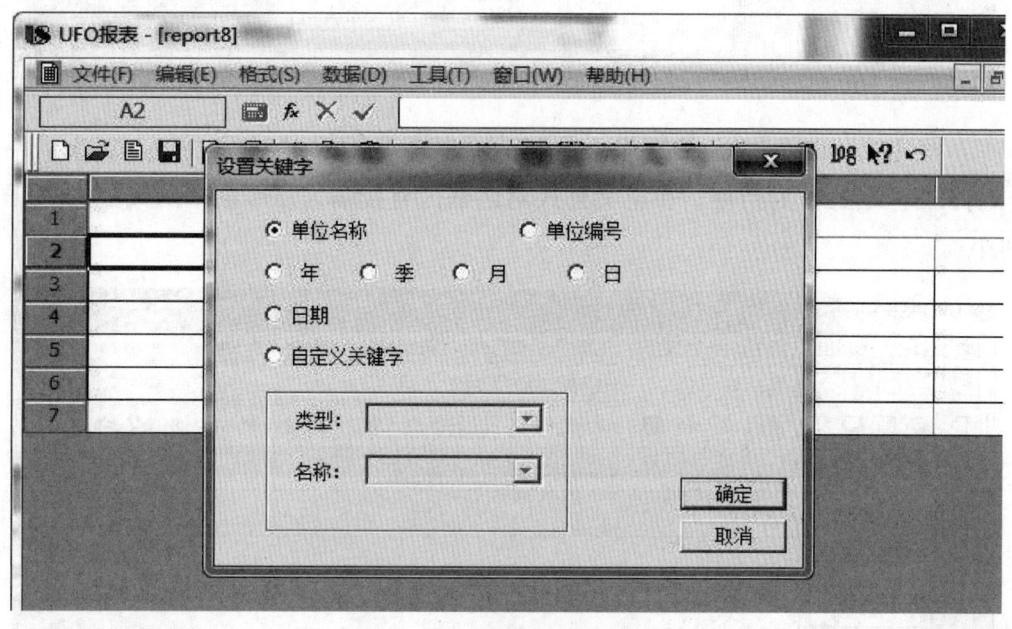

图6-9　"设置关键字"对话框

(2) 执行"数据""关键字""偏移"命令,打开"定义关键字偏移"对话框,在需要调整位置的关键字后面输入偏移量。在C2中定义年、月、日关键字后,偏移量为:(年:-50;月:-20;日:10),如图6-10所示。

任务三　报表公式编辑

报表公式编辑有两种方法:一是直接输入;二是利用函数向导输入。

一、直接输入法

选定需要定义公式的单元"D4",即"现金"的期末数,执行"数据""编辑公式""单元公式"

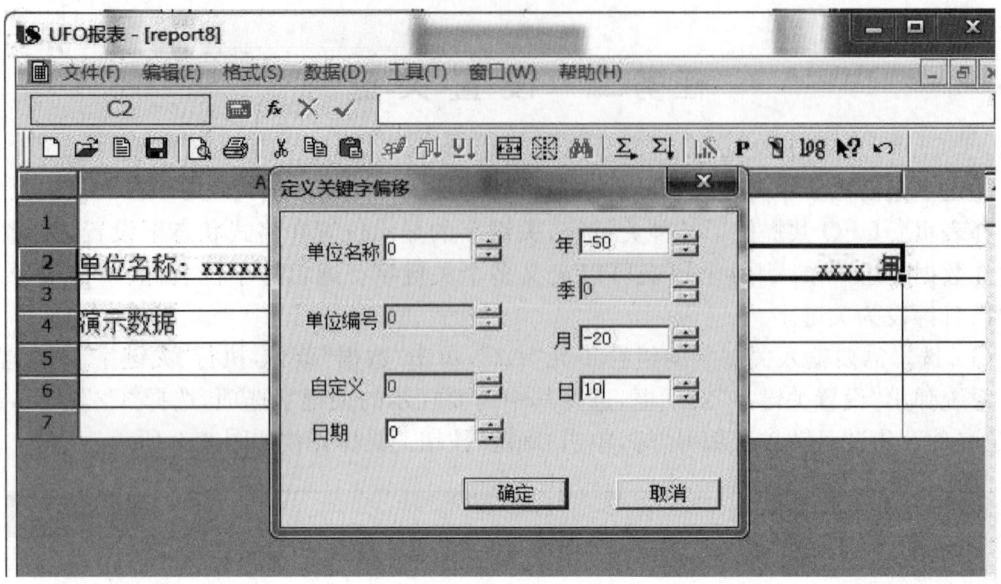

图 6-10 "定义关键字偏移"对话框

命令,打开"定义公式"对话框。在定义公式对话框内直接输入总账期末函数公式,如图 6-11 所示。

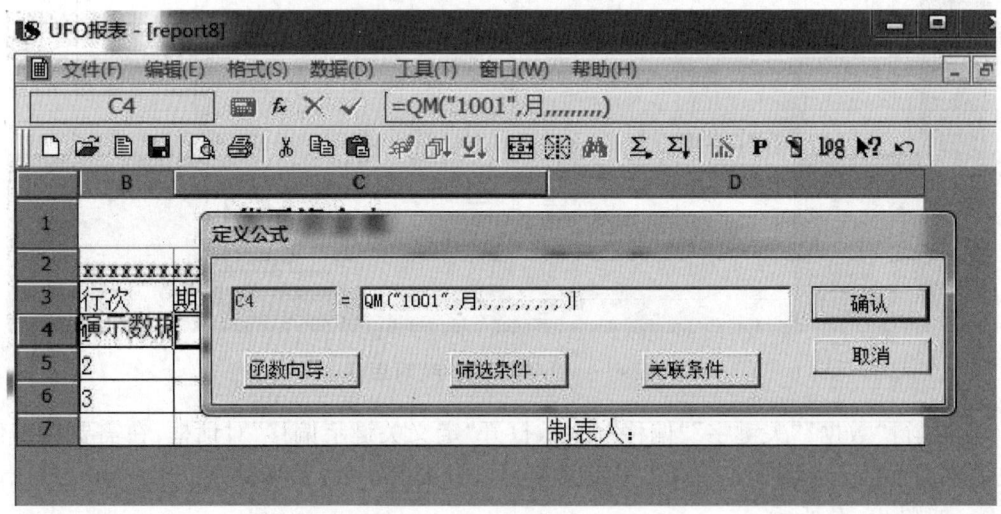

图 6-11 "定义公式"对话框

二、利用函数向导法

在以上操作中不选择输入公式,而在弹出的"定义公式"对话框单击"函数向导"按钮,选择"函数分类"列表框中的"用友账务函数"选项和"函数名"列表框中"期末(QM)"选项,单击"下一步"按钮,如图 6-12 所示。

同理,输入 D5 的单元公式。然后,在 C6 处定义"C6=C4+C5"的单元公式,在 D6 处定义"D6=D4+D5"的单元公式。

项目六 UFO报表

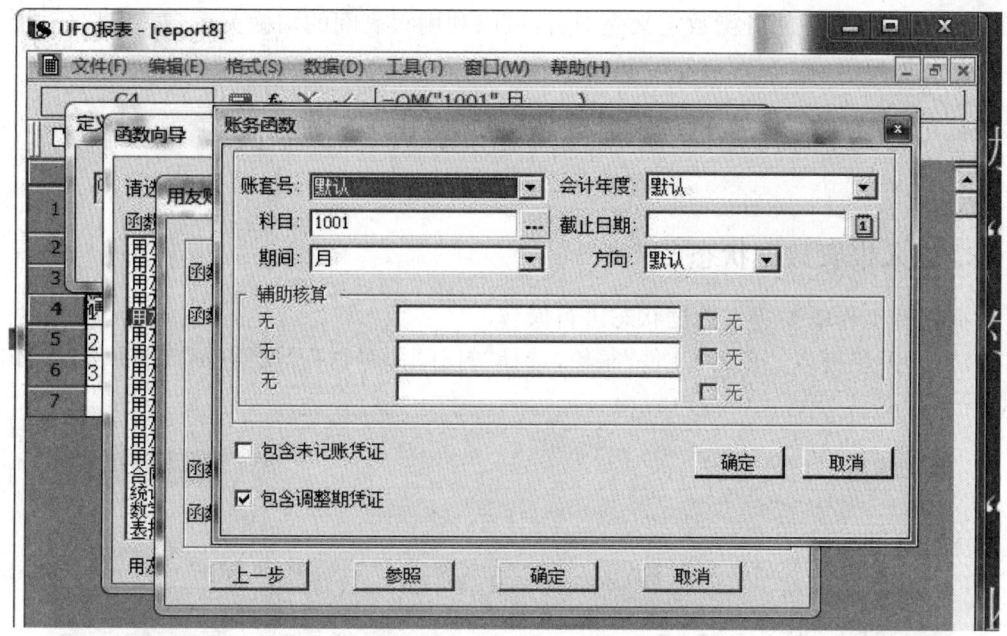

图 6-12 "财务函数"对话框

三、定义舍位平衡公式

(1) 执行"数据""编辑公示""舍位公式"命令,打开"舍位平衡公式"对话框。确定如下信息：舍位表名"SW1",舍位范围"C4:D6",舍位位数"3",平衡公式"C6＝C4＋C5,D6＝D4＋D5"。单击"完成"按钮,如图 6-13 所示。

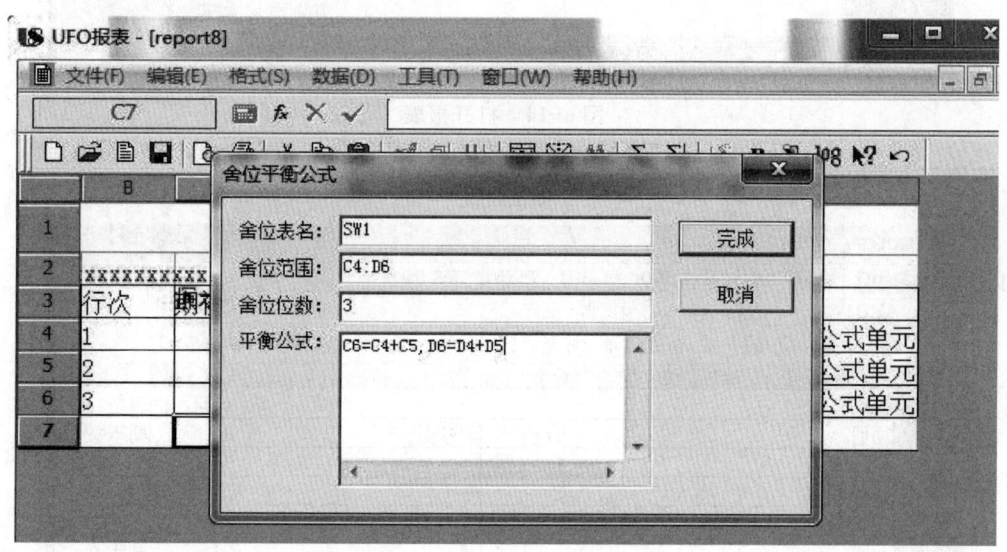

图 6-13 定义舍位平衡公式

(2) 执行"文件""保存"命令,如果是第一次保存,则打开"另存为"对话框。选择要保存的文件夹,输入报表文件名"货币资金表",选择保存类型"＊.rep",单击"保存"按钮。

153

（3）公式审核，在账务函数定义完毕后，可以利用报表间的勾稽关系定义审核公式。

任务四　报表数据处理

一、进入报表数据状态

数据处理工作需要进入数据状态进行操作。

方法一，菜单进入。单击"文件"菜单，选择"打开"命令，打开所需操作的报表，如图6-14所示。

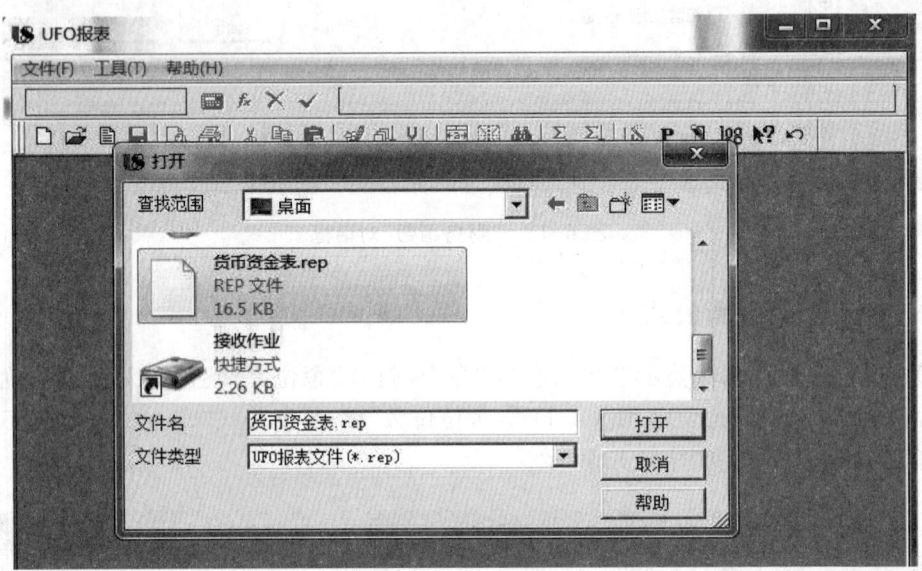

图 6-14　打开报表

方法二，将报表界面格式切换为数据窗口，如图 6-15 所示。

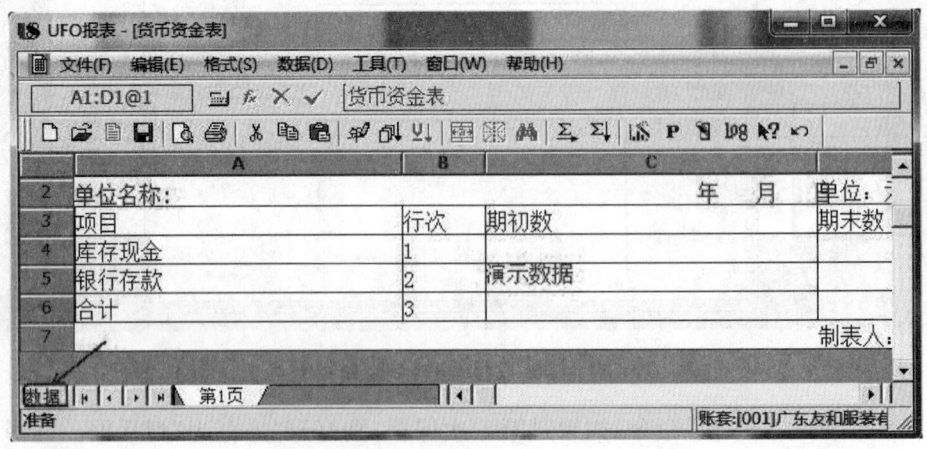

图 6-15　将报表界面格式切换为数据窗口

二、录入关键字

（1）单击"数据"菜单，选择"关键字"下的"录入"命令，如图6-16所示。

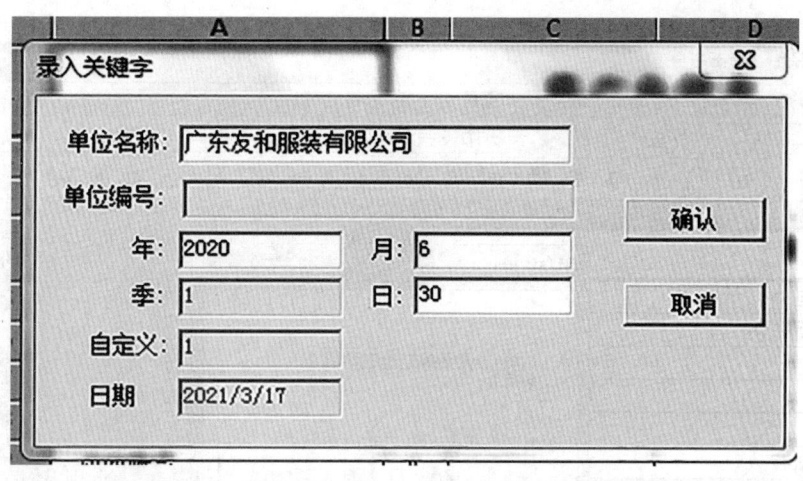

图6-16 录入关键字

（2）在弹出的"录入关键字"对话框设置账表归属年、月、日等信息后，单击"确定"按钮，在确认提示信息"是否重算第1页"对话框单击"是"按钮，录入关键字成功，如图6-17所示。

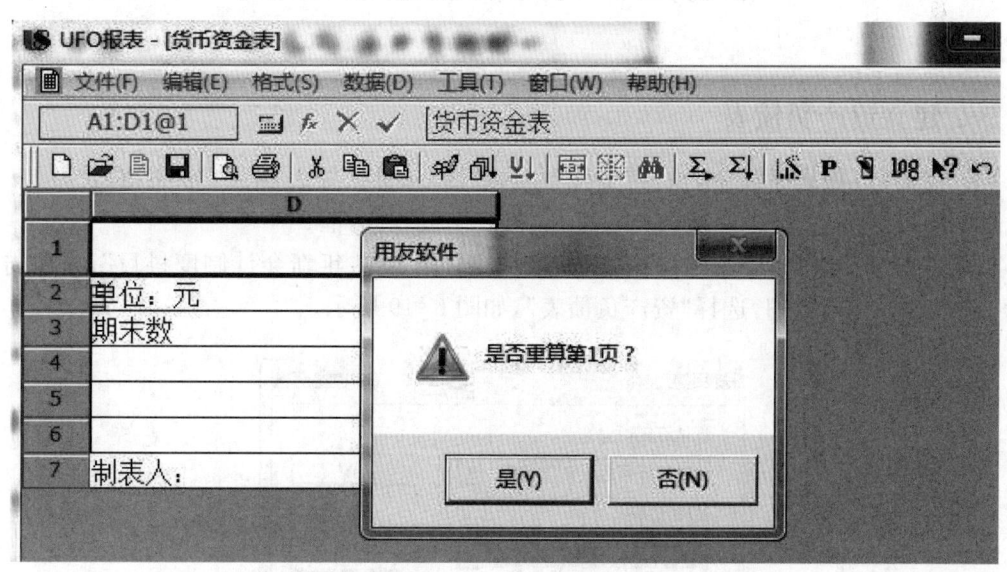

图6-17 录入关键字完成

三、整表重算

当文件内有多张表格时,单击"数据"菜单,选择"整表重算"命令,单击"是"按钮后就可以自动计算新的数据,如图6-18所示。

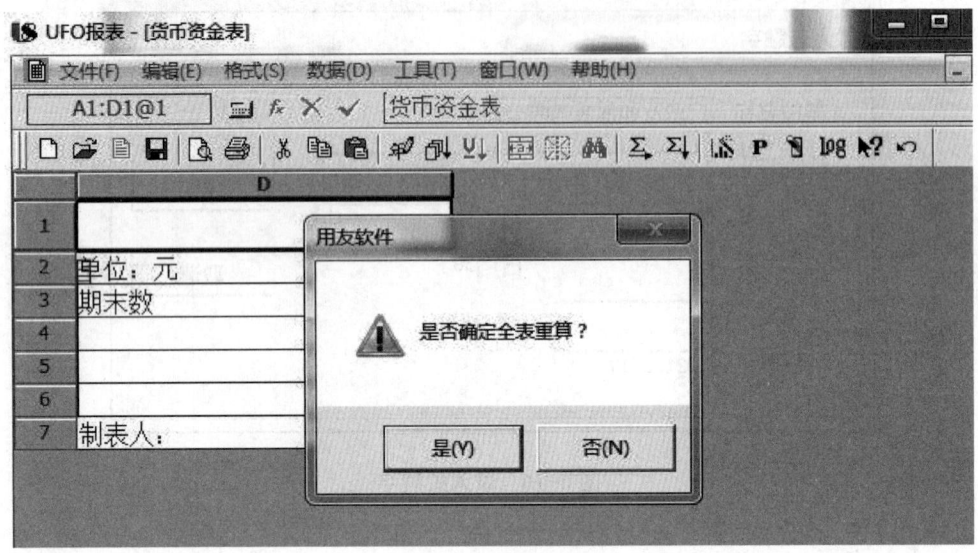

图6-18 整表重算

任务五 利用模板生成报表

一、建立资产负债表

(1) 在UFO报表系统中,执行"文件""新建"命令,进入报表"格式"状态窗口。
(2) 执行"格式""报表模板"命令,打开"报表模板"对话框。
(3) 单击"您所在的行业"栏的下三角按钮,选择"2007年新会计制度科目",再单击"财务报表"栏的下三角按钮,选择"资产负债表",如图6-19所示。

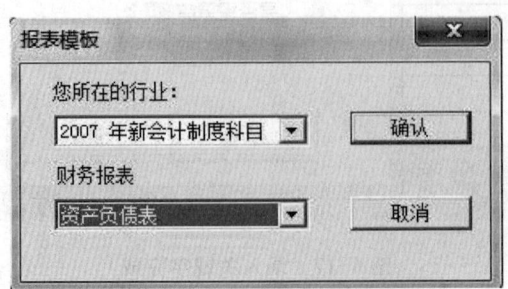

图6-19 "报表模板"对话框

(4)单击"确认"按钮,系统弹出"模板格式将覆盖本表格式!是否继续?"信息提示框。

(5)单击"确认"按钮,打开按 2007 年新会计制度科目设置的"资产负债表"模板,如图 6-20 所示。

图 6-20 资产负债表模板

二、设置关键字

(1) 在报表"格式"状态窗口中,单击选中 A3 单元,将"编制单位"删除。
(2) 仍选中 A3 单元,执行"数据""关键字""设置"命令,打开"设置关键字"对话框。
(3) 设置关键字"单位名称",单击"确定"按钮,如图 6-21 所示。

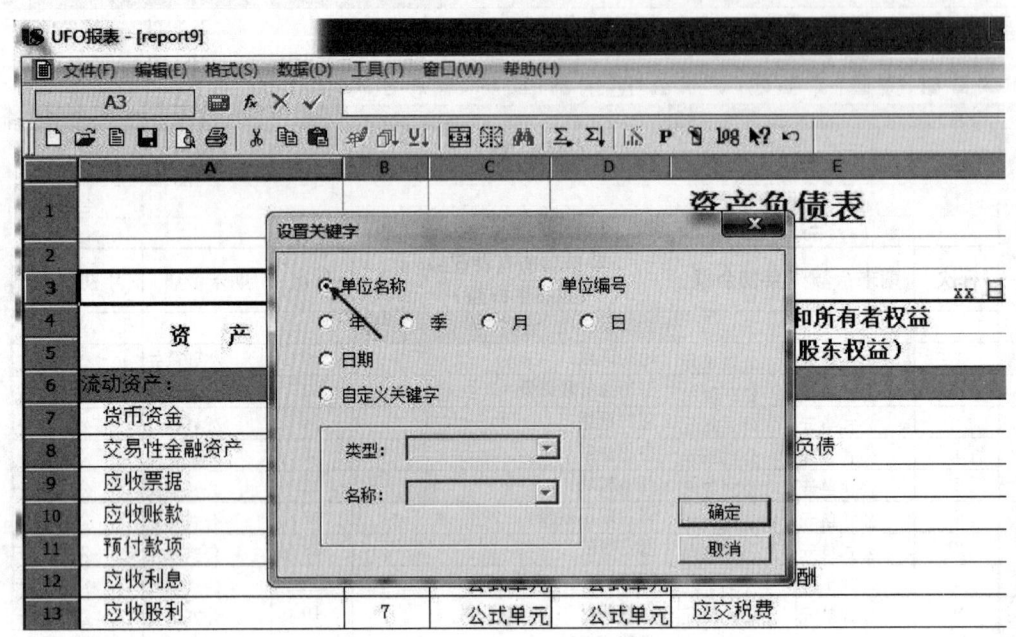

图 6-21　设置关键字"单位名称"

三、录入关键字并计算报表数据

(1) 在报表的格式状态窗口中,单击"数据"按钮,系统提示"是否确定全表重算?",如图 6-22 所示。
(2) 单击"否"按钮,进入报表的"数据"状态窗口。
(3) 在报表的数据状态窗口中,执行"数据""关键字""录入"命令,打开"关键字"对话框。录入关键字,单击"确认",系统提示"是否重算第一页?"。
(4) 单击"是"按钮,生成资产负债表的数据。
(5) 执行"文件""保存"命令,将文件存为"资产负债表"。

图 6-22 系统提示"是否确定全表重算?"

思考题

1. 报表格式设计包括哪些?
2. 什么是关键字? 关键字是如何设置的?
3. 制作一张报表的流程是怎样的?

项目七　薪资管理系统

知识目标

1. 了解用友薪资管理系统的基本功能。
2. 熟悉薪资管理系统的业务流程。
3. 熟悉薪资管理系统基础设置的内容。
4. 掌握薪资管理系统初始设置的主要内容。
5. 掌握薪资管理系统日常业务处理的内容和基本方法。

能力目标

1. 能够明白薪资系统与其他子系统,特别是与总账系统的关系。
2. 能够进行工资类别、人员类别、工资项目和计算公式的设置。
3. 能够进行数据的输入、计算和汇总。
4. 能够计提和分摊工资费用和附加费,生成工资费用转账凭证。
5. 能够查询工资账表资料。
6. 能够进行薪资管理系统的期末处理。

[概述]

薪资管理系统的任务是以职工个人的薪资原始数据为基础,计算应发工资、扣款小计和实发工资等,编制工资结算单;按部门和人员类别进行汇总,进行个人所得税计算;提供多种方式查询和打印薪资发放表、各种汇总表及个人工资条;进行工资费用分配与计提,并实现自动转账处理。

一、系统初始化设置

(1) 设置人员附加信息。
(2) 工资类别适用部门。
(3) 工资人员档案。
(4) 设置多次发放。
(5) 自定义工资项目及计算公式。
(6) 设置工资项目的取数公式。
(7) 提供多工资类别核算、工资核算币种、扣零处理、个人所得税扣税处理等账套参数设置。

二、日常工资数据管理

1. 工资数据管理

（1）工资数据录入：第一次使用薪资管理系统必须将所有人员的基本工资数据录入计算机，每月发生的工资数据变动也在此进行调整。

（2）工资数据替换：当工资变动呈现规律性变动时，可以通过替换功能来完成数据更新，将符合条件的人员的某个工资项目的数据统一替换成某个数据。

（3）计算与汇总：在修改了某些数据、重新设置了计算公式、进行了数据替换或在个人所得税中执行了自动扣税等操作后，可以调用"计算"功能对个人工资数据重新计算，以保证数据正确。通常实发合计、应发合计、扣款合计在修改完数据后不自动计算合计项，如要检查合计项是否正确，可先执行重算工资。如果对工资数据的内容进行了变更，在执行了重算工资后，为保证数据的准确性，可调用"汇总"功能对工资数据进行重新汇总。

2. 计算个人所得税

如果在建立工资账套时选中了从工资中代扣个人所得税这一项时，系统将根据国家颁布的税率进行扣税。系统对于所得税的设置主要分成三步：设置所得税申报栏目、税率定义和个人所得税的计算。

3. 工资发放

工资分钱清单：适用于工资发放采用现金方式的企业，采用银行代发工资的企业一般不需要进行工资分钱清单的操作。

银行代发：每月末单位向银行提供银行给定文件格式的磁盘，第一次使用银行代发功能时，针对弹出的对话框，可以选择银行模板，设置代发银行所要求的数据内容等。

三、期末处理

1. 月末结转

月末处理是将当月数据经过处理后结转下月。每月工资数据处理完毕后均可进行月末结转。由于在工资项目中，有的项目是变动的，也就是每月的数据均不相同，在每月工资处理时，均需将其数据清零，而后输入当月的数据，此类项目称为清零项目。

月末处理只有主管人员才能执行，所以应以主管的身份登录系统。

月末结转只有在会计年度的1月至11月进行，并且只有在当月工资数据处理完毕后才可进行。若处理多个工资类别，则应打开类别，分别进行月末结转。若本月工资数据没有汇总，系统将不允许进行月末结转。进行期末处理后，当月数据不允许变动。

2. 年末结转

年末结转是指将工资数据经过处理后结转至下年。进行年末结转后，新年度账将自动建立。需要处理完所有工资类别的工资数据，对于多工资类别，应关闭所有工资类别，然后在系统管理中选"年度账"菜单，进行上年数据结转。其他操作与月末处理类似。

年末结转只有在当月工资数据处理完毕后才能进行。若当月工资数据没汇总，系统将不允许进行年末结转。进行年末结转后，本年各月数据将不允许变动。若用户跨月进行年末结转，系统将给予提示。年末处理功能只有主管人员才能使用。

[实验内容]

1. 系统学习和掌握薪资系统初始化的主要内容和操作方法
(1) 建立工资账套。
(2) 基础设置。
(3) 工资类别管理。
(4) 设置在职人员工资账套的工资项目。
(5) 设置人员档案。
(6) 设置计算公式。

2. 系统学习和掌握薪资系统业务处理的主要内容和操作方法
(1) 在职人员的薪资核算与管理。
(2) 录入并计算1月份的薪资数据。
(3) 扣缴所得税。
(4) 银行代发工资。
(5) 工资分摊并生成转账凭证。
(6) 月末处理：查看工资发放条、部门工资汇总表、按部门进行工资项目构成分析。
(7) 查询1月份工资核算的记账凭证。

[实验资料]

1. 363账套薪资管理系统的参数

工资核算本位币为人民币，核算计件工资（系统启用计件工资管理），代扣所得税，不进行扣零设置。

工资类别有两个，"在职人员"和"临时人员"，在职人员分布在各个部门，临时人员只属于生产部门。

2. 工资项目

(1) 工资项目如表7-1所示。

表 7-1   工资项目

工资项目名称	类型	长度	小数	增减项
基本工资	数字	8	2	增项
岗位工资	数字	8	2	增项
交通补贴	数字	8	2	增项
奖金	数字	8	2	增项
住房公积金	数字	8	2	减项
缺勤天数	数字	8	2	其他
缺勤扣款	数字	8	2	减项

(2) 在职人员工资类别：所有工资项目。

(3) 临时人员工资类别：只有基本工资和住房公积金两个项目。

3. 人员档案

(1) 在职人员档案。在职人员档案信息如表 7-2 所示。

表 7-2　　　　　　　　　　　　　在职人员档案

人员编码	人员姓名	性别	人员类别	行政部门	银行名称	银行代发账号
001	杨子斌	男	财务部	企业管理人员	中国工商银行	786601
002	蔡小心	男	财务部	企业管理人员	中国工商银行	786602
003	曹作勇	男	财务部	企业管理人员	中国工商银行	786603
004	史小刚	男	总经理办公室	企业管理人员	中国工商银行	786604
005	赵零零	女	总经理办公室	企业管理人员	中国工商银行	786605
006	周龙彬	男	销售部	经营人员	中国工商银行	786606
007	邹　辉	女	销售部	经营人员	中国工商银行	786607
008	刘秋梅	女	采购部	经营人员	中国工商银行	786608
009	金　娣	女	生产一部	生产人员	中国工商银行	786609
010	王智勇	男	生产二部	生产人员	中国工商银行	786610
011	洪　梅	女	总经理办公室	车间管理人员	中国工商银行	786611

(2) 临时人员档案。临时人员档案信息如表 7-3 所示。

表 7-3　　　　　　　　　　　　　临时人员档案

人员编码	人员姓名	部门名称	人员类别	账　号	中方人员	是否计税	核算计件工资
021	黄　洲	生产一部	合同工	202001	是	是	是
022	吴明艳	生产二部	合同工	202002	是	是	是

计件要素：工序。

工序档案包括：01 缝制；02 检验。

计件工价设置：缝制为 40；检验为 26。

4. 计算公式

缺勤扣款＝基本工资÷22×缺勤天数

住房公积金＝（基本工资＋岗位工资＋交通补贴＋奖金）×0.08

其中，企业管理人员的交通补贴为 800 元，其他人员的交通补贴是 500 元。

5. 个人收入所得税

个人收入所得税应在"应发工资"扣除 5 000 后计税。

6. 2020 年 6 月有关的工资数据

工资数据如表 7-4 所示。

表 7-4　　　　　　　　　　　人员工资数据　　　　　　　　　　　单位：元

职员编号	人员姓名	基本工资	岗位工资	奖　金
001	杨子斌	8 000	2 000	800
002	蔡小心	7 300	1 500	800

(续表)

职员编号	人员姓名	基本工资	岗位工资	奖 金
003	曹作勇	6 800	1 000	800
004	史小刚	6 700	1 000	800
005	赵零零	6 500	900	1 000
006	周龙彬	6 500	900	1 200
007	邹 辉	6 500	900	1 200
008	刘秋梅	5 500	1 000	1 100
009	金 娣	5 600	800	1 000
010	王智勇	6 000	700	600
011	洪 梅	5 000	700	500

考勤方面：史小刚请假2天，洪梅请假1天。

因销售业绩较好，每人增加奖金1 800元。

临时人员的工时数据如表7-5所示。

表7-5 临时人员工时数据

人员编码	临时人员姓名	日 期	缝制工时	检验工时
021	黄 洲	2020-06-30	150	
022	吴明艳	2020-06-30		180

7．工资分摊的类型、计提标准和构成设置

工资分摊的类型、计提标准和构成设置如表7-6所示。

表7-6 工资分摊的类型、计提标准和构成设置

计提类型名称	计提标准	部门名称	人员类别	项目	借方科目	贷方科目
应付工资	100%	财务部、总经理办公室	企业管理人员		管理费用/工资(660201)	应付职工薪酬(2211)
		采购部、销售部	经营人员		销售费用/工资福利费(660101)	
		总经理办公室	车间管理人员		制造费用/工资(510101)	
		生产一部、生产二部	生产人员		生产成本/直接人工(500102)	
应付福利费	14%	行政部、财务部、总经理办公室	企业管理人员		管理费用/福利费(660201)	应付职工薪酬(2211)
		采购部、销售部	经营人员		销售费用工资福利费(660101)	
		总经理办公室	车间管理人员		制造费用工资(510101)	
		生产部	生产人员		生产成本/直接人工(500102)	
应付工资	100%	生产一部、生产二部	生产人员		生产成本/直接人工(500102)	应付职工薪酬(2211)

[实验指导]

任务一　建立工资账套

主管启用"薪资管理""计件工资管理"系统后,用"会计"进行操作。

(1) 在企业应用平台中,执行"人力资源""薪资管理"命令,打开"建立工资账套——参数设置"对话框。

(2) 本账套所需处理的工资类别个数选择为"多个",如图 7-1 所示。

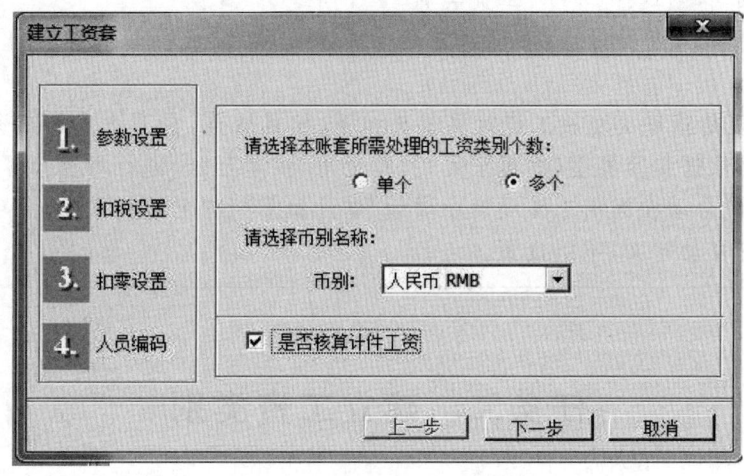

图 7-1 "建立工资套"对话框

(3) 单击"下一步"按钮,打开"建立工资套——扣税设置"对话框,选中"是否从工资中代扣个人所得税"复选框,如图 7-2 所示,单击"下一步"按钮,打开"建立工资套——扣零设置"对话框,不选"扣零",单击"下一步"按钮。

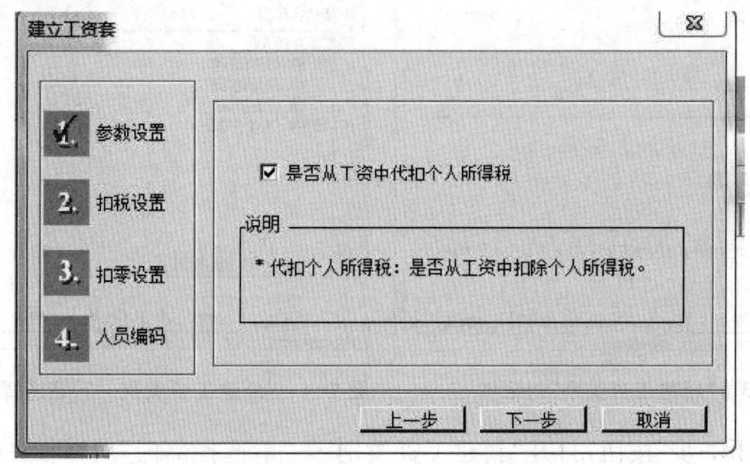

图 7-2 "建立工资套——扣税设置"对话框

（4）单击"完成"，完成建立工资账套的过程。

> **提 示**
>
> 1. 工资账套与企业核算账套是不同的概念，企业核算账套在系统管理中建立，是针对整个用友系统而言的，而工资账套只针对用友系统中的薪资管理子系统。可以说，工资账套是企业核算账套的一个组成部分。
>
> 2. 如果单位按周或每月多次发放薪资，或者是单位中有多种不同类别（部门）人员，工资发放项目不尽相同，计算公式也不相同，但需要进行统一工资核算管理，应选择"多个"工资类别。反之，如果单位中所有人员工资按统一标准进行管理，而且人员的工资项目、工资计算公式全部相同，则选择"单个"工资类别。
>
> 3. 选择代扣个人所得税后，系统将自动生成工资项目"代扣税"，并且自动进行代扣税金的计算。
>
> 4. 扣零处理是指每次发放工资时将零头扣下，积累取整，在下次发放工资时补上，系统在计算工资时将依据扣零类型（扣零至元、扣零至角、扣零至分）进行扣零计算。一旦选择了"扣零处理"，系统自动在固定工资项目中增加"本月扣零"和"上月扣零"两个项目，扣零的计算公式将由系统自动定义，不用设置。

任务二　建立工资类别

（1）在薪资管理系统中，执行"工资类别""新建工资类别"命令，打开"新建工资类别"对话框。

（2）输入工资类别名称"在职人员"，如图7-3所示。

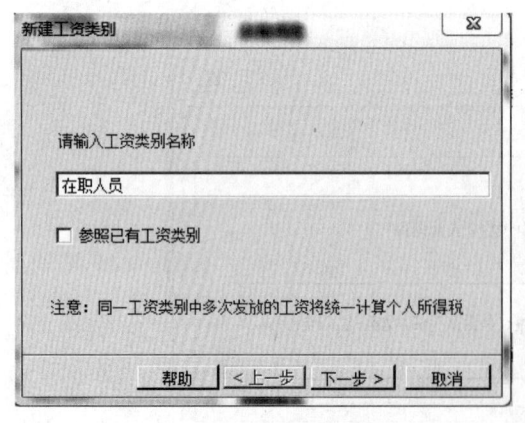

图7-3　"新建工资类别"对话框

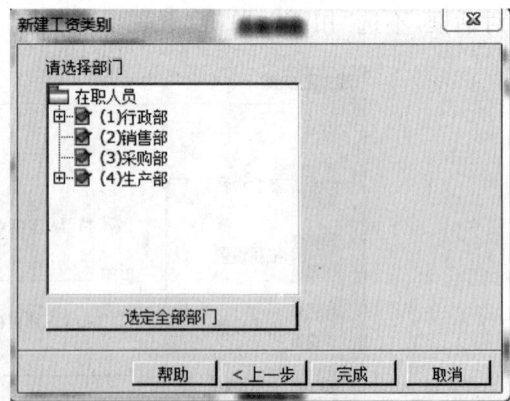

图7-4　"新建工资类别——请选择部门"对话框

（3）单击"下一步"按钮，打开"新建工资类别——请选择部门"对话框。分别单击选中各个部门，也可单击"选定全部部门"按钮，如图7-4所示。

(4) 单击"完成"按钮,系统提示"是否以 2020-06-01 为当前工资类别的启用日期?",单击"是"返回,如图 7-5 所示。

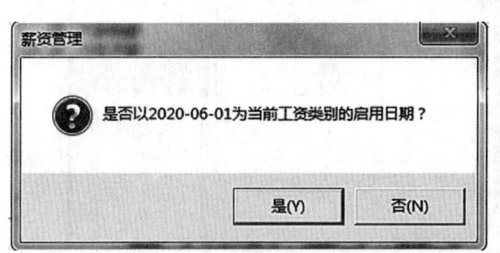

图 7-5　确定启用日期　　　　图 7-6　建立"临时人员"工资类别

(5) 执行"工资类别""关闭工资类别"命令,关闭"在职人员"工资类别。执行"工资类别""新建工资类别"命令,建立"临时人员"工资类别,如图 7-6 所示。

| 提　示 |

分别打开两个工资类别,分别进行工资项目的设置。

任务三　设置工资项目

在"关闭工资类别"状态下进行工资项目设置,之后再打开工资类别"在职人员",进行工资项目设置,以及打开"临时人员"工资类别设置工资项目。

(1) 执行"设置""工资项目设置"命令,打开"工资项目设置"对话框。

(2) 单击"增加"按钮,从"名称参照"下拉列表中选择"基本工资",默认类型为"数字",小数位为"2",增减项为"增项"。以此方法继续增加其他的工资项目,如图 7-7 和图 7-8 所示。

| 提　示 |

对于"名称参照"下拉列表中没有的项目可以直接输入,或者从"名称参照"中选择用以设置所有的工资项目,当打开某一工资账套后可以根据本工资账套的需要对已经设置的工资项目进行选择,并将工资项目移动到合适的位置。工资项目不能重复选择。工资项目一旦选择,就可以进行公式定义。没有选择的工资项目不允许在计算公式中出现。不能删除已输入数据的工资项目和已经设置计算公式的工资项目。如果所需要的工资项目不存在,则要关闭本工资类别,然后新增工资项目,再打开此工资类别进行选择。

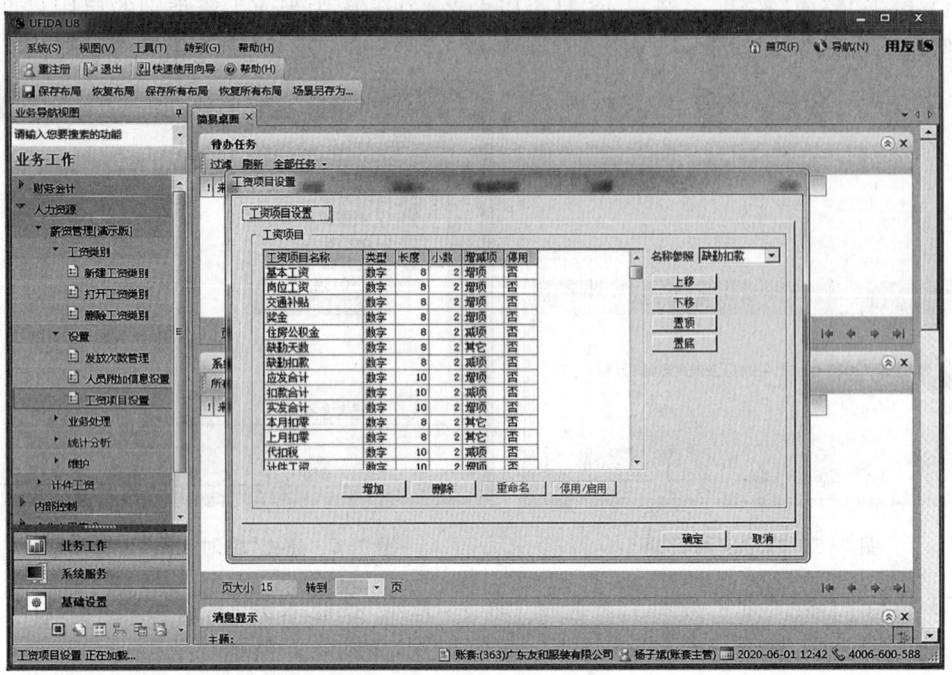

图 7-7 工资项目

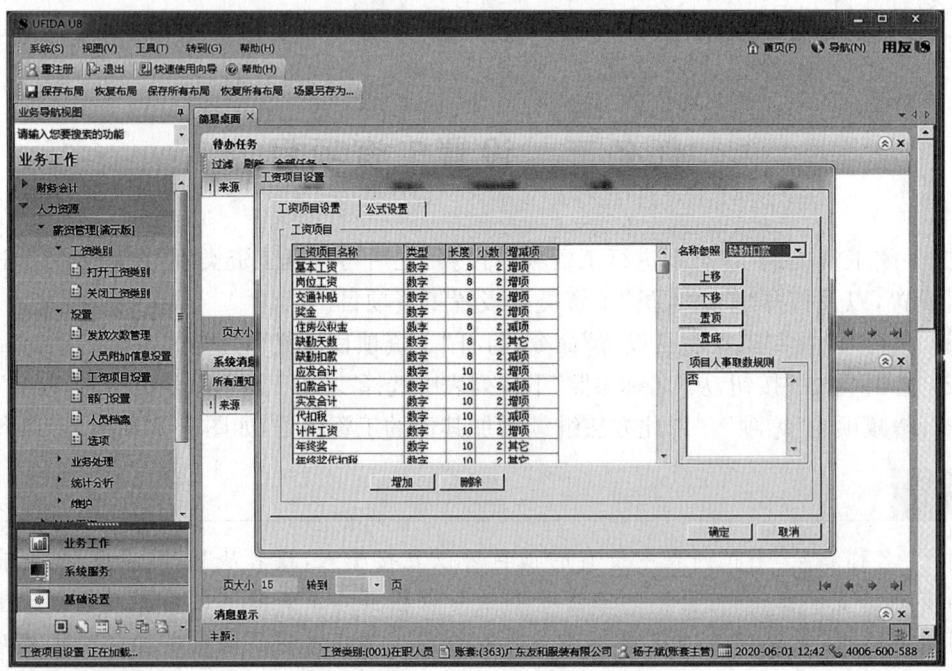

图 7-8 在职人员工资项目

（3）单击"确定"按钮，系统弹出"工资项目已经改变，请确认各工资类别的公式是否正确。否则计算结果可能不正确"信息提示框，如图 7-9 所示。

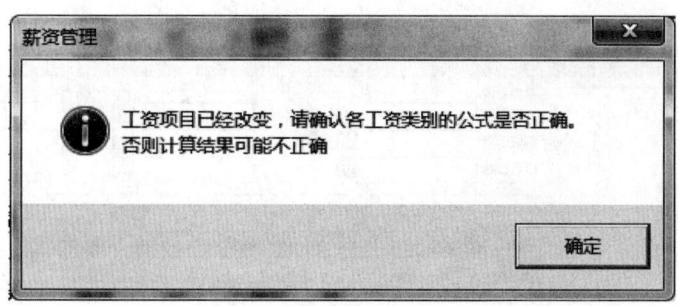

图 7-9　信息提示框

(4) 单击"确定"按钮。

任务四　设置在职人员档案

本任务不核算计件工资。

(1) 执行"工资类别""打开工资类别"命令,打开"打开工资类别"对话框,如图 7-10 所示。

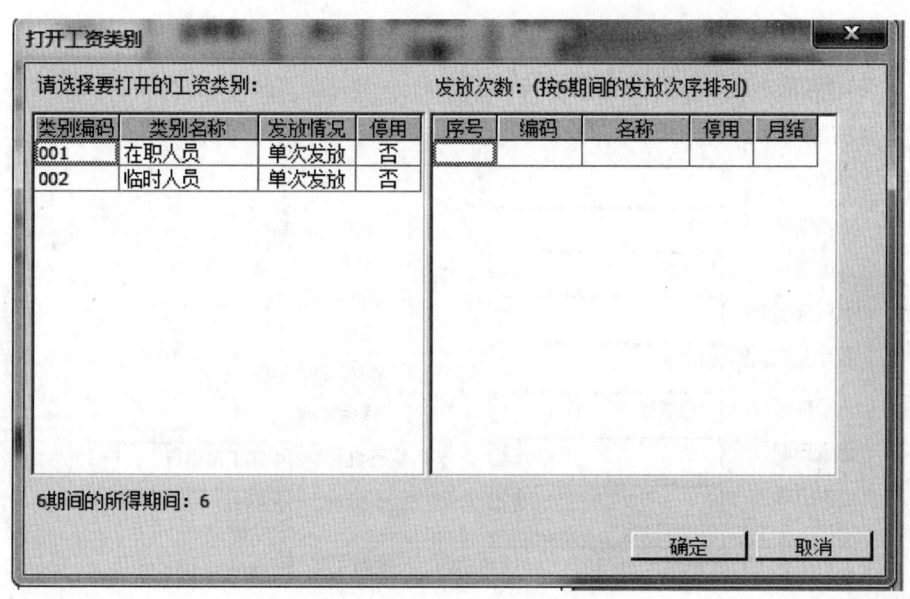

图 7-10　"打开工资类别"对话框

(2) 选择"在职人员"工资类别,单击"确定"按钮。执行"设置""人员档案"命令,进入"人员档案"窗口。

(3) 单击"批增"按钮,打开"人员批量增加"对话框。在左边选中所有在职人员,点击"查询"按钮,选中所有人员,如图 7-11 所示。点击"确定"按钮。

(4) 点击相关人员,打开"人员档案明细"对话框,输入银行名称及账号,如图 7-12 所示。点击"确定"按钮。

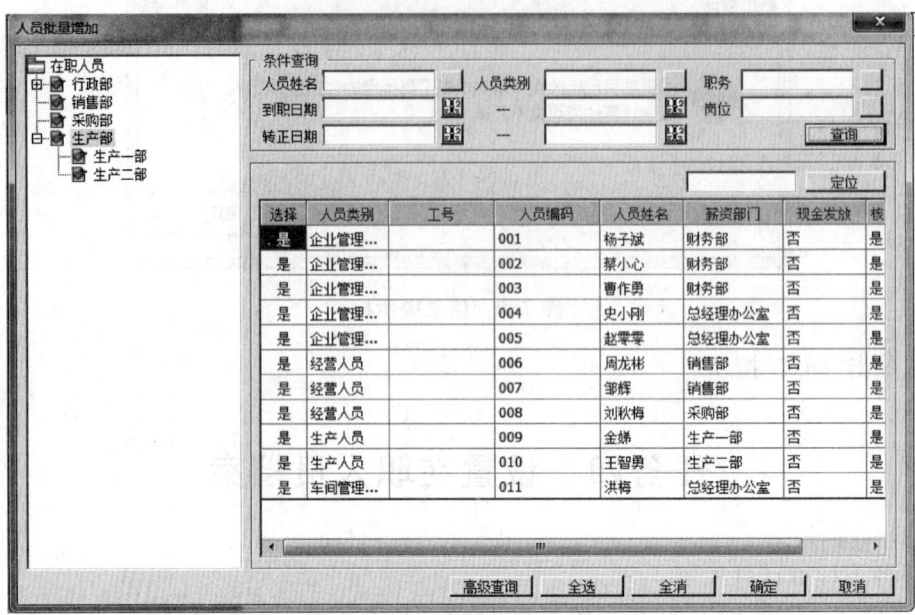

图 7-11 "人员批量增加"对话框

图 7-12 "人员档案明细"对话框

> **提 示**
>
> 1. 在人力资源系统人员档案界面,点击"全选"选中所有人员后,点击"替换"可将项目"核算计件工资"批量替换成"否"。
> 2. 如果在银行名称中设置了"银行账号定长",则在输入了一个人员档案的银行账号后,再输入第二个人的银行账号时,系统会自动带出已设置的银行账号定长的账号,只需要输入剩余的账号即可。
> 3. 在增加要员档案时,"停发""调出"和"数据档案"不可选,在修改状态下才能编辑。
> 4. 在人员档案对话框中可以单击"数据档案"按钮,录入薪资数据。如果个别人员档案需要修改,在人员档案对话框中可以直接修改。如果一批人员的某个薪资项目同时需要修改,可以利用数据替换功能,将符合条件人员的某个薪资项目的内容统一替换为某个数据。若进行替换的薪资项目已设置了计算公式,则重新计算时以计算公式为准。

任务五　设置临时人员档案

先在"基础设置"中录入人员档案,再在"薪资管理""临时人员"工资类别中录入。

（1）执行"基础设置""基础档案""机构人员""人员档案"命令,打开人员档案列表,点击"增加"按钮,添加相应临时人员（合同工）,点击"保存"按钮,如图 7-13 所示。

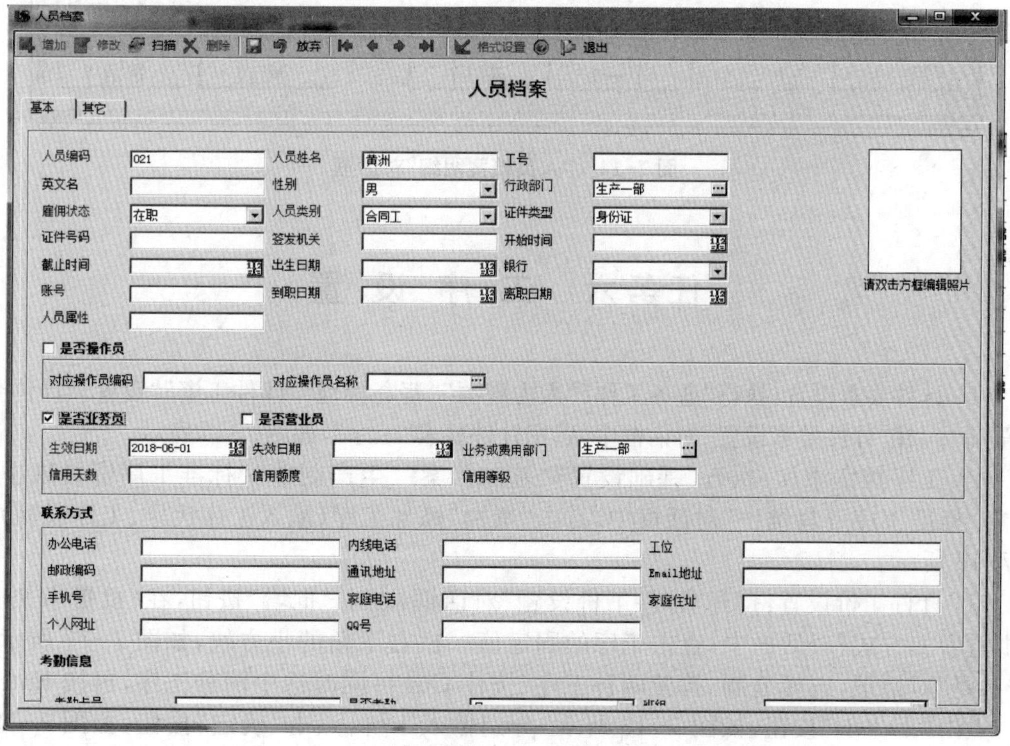

图 7-13　人员档案

(2) 执行"业务工资""人力资源""薪资管理"命令,打开"临时人员"工资类别,打开"设置""人员档案"选项卡,同理批增两名临时工,并修改相关个人信息,如图7-14所示。

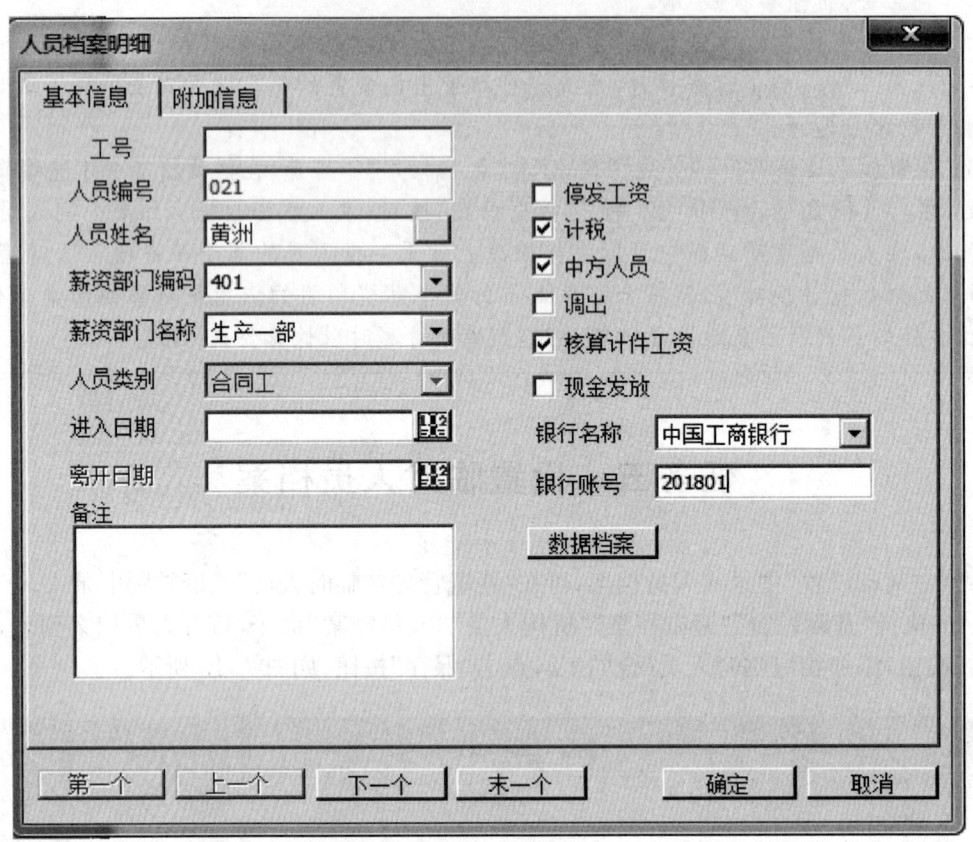

图7-14 "人员档案明细"对话框

任务六 工 序 设 置

(1) 计件要素设置:执行"业务工作""人力资源""薪资管理""计件工资""设置""计件要素设置"命令,在"计件要素设置"对话框中,启用计件要素"工序",如图7-15所示。

(2) 工序档案添加:执行"基础设置""基础档案""生产制造""标准工序资料维护"命令,在"标准工序资料维护"对话框中,点击"增加"添加工序(输入工序代号、工序说明),如图7-16所示。

(3) 计件工价设置:打开"计件工价设置"对话框,点击"批增"按钮,在"批量增加—选择批量增加方式"对话框中,点击工序的固定值一栏右下角的小方块,如图7-17所示,打开"参照"对话框,选择缝制、检验两种工序(按住Ctrl可同时选中两种工序,再按Enter确认),点击"下一步"按钮,如图7-18所示,分别输入工价,点击"确定"按钮,如图7-19和7-20所示。

项目七 薪资管理系统

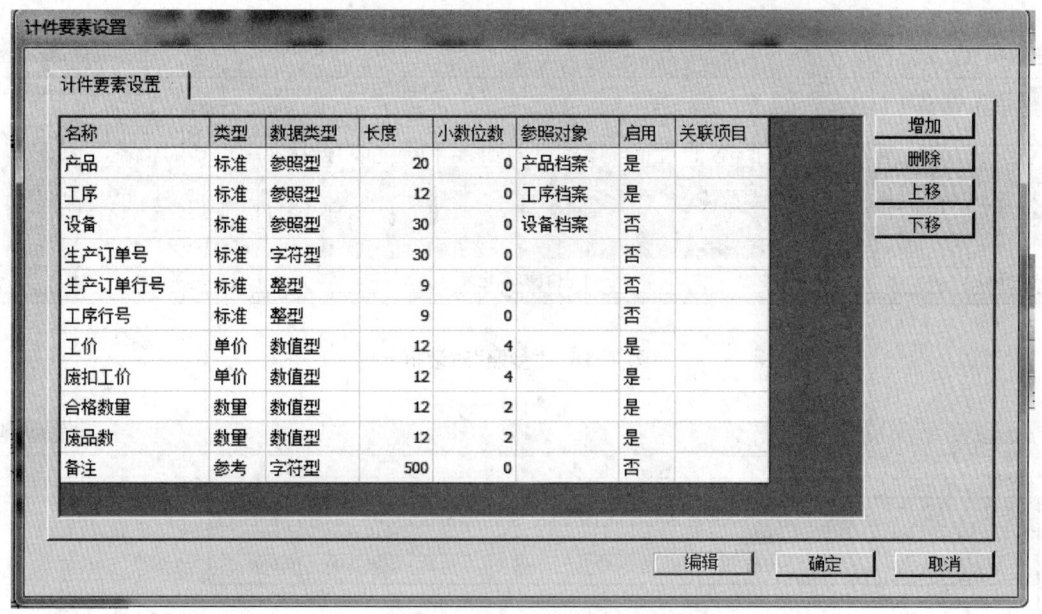

图 7-15 "计件要素设置"对话框

图 7-16 "标准工序资料维护"对话框

图 7-17 "批量增加-选择批增方式"对话框

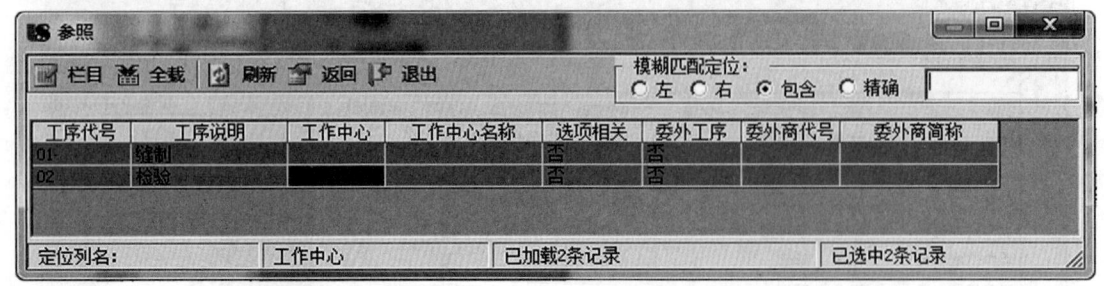

图 7-18 "参照"对话框

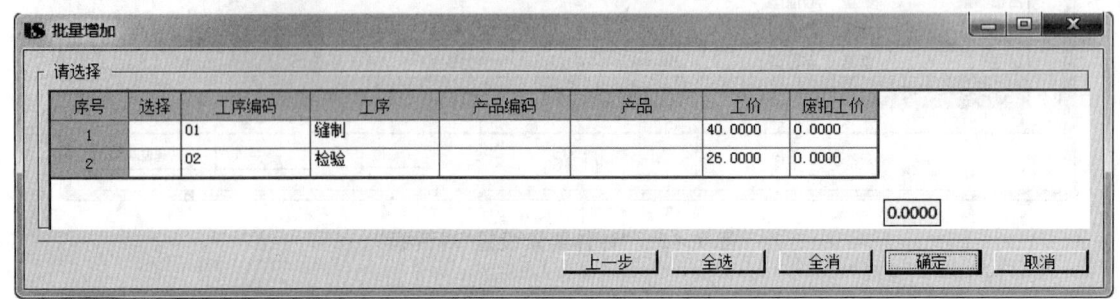

图 7-19 "批量增加"对话框

计件工价设置

图 7-20 "计件工价设置"对话框

任务七 设 置 公 式

一、设置"缺勤扣款"和"住房公积金"的计算公式

(1) 在工资项目设置对话框中单击"公式设置"选项卡。

(2) 单击"增加"按钮,从下拉列表中选择"缺勤扣款"工资项目。单击"缺勤扣款公式定义"区域,在下方的"工资项目"列表中单击选中"基本工资",单击选中"运算符"区域中的"/",在"缺勤扣款公式定义"区域中继续录入"22",单击选中"运算符"区域中的"*",再单击选中"工资项目"列表中的"缺勤天数",如图 7-21 所示。

(3) 单击"公式确认"按钮。

(4) 以此方法设置"住房公积金"的计算公式。

项目七　薪资管理系统

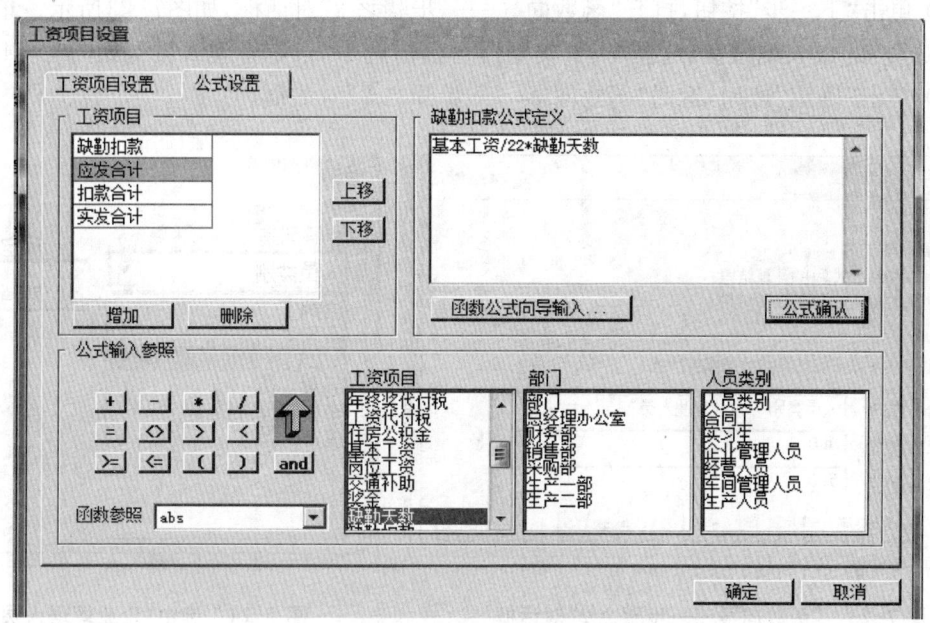

图 7-21　"工资项目设置——公式设置"对话框

二、设置"交通补贴"的计算公式

（1）在工资项目设置对话框中单击"公式设置"选项卡。

（2）单击"增加"按钮，从下拉列表中选择"交通补贴"工资项目。单击"函数公式向导输入"按钮，打开"函数向导——步骤之1"对话框。单击选中"函数名"列表中的"iff"，如图7-22所示。

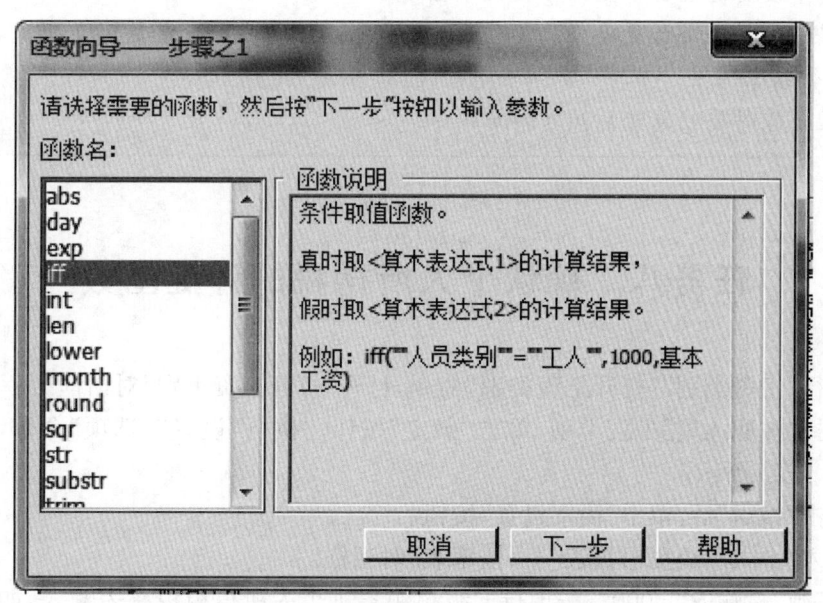

图 7-22　"函数向导——步骤之 1"对话框

175

(3) 单击"下一步"按钮,打开"函数向导——步骤之2"对话框,如图7-23所示。单击"逻辑表达式"栏的放大镜按钮,选择"人员类别",再单击选中"企业管理人员",如图7-24所示。

(4) 单击"确定"按钮,返回"函数向导——步骤之2"对话框。

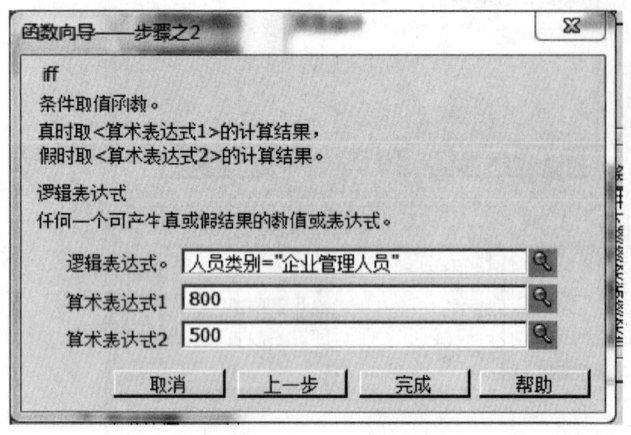

图7-23 "函数向导——步骤之2"对话框

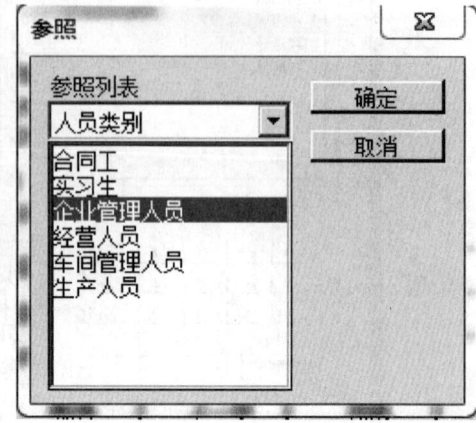

图7-24 选中"企业管理人员"

(5) 在"算术表达式1"文本框中录入"800",在"算术表达式2"中输入"500",如图7-23所示。点击"完成"按钮,所有公式设置完成后点击"确定"按钮。

> **提 示**
>
> 1. 在定义公式时,可以使用函数公式向导输入,函数参照输入。工资项目参照、部门参照和人员参照编辑输入该工资项目的计算公式。其中,函数公式向导只支持系统提供的函数。
>
> 2. 工资中没有的项目不允许在公式中出现。
>
> 3. 公式中可以引用已设置公式的项目,相同的工资项目可以重复定义公式,多次计算,以最后的运行结果为准。
>
> 4. 定义公式时要注意先后顺序。

任务八 确认个人所得税的计提基数

(1) 执行"工资类别""打开工资类别"命令,打开"打开工资类别"对话框。

(2) 选择"在职人员"工资类别,单击"确定"按钮。执行"设置""选项"命令,单击"扣税设置",如图7-25所示。

(3) 单击"编辑"后,单击"税率设置"按钮。

(4) 进入"个人所得税申报表——税率表"对话框。

(5) "基数"栏输入"5 000",按现行七级超额累进个人所得税税率表输入,如图7-26所示。单击"确定"按钮。

项目七　薪资管理系统

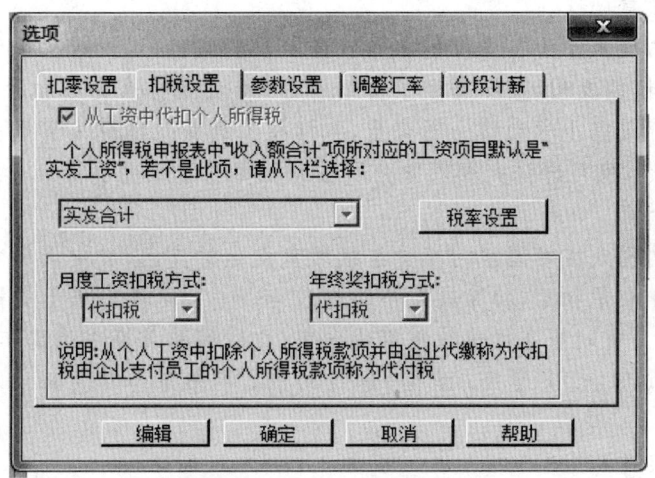

图7-25　"扣税设置"选项卡

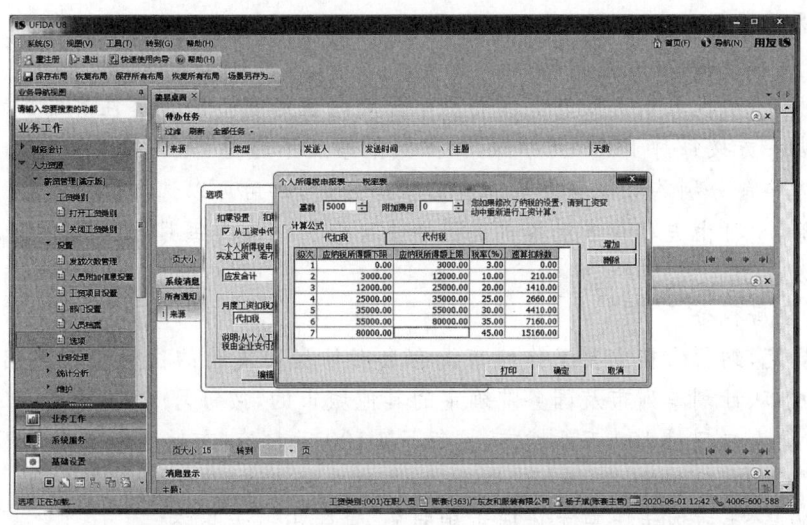

图7-26　"个人所得税申报表——税率表"对话框

> **注　意**

2018年12月18日，中华人民共和国国务院修订《中华人民共和国个人所得税法实施条例》，自2019年1月1日起施行。个人所得税起征点确定为每月5000元。居民个人的综合所得，以每一纳税年度的收入额减除费用6万元以及专项扣除、专项附加扣除和依法确定的其他扣除后的余额，为应纳税所得额。

根据《国务院关于印发个人所得税专项附加扣除暂行办法的通知》（以下简称《办法》），《办法》所称个人所得税专项附加扣除，是指个人所得税法规定的子女教育、继续教育、大病医疗、住房贷款利息或者住房租金、赡养老人等6项专项附加扣除。个人所得税专项附加扣除遵循公平合理、利于民生、简便易行的原则。根据教育、医疗、住房、养老等民生支出变化情况，适时调整专项附加扣除范围和标准。《办法》自2019年1月1日起施行。

177

专项一：子女教育

《办法》规定，纳税人子女在全日制学历教育阶段的支出，以及子女年满3岁至小学入学前处于学前教育阶段的支出，按照每个子女每月1000元的标准定额扣除。

其中，学历教育覆盖小学到博士研究生，包括技工教育。纳税人可选择由夫妻一方按每孩每月1000元扣除，也可选择夫妻双方分别按每孩每月500元扣除。

专项二：继续教育

《办法》规定，纳税人在中国境内接受继续教育发生的支出，其中属于学历（学位）继续教育的支出，按每月400元扣除，扣除期限不能超过48个月（4年）；属于技能人员职业资格继续教育和专业技术人员职业资格继续教育的支出，在取得相关证书的当年扣除3600元。

个人接受本科（及）以下学历（学位）继续教育，可选择由其父母扣除，也可选择本人扣除。

专项三：大病医疗

《办法》规定，一个纳税年度内，由纳税人负担的医药费用支出超过1.5万元的部分，在每年8万元的限额内据实扣除。可扣除的医药费用支出包括纳税人本人或其配偶、未成年子女发生的医药费用支出。

专项四：首套房贷款利息

《办法》规定，纳税人本人或其配偶购买中国境内住房发生的首套住房贷款利息支出，可以选择由夫妻一方按每月1000元扣除，扣除期限最长不超过240个月（20年）。

夫妻双方婚前分别购买住房发生的首套住房贷款，婚后可以选择其中一套，由购买方按以上标准扣除，也可由夫妻双方对各自购买的住房分别按每人每月500元扣除，一个纳税年度内不得更改。

专项五：住房租金

《办法》规定，纳税人在主要工作城市没有自有住房而发生的住房租金支出，在直辖市、省会（首府）城市、计划单列市及国务院确定的其他城市的，按每月1500元扣除；除上述城市外，市辖区户籍人口超过100万的城市，按每月1100元扣除；市辖区户籍人口不超过100万的城市，按每月800元扣除。

需注意的是，夫妻双方主要工作城市相同的，只能由一方扣除。

专项六：赡养老人

《办法》规定，纳税人赡养年满60岁父母的支出，或者祖父母、外祖父母的子女已经去世，纳税人赡养年满60岁的祖父母或外祖父母的支出可以扣除。纳税人属于独生子女的，按每月2000元扣除；属于非独生子女的，与其兄弟姐妹分摊每月2000元的扣除额度，其中每人分摊的扣除额度不得超过1000元。

任务九 录入并计算工资数据

（1）打开"在职人员"工资类别，执行"业务处理""工资变动"命令，进入"工资变动"窗口，如图7-27所示。

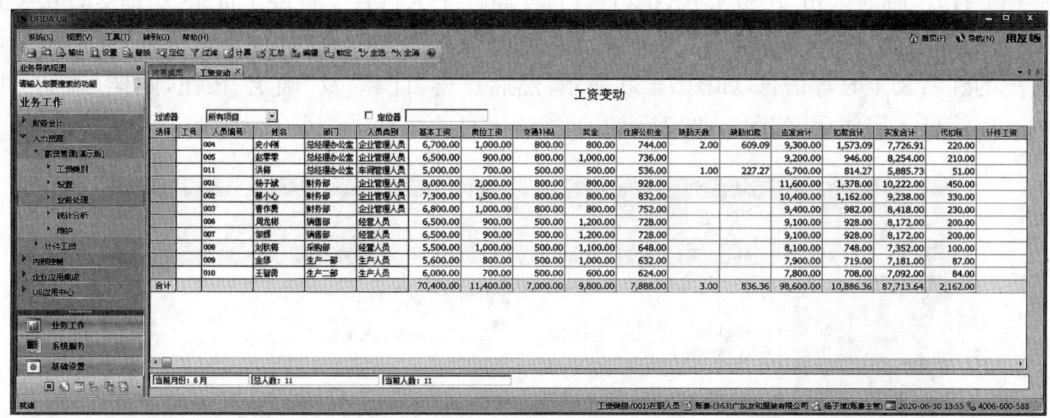

图 7-27 "工资变动"窗口

(2) 分别录入工资项目内容(在工资变动界面点击右键按人员编号进行排序)。

(3) 单击"计算"按钮,单击"汇总"按钮,计算全部工资项目内容。单击"退出"按钮。

提 示

1. 如果工资数据的变化具有规律性,可以使用"替换"功能进行成批数据替换。点击"全选"按钮,再点击"替换"按钮,将所有人员奖金增加1800元,如图7-28所示,点击"确定"按钮,弹出"是否继续"对话框,点击"是"按钮。

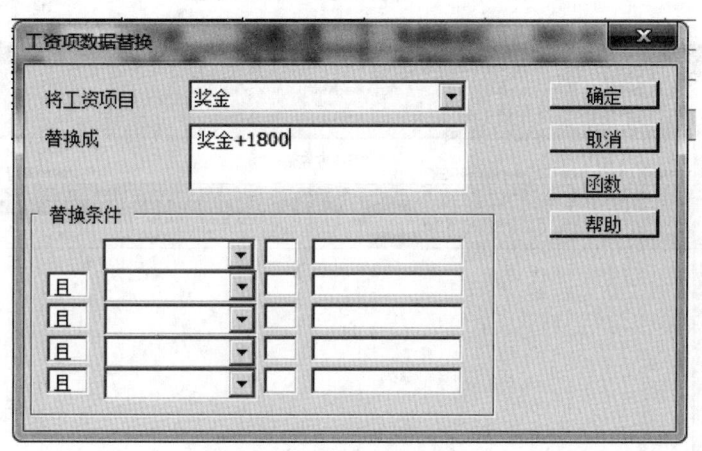

图 7-28 工资项数据替换

2. 第一次使用工资系统必须将所有人员的基本工资数据录入系统。工资数据可以在录入人员档案时直接录入,需要计算的内容再在此功能中进行计算,也可以在工资变动功能中录入,当工资数据发生变动时应在此录入。

3. 在修改了某些数据、重新设置了计算公式,进行了数据替换或在个人所得税中进行了自动扣税等操作后,必须调用"计算"和"汇总"功能对个人工资数据进行重新计算,以保证数据正确。

（4）打开"临时人员"工资类别，执行"计件工资""个人计件""计件工资录入"命令，进入"计件工资录入"界面，选择工资类别为临时人员，点击"批增"按钮，在"计件工资录入"对话框中添加黄洲的姓名及工时等信息，如图7-29所示，然后点击"计算"及"确定"按钮，同样，添加吴明艳的工资信息。完成后，如图7-30所示。

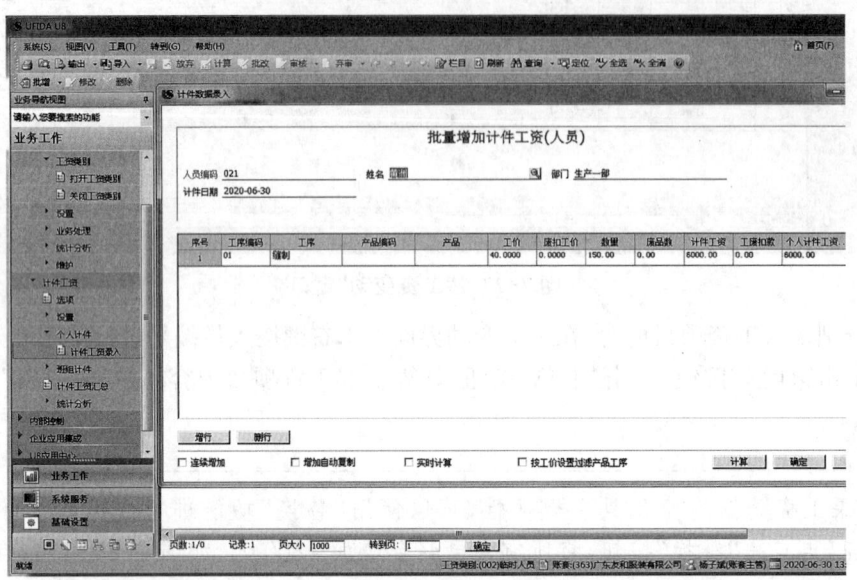

图7-29 "计件工资录入"对话框

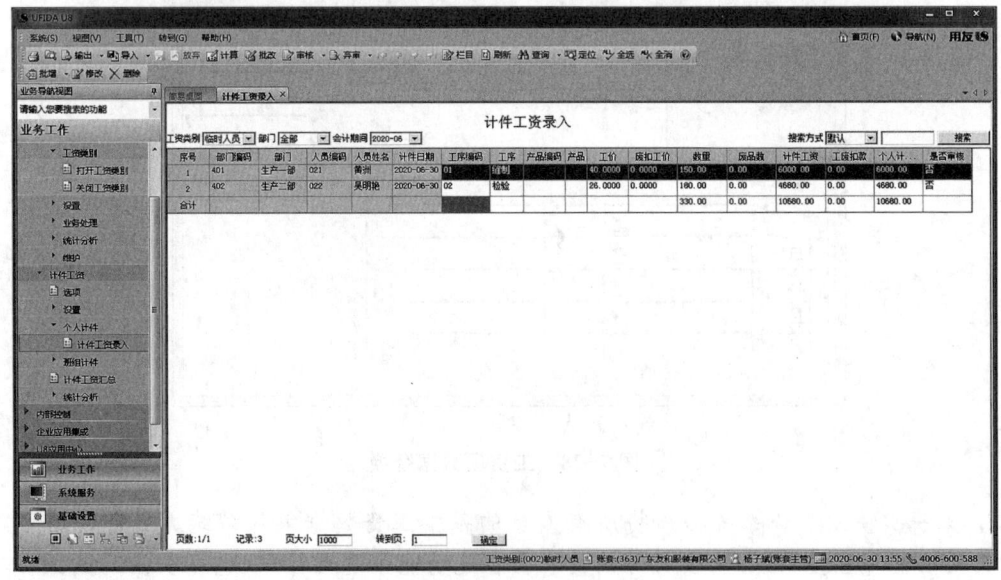

图7-30 完成计件工资录入

（5）执行"全选""审核"命令。
（6）执行"计件工资""计件工资汇总"命令，选择工资类别为"临时人员"，单击"汇总"按钮。
（7）执行"业务处理""工资变动""计算""汇总"命令。

任务十　工资分摊并生成凭证

（1）执行"业务处理""工资分摊"命令，打开"工资分摊"对话框，如图7-31所示。
（2）单击"工资分摊设置"按钮，打开"分摊类型设置"对话框。
（3）单击"增加"按钮，打开"分摊计提比例设置"对话框。
（4）在"计提类型名称"栏录入"应付工资"，如图7-32所示。

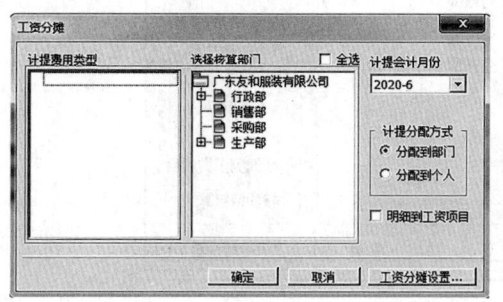
图7-31　"工资分摊"对话框

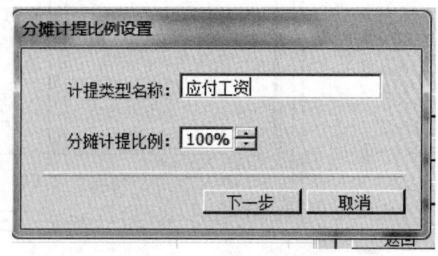
图7-32　录入"应付工资"

（5）单击"下一步"按钮，打开"分摊构成设置"对话框。在"分摊构成设置"对话框中，分别选择分摊构成的各个项目内容。若会计科目有辅助核算类型的，输入借方项目大类，如图7-33所示。

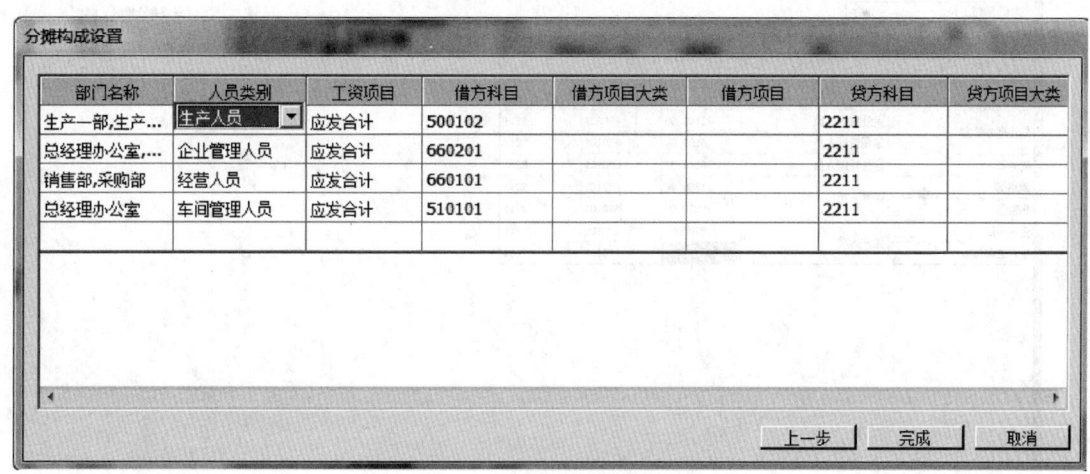
图7-33　"分摊构成设置"对话框

（6）单击"完成"按钮，返回到"分摊类型设置"对话框。
（7）单击"增加"按钮，在"计提类型名称"栏录入"应付福利费"，在"分摊计提比例"录入"14％"。
（8）单击"下一步"按钮，打开"分摊构成设置"对话框，在"分摊构成设置"对话框中分别选择分摊构成的各个项目内容。

(9) 单击"完成"按钮,返回到"分摊类型设置"对话框。单击"取消"按钮,暂时不进行分摊的操作。

(10) 执行"业务处理""工资分摊"命令,打开"工资分摊"对话框。

(11) 分别选中"应付工资"及"应付福利费"前的复选框,并单击选中各个部门,选中"明细到工资项目"复选框,如图7-34所示。

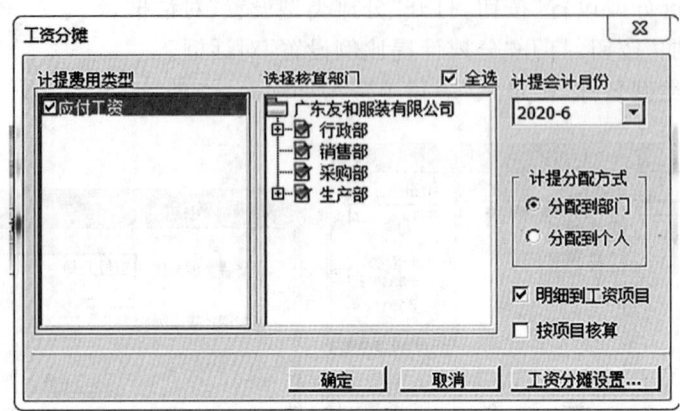

图7-34 "工资分摊"对话框

(12) 单击"确定"按钮,进入"应付工资一览表"窗口,如图7-35所示。

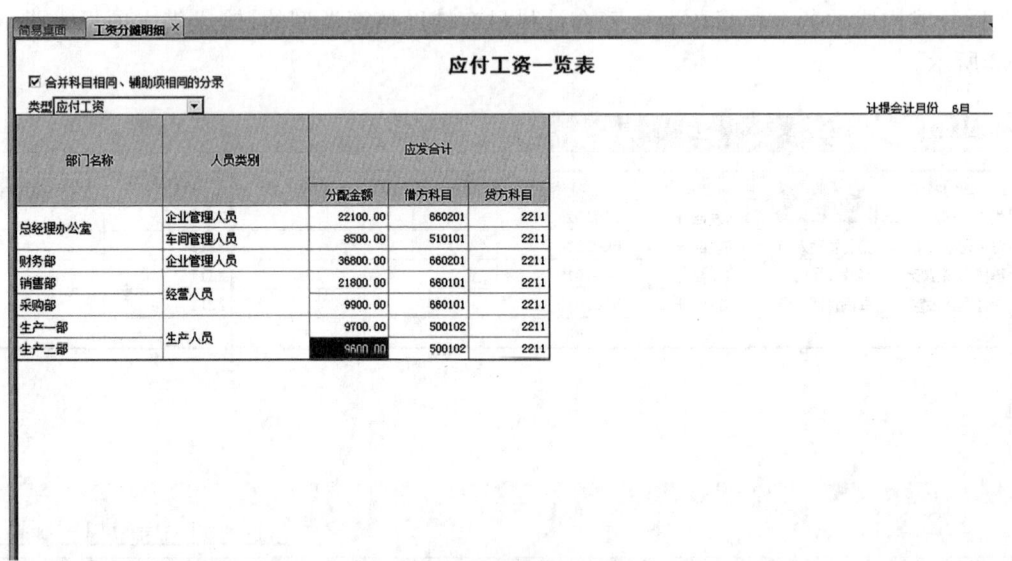

图7-35 "应付工资一览表"窗口

(13) 选中"合并科目相同、辅助项相同的分录"前的复选框。

(14) 单击"制单"按钮,选择凭证类别为"转账凭证",单击"保存"按钮。结果如图7-36所示。

(15) 单击"退出"按钮,返回"应付工资一览表"。

(16) 单击"类型"栏的下三角按钮,选择"应付福利费",生成应付福利费分摊转账凭证,如图7-37所示。

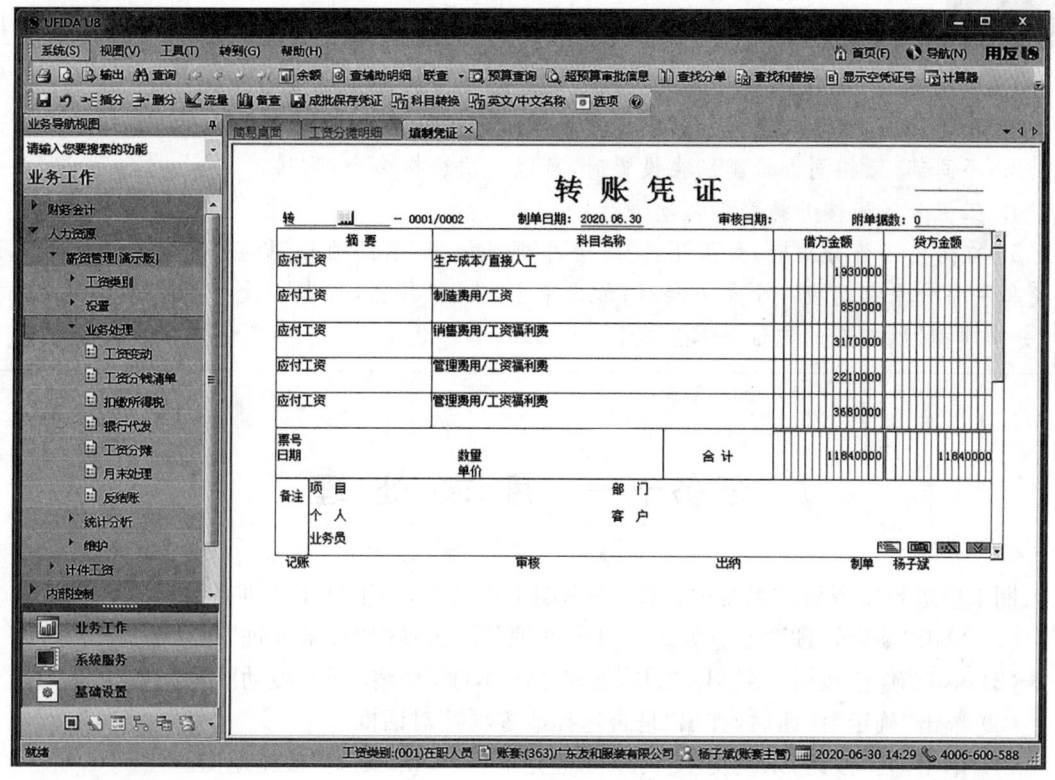

图 7-36 转账凭证

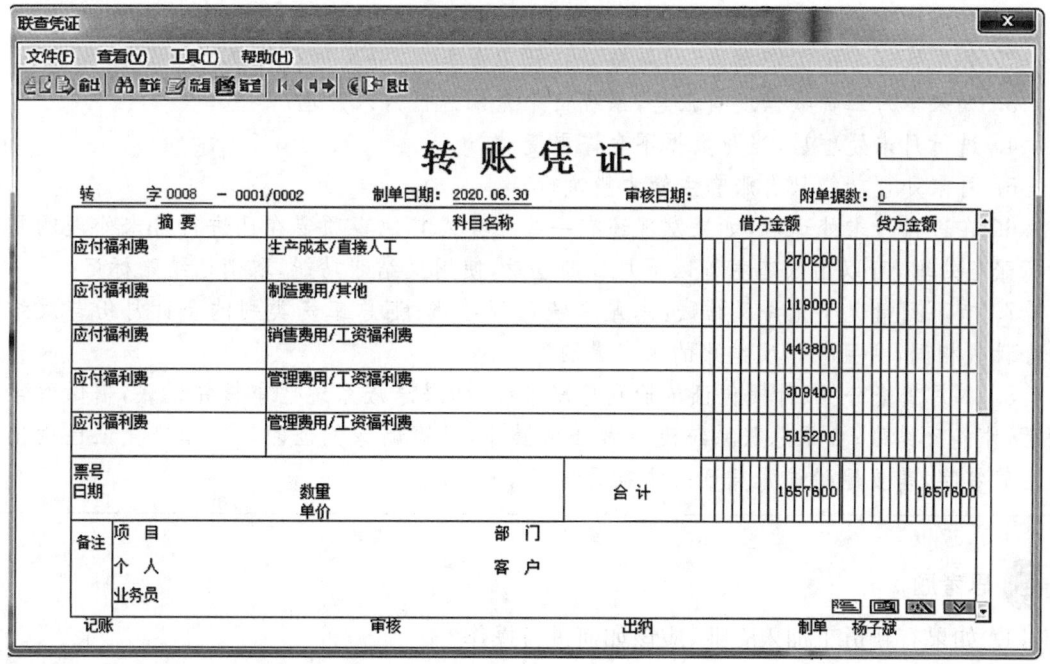

图 7-37 生成应付福利费分摊转账凭证

> **提　示**
>
> 1. 所有与工资相关的费用及基金均需要建立相应的分摊类型名称及分类比例。
> 2. 不同部门、相同人员类别可以设置不同的分摊科目。
> 3. 不同部门、相同人员类别在设置时，可以一次选择多个部门。
> 4. 工资分摊应按分摊类型依次进行。
> 5. 在进行工资分摊时，如果不选择"合并科目相同、辅助项相同的分录"，则在生成凭证时将每一条分录都对应一个贷方科目；如果单击"批制"按钮，可以一次将本次所有参与分摊的"分摊类型"所对应的凭证全部生成。

任务十一　月　末　处　理

期末应进行工资管理系统的结账，将本期工作结束，为下期工作准备数据。
(1) 单击"薪资管理""业务处理""月末处理"按钮，弹出"月末处理"对话框。
(2) 单击"确定"按钮，系统显示"月末处理之后，本月工资将不允许变动！继续月末处理吗？"。
(3) 单击"确定"按钮后，弹出"是否选择清零项？"对话框。
(4) 单击"否"按钮，系统提示"月末处理完毕！"，单击"确定"按钮退出。

> **提　示**
>
> 1. 月末处理只有在会计年度的1月至12月进行。
> 2. 如果处理多个工资类别，则应分别打开工资类别，分别进行月末处理。
> 3. 如果本月工资数据没有汇总，系统将不允许进行月末处理。
> 4. 进行月末处理后，当月数据不允许再变动。
> 5. 月末处理功能只有账套主管才能执行。
> 6. 在进行月末处理后，如果发现还有一些业务或其他事项要在已进行月末处理的月份进行账务处理，可以由账套主管以下月日期登录，使用反结账功能，取消已结账标记。
> 7. 有下列情况不允许反结账：总账系统已经结账；汇总工资类别的会计月份与反结账的会计月相同，并且包括反结账的工资类别。
> 8. 本月工资分摊、计提凭证传输到总账系统，如果总账系统已审核并记账，需做红字冲销后，才能反结账；如果总账系统没有做任何操作，只需删除凭证即可。如果凭证已由出纳或主管签字，需要删除该张凭证后才能反结账。

🎯 思考题

1. 如果有新员工加入企业，应该如何进行操作？
2. 如果6月需要给所有人员再增加200元资金，应该如何操作？
3. 引入总账期初余额已经完成账套，完成薪资管理各项业务内容。

项目八　固定资产管理系统

→ 知识目标

1. 了解固定资产管理系统的基本功能。
2. 了解固定资产账套的内容和作用。
3. 熟悉固定资产系统的业务处理流程。
4. 掌握固定资产系统初始设置的主要内容。
5. 掌握固定资产管理系统日常业务处理的主要内容。

→ 能力目标

1. 能进行固定资产卡片的输入。
2. 能对固定资产的增加、减少和变动进行处理。
3. 能熟练进行固定资产计提折旧。
4. 能熟练进行固定资产期末业务处理。

[概述]

固定资产管理系统就是进行固定资产核算和管理的模块,它能帮助企业的财务部门进行固定资产增减变动及折旧的动态管理,主要有资产管理、折旧计算、统计分析等功能,其中包括完成企业固定资产日常业务的核算和管理,录入固定资产卡片,按期反映固定资产的增加、减少、减值变化及其他变动,并按期自动计提折旧,生成凭证,同时可自动生成一些相关的账簿和报表。本项目的学习,旨在掌握用友 ERP-U8 管理软件中固定资产管理系统的相关内容,掌握固定资产管理系统初始化、日常业务处理、月末处理的操作。

一、初始化设置

1. 固定资产账套建立

在使用固定资产管理系统之前,先要根据企业固定资产核算的具体情况在系统中建立业务处理方法。业务处理方法是通过在系统中选择相应的业务控制参数建立的。在固定资产管理系统中,涉及的业务控制参数主要有启用月份、折旧信息、编码方式、账务接口和凭证制作等方面的内容,这些参数的设置有些是通过固定资产系统初始化、建立账套完成的,还有一些要在系统启用后,通过"选项"设置来完成的。

2. 基础设置

(1) 部门对应折旧科目设置:部门对应折旧科目是指折旧费用的入账科目。部门设置折旧科目,便于对固定资产计提的折旧按一定的标准进行归集。操作人员在录入卡片时对应折旧科目设置缺省内容,在生成部门折旧分配表时每一部门按折旧科目汇总,从而制作记账凭证。

（2）资产类别设置：资产类别设置是指在系统中定义固定资产的分类编码和相应的分类名称。

（3）增减方式设置：这主要是对固定资产的增加或减少方式进行管理。增加的方式主要有直接购入、投资者投入、捐赠、盘盈、在建工程转入、融资租入。减少的方式主要有出售、盘亏、投资转出、捐赠转出、报废、毁损、融资租出等。

（4）使用状况设置：其包括使用中、未使用、不需用。

（5）折旧方法设置：折旧方法是系统自动计算折旧的基础。

（6）原始卡片录入：建立卡片可以详细了解每项资产的由来、价值、折旧情况、所属部门和存入地点等重要信息。原始卡片不是必须在第一个期间结账前录入，任何时候都可以录入原始卡片。

二、日常业务处理

1. 固定资产增加

新增加固定资产卡，发生于购进或通过其他方式增加企业资产时。

2. 固定资产减少

资产在使用过程中，总会由于各种原因，如毁损、出售、盘亏等退出企业，这称为资产减少。

3. 固定资产的变动

资产在使用过程中，除发生下列情况外，价值不得任意变动：根据国家规定对固定资产重新估价；增加补充设备或改良设备；将固定资产的一部分拆除；根据实际价值调整原来的暂估价值；发现原记固定资产价值有误。

4. 部门转移

因内部调配而发生的部门变动通过部门转移功能进行处理。

5. 使用状况变动

使用状况发生的变化通过使用状况变动功能进行处理。

6. 折旧方法调整

资产计提折旧所采用的折旧方法的调整通过折旧方法调整功能实现。

7. 使用年限调整

资产的使用年限的调整通过使用年限调整功能实现。

8. 资产所属类别的调整

资产在使用过程中，有可能因企业调整资产分类或其他原因而需要调整资产所属类别。

三、折旧处理

自动计提折旧是固定资产系统的主要功能之一。系统每期计提折旧一次，根据录入系统的资料自动计算每项资产的折旧，并自动生成折旧分配表，然后生成记账凭证，将本期折旧费用自动登账。执行此功能后，系统将自动计提各个资产当期的折旧额，并将当期的折旧额自动累加到累计折旧项目。

四、生成凭证

制作凭证就是制单。固定资产系统和账务系统之间存在着数据的自动传输，通过制作传送到总账的凭证来实现。

五、期末处理

1. 对账

保证系统管理的固定资产的价值和总账系统中固定资产科目的数值相等。两个系统的资产价值的相等,是通过执行本系统提供的对账功能实现的。

2. 月末结账

月末结账每月结账只能进行一次,结账后当期数据不能再修改。

[实验内容]

1. 固定资产管理系统参数设置

在运行固定资产系统管理模块之前,要在账套内进行基础设置,包括对卡片的项目、样式、固定资产折旧方法、所属部门、部门对应折旧科目、固定资产类别、使用状况、增减方式等的设置。这些基础设置是固定资产系统进行资产管理和核算的基础。

2. 固定资产原始卡片录入

原始卡片是指已使用过并已计提折旧的固定资产卡片。

3. 日常业务

(1) 资产增加:当企业购入、投资转入、融资租入或以其他形式新增固定资产时,要进行固定资产新卡片的录入工作。

(2) 资产减少:固定资产在使用后,如果已经开始计提折旧,但由于出售、报废、盘亏等原因,引起固定资产退出企业,则要作固定资产减少处理。

(3) 资产变动:在使用过程中,固定资产的原值、使用状况、使用部门、折旧方法、净残值率等项目可能会发生一些变化,这就需要通过制作凭证来对固定资产加以调整。

4. 月末处理

(1) 计提折旧

根据相应的固定资产卡片资料,在每个会计期间,财会人员应对各项固定资产计提折旧,并自动生成记账凭证,自动完成记账,自动登记固定资产卡片中的累计信息。

(2) 对账

固定资产管理系统和总账系统之间存在着数据的自动传输,这种传输是固定资产管理系统通过记账凭证来完成的。系统在运行过程中,应保证本系统管理的固定资产的价值和总账系统中固定资产科目的数值相等。月末结账每月进行一次,结账后的数据不能修改。

5. 账表查询

固定资产的日常管理方式就是通过报表的形式为资产管理人员和账务人员提供所需信息,达到加强资产管理的目的。固定资产系统中的账表管理功能包括账簿、折旧表、统计表、分析表等。

[实验资料]

1. 363账套固定资产系统的参数

(1) 检查固定资产账套是否已启用,且启用月份为"2020年6月"。

(2) 固定资产采用"平均年限法(一)"计提折旧;折旧汇总周期为一个月;当(月初已计提月份=可使用月份-1)时将剩余折旧全部提足。固定资产编码方式为"2-1-1-2";固定资产编码方式采用自动编码方式,编码方式为"类别编码+部门编码+序号"自动编码;序号长度为3；要求与账务系统进行对账，固定资产对账科目为"1601 固定资产"，累计折旧对账科目为"1602 累计折旧"，对账不平衡的情况下允许结账。

"固定资产"缺省入账科目为"1601 固定资产"，"累计折旧"缺省入账科目为"1602 累计折旧"，"减值准备"缺省入账科目为"1603 固定资产减值准备"，"增值税进项税额"缺省入账科目为"22210101 进项税额"，"固定资产清理"缺省入账科目为"1606 固定资产清理"。业务发生后，立即制单。

2. 部门对应折旧科目

部门对应折旧科目如表8-1所示。

表8-1　　　　　　　　　　　　部门对应折旧科目

部门名称	贷方科目	部门名称	贷方科目
行政部	管理费用——折旧费(660204)	销售部	销售费用——折旧费(660104)
采购部	销售费用——折旧费(660104)	生产部	制造费用——折旧费(510102)

3. 资产类别

资产类别如表8-2所示。

表8-2　　　　　　　　　　　　　资产类别

编码	类别名称	单位	计提属性	卡片样式
01	房屋及建筑物	—	正常计提	通用样式
02	机器设备	台	正常计提	通用样式
03	其他	—	正常计提	通用样式

4. 增减方式设置

增减方式设置如表8-3所示。

表8-3　　　　　　　　　　　　增减方式设置

增加方式	对应入账科目
直接购入	工商银行人民币户(10020101)
减少方式	—
毁损	固定资产清理(1606)

5. 原始卡片

原始卡片如表8-4所示。

表8-4　　　　　　　　　　　　　原始卡片

固定资产名称(类别)	所在部门	增加方式	使用年限	开始使用日期	净残值率	原值	累计折旧	对应折旧科目
厂房(01)	生产一部、生产二部	在建工程转入	10	2020.02.06	2%	200 000	39 200.00	制造费用
台式机(02)	销售部	直接购入	10	2019.05.01	3%	5 000	970.00	销售费用
笔记本电脑(02)	总经理办公室	直接购入	5	2016.05.01	4%	15 000	5 760.00	管理费用
轿车(02)	总经理办公室	直接购入	8	2015.04.01	4%	130 080	14 852.83	管理费用
合计						350 080	60 782.83	

使用状况均为"在用"；折旧方法均采用平均年限法(一)。

输入完毕之后，执行"对账"。

6. 6月份发生固定资产业务

(1) 6月30日,生产一部购买一台台式机,价值为5 000元,净残值率为4%,预计使用年限为10年。

(2) 6月30日,计提本月折旧费用。

(3) 6月30日,销售部毁损台式机一台。

[实验指导]

以账套主管"杨子斌"的身份进行固定资产管理操作。

任务一　注册固定资产管理系统

(1) 检查固定资产账套是否已启用,且启用月份为"2020年6月";若固定资产系统未启用,执行"基础设置""基本信息""系统启用"命令,打开"系统启用"对话框,选中"FA固定资产"复选框,弹出"日历"对话框,选择固定资产管理启用日期"2020.06.01",单击"确定"按钮,系统弹出"确实要启用当前系统吗?"提示信息对话框,单击"是"按钮返回,如图8-1所示。

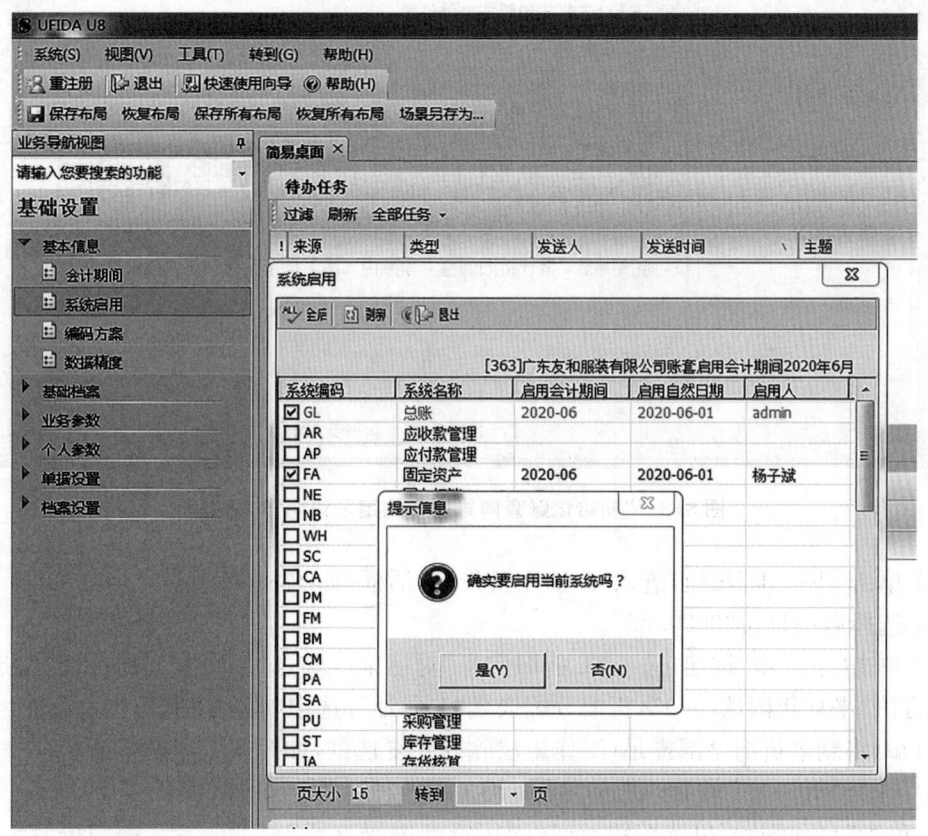

图8-1　"提示信息"对话框

(2) 在"业务工作"选项卡中，执行"财务会计""固定资产"命令，系统弹出"这是第一次打开此账套，还未进行过初始化，是否进行初始化?"对话框，单击"是"按钮，如图 8-2 所示，打开固定资产"初始化账套向导"对话框。

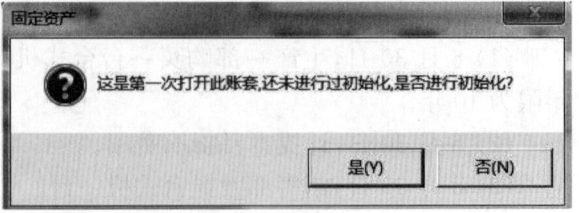

图 8-2 "固定资产"对话框

任务二 初 始 设 置

初次启用固定资产管理系统的参数设置如下：

(1) 在"固定资产初始化向导"对话框中，当前显示"1.约定及说明"。选中"我同意"按钮，如图 8-3 所示。

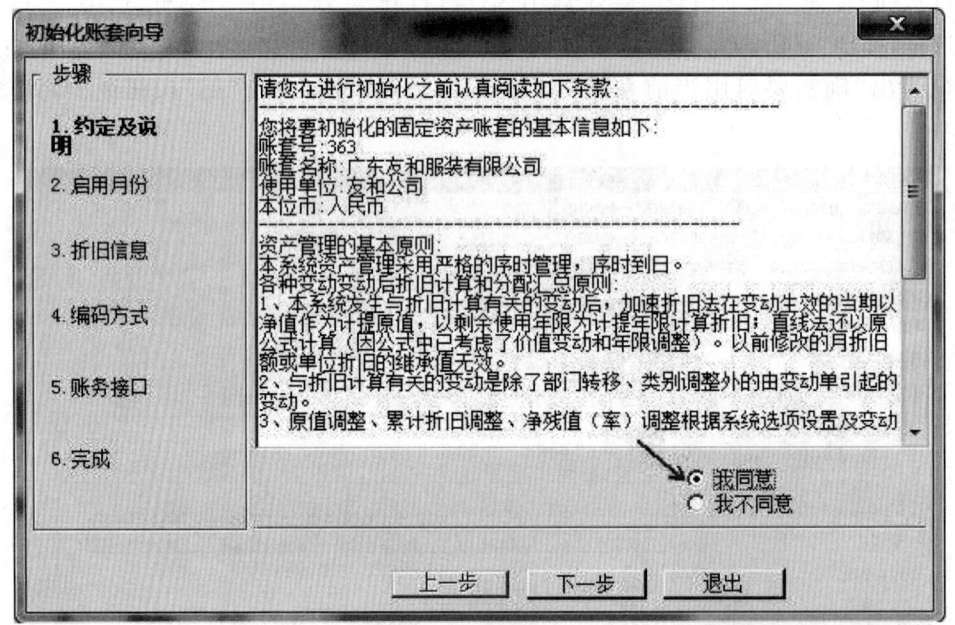

图 8-3 "初始化账套向导——约定及说明"对话框

(2) 单击"下一步"按钮，进入"2.启用月份"对话框，如图 8-4 所示。

(3) 选择启用月份"2020.06"。

(4) 单击"下一步"按钮，进入"3.折旧信息"对话框。勾选"本账套计提折旧"复选框，选择折旧方法"平均年限法（一）"，折旧分配周期"1 个月"；选中"当（月初已计提月份＝可使用月份－1)时将剩余折旧全部提足（工作量法除外)"复选框，如图 8-5 所示。

(5) 单击"下一步"按钮，进入"4.编码方式"对话框。选择"资产类别编码长度"为"2112"；单击"自动编码"单选按钮，选择固定资产编码方式"类别编号＋部门编号＋序号"，选择序号长度"3"，如图 8-6 所示。

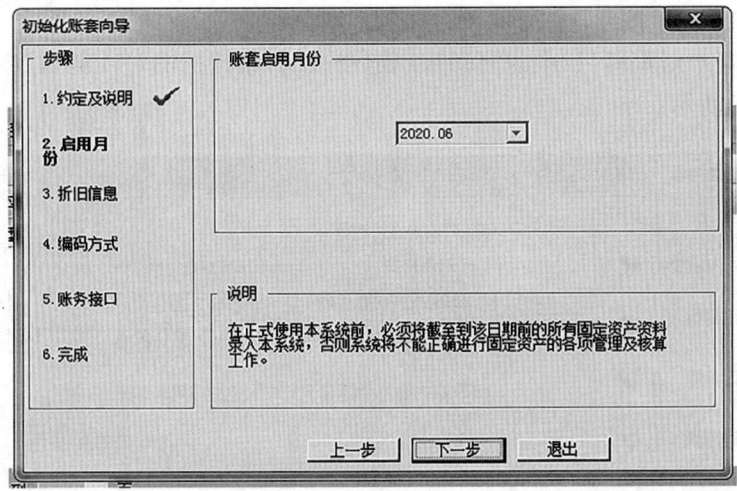

图 8-4 "启用月份"对话框

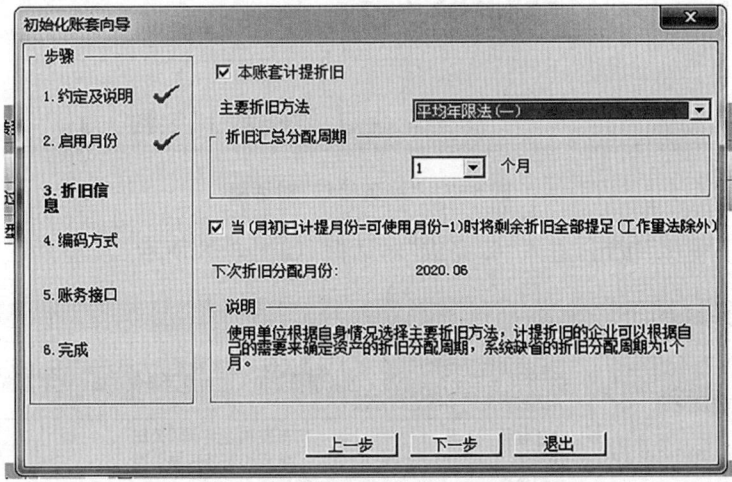

图 8-5 "折旧信息"对话框

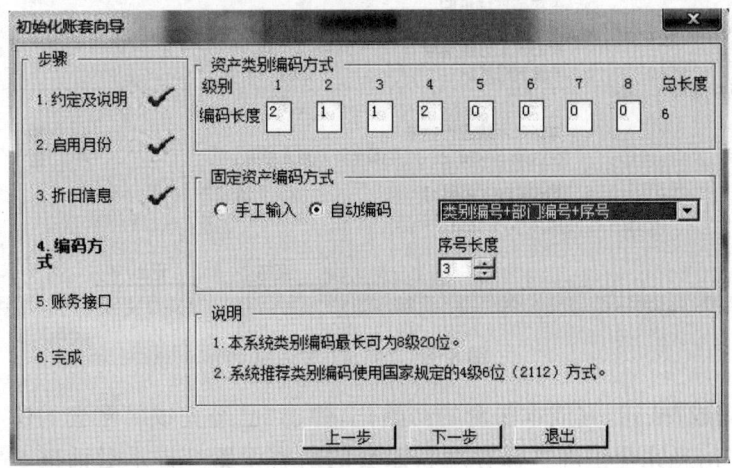

图 8-6 "编码方式"对话框

(6) 单击"下一步"按钮,进入"5.账务接口"对话框。选中"与账务系统进行对账"复选框。选择"固定资产对账科目"中的"1601,固定资产"、"累计折旧对账科目"中的"1602,累计折旧",如图 8-7 所示。

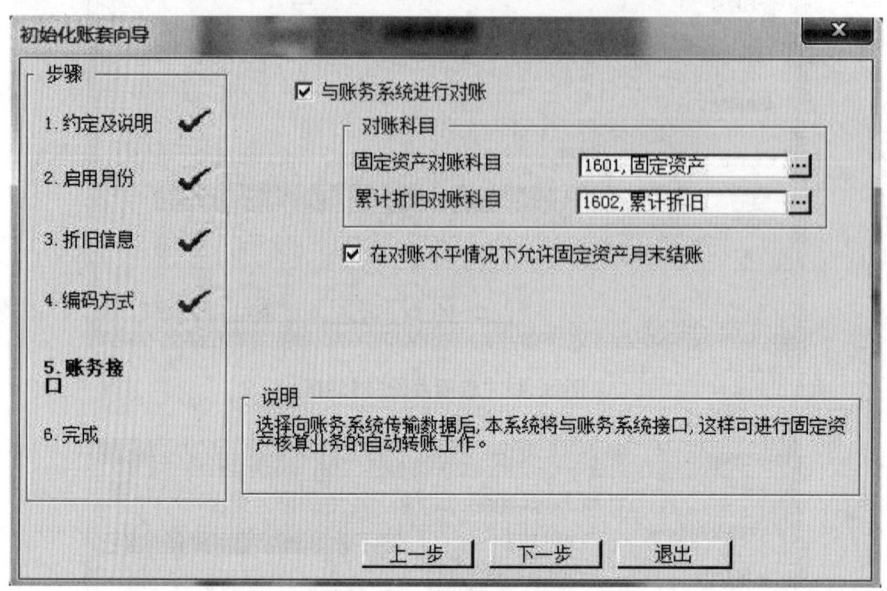

图 8-7 "账务接口"对话框

(7) 单击"下一步"按钮,进入"6.完成"对话框,如图 8-8 所示。

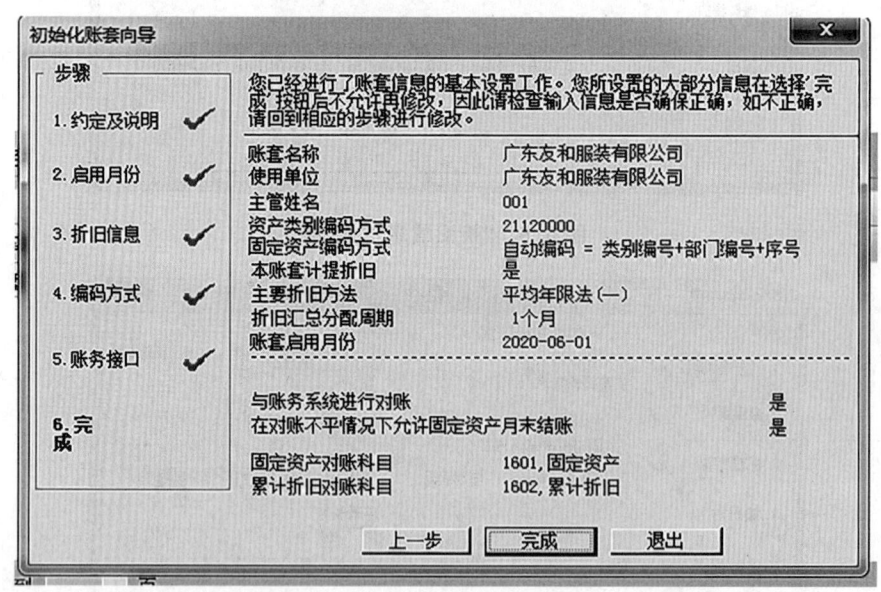

图 8-8 "完成"对话框

(8) 单击"完成"按钮,完成本账套的初始化,弹出"已经完成新账套的所有设置工作,是否确定所设置的信息完全正确并保存对新账套的所有设置?"提示对话框。单击"是"按钮,弹出"已成功初始化本固定资产账套"提示对话框,单击"确定"按钮。

> **提 示**
>
> 1. 初始化设置完成后,有些参数不能修改,所以要慎重。
> 2. 如果发现参数有错,必须改正,只能通过固定资产管理子系统执行"维护""重新初始化账套功能"命令实现,该操作将清空对该子账套所做的一切工作。

(9) 补充参数设置:
① 执行"设置""选项"命令,进入"选项"窗口。
② 打开"与账务系统接口"选项卡,点击"编辑"按钮。
③ 选中"业务发生后立即制单""月末结账前一定要完成制单登账业务"复选框;选择缺省入账科目为"1601,固定资产""1602,累计折旧""1603,固定资产减值准备""22210101,进项税额""1606,固定资产清理",单击"确定"按钮,如图8-9所示。

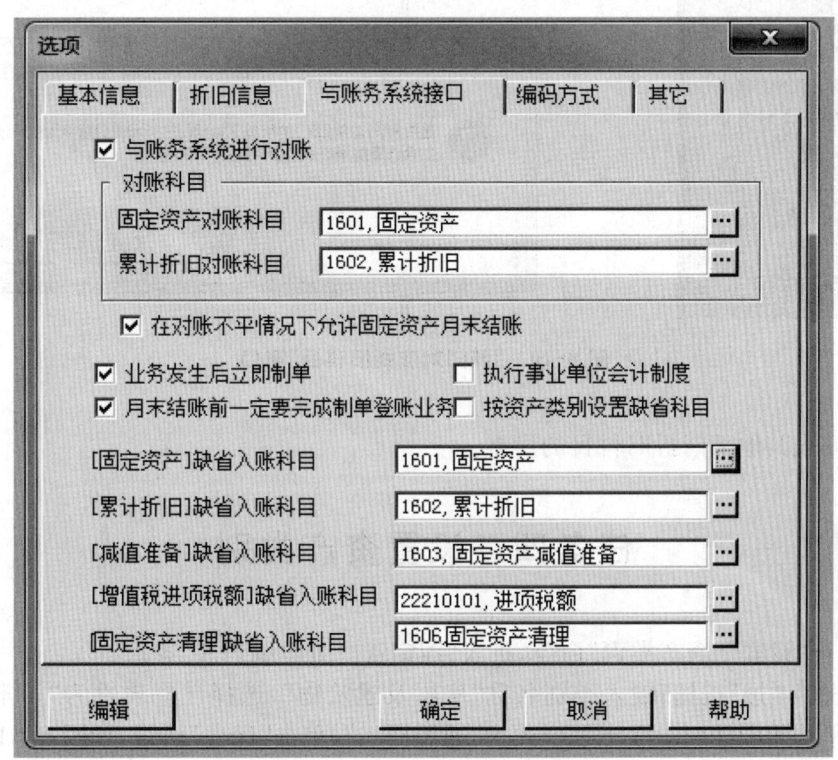

图8-9 "与账务系统接口"选项卡

任务三 设置部门对应折旧科目

(1) 执行"设置""部门对应折旧科目"命令,进入"部门对应折旧科目"窗口。

(2) 左侧选择部门"行政部",单击"修改"按钮。

(3) 选择折旧科目"660204,折旧费",单击"保存"按钮。系统弹出"是否将[行政部]部门的所有下级部门的折旧科目替换为[折旧费]？如果选择是,请在成功保存后点[刷新]查看。"窗口,单击"是"按钮,如图8-10所示。

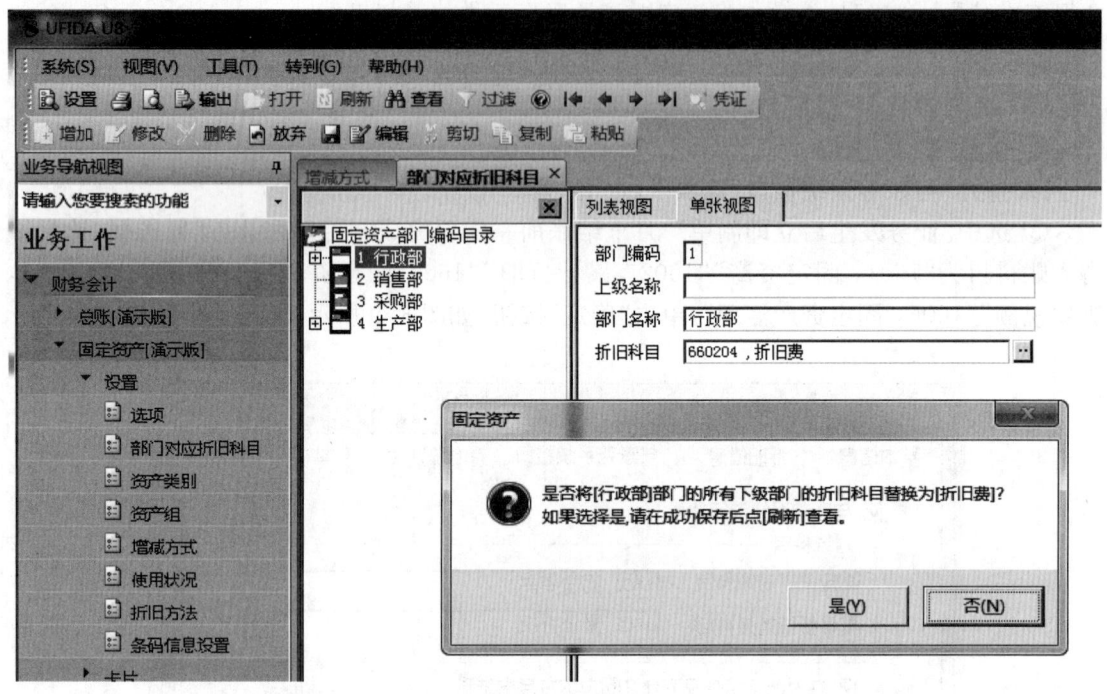

图8-10 "部门对应折旧科目"窗口

同此,完成其他部门折旧科目的设置。

任务四 设置资产类别

(1) 执行"设置""资产类别"命令,进入"固定资产分类编码表"窗口。

(2) 单击"增加"按钮,输入类别名称"房屋及建筑物",选择计提属性为"正常计提",折旧方法为"平均年限法(一)",卡片样式为"通用样式",单击"保存"按钮,如图8-11所示。

(3) 同此,完成其他资产类别的设置。

提 示

1. 资产类别编码不能重复,同一级的类别名称不能相同。
2. 类别编码、计提属性、折旧方法、卡片样式不能为空。
3. 已使用过的类别不能设置新下级。

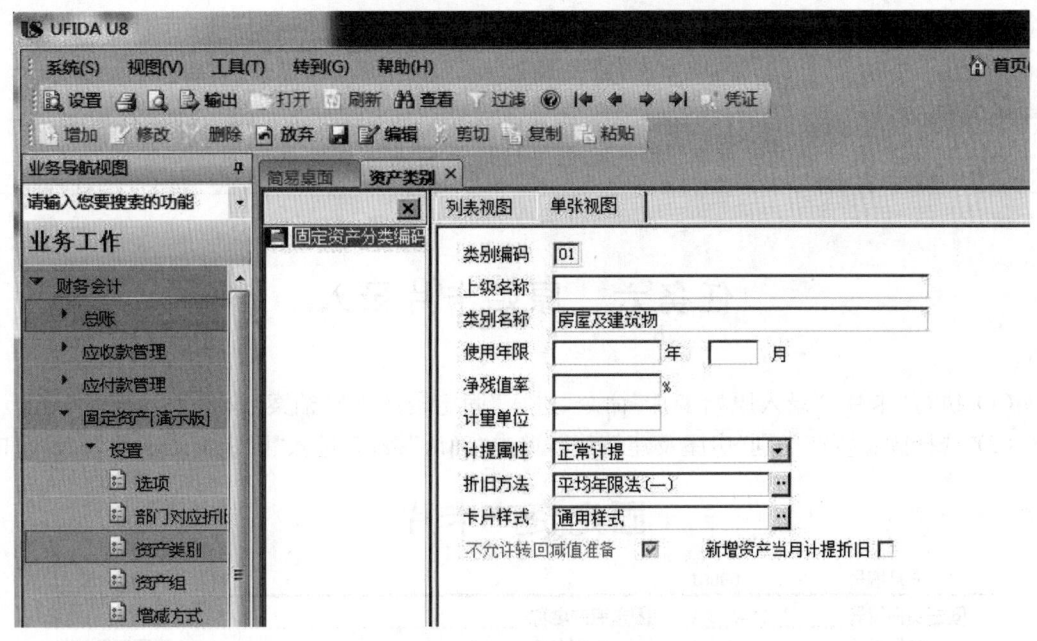

图 8-11 "固定资产分类编码表"窗口

任务五 设置增减方式的对应科目

(1) 执行"设置""增减方式"命令,进入"增减方式"窗口。
(2) 在左边"增减方式目录表"中,选中增加方式名称为"直接购入",单击"修改"按钮。
(3) 输入对应入账科目"10020101",单击"保存"按钮,如图 8-12 所示。

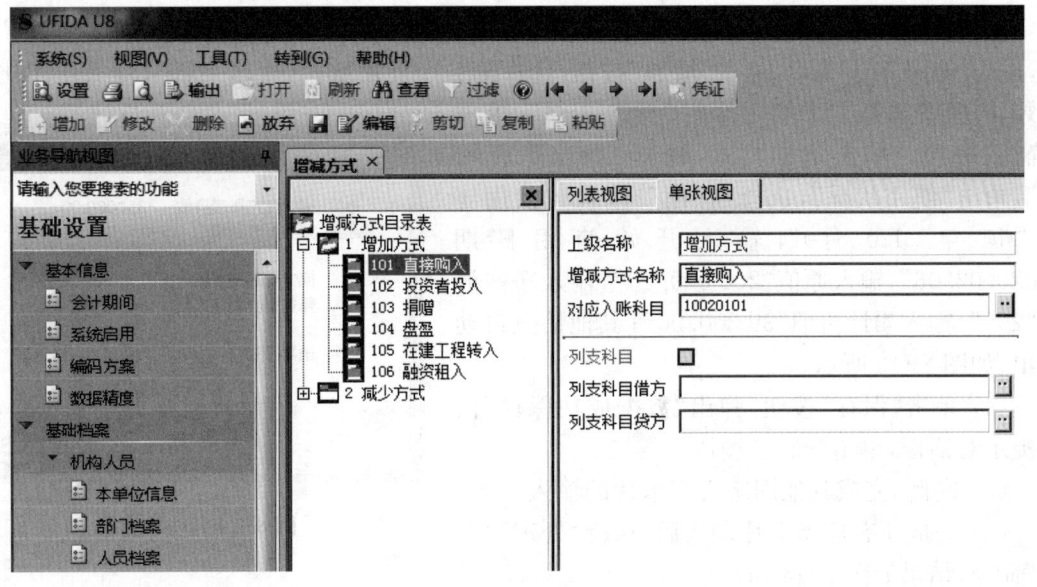

图 8-12 "增减方式"窗口

(4) 同此,输入减少方式名称为"损毁"的对应入账科目"1606 固定资产清理"。

> **提 示**
>
> 当固定资产发生增减变动时,系统生成凭证时会默认采用这些科目。

任务六　原始卡片录入

(1) 执行"卡片""录入原始卡片"命令,进入"固定资产类别档案"窗口。
(2) 选择固定资产类别"房屋及建筑物",单击"确认"按钮,进入"固定资产卡片录入"窗口。

固定资产卡片

卡片编号	00001			日期	2020-06-01
固定资产编号	01401001	固定资产名称			厂房
类别编号	01	类别名称			房屋及建筑物
规格型号		使用部门			生产一部/生产二部
增加方式	在建工程转入	存放地点			
使用状况	在用	使用年限(月)	120	折旧方法	平均年限法(一)
开始使用日期	2020-02-06	已计提月份	3	币种	人民币
原值	200000.00	净残值率	2%	净残值	4000.00
累计折旧	39200.00	月折旧率	0.0082	本月计提折旧额	1640.00
净值	160800.00	对应折旧科目	(510102,折旧费)	项目	
录入人	杨子斌			录入日期	2020-06-01

图 8-13　"固定资产卡片"窗口

(3) 输入固定资产名称"厂房";单击"使用部门"按钮,选择"多部门使用",单击"确认"按钮,进入"使用部门"窗口,单击"增加"按钮,选择第一个使用部门"生产一部",输入使用比率 50%,同理增加第二个使用部门"生产二部",单击"确认"按钮。单击增加方式,选择"在建工程转入",单击"使用状况",选择"在用";输入可使用年限"10 年(120 月)",输入开始使用日期"2020.02.06",输入原值"200 000.00",输入净残值率"2%",输入累计折旧"39 200.00";其他信息自动算出,如图 8-13 所示。

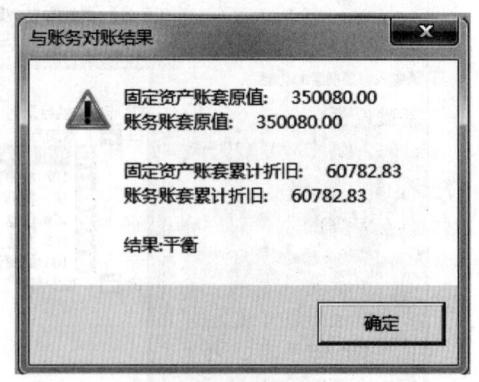

(4) 单击"保存"按钮,弹出"数据成功保存"信息提示对话框,单击"确定"按钮。

(5) 同此,完成其他固定资产卡片的输入。

(6) 完成所有原始卡片录入后,执行"处理""对账"命令,结果如图 8-14 所示。

图 8-14　对账结果

> **提 示**
>
> 1. 卡片编号：系统根据初始化时定义的编码方案自动设定，不能修改。如果删除一张卡片，该卡片又不是最后一张时，系统将保留空号。
> 2. 已计提月份：系统将根据开始使用日期自动算出，但可以修改，将使用期间停用等不计提折旧的月份扣除。
> 3. 月折旧率、月折旧额：与计算折旧有关的项目录入后，系统会按照输入的内容自动算出并显示在相应项目内，可与手工计算的值比较，核对是否有错误。
> 4. 如果固定资产卡片相关内容输入有误，执行"卡片""卡片管理"命令，进入"固定资产卡片"窗口进行修改。

任务七 日 常 处 理

以账套主管"杨子斌"的身份进行固定资产管理操作，将登录日期修改为"2020 年 6 月 30 日"。

一、资产增加

（1）执行"卡片""资产增加"命令，进入"固定资产类别档案"窗口。
（2）选择资产类别"机器设备"，单击"确认"按钮，进入"固定资产卡片新增"窗口。
（3）输入固定资产名称"台式机"；单击"使用部门"，选择"生产一部"，单击"增加方式"，选择"直接购入"，单击使用状况，选择"在用"；输入原值、可使用年限、净残值率，修改开始使用日期为"2020-06-30"，如图 8-15 所示。
（4）单击"保存"按钮，进入"填制凭证"窗口。

图 8-15 输入固定资产卡片

（5）选择凭证类型"付款凭证"，修改制单日期为2020年6月30日，单击"保存"按钮，如图8-16所示。

图8-16 付款凭证

提　示

1. 固定资产原值一定要输入卡片录入月初的价值，否则会出现计算错误。
2. 新卡片第一个月不提折旧，累计折旧为空或0。
3. 卡片输入完后，也可以不立即制单，月末可以批量制单。

二、折旧处理

（1）执行"处理""计提本月折旧"命令，弹出"是否要查看折旧清单？"提示对话框，如图8-17所示，单击"是"按钮。弹出"本操作将计提本月折旧，并花费一定时间，是否要继续？"提示对话框。

（2）单击"是"按钮，打开"折旧清单"窗口，如图8-18所示。

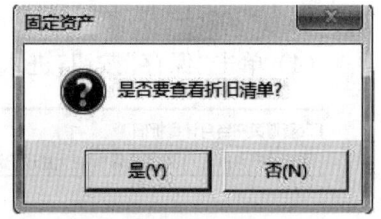

图8-17 提示对话框

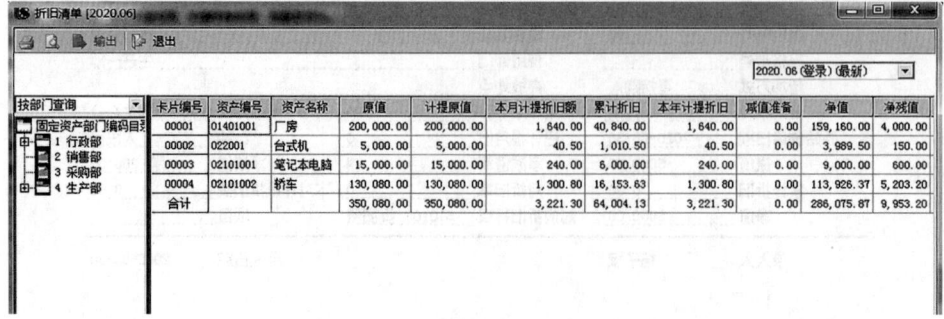

图8-18 "折旧清单"窗口

(3) 单击"退出"按钮,打开"折旧分配表"窗口,按部门分配后,提示计提折旧完成,如图 8-19 所示。

图 8-19 "计提折旧完成"窗口

(4) 单击"确认"按钮,单击"凭证"按钮,生成一张记账凭证。
(5) 修改凭证类别为"转账凭证"。
(6) 单击"保存"按钮,凭证左上角出现"已生成"字样,表示凭证已传递到总账,如图 8-20 所示。

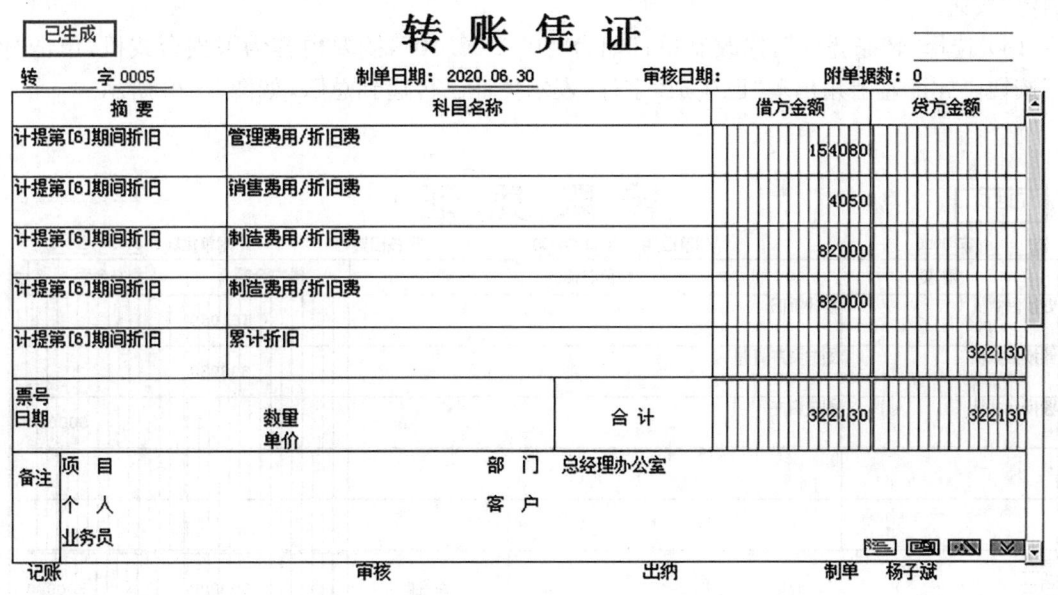

图 8-20 左上角出现"已生成"字样

提 示

1. 如果上次计提折旧时已通过记账凭证把数据传递到账务系统,则必须删除该凭证才能重新计提折旧。

2. 计提折旧后又对账套进行了影响折旧计算或分配的操作，必须重新计提折旧，否则系统不允许结账。

三、资产减少

(1) 执行"卡片""资产减少"命令，进入"资产减少"窗口。
(2) 选择卡号编号"00002"，单击"增加"按钮，如图 8-21 所示。

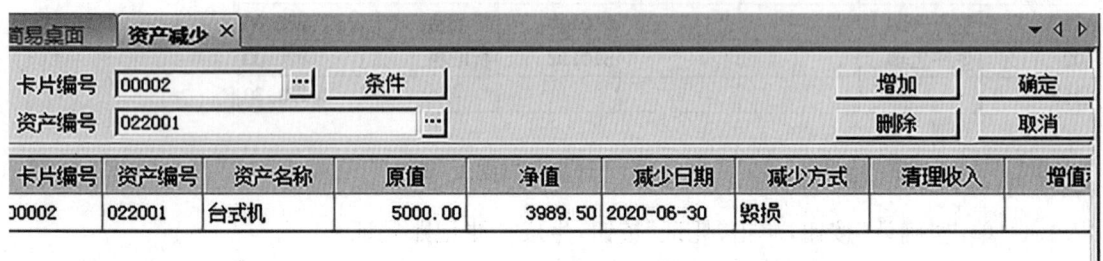

图 8-21 "资产减少"窗口

(3) 选择减少方式"损毁"，单击"确定"按钮，系统提示"所选卡片已经减少成功"，单击"确定"按钮。
(4) 选择"转账凭证"，修改制单日期为"2020.06.30"，摘要内容为毁损台式机，单击"保存"按钮。凭证左上角出现"已生成"字样，表示凭证已传递到总账，如图 8-22 所示。

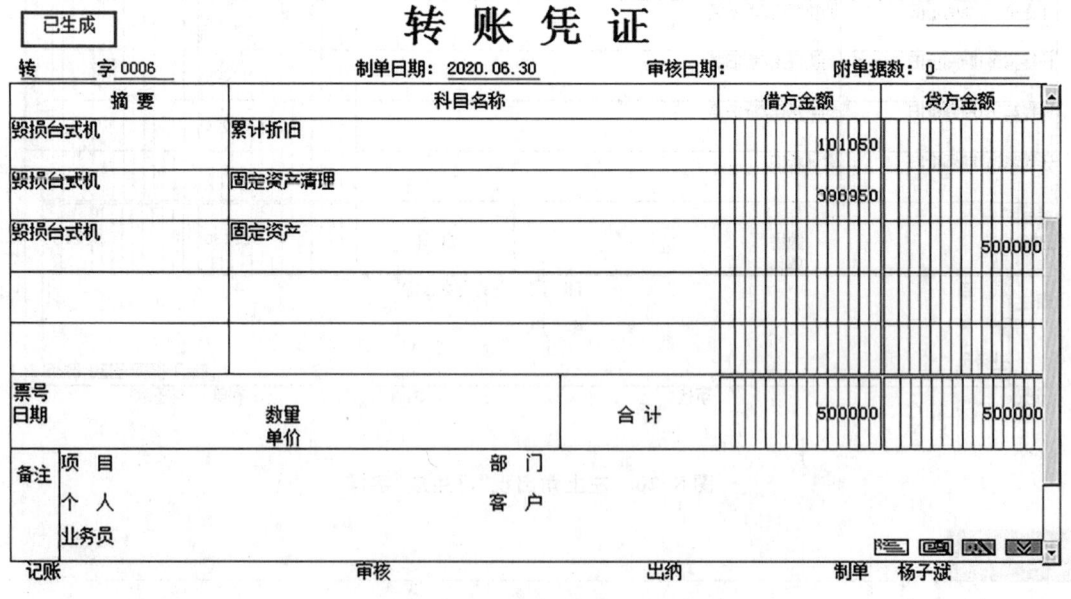

图 8-22 左上角出现"已生成"字样

> 提　示

1. 本账套需要进行计提折旧后，才能减少资产。
2. 如果要减少的资产较少或没有共同点，则通过输入资产编号或卡片号，单击"增加"按钮，将资产添加到资产减少表中。
3. 如果要减少的资产较多并且有共同点，则通过单击"条件"按钮，输入一些查询条件，将符合该条件的资产挑选出来进行批量减少操作。
4. 如果要撤销减少的资产，执行"卡片""卡片管理""查看""减少资产""撤销减少资产"命令。

四、批量制单（生成增加固定资产和减少固定资产的记账凭证）

执行"处理""批量制单"命令，打开"查询条件选择-批量制单"对话框，如图8-23所示。

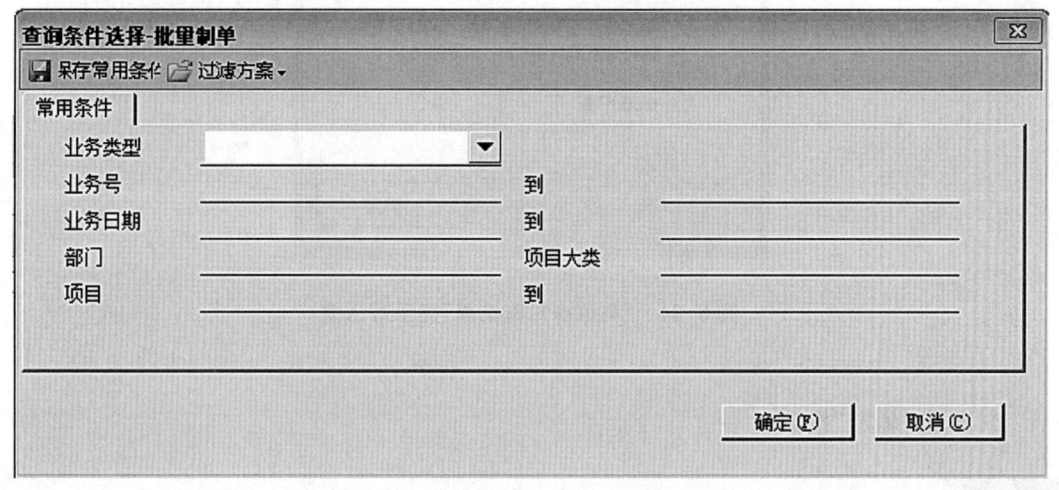

图8-23　"查询条件选择-批量制单"对话框

> 提　示

1. 因系统设置为业务发生后立即制单，所以上述增加资产、减少固定资产及计提折旧所发生的业务凭证已经产生，批量制单中现在没有需要进行制单的业务。
2. 如果有需要制单的业务，则单击"全选"按钮，或双击"选择"栏，选中要制单的业务。
3. 单击"制单设置"选项卡，查看制单科目设置，根据提示内容进行会计科目输入。
4. 单击"凭证"按钮，生成凭证。

固定资产管理子系统生成的凭证自动传递到总账子系统，以002号操作员身份进入总账子系统对固定资产系统生成的出纳凭证进行出纳签字，以003号操作员身份进入总账系统，对传递过来的凭证进行审核和记账。

任务八 期末处理

一、对账

(1) 由001号操作员在固定资产系统中，执行"处理""对账"命令，弹出"与账务对账结果"提示对话框，如图8-24所示。

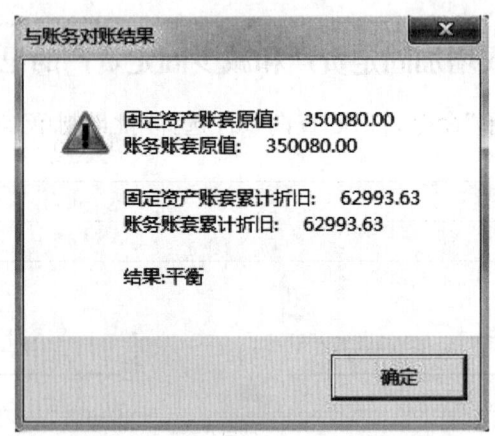

图8-24 "与账务对账结果"提示对话框

(2) 单击"确定"按钮。

提示

当总账计账完毕，固定资产管理子系统才可以进行对账。对账平衡，开始月末结账。

如果在初始设置时，选择了"与账务系统对账"功能，则对账的操作不限制执行时间，任何时候都可以进行对账。

若在账务接口中选中"在对账不平情况下允许固定资产月末结账"，则可以直接进行月末结账。

二、结账

(1) 执行"处理""月末结账"命令，打开"月末结账"对话框，如图8-25所示。
(2) 单击"开始结账"按钮，弹出"月末结账成功完成！"提示对话框。
(3) 单击"确定"按钮。

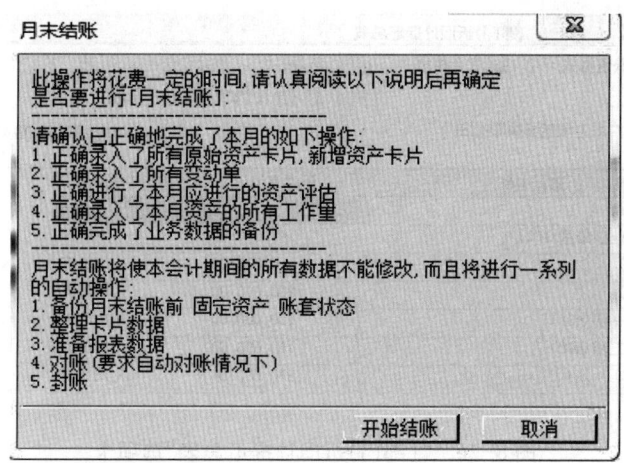

图 8-25 "月末结账"对话框

> **提　示**
>
> 1. 本会计期间做完月末结账工作后,所有数据资料将不能再进行修改。
> 2. 本会计期间不做完月末结账工作,系统将不允许处理下一个会计期间的数据。
> 3. 月末结账前一定要进行数据备份,否则数据一旦丢失,将造成无法挽回的后果。

三、取消结账

(1) 执行"工具""恢复月末结账前状态"命令,弹出"是否继续?"提示对话框。
(2) 单击"是"按钮,弹出"成功恢复月末前状态!"提示对话框。
(3) 单击"确定"按钮。

> **提　示**
>
> 假如在结账后发现结账前操作有误,必须要修改结账前的数据,则可以使用"恢复结账前状态"功能,又称"反结账",即将数据恢复到月末前状态,结账时所做的所有工作都被无痕迹删除。
>
> 在总账子系统进行月末结账时才可以使用恢复结账前状态功能。
>
> 一旦成本系统提取了某期的资料,该期不能反结账。如果当前的账套已经做了年末处理,那么就不允许再执行恢复月初状态功能。

四、账表管理

(1) 执行"账表""我的账表"命令,进入"固定资产报表"窗口。
(2) 单击"折旧表"按钮,选择"(部门)折旧计提汇总表"。
(3) 单击"打开"按钮,打开"条件"对话框。
(4) 选择期间"2020.06",部门级次"1—2",单击"确认"按钮,如图 8-26 所示。

图 8-26 "(部门)折旧计提汇总表"选项卡

思考题

1. 固定资产和总账系统的关系是什么？
2. 固定资产为什么要计提折旧？
3. 固定资产日常管理包括哪些内容？

项目九　应收款管理系统

➡ 知识目标

1. 了解应收款管理系统的基本功能。
2. 了解应收款管理系统的内容和作用。
3. 熟悉应收款管理系统参数设置的主要内容。
4. 掌握应收款管理系统录入期初余额的方法。
5. 掌握应收款管理系统处理日常业务的方法。

➡ 能力目标

1. 能够进行应收款管理系统的初始化设置。
2. 能够根据经济业务录入、审核应收单据并制单。
3. 能够根据经济业务录入、审核收款单据并制单。
4. 能熟练进行应收款管理系统账簿的查询。
5. 能熟练进行月末结账和取消结账处理。

[概述]

应收款管理是企业在正常的经营过程中对因销售商品、产品,提供劳务等原因与客户之间所产生的应收往来款项进行综合管理的工作。其目的是保证企业应收账款及时、足额地回笼,降低和避免信用风险,加速企业的资金周转。在信息系统管理软件中一般对应收款的核算和管理提供两种模式。销售业务量不大、客户不多、管理要求不高的企业可以在总账系统中通过明细科目或辅助账进行核算和管理;但如果业务比较复杂,业务量及客户量较大,管理要求比较高,则应通过建立应收款管理系统进行综合管理核算。

应收款管理系统主要用于核算和管理企业与客户之间的往来款项,一方面记录销售业务及其他业务所形成的应收款项,处理应收款的收回、坏账、转账等业务;另一方面,应收款管理系统还提供各种分析报表,如账龄分析表、欠款分析、回款情况分析等,通过各种分析数据,为企业制订销售政策提供依据。

[实验内容]

1. 应收款管理系统初始化
(1) 启用应收款管理系统并设置系统参数。
(2) 设置科目。
(3) 坏账准备设置。

(4) 账龄区间设置。

(5) 报警级别设置。

(6) 录入期初余额。

2. 应收款管理系统日常业务处理

(1) 录入应收单据（其他应收单）并在审核后制单。

(2) 核销首款单据。

(3) 填制商业承兑汇票并制单。

(4) 处理坏账发生业务并制单。

(5) 将未制单的单据制单。

[实验资料]

1. 363 账套应收款管理系统的参数

坏账处理方式为"应收余额百分比法"；按信用方式根据单据提前 7 天自动报警。

2. 存货分类

存货分类如表 9-1 所示。

表 9-1　　　　　　　　　　　　　存货分类

存货分类编码	存货分类名称	存货分类编码	存货分类名称
1	面料	4	产成品
2	辅料	5	其他
3	配件		

3. 计量单位

计量单位如表 9-2 所示。

表 9-2　　　　　　　　　　　　　计量单位

计量单位组编号	计量单位名称	计量单位组类别	计量单位编号	计量单位名称
01	无换算关系	无换算率	01	米
			02	套
			03	袋
			04	个
			05	件
			06	条
			07	次

4. 存货档案

存货档案如表 9-3 所示。

表9-3　　　　　　　　　　　　　　　存货档案

存货编码	存货名称	所属分类码	计量单位	税率	存货属性
001	面料	1	米	13%	内销、外购、生产耗用
002	辅料	2	套	13%	内销、外购、生产耗用
003	纽扣	3	袋	13%	内销、外购、生产耗用
004	T恤	4	件	13%	内销、外购、生产耗用
005	牛仔裤	4	条	13%	内销、外购、生产耗用
006	运费	5	次	9%	内销、外购、应税劳务

5. 基本科目

应收科目为"应收账款",销售收入科目为"主营业务收入",应交增值税科目为"应交税费——应交增值税——销项税额",销售退回科目为"主营业务收入",商业承兑科目为"应收票据"。

6. 结算方式科目

现金结算方式科目为"库存现金",现金支票结算方式科目为"库存现金",转账支票结算方式科目为"工行存款"(本单位开户行信息如下,编码:001;银行账号:622202360210;账户名称:基本账户;开户银行:广州花都支行;所属银行编码:中国工商银行)。

7. 坏账准备

提取比率为0.5%,坏账准备期初余额为0,坏账准备科目为"坏账准备",坏账准备对方科目为"资产减值损失"科目。

8. 账期内账龄区间设置

逾期账龄区设置总天数分别为90天和120天。

9. 报警级别

A级时的总比率为10%,B级时的总比率为20%,总比率在20%以上为C级。

10. 期初余额

销售专票(正向)如表9-4所示。

表9-4　　　　　　　　　　　　　销售专票(正向)　　　　　　　　　　金额单位:元

日期	凭证号	客户名称	货物名称	数量	含税单价	余额
2020-5-05	转-58	广东立信服装有限公司	T恤	400	200	80 000.00
2020-5-24	转-19	北京美乐服装商城	牛仔裤	400	155	62 000.00

应收单(负向)如表9-5所示。

表9-5　　　　　　　　　　　　　应收单(负向)　　　　　　　　　　金额单位:元

日期	凭证号	客户名称	摘要	余额
2020-5-14	收-28	北京美乐服装商城	预收货款	40 000.00

执行与总账"对账"。

11. 2020年6月份发生的经济业务

(1) 6月28日,收到北京美乐服装商城交来的转账支票一张,票号为ZZR58,用来归还

前欠货税款 62 000 元。(立马审核、核销)

(2) 6 月 30 日,销售部周龙彬收到广东立信服装有限公司交来的转账支票一张,票号为 ZZR74,金额为 20 000 元,作为预购 T 恤的定金。(立马审核)

12. 制单

略。

[实验指导]

任务一　设置系统参数

(1) 执行"开始""程序""用友""企业应用平台"命令,打开"登录"对话框。

(2) 输入操作员"001",输入密码 1,在"账套"下拉列表框中选择"广东友和服装有限公司",更改操作日期为"2020.06.01",单击"确定"按钮。

(3) 执行"基础设置""基本信息""系统启用"命令,打开"系统启用"对话框,选中"AR 应收款管理"复选框,弹出"日历"对话框,选择应收款管理系统启用日期"2020-06-01",单击"确定"按钮,系统弹出"确实要启用当前系统吗?"信息提示对话框,单击"是"按钮返回,如图 9-1 所示。

图 9-1　"系统启用"对话框

(4) 在用友企业应用平台中,打开"业务工作"选项卡,执行"财务会计""应收款管理""设置""选项"命令,打开"账套参数设置"对话框。

(5) 执行"编辑"命令,单击"坏账处理方式"栏的下三角按钮,选择"应收余额百分比法",如图 9-2 所示。

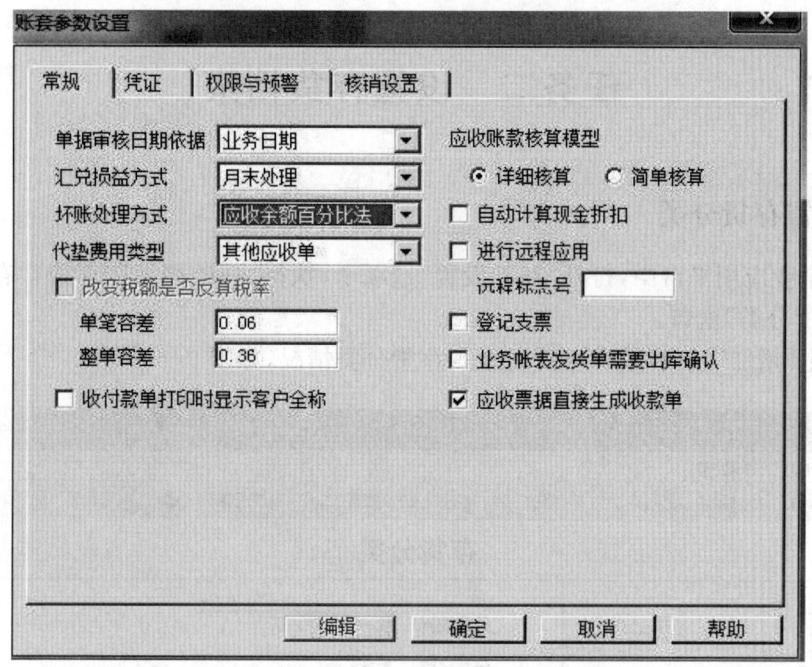

图 9-2 选择"应收余额百分比法"

(6) 打开"权限与预警"选项卡。单据报警选择"信用方式",在提前天数栏选择提前天数"7",如图 9-3 所示。

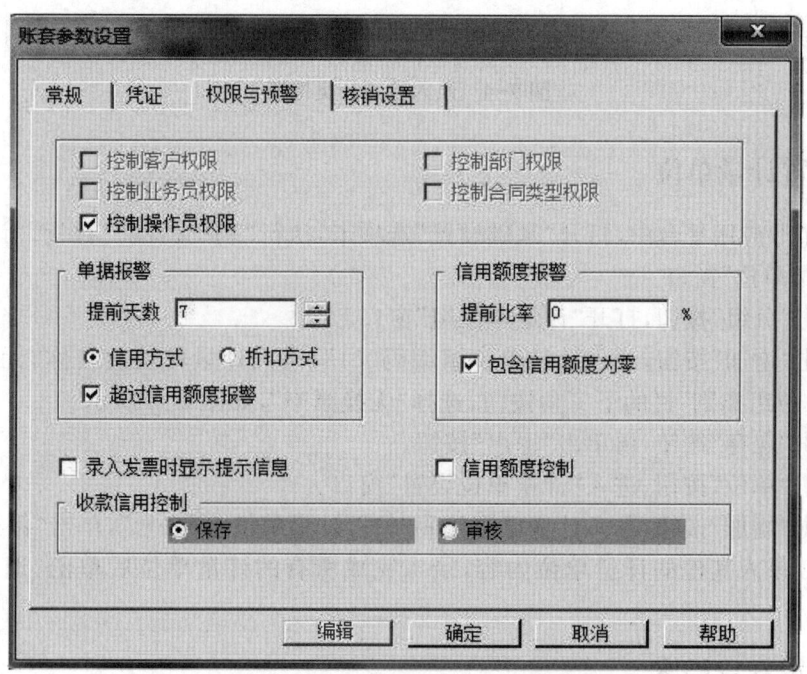

图 9-3 打开"权限与预警"选项卡

(7) 单击"确定"按钮。

任务二 设置存货档案

一、设置存货分类

(1) 在企业应用平台中,打开"基础设置"选项卡,执行"基础档案""存货""存货分类"命令,打开"存货分类"窗口。

(2) 单击"增加"按钮,按实验资料录入存货分类情况,如图9-4所示。

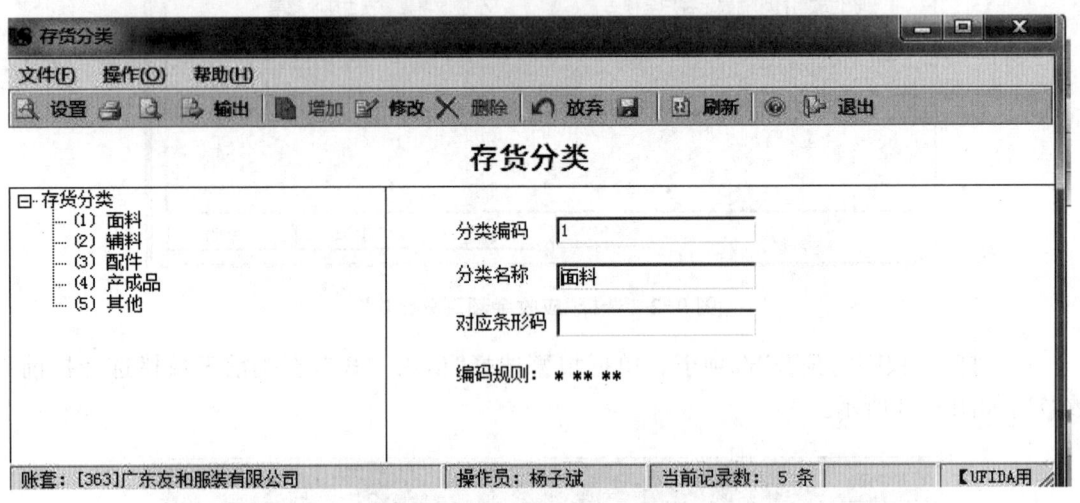

图9-4 录入存货分类情况

二、设置计量单位

(1) 在企业应用平台中,打开"基础设置"选项卡,执行"基础档案""存货""计量单位"命令,打开"计量单位"窗口。

(2) 单击"分组"按钮,打开"计量单位组"窗口。

(3) 单击"增加"按钮,录入计量单位组编码"01",录入计量单位组名称"无换算关系",单击"计量单位组类别"栏的下三角按钮,选择"无换算率",如图9-5所示。

(4) 单击"保存"按钮,再单击"退出"按钮。

(5) 单击"单位"按钮,进入"计量单位设置"窗口。

(6) 单击"增加"按钮,录入计量单位编码"01",计量单位名称"米",单击"保存"按钮。

(7) 继续录入其他的计量单位内容,录入完成所有的计量单位后单击"退出"按钮,如图9-6所示。

三、设置存货档案

(1) 在企业应用平台中,打开"基础设置"选项卡,执行"基础档案""存货""存货档案"命令,打开"存货档案"对话框。

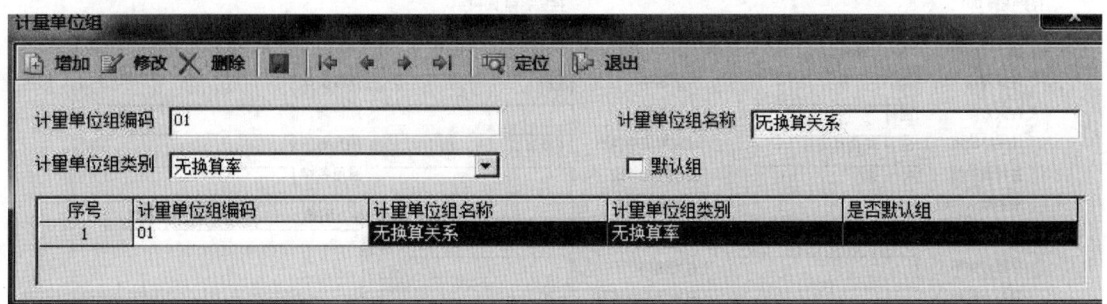

图 9-5 "计量单位组"窗口

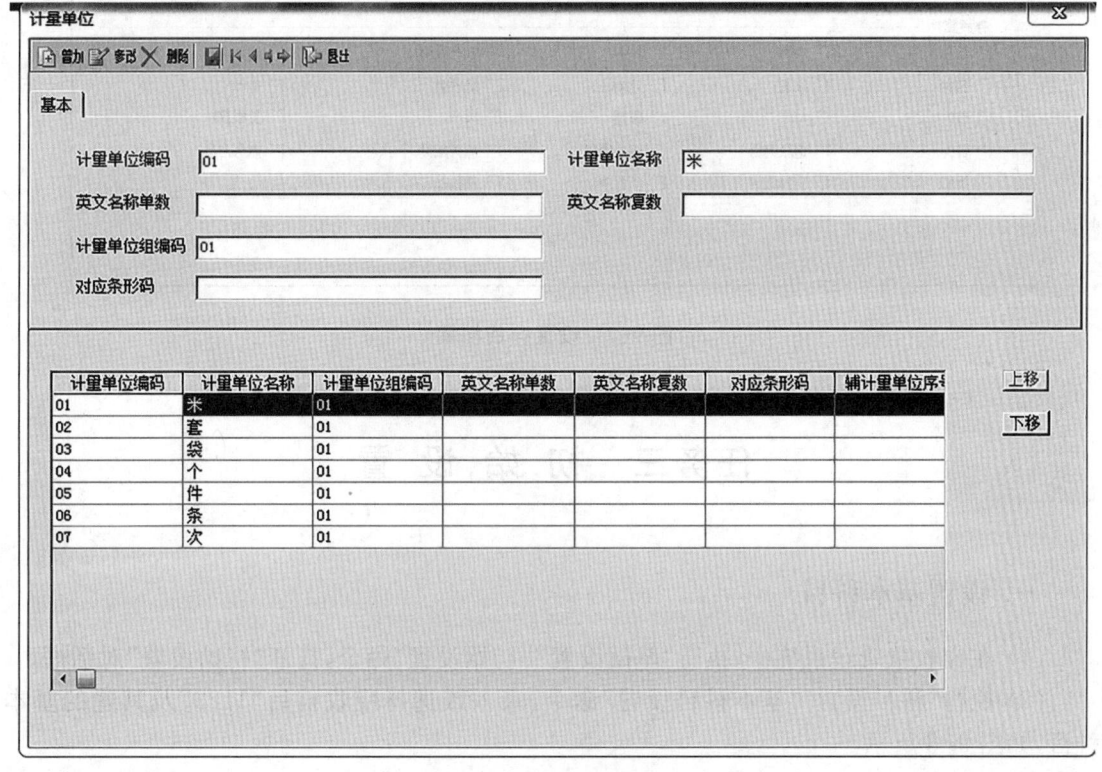

图 9-6 录入计量单位

(2) 单击存货分类中的"面料",再单击"增加"按钮,录入存货编码"001"、存货名称"面料",单击"计量单位组"栏的参照按钮,选择"无换算关系",单击"主计量单位"栏的参照按钮,选择"米",将销项税率和进项税率修改为 13%,单击选中"内销""外购"和"生产耗用"前的复选框,如图 9-7 所示。

(3) 单击"保存"按钮,以此方法继续录入其他的存货档案。

其中,"006 运费"的销项税率和进项税率为 9%。

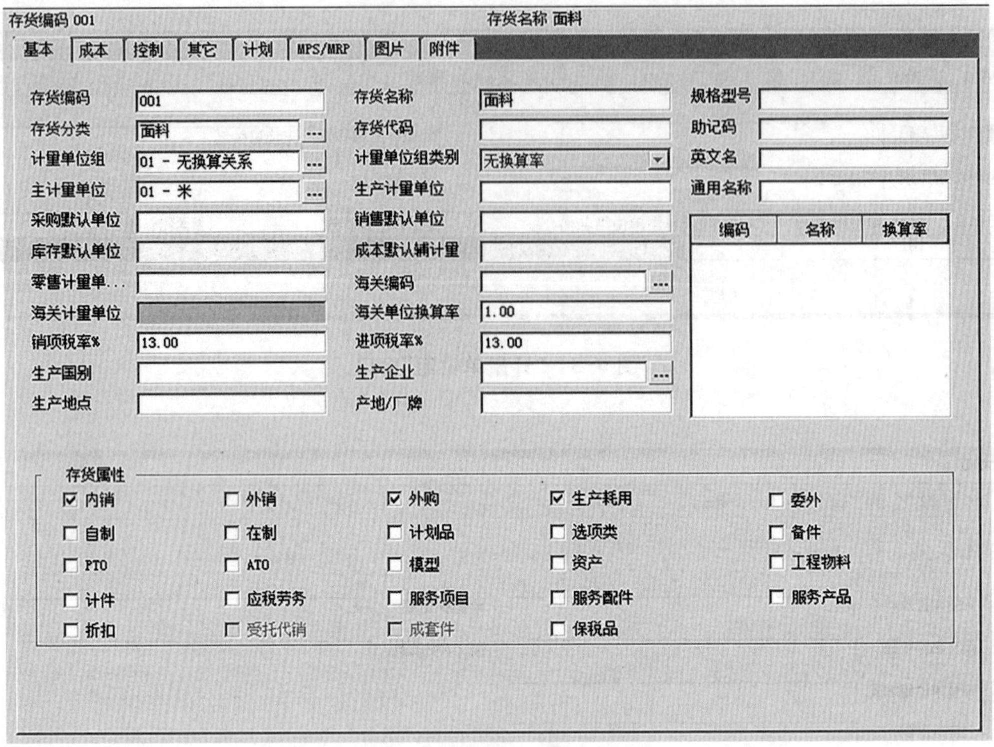

图 9-7 设置存货档案

任务三 初始设置

一、设置基本科目

(1) 在应收款管理系统中,执行"基础设置""初始设置"命令,打开"初始设置"对话框。

(2) 执行"科目设置""基本科目设置"命令,录入或选择应收科目"1122"及其他的基本科目,如图 9-8 所示。

图 9-8 "基本科目设置"窗口

二、结算方式科目

(1) 在应收款管理系统中,执行"设置""初始设置""结算方式科目设置"命令,进入"结算方式科目设置"窗口。

(2) 单击"结算方式"栏的下三角按钮,选择"现金结算",单击"币种"栏,选择"人民币",在"科目"栏录入或选择"1001",按回车键。以此方法继续录入其他的结算方式科目,如图9-9所示。

图 9-9 录入结算方式科目

三、设置坏账准备

(1) 在应收款管理系统中,执行"设置""初始设置""坏账准备设置"命令,打开"坏账准备设置"窗口,录入提取比率"0.500",坏账准备期初余额"0.00",坏账准备科目"1231",坏账准备对方科目"6701",如图 9-10 所示。

(2) 单击"确定"按钮,弹出"存储完毕"信息对话框,单击"确定"按钮。

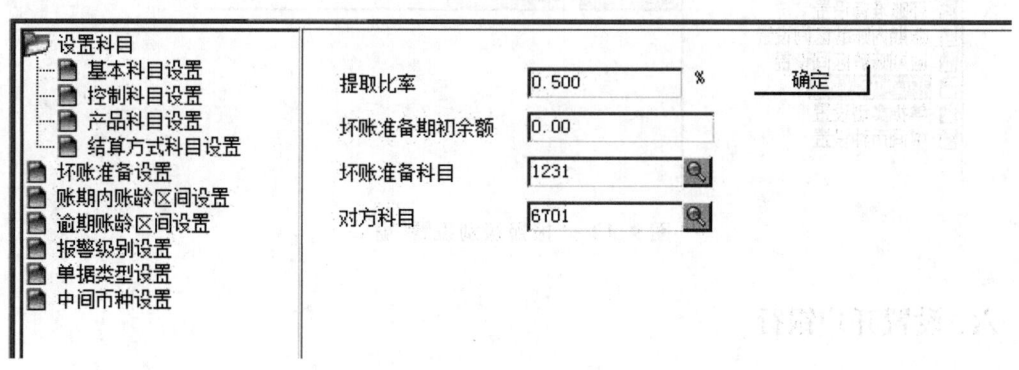

图 9-10 "坏账准备设置"窗口

四、设置账龄区间

(1) 在应收款管理系统中,执行"设置""初始设置""账期内账龄区间设置"命令,打开"账期内账龄区间设置"窗口。

(2) 在"总天数"栏录入"90",按"Enter"键,再在"总天数"栏录入"120"后按"Enter"键。以此方法继续录入其他的总天数,如图 9-11 所示。

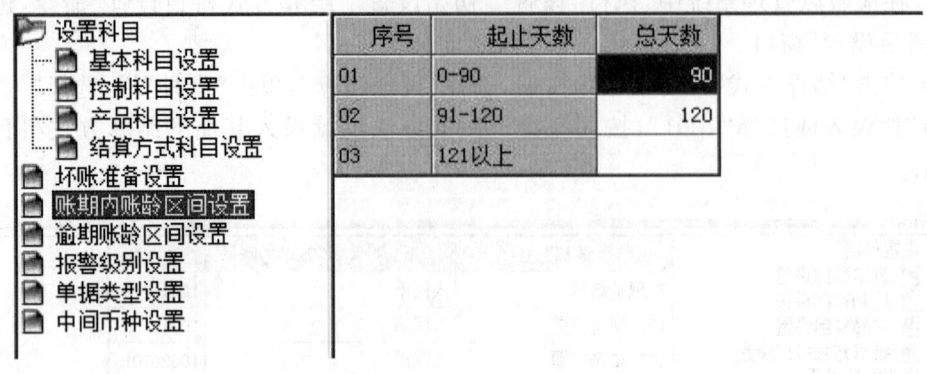

图 9-11 "账期内账龄区间设置"窗口

(3) 以同样方法录入"逾期账龄区间设置"。

五、设置报警级别

(1) 在应收款管理系统中,执行"设置""初始设置"命令,打开"初始设置"窗口。

(2) 在"初始设置"窗口中,单击"报警级别设置",在"总比率"栏录入"10",在"级别名称"栏录入"A",按"Enter"键,以此方法继续录入其他的总比率和级别,如图 9-12 所示。

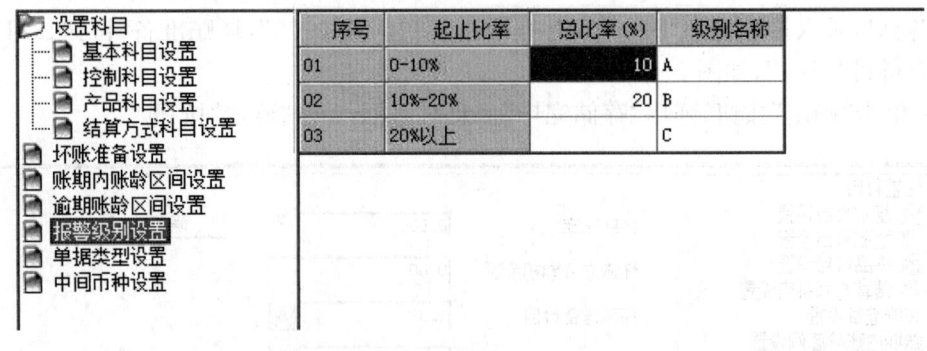

图 9-12 "报警级别设置"窗口

六、设置开户银行

(1) 在企业应用平台中,打开"基础设置"选项卡,执行"基础档案""收付结算""本单位开户银行"命令,进入"本单位开户银行"窗口。

(2) 单击"增加"按钮,打开"修改本单位开户银行"对话框。

(3) 在"修改本单位开户银行"对话框的"编码"栏录入"001",在"银行账号"栏录入"622202360210",在"币种"栏选择"人民币",在"开户银行"栏录入"广州花都支行",在"所属银行编码"栏中选择"中国工商银行",如图 9-13 所示。

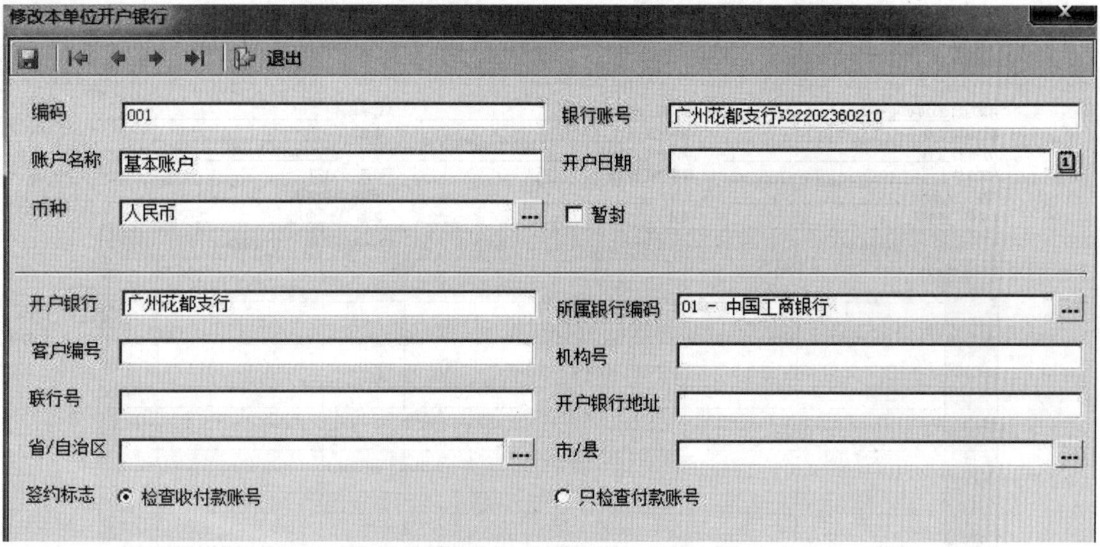

图 9-13 "修改本单位开户银行"对话框

(4) 单击"保存"按钮,再单击"退出"按钮退出。

任务四　录入期初余额

一、录入期初销售发票

(1) 在应收款管理系统中,执行"设置""期初余额"命令,进入"期初余额—查询"窗口。
(2) 单击"确定"按钮,进入"期初余额明细表"窗口。
(3) 单击"增加"按钮,打开"单据类别"对话框。
(4) 选择单据名称为"销售发票",单据类型为"销售专用发票",然后单击"确定"按钮,进入"销售专用发票"窗口。
(5) 单击"增加"按钮,修改开票日期为"2020-05-05",在"客户名称"栏录入"立信",或单击"客户名称"栏的参照按钮,选择"广东立信服装有限公司",系统自动带出客户相关信息;在"税率"栏录入"16",在"科目"栏录入"1122",或单击"科目"栏参照按钮,选择"1122 应收账款",在"货物编号"栏录入"004",或单击"货物编号"栏的参照按钮,选择"T 恤",在"数量"栏录入"400",在"含税单价"栏录入"200",如图 9-14 所示。
(6) 单击"保存"按钮。
(7) 以同样方法录入另一张销售专票。

二、录入期初其他应收单

(1) 在应收款管理系统中,执行"设置""期初余额"命令,进入"期初余额—查询"窗口。
(2) 单击"确定"按钮,进入"期初余额明细表"窗口。
(3) 单击"增加"按钮,打开"单据类别"对话框。

销售专用发票

打印模版 期初专用发票打印模

表体排序

开票日期 2020-05-05　发票号 0000000001　订单号
客户名称 立信　客户地址　电话
开户银行 工行　银行账号 123457　税号 442000618777623
付款条件　税率(%) 13.00　科目 1122
币种 人民币　汇率 1　销售部门 销售部
业务员 周龙彬　项目　备注

	货物编号	货物名称	规格型号	主计量单位	税率(%)
1	004	T恤		件	13.00
2					
3					
4					
5					
6					
7					
8					
9					
10					
11					
12					
13					
合计					

制单人 杨子斌　审核人 杨子斌

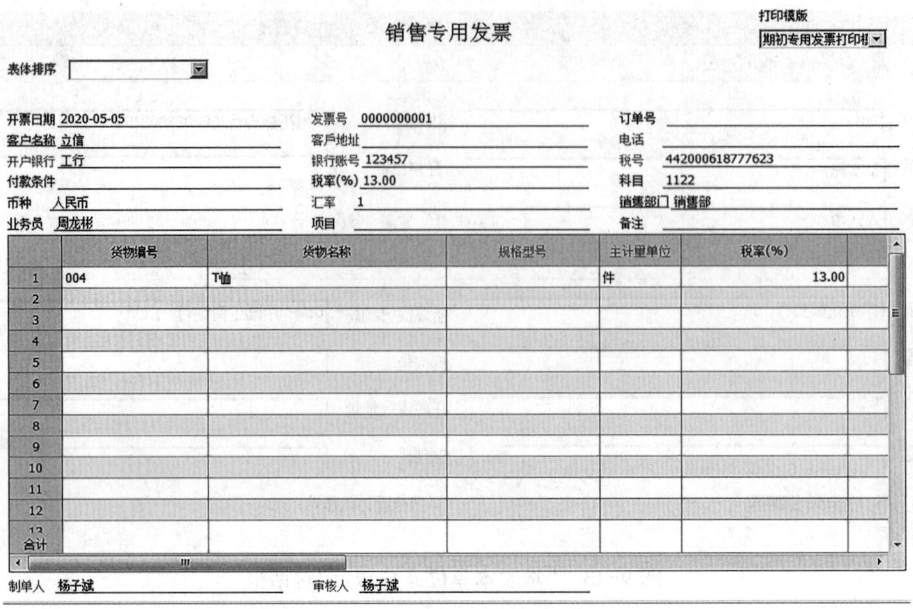

图 9-14 “销售专用发票”窗口

(4) 单击“单据名称”栏的下三角按钮，选择“应收单”，单据类型为“其他应收单”，方向为“负向”，单击“确定”按钮，打开“应收单”窗口。

(5) 单击“增加”按钮，修改单据日期为“2020-05-14”，在“客户”栏录入“美乐”，或单击“客户”栏的参照按钮，选择“美乐”，系统自动带出客户相关信息，在“本币金额”栏录入“40 000.00”，在“摘要”栏录入“预收货款”，如图 9-15 所示。

应收单

打印模版 应收单打印模板

表体排序

单据编号 0000000001　单据日期 2020-05-14　客户 美乐
科目 2203　币种 人民币　汇率 1
金额 40000.00　本币金额 40000.00　数量 0.00
部门 销售部　业务员 周龙彬　项目
付款条件　摘要 预收货款

	方向	科目	币种	汇率	金额	本币金额	部门	业务员	项目	摘要
1										
2										
3										
4										
5										
6										
7										
8										
9										
10										
11										
12										
13										
14										
15										
合计										

录入人 杨子斌　审核人 杨子斌

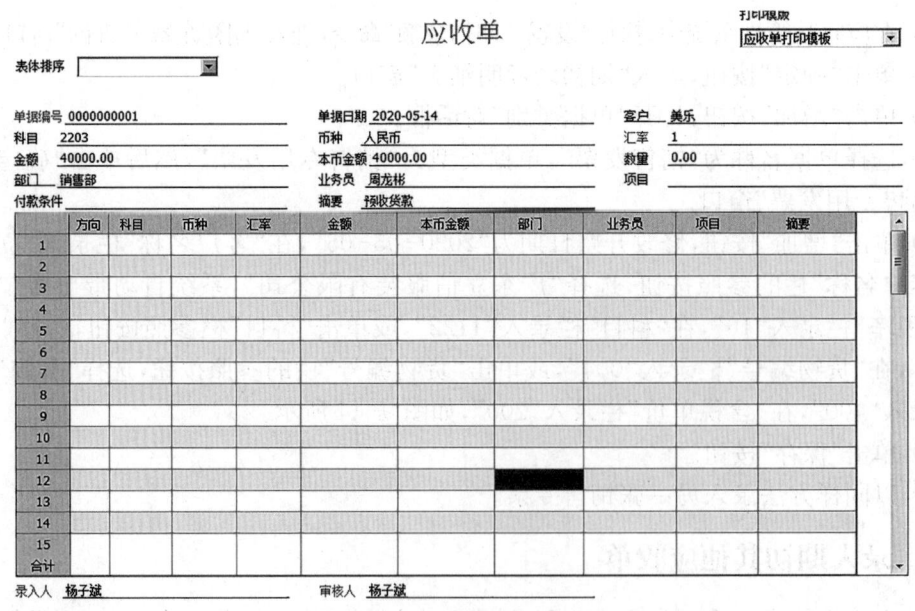

图 9-15 “应收单”窗口

(6) 单击“保存”按钮。

提　示

录入应收单只需录入表格上半部分，下半部分自动生成；应收单的会计科目必须正确录入，否则将无法与总账进行对账。

三、应收款系统与总账系统对账

（1）在“期初余额明细表”窗口中，单击“对账”按钮，打开“期初对账”窗口，对账结果如图 9-16 所示。

简易桌面　期初余额　期初对账

科目		应收期初		总账期初		差额
编号	名称	原币	本币	原币	本币	原币
1121	应收票据	0.00	0.00	0.00	0.00	0.00
1122	应收账款	142,000.00	142,000.00	142,000.00	142,000.00	0.00
2203	预收账款	-40,000.00	-40,000.00	-40,000.00	-40,000.00	0.00
	合计		102,000.00		102,000.00	

图 9-16　“期初对账”窗口

（2）单击“退出”按钮退出。

任务五　日常业务处理

一、填制第一笔业务的收款单

（1）在应收款管理系统中，执行“收款单据处理”“收款单据录入”命令，打开“收款单”窗口。

（2）单击“增加”按钮。修改开票日期为“2020-06-28”，在“客户”栏录入“美乐”，或单击“客户”栏的参照按钮，选择“美乐”，在“结算方式”栏录入“转账支票”，在“金额”栏录入“62 000.00”，在“票据号”栏录入“ZZR58”，在“摘要”栏录入“收到欠款”，如图 9-17 所示。

收款单

打印模版　应收收款单打印模板

表体排序

单据编号 0000000001　日期 2020-06-28　客户 美乐

结算方式 转账支票　结算科目 10020101　币种 人民币

汇率 1　金额 62000.00　本币金额 62000.00

客户银行 工行　客户账号 123458　票据号 ZZR58

部门 销售部　业务员 周龙彬　项目

摘要 收到欠款

	款项类型	客户	部门	业务员	金额	本币金额	
1	应收款	美乐	销售部	周龙彬	62000.00	62000.00	1122
2							
3							
4							
5							
6							
7							
8							

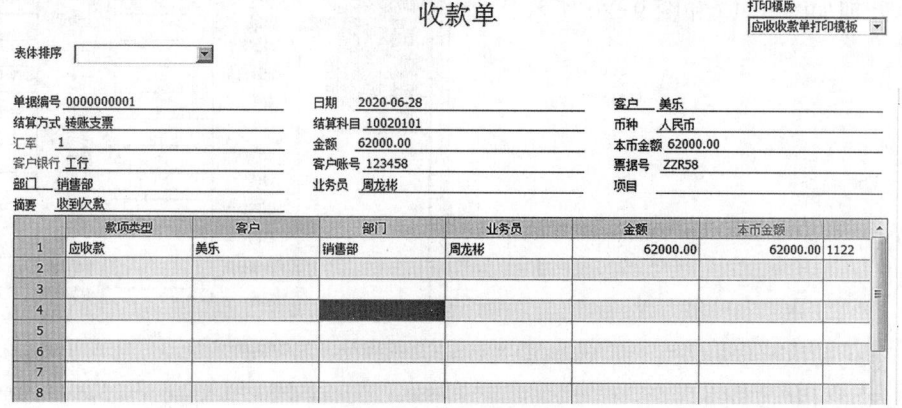

图 9-17　“收款单”窗口

（3）单击"保存"按钮。
（4）按上述方法填制第二笔业务的收款单表头信息,然后修改收款单下方的"款项类型"为"预收款","科目"中输入"2203",单击"保存"按钮。

二、审核收款单

（1）在应收款管理系统中,执行"收款单击处理""收款单据审核"命令,打开"结算单过滤条件"对话框。
（2）单击"确定"按钮,打开"结算单列表"窗口。
（3）单击"全选"按钮。
（4）单击"审核"按钮,系统提示"本次审核成功单据1张",单击"确定"按钮,再单击"退出"按钮退出。

三、核销收款单

（1）在应收款管理系统中,单击"核销处理""手工核销",打开"核销条件"对话框。
（2）在"客户栏"录入"北京美乐服装商城"。
（3）单击"确定"按钮,进入"单据核销"窗口,在"单据核销"窗口中,点击"分摊",如图9-18所示。

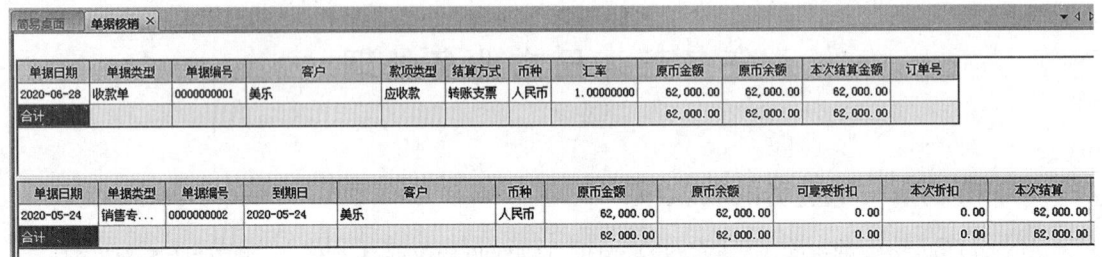

图 9-18　收款单

四、制单处理

制单处理如图 9-19 和图 9-20 所示。

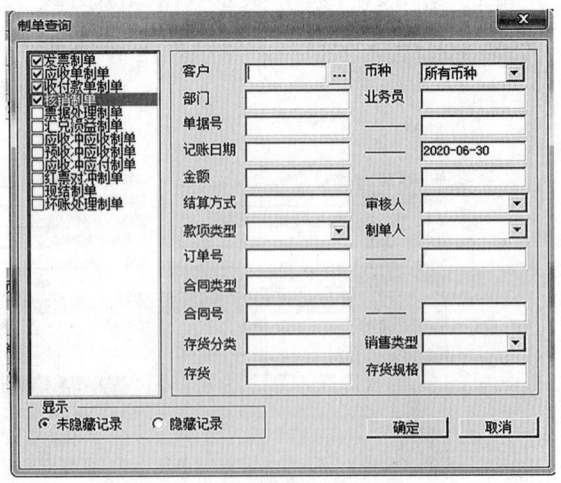

图 9-19　"制单查询"对话框

图 9-20 应收制单

五、生成凭证

生成凭证如图 9-21 和图 9-22 所示。

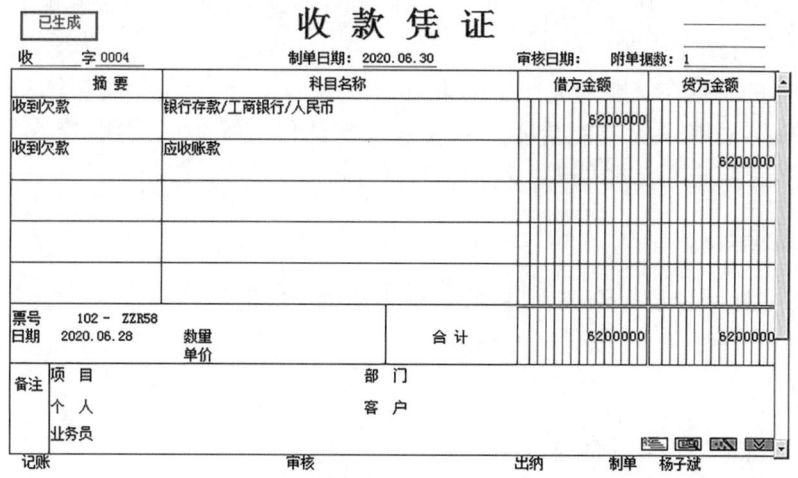

图 9-21 收款凭证

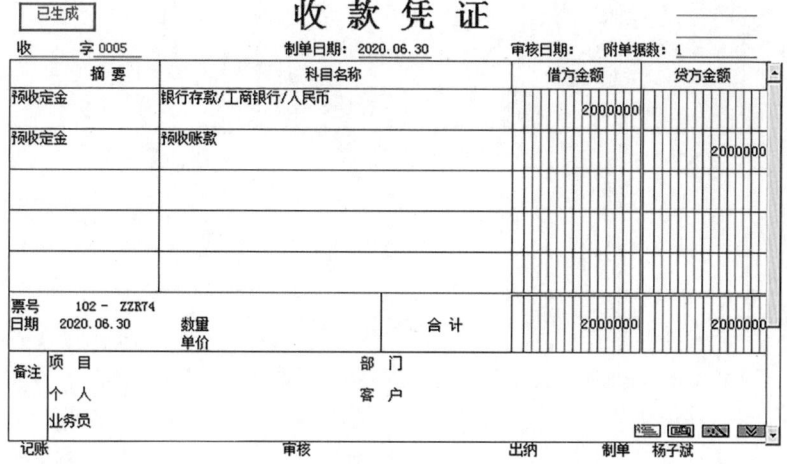

图 9-22 收款凭证

应收款管理系统生成的凭证自动传递到总账子系统，以出纳身份进入总账子系统对应收款系统生成的出纳凭证进行出纳签字，以会计身份进入总账系统，对传递过来的凭证进行审核和记账。

任务六 期末处理

一、对账

应收款管理系统与总账对账，并查询应收账款科目余额表。

二、结账

月末处理方法如下：执行"期末处理"，打开"月末处理"对话框，双击结账月份，点击下一步，点击"完成"，月结完毕。

注意：本月的单据在结账前应该全部审核；本月的结算单在结账前应全部核销。应收款管理系统结账后，总账系统才能结账。应收系统与销售系统集成使用，应在销售系统结账后，才能对应收系统进行结账处理。

三、取消结账

如果当月总账系统已经结账，则应收款管理系统不能取消结账。

思考题

1. 应收款系统的主要功能是什么？
2. 应收款系统与其他系统的关系是什么？

项目十 应付款管理系统

➡ 知识目标

1. 了解应付款管理系统的基本功能。
2. 了解应付款管理系统的内容和作用。
3. 熟悉应付款管理系统参数设置的主要内容。
4. 掌握应付款管理系统期初余额录入的方法。
5. 掌握应付款管理系统处理日常业务的方法。

➡ 能力目标

1. 能够进行应付款管理系统的初始化设置。
2. 能够根据经济业务录入、审核应付单据并制单。
3. 能够根据经济业务录入、审核付款单据并制单。
4. 能熟练进行应付款管理系统账簿的查询。
5. 能熟练进行月末结账和取消结账处理。

[概述]

应付款管理系统主要用于核算和管理企业与供应商之间的往来款项，它基于传统的往来处理，对往来款的核算与管理可以深入各产品、各地区、各部门和各业务员，可随心所欲地从各种角度对往来款项进行分析、决策，使购销业务系统和财务系统有机地联系起来。一方面记录采购业务及其他业务所形成的应付款项，反映企业的应付账款金额，跟踪应付账款到期日，处理应付款的支付、冲销等业务，从而保证良好的供货关系并尽可能地享受各种现金折扣；另一方面，应付款管理系统还提供各种分析报表，如账龄分析表、欠款分析、付款情况分析等，通过各种分析数据，企业可以清楚地掌握自己的信用利用情况，据此调整支付政策。

根据对供应商往来款项核算和管理的程度不同，用友 U8 应付款管理系统提供了应付款"详细核算"和"简单模型"两种应用方案。

（1）详细核算：如果企业采购业务中应付款核算与管理内容较复杂，需要追踪每一笔业务的应付和付款情况，并希望对应付款项进行各种分析，或者需要将应付款核算到产品一级，则可以选择此方案。

（2）简单核算：应付款管理系统只是连接总账与采购系统的桥梁，即只对采购系统生成的发票进行审核并生成应付款凭证，传递到总账。

由于应付款管理系统是通过发票、其他应付单、付款单等单据的录入，对企业的往来账款进行综合管理,及时、准确地提供供应商的往来账款余额资料,提供各种分析报表,合理地进行资金的调配,提高资金的利用效率,因此应付款管理系统还提供了设置、日常处理、单据查询、账表管理、其他处理等功能。

(1) 设置:提供系统参数的定义,用户结合企业管理要求进行的参数设置,是整个系统运行的基础。单据类型设置、账龄区间的设置,为各种应付款业务的日常处理及统计分析作准备。期初余额的录入保证数据的完整性与连续性。

(2) 日常处理:提供应付单据、付款单据的录入、处理、核销、转账、汇兑损益、制单等处理。

(3) 单据查询:提供各类单据、详细核销信息、报警信息、凭证等内容的查询功能。

(4) 账表管理:提供总账表、余额表、明细账等多种账表查询功能,提供应付账龄分析、付款账龄分析、欠款分析等丰富的统计分析功能。

(5) 其他处理:其他处理为用户提供远程数据传递的功能,提供对核销、转账等处理进行恢复的功能,提供月末结账等处理的功能。

[实验内容]

(1) 设置应付款系统参数。
(2) 初始设置。
(3) 设置科目。
(4) 逾期账龄区间设置。
(5) 报警级别设置。
(6) 录入期初余额并与总账系统对账。
(7) 录入并审核应付单据。
(8) 录入并审核付款单据。
(9) 核销付款单据。
(10) 对应付单据、付款单据进行账务处理。
(11) 结算商业承兑汇票并制单。
(12) 查询发票、付款单、凭证。
(13) 结账。

[实验资料]

1. 账套应付款系统的参数

单据审核日期依据为"业务日期",应付款核算类型为"详细核算",受控科目制单依据为"明细到供应商",非受控科目制单方式为"汇总方式",应付款核销方式为"按单据"。

2. 基本科目

应付科目为"2202 应付账款",预付科目为"1123 预付账款",采购科目为"1401 材料采购",采购税金科目为"22210101 应交税费——应交增值税——进项税额",银行承兑科目为"2201 应付票据",商业承兑科目为"2201 应付票据",现金折扣科目为"6603",票据利息科目为"6603",票据费用科目为"6603",收支费用科目为"660106"。

3. 结算方式科目

现金结算方式科目为"1001 库存现金",现金支票结算方式科目为"10020101 工行存款",转账支票结算方式科目为"10020101 人民币",商业承兑汇票结算方式科目为"10020101 人民币",银行汇票结算方式科目为"10020101 人民币"。

4. 逾期账龄区间

总天数为 30 天、60 天、90 天和 120 天。

5. 期初余额

采购专用发票的期初余额如表 10-1 所示。

表 10-1　　　　　　　　　　　期初余额-1

日　　期	凭证号	供应商	名称	数量	原币单价	余　　额
2020-5-02	转-90	吉林长青实业集团	面料	242	35.40	9 680.00

预付款的期初余额如表 10-2 所示。

表 10-2　　　　　　　　　　　期初余额-2

日　　期	凭证号	结算方式	客户名称	摘　　要	方向	余　　额
2020-5-15	付-35	转账支票	江西赣江服装有限公司	预付货款	借	30 500.00

6. 当月业务

(1) 2020 年 6 月 12 日,以转账支票的形式归还前欠吉林长青实业集团的面料款 9 680 元。(立马审核、核销)

(2) 2020 年 6 月 27 日,以转账支票预付江西赣江服装有限公司的辅料款共计 11 600 元。

[实验指导]

任务一　设置系统参数

在用友 ERP-U8 企业应用平台中,打开"业务工作"选项卡,执行"财务会计""应付款管理""设置""选项"命令,打开"账套参数设置"对话框。单据审核日期依据为"业务日期",应付款核算类型为"详细核算",受控科目制单依据为"明细到供应商",非受控科目制单方式为"汇总方式",应付款核销方式为"按单据",如图 10-1 所示。

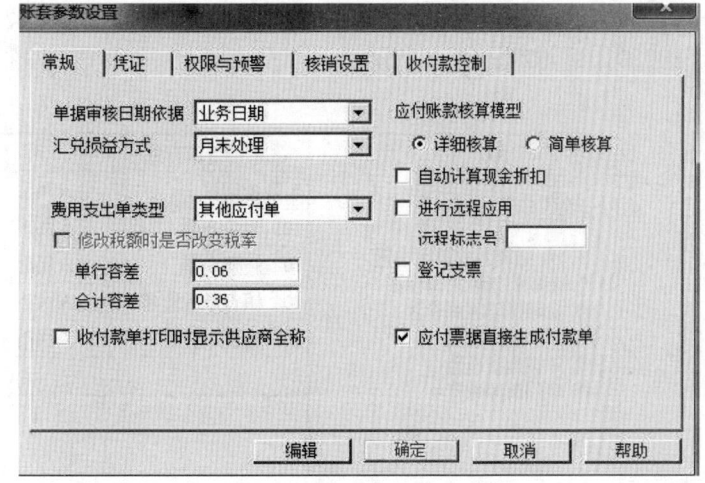

图 10-1　"账套参数设置"对话框

任务二 初始设置

一、基本科目

应付科目为"2202 应付账款",预付科目为"1123 预付账款",采购科目为"1401 材料采购",采购税金科目为"22210101 应交税费——应交增值税——进项税额",银行承兑科目为"2201",商业承兑科目为"2201",现金折扣科目为"6603",票据利息科目为"6603",票据费用科目为"6603",收支费用科目为"660106",如图 10-2 所示。

基础科目种类	科目	币种
应付科目	2202	人民币
预付科目	1123	人民币
采购科目	1401	人民币
税金科目	22210101	人民币
银行承兑科目	2201	人民币
商业承兑科目	2201	人民币
现金折扣科目	6603	人民币
票据利息科目	6603	人民币
票据费用科目	6603	人民币
收支费用科目	660106	人民币

图 10-2 基本科目设置

二、结算方式科目

现金结算方式科目为"1001",现金支票结算方式科目为"10020101",转账支票结算方式科目为"10020101",商业承兑汇票结算方式科目为"10020101",银行汇票结算方式科目为"10020101",如图 10-3 所示。

结算方式	币种	本单位账号	科…
3 现金结算	人民币		1001
101 现金支票	人民币		10020101
102 转账支票	人民币		10020101
202 银行承兑汇票	人民币		10020101
201 商业承兑汇票	人民币		10020101

图 10-3 结算方式科目设置

三、逾期账龄区间

总天数为30天、60天、90天和120天,如图10-4所示。

图10-4 逾期账龄区间设置

任务三 录入期初余额

一、录入期初采购发票

(1)在应付款管理系统中,执行"设置""期初余额"命令,进入"期初余额—查询"窗口。

(2)单击"确定"按钮,进入"期初余额明细表"窗口。

(3)单击"增加"按钮,打开"单据类别"对话框。

(4)选择单据名称为"采购发票",单据类型为"采购专用发票""正向",然后单击"确定"按钮,进入"采购专用发票"窗口。

(5)单击"增加"按钮,修改开票日期为"2020-05-02",在"供应商名称"栏录入"长青",系统自动带出供应商相关信息;在"税率"栏录入"16",在"科目"栏录入"2202",在"存货编号"栏录入"001",或单击"存货编号"栏的参照按钮,选择"面料",在"数量"栏录入"242.00",在"原币单价"栏录入"35.40",原币价税合计更改为"9 680.00","科目"栏录入"2202",如图10-5所示。

(6)单击"保存"按钮。

二、录入期初付款单

(1)在应付款管理系统中,执行"设置""期初余额"命令,进入"期初余额—查询"窗口。

(2)单击"确定"按钮,进入"期初余额明细表"窗口。

(3)单击"增加"按钮,打开"单据类别"对话框。

(4)单击"单据名称"栏的下三角按钮,选择"预付款""付款单"。单击"确定"按钮,打开"期初票据"窗口。

(5)单击"增加"按钮,在"供应商"栏录入"江西赣江服装有限公司",系统自动带出供应商相关信息,在"结算方式"栏录入"转账支票",金额中录入"30 500.00",如图10-6所示。

(6)单击"保存"按钮。

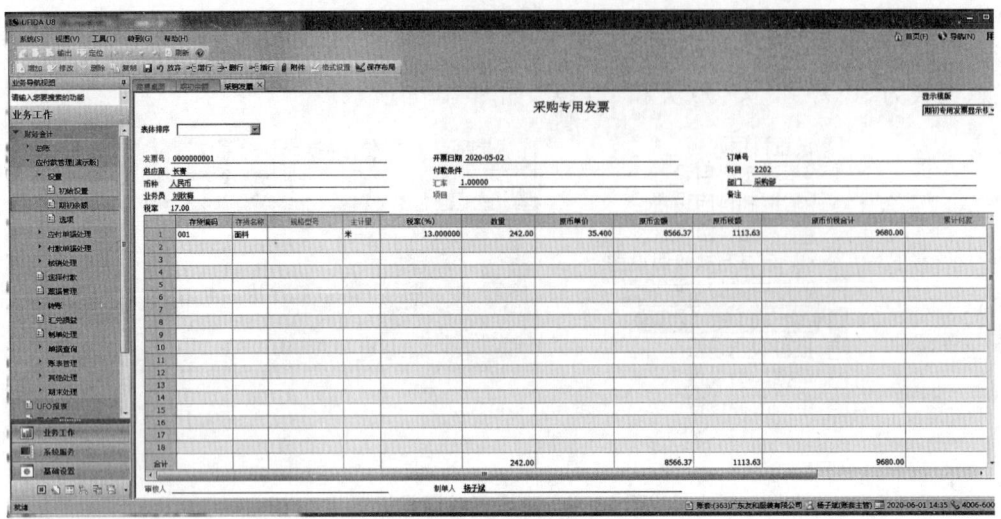

图 10-5 采购专用发票

图 10-6 付款单

三、应付款系统与总账系统对账

（1）在"期初余额明细表"窗口中，单击"对账"按钮，打开"期初对账"窗口，如图 10-7 所示。

科目		应付期初		总账期初		差额	
编号	名称	原币	本币	原币	本币	原币	本币
1123	预付账款	-30,500.00	-30,500.00	-30,500.00	-30,500.00	0.00	0.00
2201	应付票据	0.00	0.00	0.00	0.00	0.00	0.00
2202	应付账款	9,680.00	9,680.00	9,680.00	9,680.00	0.00	0.00
	合计		-20,820.00		-20,820.00		0.00

图 10-7 "期初对账"窗口

(2) 单击"退出"按钮退出。

任务四　日常业务处理

一、填制付款单

(1) 在应付款管理系统中,执行"付款单据处理""付款单据录入"命令,打开"付款单"窗口。

(2) 单击"增加"按钮。修改开票日期为"2020-06-12",在"供应商名称"栏录入"长青",在"结算方式"栏录入"转账支票",在"金额"栏录入"9 680.00",在"摘要"栏录入"归还前欠货款",如图10-8所示。

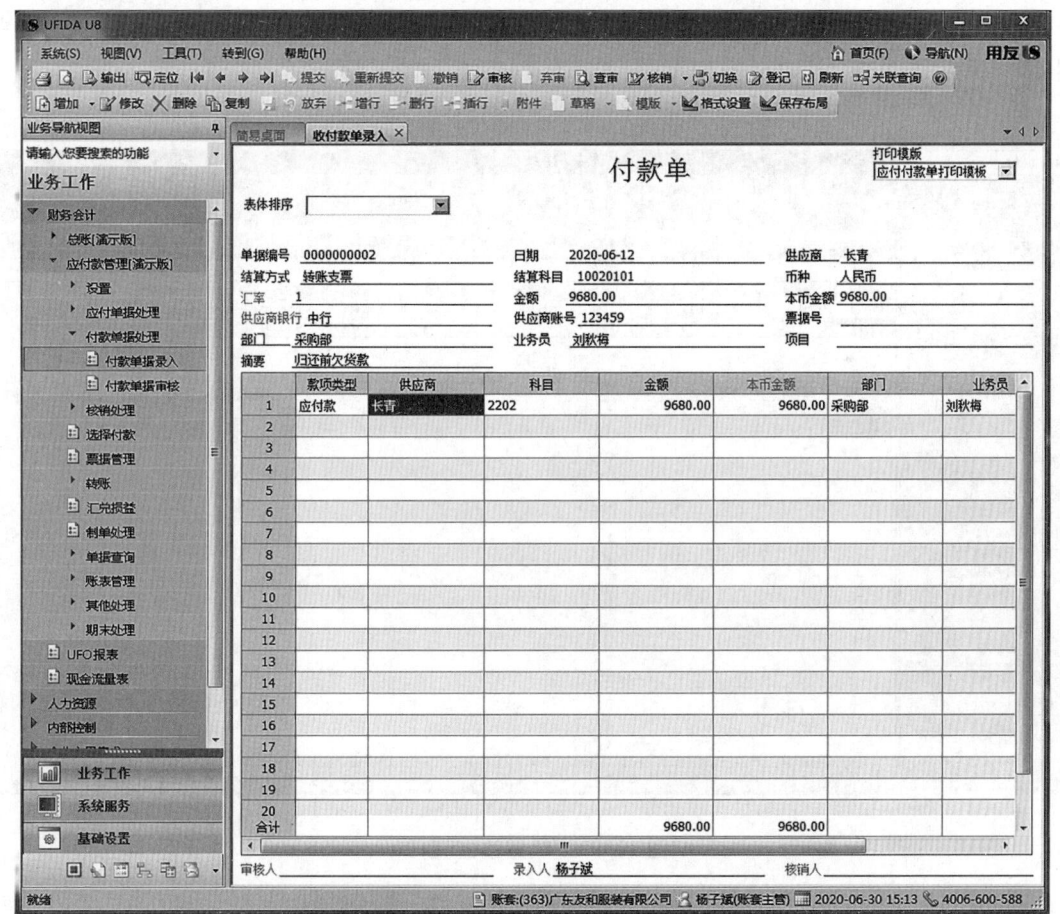

图10-8　"收付款单录入"窗口

(3) 单击"保存"按钮。

二、审核付款单

(1) 在应付款管理系统中,执行"付款单据处理""付款单据审核"命令,打开"结算单过滤条件"对话框。

(2) 单击"确定"按钮,打开"结算单列表"窗口。

(3) 单击"全选"按钮。

(4) 单击"审核"按钮,系统提示"本次审核成功单据 1 张",单击"确定"按钮,再单击"退出"按钮退出。

三、核销付款单

(1) 在应付款管理系统中,执行"核销处理""手工核销"命令,打开"核销条件"对话框。

(2) 在"供应商栏"录入"01",或单击"供应商名称"栏的参照按钮,选择"长春"。计算日期改为"2020-06-31"。

(3) 单击"确定"按钮,进入"单据核销"窗口,在"单据核销"窗口中,点击"分摊"按钮,如图 10-9 所示。

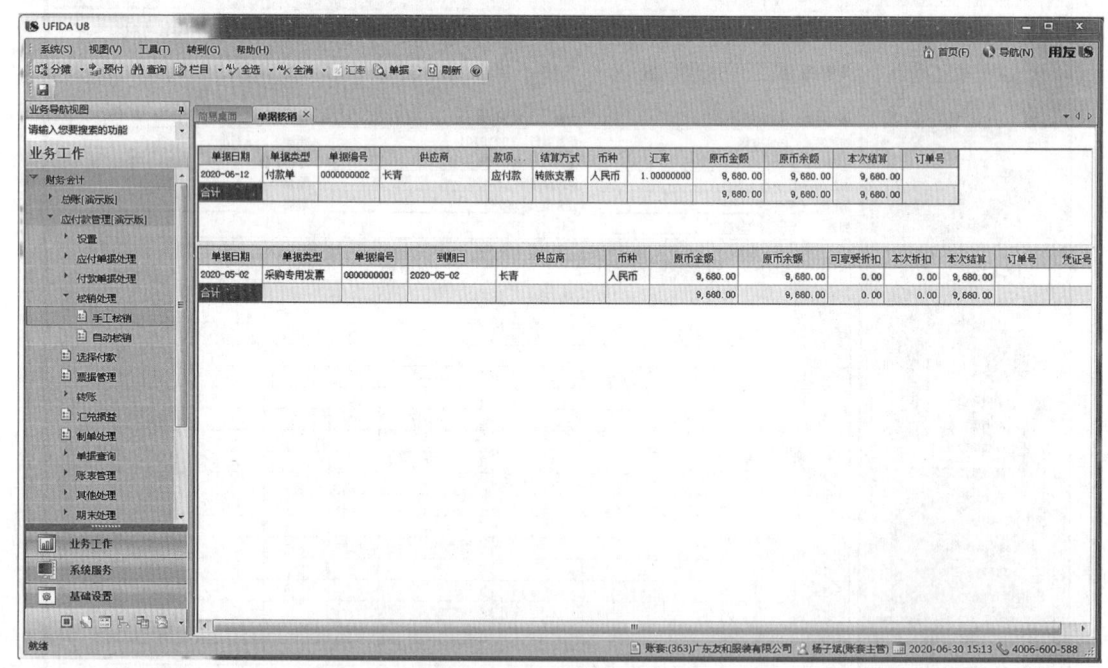

图 10-9 "单据核销"窗口

(4) 单击"保存"按钮,再单击"退出"按钮退出。

四、制单处理

制单处理如图 10-10 所示。

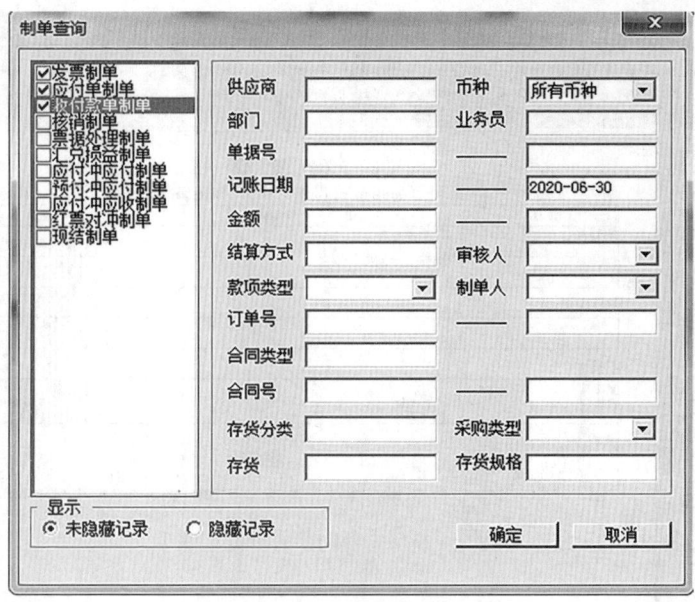

图 10-10 "制单查询"对话框

五、生成凭证

生成凭证如图 10-11 和图 10-12 所示。

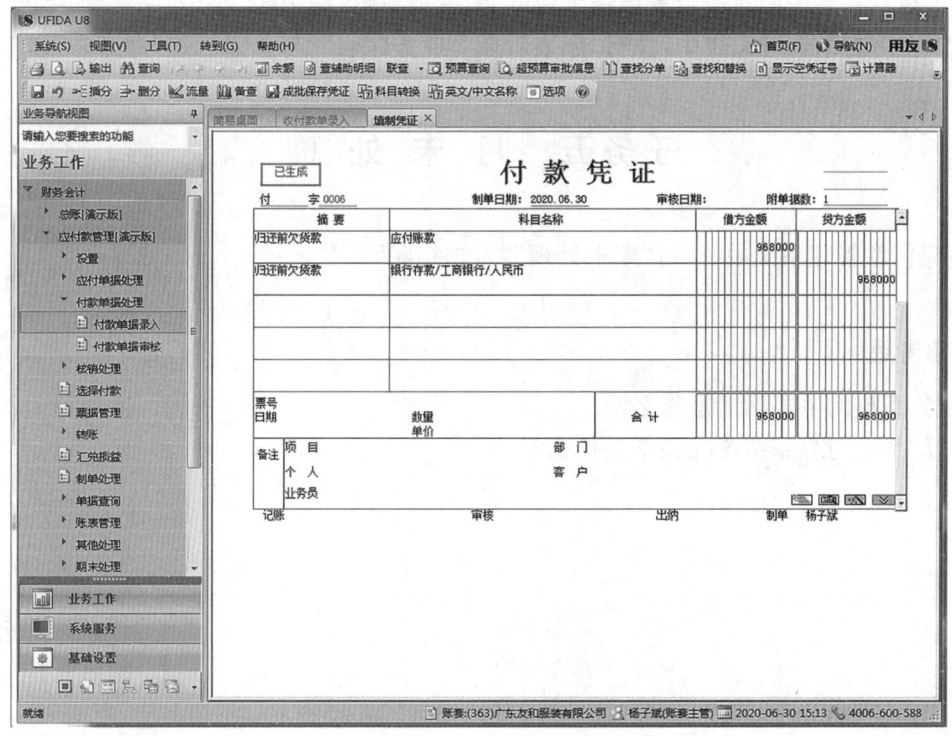

图 10-11 付款凭证

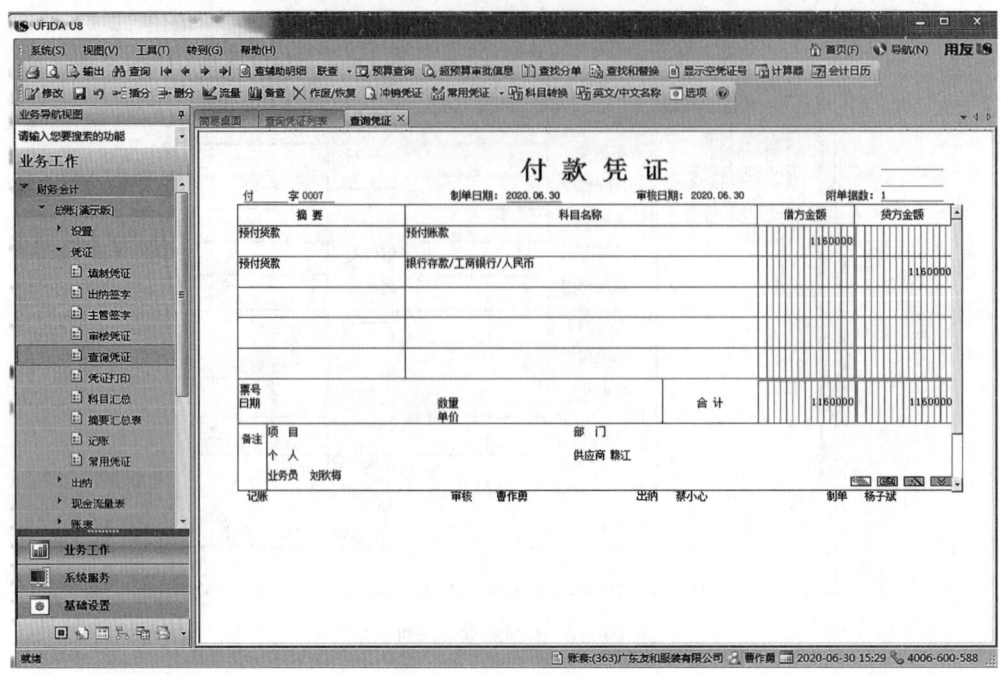

图 10-12 付款凭证

六、与总账对账

（1）在总账系统中对应付款系统生成的凭证进行审核和记账。
（2）在应付款管理系统中，执行"账表管理""业务账表""与总账对账"命令。

任务五　月　末　处　理

在应付款管理系统中，执行"期末处理""月末结账"命令。

🎯 思考题

1. 应付款系统的主要功能是什么？
2. 应付款系统与总账系统的关系是什么？

项目十一　供应链管理系统初始化

➡ 知识目标

1. 了解供应链管理系统。
2. 掌握供应链管理系统的基本设置。
3. 掌握供应链管理系统初始化设置的基本业务流程。

➡ 能力目标

1. 理解系统管理和总账系统的关系。
2. 掌握供应链系统的基本设置方法和具体操作。

[概述]

供应链是用友软件的重要组成部分，它突破了会计核算软件单一财务管理的局限，实现了从财务管理到企业财务业务一体化的全面管理，实现了物流、资金流管理的统一。

一、设置供应链系统选项参数

供应链管理系统初始的首要步骤是设置系统选项参数，也就是对供应链的业务处理方法和核算方法进行定义。供应链处理的经济业务较为复杂，各业务系统进行业务处理的方式有多种模式和多种方法。选项设置可直接影响日常业务的处理流程和核算结算。

二、录入初始数据

1. 录入采购业务的初始数据

在启用采购管理系统进行采购业务管理前，如果存在上月尚未完成的采购业务，应根据业务进展的情况，录入相应原单据和业务数据。上月已签订但尚未执行的采购合同，需在系统中作为期初采购订单录入；上月已收货，但尚没有收到采购发票的业务，需暂估入库，在系统中作为期初采购入库单录入；上月已收到发票，但尚没有收到货物的业务，可暂时压票，在本月实际收到货物时再在系统中进行处理。

(1) 录入期初采购订单。
(2) 录入期初采购放库单。

2. 录入销售业务的初始数据

在启用销售管理系统进行销售业务管理前，如果存在上月尚没有完成的销售业务，同样应在系统中录入相应的单据和业务数据。但根据收入与费用相互配比的核算原则，在销售业务中，开出销售发票的收入核算与发出商品的成本核算应于同期完成。如果存在已发货但没有开票的情况,则或者将库存商品转作发出商品核算,或者在系统中先录入发票并作压票处理。所以,在销售业务中不应存在期初销售发票和期初销售出库单,仅需录入已签订但尚没有执行的期初销售订单。

3. 录入库存初始数据

启用库存管理系统时,必须要录入企业期初的库存原材料和商品等存货的数量、金额等业务资料。由于库存管理系统和存货核算系统都需调用库存初始资料,所以必须分别在两个子系统中录入相关资料。

4. 设置存货核算科目

存货核算系统是供应链系统中进行存货成本核算和凭证生成的系统,通过在系统中设置存货核算的相关科目,可使系统根据默认设置自动生成相关业务凭证。

三、期初记账

供应链系统的选项参数设置完成,初始业务数据录入完毕后,就可以通过期初记账,使供应链各子系统正式进入日常业务处理阶段。

以下情况不能取消采购期初记账:采购管理系统已进行月末结账;采购管理系统已经进行了采购结算;存货核算系统已经进行了期初记账。

以下情况不能取消存货核算系统期初记账:存货核算系统已经月末结账;有凭证已记账;手工增加过入库或出库调整单。这些情况下,需要把存货核算系统中所有的业务都取消后才可取消期初记账。

[实验内容]

(1) 存货档案管理。
(2) 建立计量单位。
(3) 类别设置。
(4) 基础科目设置。
(5) 期初数据录入。

[实验资料]

一、基础信息

1. 存货分类

存货分类如表11-1所示。

表11-1　　　　　　　　　　　存货分类

存货分类编码	存货分类名称	存货分类编码	存货分类名称
1	面料	4	产成品
2	辅料	5	其他
3	配件		

2. 计量单位

计量单位如表11-2所示。

表11-2 计量单位

计量单位组编号	计量单位名称	计量单位组类别	计量单位编号	计量单位名称
01	无换算关系	无换算率	01	米
			02	套
			03	袋
			04	个
			05	件
			06	条
			07	次

3. 存货档案

存货档案如表11-3所示。

表11-3 存货档案

存货编码	存货名称	所属分类码	计量单位	税率	存货属性
001	面料	1	米	13%	内销、外购、生产耗用
002	辅料	2	套	13%	内销、外购、生产耗用
003	纽扣	3	袋	13%	内销、外购、生产耗用
004	T恤	4	件	13%	内销、外购、生产耗用
005	牛仔裤	4	条	13%	内销、外购、生产耗用
006	运费	5	次	9%	内销、外购、应税劳务

4. 仓库档案

仓库档案如表11-4所示。

表11-4 仓库档案

仓库编码	仓库名称	所属部门	负责人	计价方式
1	南仓库	采购部	刘秋梅	移动平均法
2	北仓库	销售部	邹辉	移动平均法

5. 收发类别

收发类别如表11-5所示。

表11-5 收发类别

编码	名称	收发标志	收发类别编码	收发类别名称	收发标志
1	入库	收	2	出库	发
101	原材料入库	收	201	材料领用出库	发
102	产成品入库	收	202	产品销售出库	发
103	其他入库	收	203	其他出库	发

6. 采购类型

采购类型如表11-6所示。

表11-6　采购类型

编码	名称	入库类别	是否默认值
01	材料采购	原材料入库	是
02	库存商品采购	产成品入库	否

7. 销售类型

销售类型如表11-7所示。

表11-7　销售类型

编码	名称	出库类别	是否默认值
01	批发	产品销售出库	是
02	零售	产品销售出库	否

二、单据设计

设置销售发票、采购发票单据编号为手工编号。

三、基础科目

1. 存货科目

存货科目如表11-8所示。

表11-8　存货科目

仓库编码	仓库名称	存货编码及名称	存货科目编码及名称
1	南仓库	001 面料	原材料/面料 140301
1	南仓库	002 辅料	原材料/辅料 140302
1	南仓库	003 纽扣	原材料/纽扣 140303
2	北仓库	004 T恤	库存商品 140501
2	北仓库	005 牛仔裤	库存商品 140502

2. 存货对方科目

存货对方科目如表11-9所示。

表11-9　存货对方科目

收发类别	对方科目
101 原材料入库	材料采购
102 产成品入库	生产成本/直接材料
201 材料领用出库	生产成本/直接材料
202 产品销售出库	主营业务成本

四、期初数据

(1) 采购模块期初记账。
(2) 库存和存货系统期初数据。

5月30日,盘点结果如表11-10所示。

表 11-10　　　　　　　　　　　　盘点结果　　　　　　　　　　金额单位:元

仓库名称	存货编码	存货名称	数量	结存单价	结存金额
南仓库	001	面料	2 250 米	40	90 000
	002	辅料	6 000 套	15	90 000
	003	纽扣	250 袋	100	25 000
北仓库	004	T恤	3 000 件	100	300 000
	005	牛仔裤	2 200 条	140	308 000

[实验指导]

任务一　基础信息设置

账套主管 2020 年 6 月 1 日启用采购管理、销售管理、库存管理、存货核算系统。

(1) 存货分类设置步骤:执行"基础设置""基础档案""存货""存货分类"命令,如图 11-1 所示。

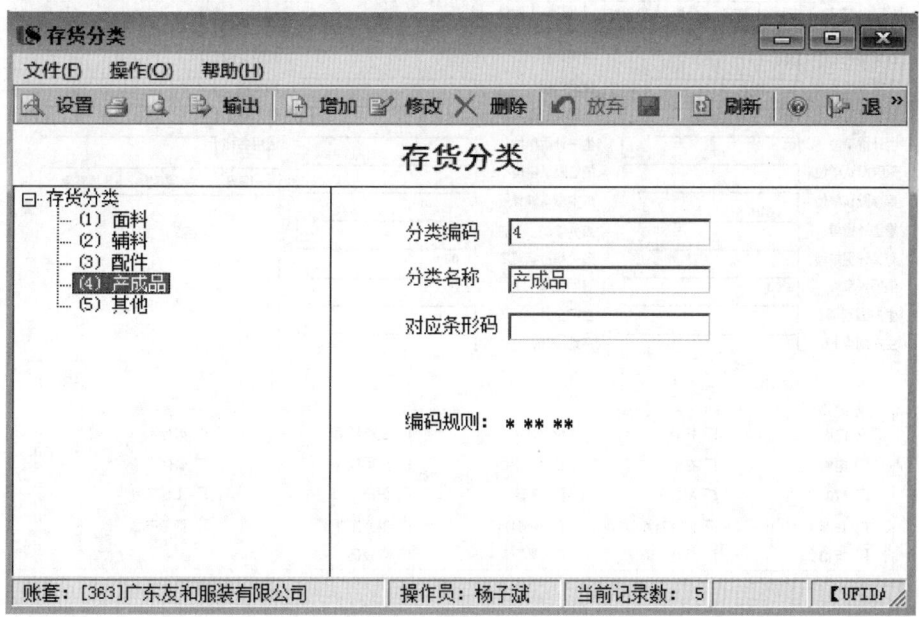

图 11-1　设置存货分类

(2) 计量单位设置步骤：执行"基础设置""基础档案""存货""计量单位"命令，如图11-2所示。

图11-2 设置计量单位

(3) 存货档案设置步骤：执行"基础设置""基础档案""存货""存货档案"命令，如图11-3所示。

图11-3 设置存货档案

（4）仓库档案设置步骤：执行"基础设置""基础档案""业务""仓库档案"命令，如图 11-4 所示。

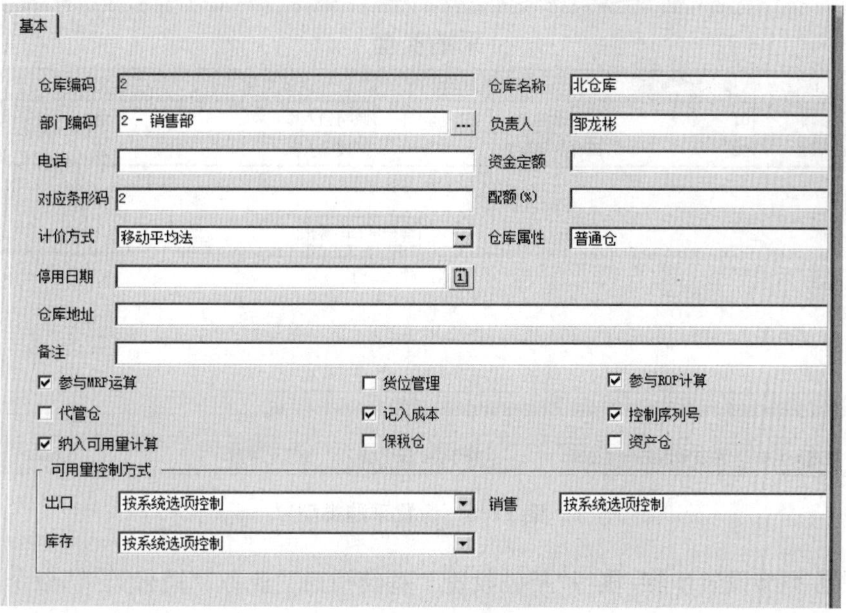

图 11-4　设置仓库档案

（5）收发类别设置步骤：执行"基础设置""基础档案""业务""收发类别"命令，如图 11-5 所示。

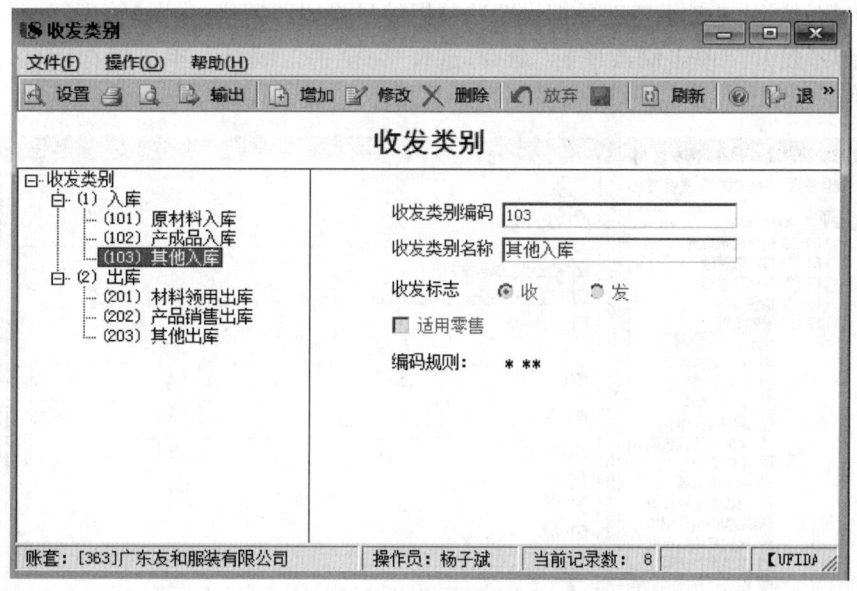

图 11-5　设置收发类别

（6）采购类型设置步骤：执行"基础设置""基础档案""业务""采购类型"命令，如图 11-6 所示。

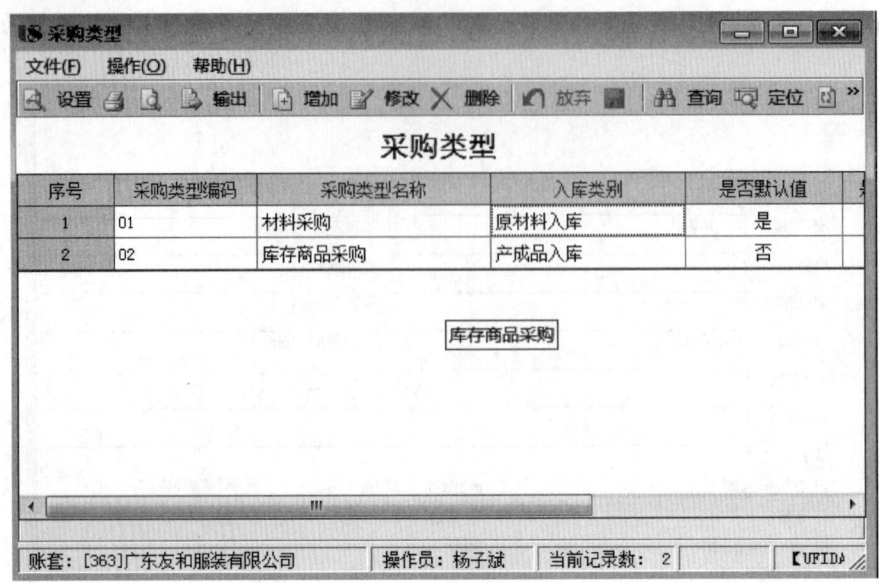

图 11-6 设置采购类型

(7) 销售类型设置步骤:执行"基础设置""基础档案""业务""销售类型"命令。

任务二 单据设计

设置步骤:执行"基础设置""单据设置""单据编号设置""销售(采购)管理""销售(采购)专用(普通/运费)发票""单击修改图标"命令,选择"完全手工编号",单击保存图标,如图11-7所示。

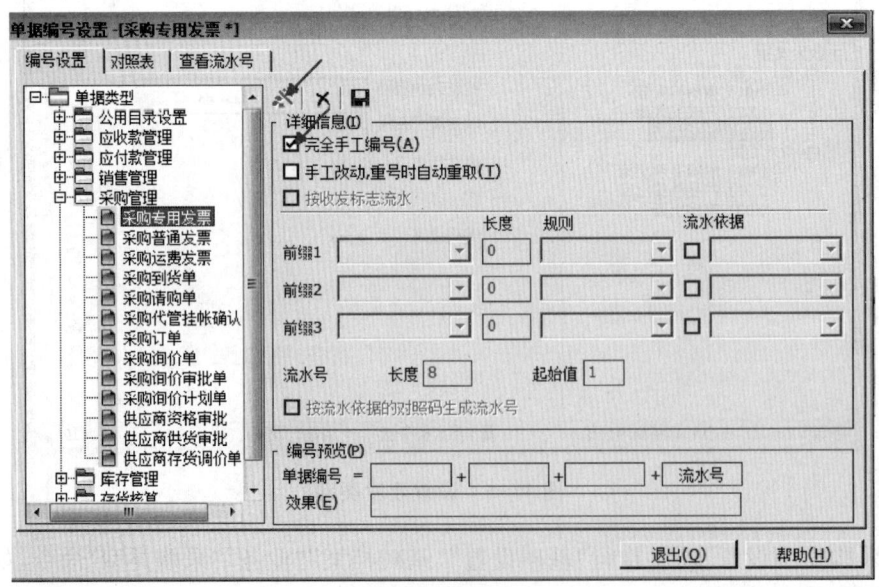

图 11-7 单据设计

任务三 基础科目设置

(1) 存货科目设置步骤:执行"业务工作""供应链""存货核算""初始设置""科目设置""存货科目"命令,如图 11-8 所示。

图 11-8 设置存货科目

(2) 存货对方科目设置步骤:执行"业务工作""供应链""存货核算""科目设置""对方科目"命令,如图 11-9 所示。

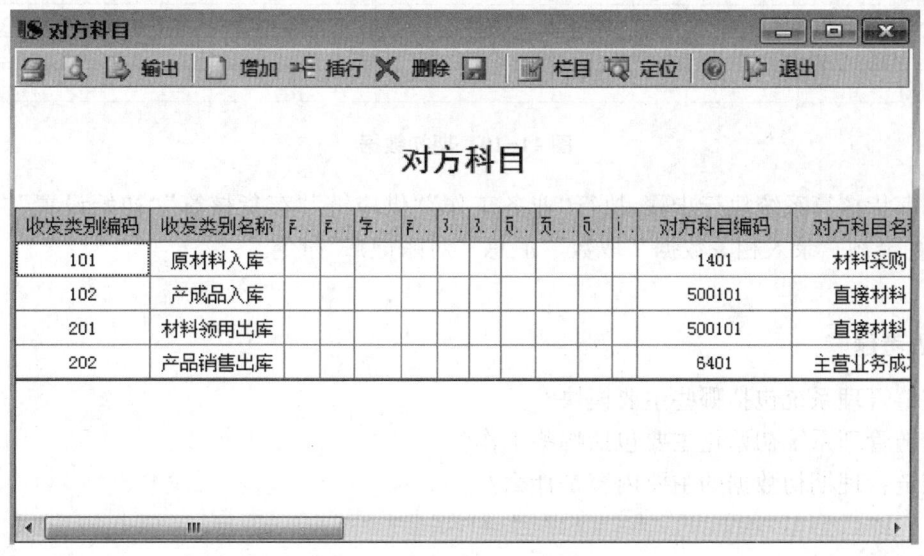

图 11-9 设置存货对方科目

任务四 期初数据

（1）采购模块期初记账。

设置步骤：执行"业务工作""供应链""采购管理""设置""采购期初记账"命令。

（2）库存和存货系统期初数据。

① 库存管理系统执行步骤：执行"业务工作""供应链""库存管理""初始设置""期初结存""录入相关数据""审核""对账"命令（先点击"修改"，才能录入相关数据），如图11-10所示。

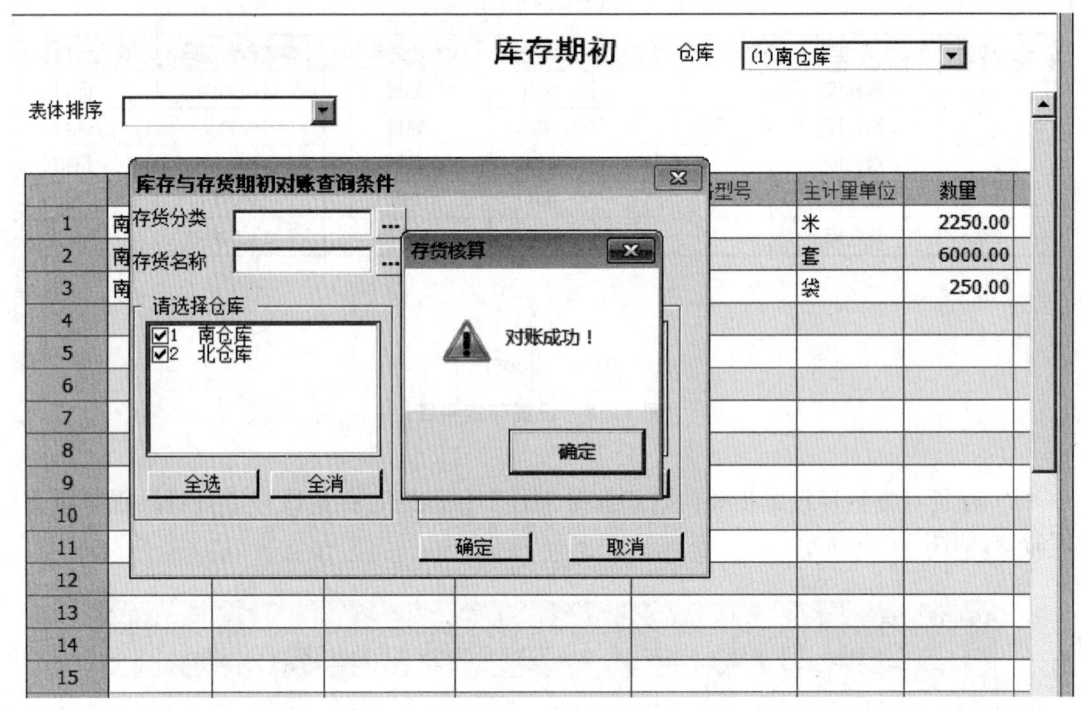

图 11-10 期初数据

② 存货核算系统执行步骤：执行"业务工作""供应链""存货核算""初始设置""期初数据""期初余额""录入相关数据""取数""汇总""对账记账"命令。

🎯 思考题

1. 供应链管理系统包括哪些主要模块？
2. 供应链管理系统初始化主要包括哪些工作？
3. 供应链管理期初数据的主要内容是什么？

项目十二　采购管理系统

知识目标

1. 掌握采购管理系统初始设置。
2. 掌握完整的采购流程。
3. 掌握普通采购业务、采购综合分析等日常业务的处理流程。
4. 熟悉采购管理系统与应付款管理系统、总账系统的集成使用。

能力目标

1. 能够掌握主要采购流程、采购业务处理的操作步骤。
2. 能够正确及时地处理普通采购业务。
3. 能够深入了解采购管理系统与其他系统之间的数据传递关系。

[概述]

一、采购管理系统的基本功能

采购是企业生产经营成果的实现过程,是企业经营活动的中心。采购管理系统也是用友供应链管理系统的一个子系统,主要提供对企业采购业务的管理,包括采购订单管理、采购业务处理和采购账簿及采购分析等功能。

其中采购订单管理包括采购订单的编制、采购订单的审核,动态掌握采购订单的执行情况等。采购业务处理主要包括采购入库、受托代销入库、采购退货、采购结算等内容。采购管理系统处理采购入库单、采购发票,并根据采购发票确认采购入库成本。

二、普通采购业务处理

1. 请购

请购是指企业内部各部门向采购部门提出采购申请,或采购部门汇总企业内部采购需求列出采购清单。请购是采购业务的起点,可以依据审核后的采购请购单生成采购订单。在采购业务流程中,请购环节是可省略的。

2. 订货

订货是指企业与供应商签订采购合同或采购协议,确定要货需求。供应商根据采购订单组织货源,企业依据采购订单进行验收。在采购业务流程中,订货环节也是可选的。

3. 到货处理

采购到货是采购订货和采购入库的中间环节,一般由采购业务员根据供方通知或送货单填写,确定对方所送货物、数量、价格等信息,以到货单的形式传递到仓库作为保管员收货的依据。在采购业务流程中,到货处理可选可不选。

4. 入库处理

采购入库是指将供应商提供的物料检验(也可以免检)确定合格后,放入指定仓库的业务。当采购管理系统与库存管理系统集成使用时,入库业务在库存管理系统中进行处理。当采购管理系统不与库存管理系统集成使用时,入库业务在采购管理系统中进行处理。在采购业务流程中,必须进行入库处理。采购入库单是仓库管理员根据采购到货签收的实收数量填制的入库单据。采购入库单既可以直接填制,也可以参照采购订单或采购到货单生成。

5. 采购发票

采购发票是供应商开出的销售货物的凭证,系统根据采购发票确定采购成本,并据以登记应付账款。采购发票按业务性质分为蓝字发票和红字发票;按发票类型分为增值税专用发票、普通发票和运费发票。

采购发票既可以直接填制,也可以参照"采购订单""采购入库单"或其他的"采购发票"生成。

6. 采购结算

采购结算也称采购报账,在手工业务中,采购业务员拿着经主管领导审批过的采购发票和仓库确定的入库单到财务部门,由财务人员确定采购成本。在本系统中,采购结算是针对采购入库单,根据发票确定其采购成本的。采购结算的结果是生成采购结算单,它是记载采购入库单与采购发票对应关系的结算对照表。采购结算分为自动结算和手工结算两种方式。

自动结算是由系统自动将相同供货单位的存货相同且数量相等的采购入库单和采购发票进行结算。系统按照三种结算模式进行自动结算:入库单和发票、红蓝入库单、红蓝发票。

使用"手工结算"功能可以进行正数入库单与负数入库单结算、正数发票与负数发票结算、正数入库单与正数发票结算、费用发票单独结算,手工结算时可以结算入库单中部分货物,未结算的货物可以在今后取得发票后再结算,可以同时对多张入库单和多张发票进行报账结算。手工结算还支持到下级单位采购并付款给其上级主管单位的结算,支持三角债结算,即支持甲单位的发票可以结算乙单位的货物。

如果费用发票在货物发票已经结算后才收到,为了将该笔费用计入对应存货的采购成本,需要采用费用发票单独结算的方式。

三、采购入库业务

按货物和发票到达的先后,采购入库业务划分为单货同行、货到票未到(暂估入库)、票到货未到(在途存货)三种类型,不同的业务类型的相应处理方式有所不同。

1. 单货同行

当使用采购管理、库存管理、存货核算、应付款管理、总账集成时,单货同行的采购业务处理流程可以省略请购、订货、到货等可选环节。

2. 暂估入库货到票未到采购业务

暂估入库是指本月存货已经入库,但采购发票尚未收到,不能确定存货的入库成本,月底时为了正确核算企业的库存成本,需要将这部分存货暂估入账,形成暂估凭证。对暂估业务,系统提供了三种不同的处理方法,即月初回冲、单到回冲和单到补差。

1) 月初回冲。

本月月底,填写暂估单价,记存货明细账,生成暂估凭证。进入下月后,存货核算系统自动生成与暂估入库单完全相同的"红字回冲单",同时登录相应的存货明细账,冲回存货明细账中上月的暂估入库。对"红字回冲单"制单,冲回上月的暂估凭证。

收到采购发票后,录入采购发票,对采购入库单和采购发票作采购结算。结算完毕后,进入存货核算系统,执行"暂估处理"命令,进行暂估处理后,系统根据发票自动生成一张"蓝字回冲单",其上的金额为发票上的报销金额。同时登记存货明细账,使库存增加。对"蓝字回冲单"制单,生成采购入库凭证。

2) 单到回冲。

下月月初不作处理,采购发票收到后,在采购管理系统中录入并进行采购结算,再到存货核算中进行"暂估处理",系统自动生成红字回冲单、蓝字回冲单,同时据以登记存货明细账。红字回冲单的入库金额为上月暂估金额,蓝字回冲单的入库金额为发票上的报销金额。

> **提 示**
>
> 对于暂估业务,在月末暂估入库单记账前,要对所有的没有结算的入库单填入暂估单价,然后才可以记账。

3) 单到补差。

下月月初不作处理,采购发票收到后,在采购管理中录入并进行采购结算。再到存货核算中进行"暂估处理",如果报销金额与暂估金额的差额不为零,则产生调整单,一张采购入库单生成一张调整单,用户确定后,自动记入存货明细账;如果差额为零,则不生成调整单。最后对调整单制单,生成凭证,传递到总账。

3. 在途业务(票到货未到)处理

如果先收到了供货单位的发票,而没有收到供货单位的货物,可以对发票进行压单处理,待货物到达后,再一并输入计算机作报账结算处理。但如果需要实时统计在途货物的情况,就必须将发票输入计算机,待货物到达后,再填制入库单并作采购结算。

四、采购退货业务

1. 货收到未作入库手续

货虽收到,但尚未录入采购入库单,此时只要把货退还给供应商即可,在系统中不需要作任何处理。

2. 记账入库单的处理

1) 入库单未记账。

入库单未记账即已录入"采购入库单",但尚未记入存货明细账。此时又分为以下三种情况:

未录入"采购发票":如果是全部退货,可删除"采购入库单";如果是部分退货,可直接修改"采购入库单"。

已录入"采购入库单",已录入"采购发票"但未结算:如果是全部退货,可删除"采购入库单"和"采购发票";如果是部分退货,可直接修改"采购入库单"和"采购发票"。

已录入"采购入库单",已录入"采购发票"并执行了采购结算:若结算后的发票没有付款,此时可取消采购结算,再删除或修改"采购入库单"和"采购发票",若结算后的发票已付款,则必须录入退货单。

2)入库单已记账。

此时无论"采购发票"是否录入,"采购发票"是否结算,结算后的"采购发票"是否付款,都需要录入退货单。

3. 付款采购发票的处理

1)采购发票未付款。

当入库尚未记账时,直接删除"采购入库单"和"采购发票",已结算的"采购发票"需要先取消结算再删除。当入库单已经记账时,必须录入退货单。

2)采购发票已付款。

此时无论入库单是否记账,都必须录入退货单。

4. 退货业务

根据和供应商签订的协议对需退货的商品给供应商下采购退货单,分为采购结算前退货、采购结算后退货。

五、现付业务

现付业务是指当采购业务发生时,立即付款,由供货单位开具发票。

[实验内容]

(1) 普通采购业务。
(2) 采购现结业务。
(3) 采购运费处理。
(4) 采购结算前退货。
(5) 采购结算后退货。
(6) 暂估入库处理。

[实验资料]

一、普通采购业务

(1) 6月1日,采购员刘秋梅向江西赣江服装有限公司询问面料的价格,价格为42元/米,刘秋梅认为价格合适,随后向上级领导提出请购的要求,请购数量为1 000米。业务员据此填制请购单。

(2) 6月2日,上级领导同意向江西赣江服装有限公司订购面料1 000米,单价为42元/米,要求到货日为2020年6月3日。

(3) 6月3日,收到所订购的面料1 000米。采购员填制到货单。

(4) 6月3日,收到面料的专用发票一张,发票号为6001。

(5) 6月3日,将所收到的货物验收入北仓库。填制采购入库单。

(6) 6月4日,将采购发票交给财务部门,财务部门确定此业务所涉及的应付账款和采购员成本,并且记材料明细账。

(7) 6月4日,财务部门开出转账支票(票号ZZC1)一张,付清采购货物的款项,并且核销应付款。

二、采购现结业务

6月5日,采购部向吉林长青实业集团购买辅料1 000套,单价为20元/套,验收入南仓库。同时,收到专用发票一张,票号为60115。立马以转账支票形式(票号ZZ065)支付货款。

三、采购运费处理

6月6日,采购部向江西赣江服装有限公司购买纽扣200袋,每袋价格为80元,验收入南仓库。同时收到专用发票一张,票号为H053。另外收到运费发票一张,票号为H054,共计200元,税率为9%。

四、采购结算前退货

(1) 6月10日,收到江西赣江服装有限公司的辅料500套,单价为25元/套。验收入南仓库。

(2) 6月11日,发现5套辅料有质量问题,退回给供应商。

(3) 6月12日,收到江西赣江服装有限公司提供的专用发票一张,其发票号为Z6502。进行采购结算。

五、采购结算后退货

6月13日,发现从江西赣江服装有限公司购入的部分辅料有质量问题,退回2套,单价为25元/套,收到红字专用发票一张,票号为8621。对采购入库单和红字专用采购发票进行结算处理。

六、暂估入库处理

6月23日,收到吉林长青实业集团提供的纽扣100袋,入南仓库。由于到月底仍未收到发票,故确定暂估成本为90元/袋,并进行暂估记账处理。

[实验指导]

任务一　普通采购业务

(1) 在采购管理系统中填制并审核请购单。

执行"业务工作""供应链""采购管理""请购""请购单"命令。

单击"增加"按钮,录入相关数据后,保存并审核,如图12-1所示。

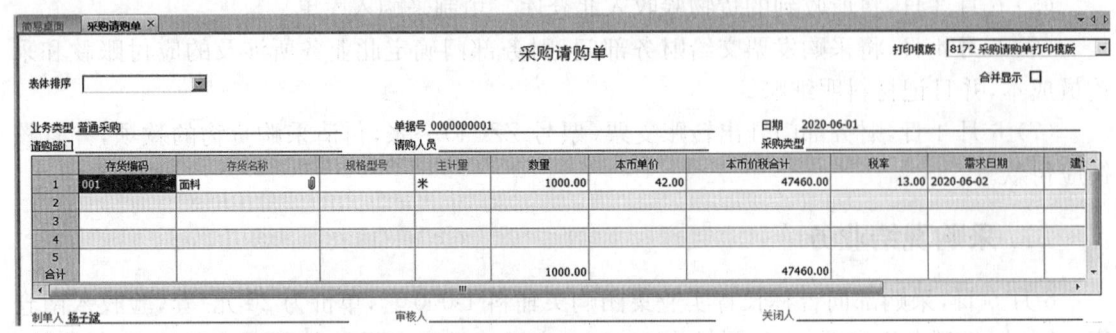

图 12-1 采购请购单

(2) 在采购管理系统中填制并审核采购订单。

执行"业务工作""供应链""采购管理""采购订货""采购订单""增加""生单"(根据请购单生单)命令。

打开"查询条件选择"对话框,单击"确定"按钮后,进入"拷贝并执行"窗口,双击需要参照的请购单,单击"确定"按钮,录入相关数据后,保存并审核,如图12-2所示。

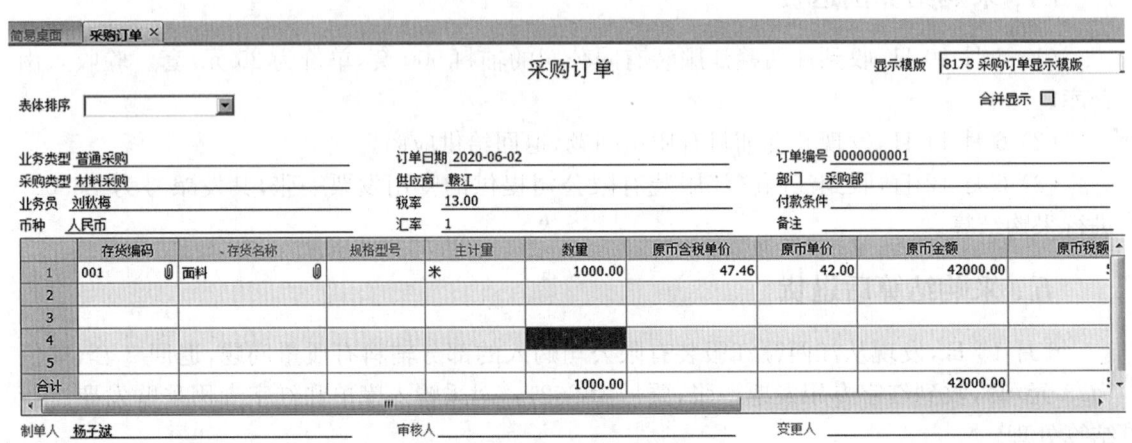

图 12-2 采购订单

提 示

将"计划到货日期"数据更改为"2020-06-03"。

(3) 在采购管理系统中填制并审核到货单。

执行"业务工作""供应链""采购管理""采购到货""到货单""增加""生单"(根据采购订单生单)命令。

打开"查询条件选择"对话框,单击"确定"按钮后,进入"拷贝并执行"窗口,双击需要参照的采购订单,单击"确定"按钮,录入相关数据后,保存并审核,如图12-3所示。

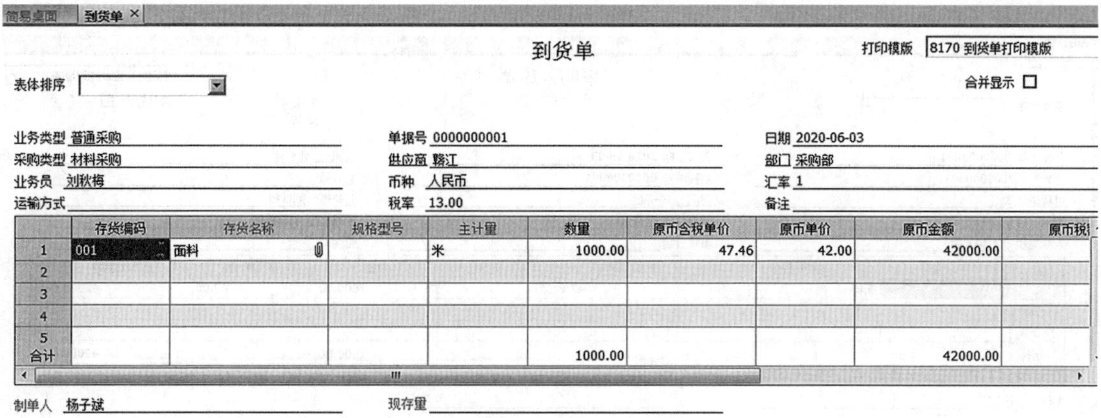

图12-3 到货单

（4）在采购管理系统中填制并审核采购发票。

执行"业务工作""供应链""采购管理""采购发票""专用采购发票""增加""生单"（根据采购订单生单）命令。

打开"查询条件选择"对话框，单击"确定"按钮后，进入"拷贝并执行"窗口，双击需要参照的采购订单，单击"确定"按钮，录入相关数据（发票号：6001）后，保存并退出，如图12-4所示。

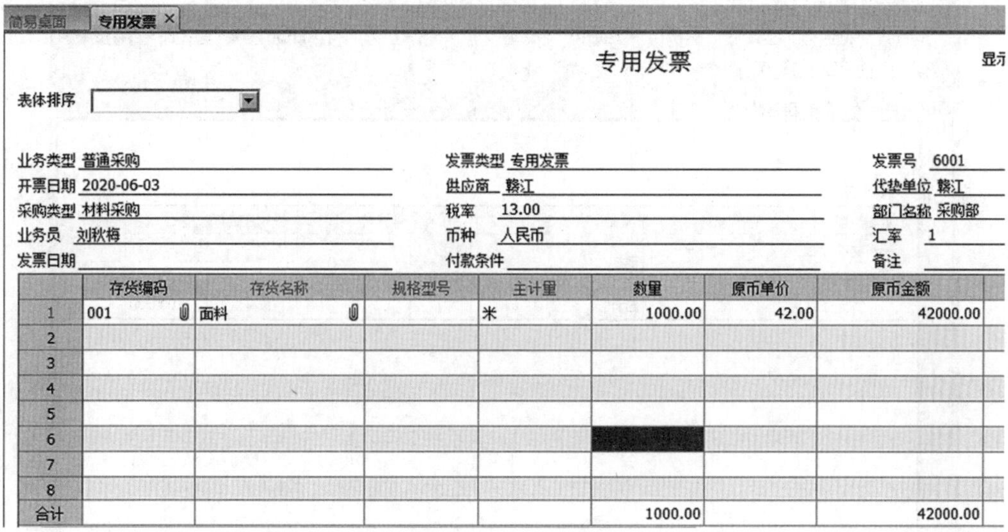

图12-4 专用发票

（5）在库存管理系统中填制并审核采购入库单。

执行"业务工作""供应链""库存管理""入库业务""采购入库单""生单"［根据采购到货单（蓝字）生单］命令。

打开"查询条件选择"对话框，单击"确定"按钮后，进入"到货单生单列表"窗口，双击需要参照的采购到货单，单击"确定"按钮，录入相关数据（仓库：北仓库），保存并审核，如图12-5所示。

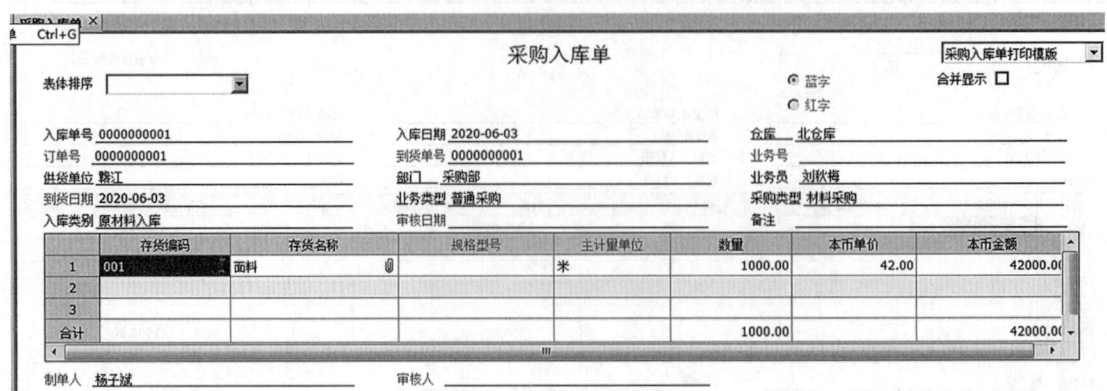

图 12-5 采购入库单

(6) 在采购系统中执行采购结算。

执行"业务工作""供应链""采购管理""采购结算""手工结算""选单"命令。

进入"结算选单"窗口,单击"查询"打开"查询条件选择"对话框,上方窗口选择要结算的发票,下方窗口选择要结算的入库单,单击"确定"返回手工结算列表。单击"结算"完成票据结算,如图12-6所示。

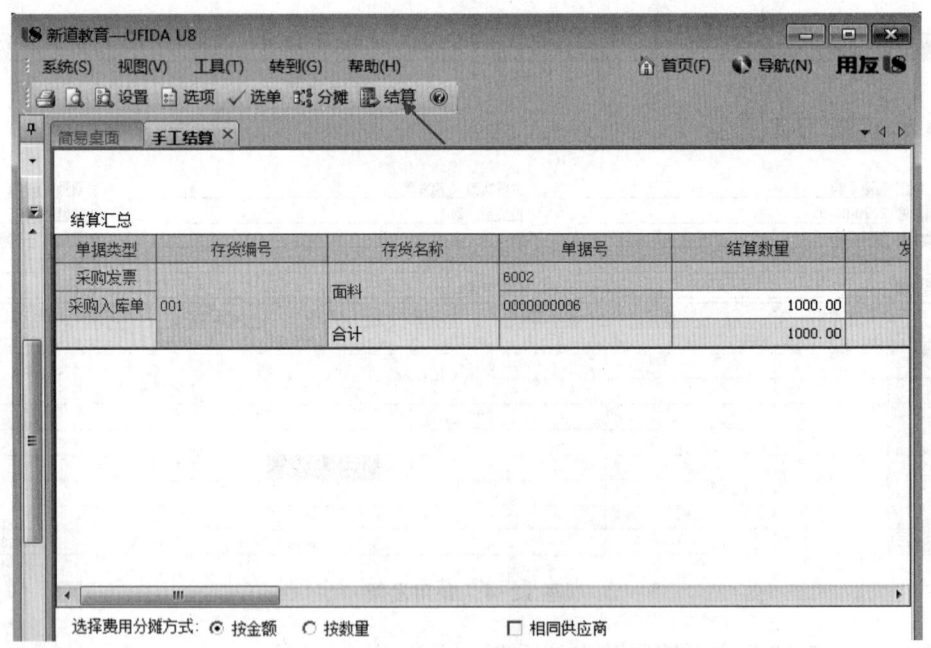

图 12-6 "手工结算"对话框

(7) 在应付款管理系统中审核采购专用发票,生成应付凭证。

执行"业务工作""财务会计""应付款管理""应付单据处理""应付单据审核"命令。双击选择需要审核的单据,单击"审核"按钮,完成审核并退出。

执行"制单处理"命令,打开"制单查询"对话框,选择"发票制单",进入"采购发票制单"窗口,选择对应单据,将凭证类别更改为"转账凭证",单击"制单"按钮,生成对应凭证,单击"保存"按钮,如图 12-7 所示。

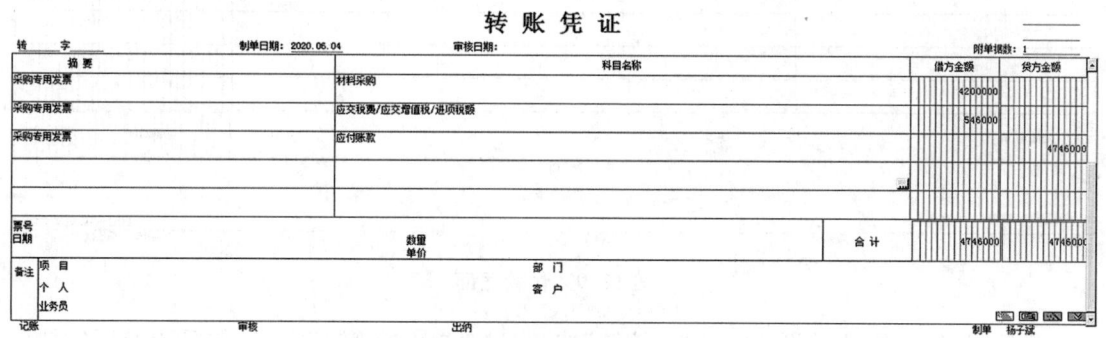

图 12-7　转账凭证

(8) 在存货核算系统中进行记账,生成入库凭证。

执行"业务工作""供应链""存货核算""业务核算""正常单据记账"命令。

打开"查询条件选择"对话框,单击"确定"按钮,进入"正常单据记账"窗口,选择要记账的单据,单击"记账"完成并退出。

执行"业务工作""供应链""存货核算""财务核算""生成凭证"命令。单击"选择"打开"查询条件选择"对话框,选择"采购入库单(报销记账)",单击"确定"按钮,选择要制单的记录行,单击"确定"进入"生成凭证"窗口,更改凭证类别为"转账凭证",单击"生成"按钮,保存生成凭证,如图 12-8 所示。

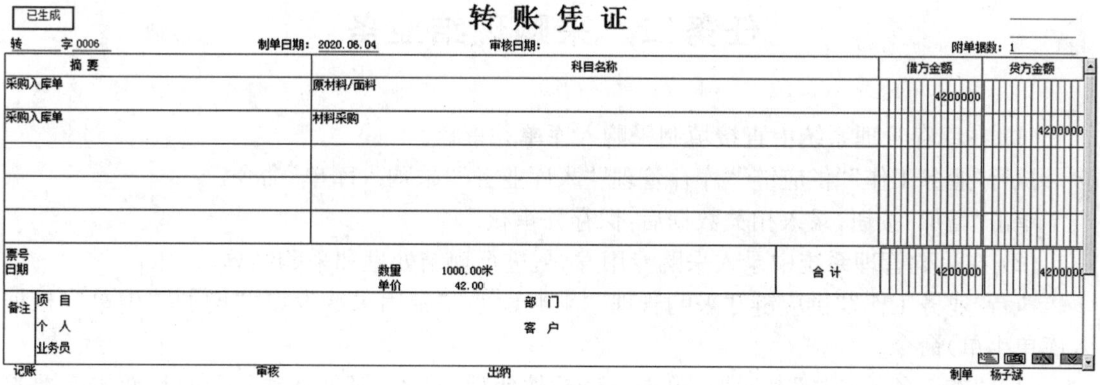

图 12-8　转账凭证

(9) 在应付款管理系统中,进行付款处理并生成付款凭证。

执行"业务工作""财务会计""应付款管理""付款单据处理""付款单据录入"命令,单击"增加",录入相关数据,单击"保存"按钮。单击"审核"按钮,系统弹出"是否立即制单"提示框,单击"是"进入"填制凭证"窗口,选择凭证类别为"付款凭证",单击"保存"生成凭证,如图 12-9 所示。

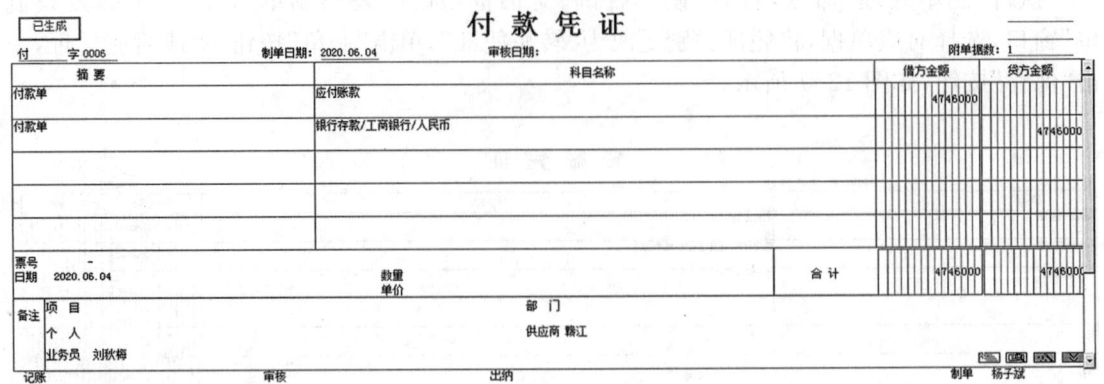

图 12-9 付款凭证

返回"收付款单录入"窗口,单击"核销"按钮,进入"单据核销"窗口,在采购专用发票的"本次结算"栏中输入"47 460",单击"保存"按钮,如图12-10所示。

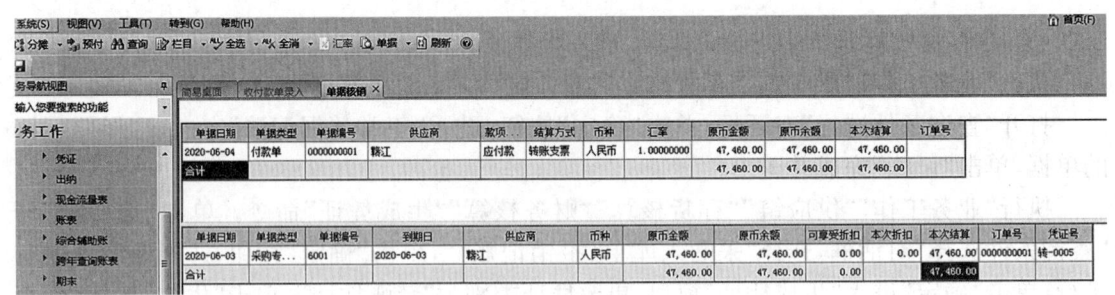

图 12-10 "单据核销"窗口

任务二 采购现结业务

(1) 在库存管理系统中直接填制采购入库单并审核。

执行"业务工作""供应链""库存管理""入库业务""采购入库单"命令。

单击"增加"按钮,录入相关数据后,保存并审核。

(2) 在采购管理系统中录入采购专用发票,进行现结处理和采购结算。

执行"业务工作""供应链""采购管理""采购发票""专用采购发票""增加""生单"(根据入库单生单)命令。

打开"查询条件选择"对话框,单击"确定"按钮后,进入"拷贝并执行"窗口,双击需要参照的采购入库单,单击"确定"按钮,录入相关数据(发票号:60115)后保存。单击"付现"按钮,录入相关数据后,单击"确定"后出现"已付现"字样,单击"结算"按钮,完成票据结算。

(3) 在应付款管理系统中审核发票,进行现结制单。

执行"业务工作""供应链""应付款管理""应付单据处理""应付单据审核"命令。

打开"查询条件选择"对话框,选择左下角"包含已现结发票"复选框,单击"确定"按钮,进入"单据处理"窗口,选择需要审核单据,单击"审核"按钮。执行"制单处理",选择"现结制单",

单击"确定"按钮,进入"应付制单"窗口,更改凭证类别为"付款凭证",单击"制单"按钮并保存,如图 12-11 所示。

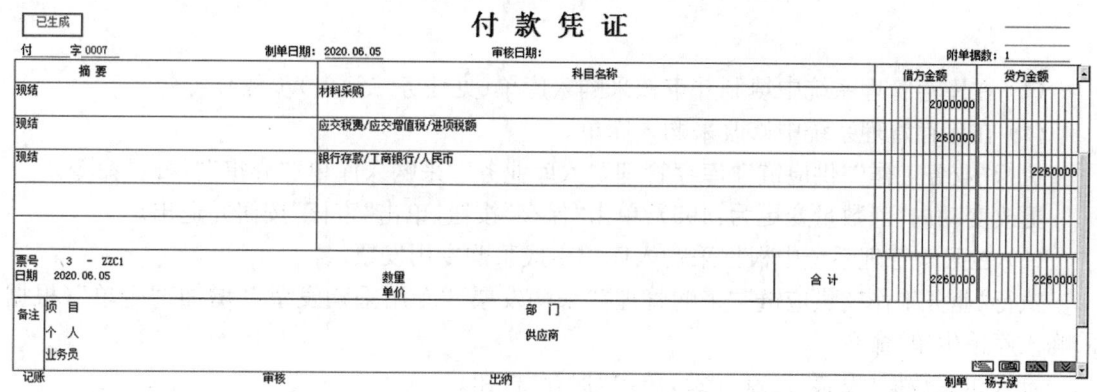

图 12-11 付款凭证

(4) 在存货核算系统中进行记账,生成入库凭证(见任务一第(8)步骤)。

任务三 采购运费处理

(1) 在库存管理系统中填制并审核采购入库单(见任务二第(1)步骤)。
(2) 在采购管理系统中录入采购专用发票(见任务二第(2)步骤)。
(3) 在采购管理系统中填制运费发票并进行采购结算(手工结算)。
执行"业务工作""供应链""采购管理""采购发票""运费发票""增加"命令。
打开"运费发票"窗口,录入相关数据,单击"保存"按钮并退出。
(4) 继续执行"业务工作""供应链""采购管理""采购结算""手工结算""选单""查询"命令。
(5) 打开"查询条件选择"对话框,单击"确定"按钮,双击选择窗口上方的专用发票和运费发票,以及窗口下方的采购入库单,单击"确定"按钮,返回"手工结算"窗口,单击"分摊"按钮,完成费用分摊;单击"结算"按钮,完成票据结算,如图 12-12 所示。

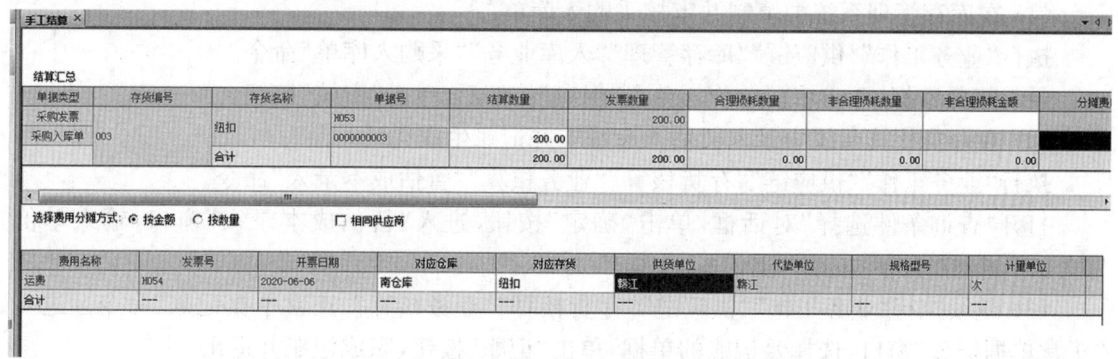

图 12-12 "手工结算"对话框

任务四　采购结算前退货

（1）在库存管理系统中填制并审核采购入库单（见任务二第(1)步骤）。

（2）在库存管理系统中修改采购入库单。

执行"业务工作""供应链""库存管理""入库业务""采购入库单""弃审""修改"命令。

更改变动内容（数量变更为：495），单击"保存"按钮，单击"审核"按钮并退出。

（3）在采购管理系统中根据采购入库单生成采购专用发票。

执行"业务工作""供应链""采购管理""采购发票""专用采购发票""增加""生单"（根据采购入库单生单）命令。

录入相关数据（发票号：Z6502），单击"保存"按钮。

（4）在采购管理系统中进行采购结算（见任务一第(6)步骤）。

任务五　采购结算后退货

（1）在库存管理系统中填制并审核红字采购入库单。

执行"业务工作""供应链""库存管理""入库业务""采购入库单"命令。

选择右上角"红字"单选项，录入相关数据，单击"保存"按钮后，单击"审核"按钮。

（2）在采购管理系统中填制红字专用采购发票并执行采购结算。

执行"业务工作""供应链""采购管理""采购发票""红字专用采购发票""增加""生单"（根据红字入库单生单）命令。

录入相关数据，单击"保存"按钮，进行自动结算或手工结算。

任务六　暂估入库处理

（1）在库存管理系统中填制并审核采购入库单。

执行"业务工作""供应链""库存管理""入库业务""采购入库单"命令。

录入相关数据（不必填写单价），单击"保存"按钮后，单击"审核"按钮。

（2）在存货核算系统中录入暂估入库成本并记账生成凭证。

执行"业务工作""供应链""存货核算""业务核算""暂估成本录入"命令。

打开"查询条件选择"对话框，单击"确定"按钮，进入"暂估成本录入"窗口，输入单价"90.00"，单击"保存"按钮并退出。

（3）继续执行"业务工作""供应链""存货核算""业务核算""正常单据记账"命令。进入"正常单据记账"窗口，选择要记账的单据，单击"记账"按钮，完成记账并退出。

（4）继续执行"业务工作""供应链""存货核算""财务核算""生成凭证""选择"命令，打开"查询条件选择"对话框,选择"采购入库单(暂估记账)",单击"确定"按钮,选择要记账的单据,单击"确定"按钮,更改凭证类别为"转账凭证",补充对方科目为"材料采购",单击"生成"按钮并保存,如图 12-13 所示。

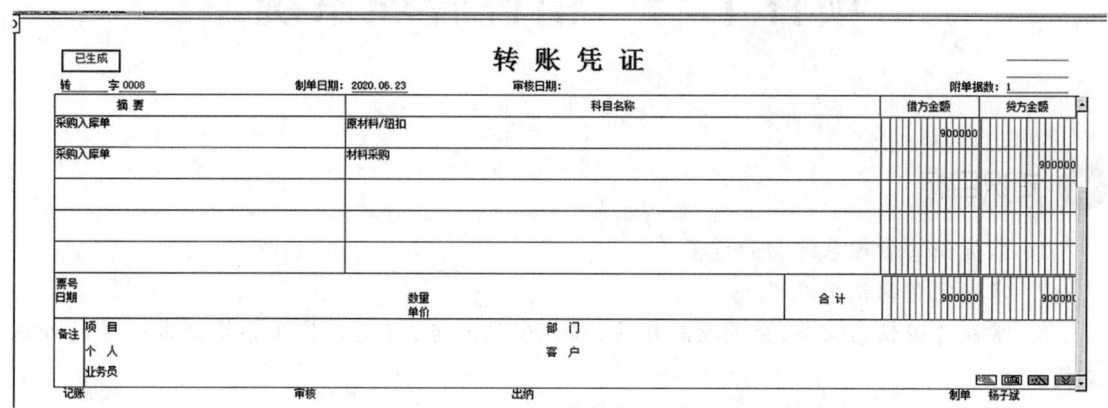

图 12-13　转账凭证

 思考题

1. 采购管理系统日常业务处理主要包括哪些内容?
2. 普通采购的流程是怎样的?
3. 采购结算前退货和采购结算后退货的区别是什么?

项目十三　销售管理系统

知识目标

1. 掌握销售管理系统初始设置。
2. 掌握完整的销售流程。
3. 掌握普通销售业务、分期收款销售、委托代销业务、直运销售业务等日常业务的处理流程。
4. 掌握现结业务、代垫运费的操作方法。
5. 熟悉销售管理系统与应收款管理系统、总账系统的集成使用。

能力目标

1. 能够掌握主要销售流程、销售步骤。
2. 能够正确及时地处理各种销售业务。
3. 能够深入了解销售管理系统与其他系统之间的数据传递关系。

［概述］

销售是企业生产经营成果的实现过程,是企业经营活动的中心。销售管理系统是用友供应链管理系统的一个子系统,主要提供对企业销售业务的管理。

销售管理系统可以提供销售报价、销售订货、销售发货、销售开票、销售调拨、销售退回、发货折扣、委托代销、零售业务的完整销售流程,并根据审核无误的发票或发货单自动生成销售出库单,处理销售过程中发生的各种代垫费用;支持普通销售业务、分期收款销售、委托代销业务、直运销售业务等多种类型的销售业务,可以进行现结业务、代垫费用的业务处理。

一、普通销售业务

1. 销售报价

销售报价是企业向客户提供的货品、规格、价格、结算方式等信息,双方达成协议后,销售报价单可以转为有效力的销售合同或销售订单。企业可以针对不同客户、不同存货、不同批量提出不同的报价或折扣率。在销售业务处理流程中,销售报价环节可以省略。

2. 销售订货

销售订货处理是指企业与客户签订销售合同,在系统中体现为销售订单。销售订单可以直接录入,也可以由报价单生成销售订单。在销售业务处理流程中,订货环节也是可选的。已审核未关闭的销售订单可以选销售发货单或销售发票。

3. 销售发货

发货是企业执行与客户签订的销售合同或销售订单,并将货物发往客户的行为,是销售业务的执行阶段。除了根据销售订单发货,销售管理系统也有直接发货的功能,无需事先录入销售订单即可随时将产品发给客户。在销售业务处理流程中,销售发货是必需的。

先发货后开票模式中发货单由销售部门根据销售订单填制或手工输入,客户通过发货单取得货物所有权。发货单审核通过后,可以生成销售发票或销售出库单。开票直接发货模式中发货单由销售发票自动生成,发货单只能浏览,不能进行修改、删除、弃审等操作,但可以关闭和打开;销售出库单根据自动生成的发货单生成。

对照订单发货时,一张订单可多次发货,多张订单可一次发货。如果不作"超订量发货控制",可以超出销售订单数量发货。

4. 销售开票

销售开票是在销售过程中企业给客户开具销售发票及其所附清单的过程,它是销售收入确定、销售成本计算、应交销售税金确认和应收款确认的依据,是销售业务的必要环节。

销售发票既可以直接填制,也可以对照销售订单或销售发货单生成。对照发货单开票时,多张销售货单可以汇总开票,一张发货单也可拆单生成多张销售发票。

5. 销售出库

销售出库是销售业务处理的必要环节,在库存管理系统中用于存货出库数量核算,在存货核算系统中用于存货成本核算(如果存货核算销售成本的核算选择依据销售出库单)。

根据参数设置的不同,销售出库单可以在销售系统中生成,也可以在库存管理系统中生成。如果由销售管理系统生成出库单,只能一次销售全部出库;而由库存系统生成销售出库单,可实现一次销售分次出库。

6. 出库成本确认

销售出库(开票)之后,要进行出库成本的确认。对于采用先进先出、后进先出、移动平均、个别计价这四种计价方式的存货,在存货核算系统中进行单据记账时要进行出库成本核算;而采用全月平均、计划价/销售法计价的存货,则在期末处理时进行出库成本核算。

7. 应收账款确认及收款处理

及时进行应收账款确认及收款处理是财务核算工作的基本要求,由应收款管理系统完成。

二、委托代销业务

委托代销业务是指企业将商品委托他人进行销售,但商品所有权仍归本企业的销售方式。委托代销商品销售后,受托方与企业进行结算并开具正式的销售发票,形成销售收入,商品所有权转移。

三、直运业务

直运业务是指产品无需入库即可完成购销业务,由供应商直接将商品发给企业的客户的业务。结算时,直运业务由购销双方分别与企业结算。直运业务包括直运销售业务和直运采购业务,没有实物的出入库,货物流向是直接从供应商到客户,财务结算通过直运销售发票、直运采购发票解决。直运业务适用于如大型电器、汽车、设备等产品的销售。

四、分期收款业务

分期收款发出商品业务类似于委托代销业务,货物提前发给客户,分期收回货款,收入与成本按照收款情况分期确认。分期收款销售的特点是:一次发货,当时不确认收入,在确认收入的同时配比性地转移成本。

五、代垫费用

代垫费用是指在销售业务中随货物销售所发生的暂时代垫的,将来需向对方单位收取的费用项目,如运杂费、保险费等。代垫费用实际上形成了用户对客户的应收款,代垫费用的收款核销由应收款管理系统来处理,本系统仅对代垫费用的发生情况进行登记。

六、现收业务

现收业务是指在销售货物的同时向客户收取货币资金的业务。在销售发票、销售调拨单和零售结算单据中可以直接处理现收业务并结算。

七、销售退货业务

销售退货业务是指客户因货物质量、品种、数量等不符合要求而将已购货物退回本企业的业务。销售退货时需要录入退货单(红字发货单)和红字销售发票,其处理办法类似发货单和销售发票的录入,只不过数量和金额为红字(负数)。

销售退货分为先发货后开票业务模式下的退货和开票直接发货业务模式下的退货。

[实验资料]

一、普通销售业务

(1) 6月8日,新粤服装有限公司想购买150件T恤,销售部报价为160元/件。填制并审核报价单。

(2) 6月8日,客户了解情况后,要求订购150件T恤,讨论发货日期为6月10日。填制并审核销售订单。

(3) 6月12日,销售部从北仓库向新粤公司发出所订购的T恤,并据此开具专用销售发票,票号为6253。

(4) 6月12日,销售发票交给财务部,财务部结转这150件长袖T恤的收入以及成本。

(5) 6月12日,财务部收到新粤公司的转账支票一张,金额为27 120元,票号为6451。据此填制收款单并且制单。

二、商业折扣处理

(1) 6月14日,销售部向广东立信服装有限公司出售牛仔裤100条,报价为180元/条,成交价为报价的90%,货物从北仓库发出。

(2) 6月14日,根据出售的牛仔裤开具普通发票一张,发票号为2158。

三、现结业务

（1）6月18日，销售部向美乐公司出售T恤200件，报价不含税为160元/件，货物从北仓库发出。

（2）6月18日，开具专用发票一张，发票号为3412。同时收到美乐公司用转账支票支付的全部货款，票号为1658。

（3）对这200件短袖T恤进行现结制单处理。

四、代垫费用的处理

6月18日，销售部向美乐公司出售T恤时发生了一笔代垫的快递费250元。美乐公司没有支付这笔费用。

五、汇总开票业务

（1）6月18日，销售部向新粤公司出售牛仔裤300条，报价为180元/条，货物从北仓库发出。

（2）6月20日，销售部向新粤公司出售T恤120条，报价为160元/条，货物从北仓库发出。

（3）6月20日，根据上述出售的牛仔裤和T恤发货单开具专用发票一张，发票号为5316。

六、分次开票业务

（1）6月21日，销售部向美乐公司出售牛仔裤300条，报价为180元/条。货物从北仓库发出。

（2）6月21日，美乐公司要求，对出售的牛仔裤开具两张专用销售发票，第一张发票中所列示的数量为100条，发票号为5423；第二张发票上列示的数量为200条，发票号为5424。

七、开票直接发货

（1）6月25日，销售部向立信公司出售T恤180件，报价为160元/条，货物从北仓库发出。并据此开普通发票一张，发票号为5537。

八、一次销售分次出库

（1）6月26日，销售部向新粤公司出售牛仔裤160条，由北仓库发货，报价为180元/条，同时开具普通发票一张，发票号为5619。

（2）6月26日，客户根据发货单从北仓库领出牛仔裤90条。

（3）6月27日，客户根据发货单从北仓库领出牛仔裤70条。

九、超发货单出库

（1）6月28日，销部向美乐公司出售T恤80件，由北仓库发出，报价为160元/条。开发票时，美乐公司要求多购买10件，根据美乐公司要求开具了90件的普通发票一张，发票号为5724。

（2）6月28日，美乐公司从北仓库领出90件T恤。

十、分期收款发出商品

(1) 6月28日,销售部向立信公司出售50条牛仔裤,由北仓库发货,报价为160元。立信公司要求以分期付款的形式购买。协商后,同意分二次付款,第一次开具的专用发票数量为30条,发票号为5936。

(2) 6月28日,将30条七分牛仔裤涉及的出库单及销售发票交给财务部,财务部据此结转收入以及成本。

十一、委托代销业务

(1) 6月28日,销售部委托美乐公司代为销售T恤50件,销售价为180元/件,货物从北仓库发出。

(2) 6月29日,收到美乐公司的委托代销清单一张,结算30件,售价为200元/件,马上开具销售专用发票给美乐公司。

(3) 6月29日,将30件长袖T恤涉及的出库单及销售发票交给财务部,财务部据此结转收入以及成本。

[实验指导]

任务一　普通销售业务

在销售管理系统中,执行"设置""销售选项"命令,不选择"报价含税",如图13-1所示。

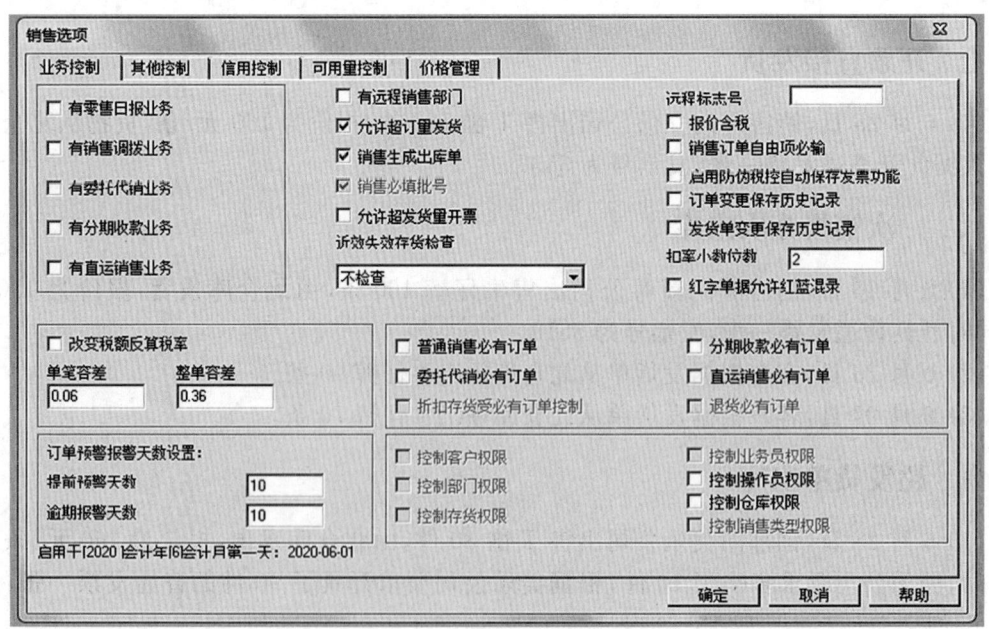

图13-1　"销售选项"窗口

（1）填制并审核报价单。

进入销售管理系统，执行“销售报价”“销售报价单”命令，进入“销售报价单”窗口；单击“增加”按钮，填制相关信息。保存并审核，如图 13-2 所示。

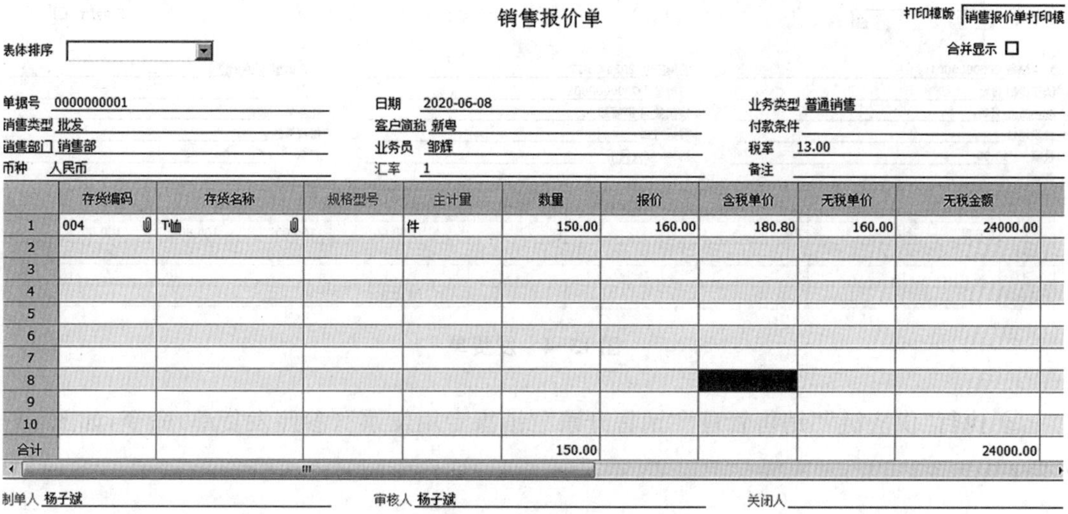

销售报价单

打印模版 销售报价单打印模

表体排序

合并显示

单据号 0000000001	日期 2020-06-08	业务类型 普通销售
销售类型 批发	客户简称 新粤	付款条件
销售部门 销售部	业务员 邹辉	税率 13.00
币种 人民币	汇率 1	备注

	存货编码	存货名称	规格型号	主计量	数量	报价	含税单价	无税单价	无税金额
1	004	T恤		件	150.00	160.00	180.80	160.00	24000.00
2									
3									
4									
5									
6									
7									
8									
9									
10									
合计					150.00				24000.00

制单人 杨子斌　审核人 杨子斌　关闭人

图 13-2 销售报价单

（2）填制并审核销售订单。

执行“销售管理系统”“销售订货”“销售订单”命令，点击“增加”按钮，单击“生单”按钮旁三角图标，选择“报价”；选择要参照的记录行，单击“OK”确定。修改预发货日期。保存并审核，如图 13-3 所示。

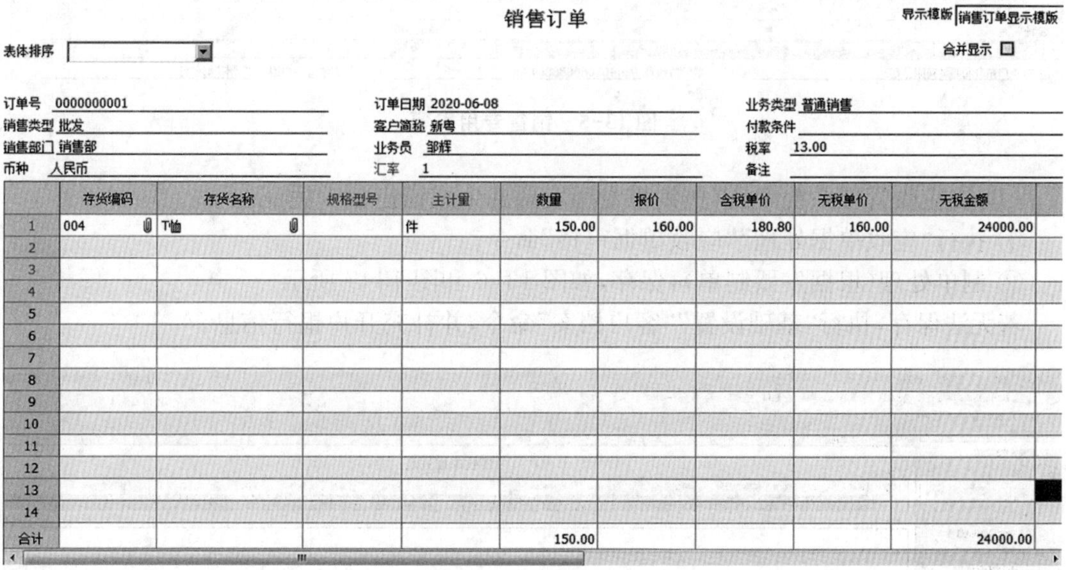

销售订单

显示模版 销售订单显示模版

表体排序

合并显示

订单号 0000000001	订单日期 2020-06-08	业务类型 普通销售
销售类型 批发	客户简称 新粤	付款条件
销售部门 销售部	业务员 邹辉	税率 13.00
币种 人民币	汇率 1	备注

	存货编码	存货名称	规格型号	主计量	数量	报价	含税单价	无税单价	无税金额
1	004	T恤		件	150.00	160.00	180.80	160.00	24000.00
2									
3									
4									
5									
6									
7									
8									
9									
10									
11									
12									
13									
14									
合计					150.00				24000.00

图 13-3 销售订单

(3) 填制并审核销售发货单、填制并复核销售发票。

① 执行"供应链""销售管理""销售发货""发货单"(参照订单生成)命令,如图13-4所示。

图13-4 发货单

② 执行"供应链""销售管理""销售开票""销售专用发票"(参照发货单)命令,如图13-5所示。

图13-5 销售专用发票

(4) 在应收管理系统中,审核销售专用发票并生成销售收入凭证。

① 执行"应收单据处理""应收单据审核"命令。

② 制单处理(根据发票制单),保存,如图13-6和图13-7所示。

若无法保存,执行"基础设置""客户档案"命令,并补充开户银行信息。

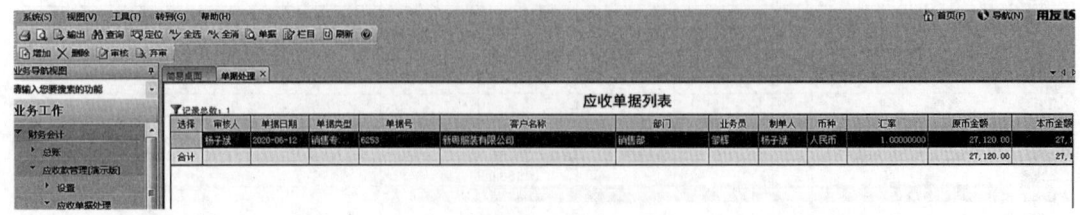

图13-6 "应收单据列表"对话框

已生成

转 账 凭 证

转　字 0009　　制单日期：2020.06.12　　审核日期：　　附单据数：1

摘要	科目名称	借方金额	贷方金额
销售专用发票	应收账款	2712000	
销售专用发票	主营业务收入		2400000
销售专用发票	应交税费/应交增值税/销项税额		312000
票号 日期 2020.06.12	数量 单价　　合计	2712000	2712000

备注　项目　　部门
个人　　客户 新粤
业务员 邹辉

记账　　审核　　出纳　　制单 杨子斌

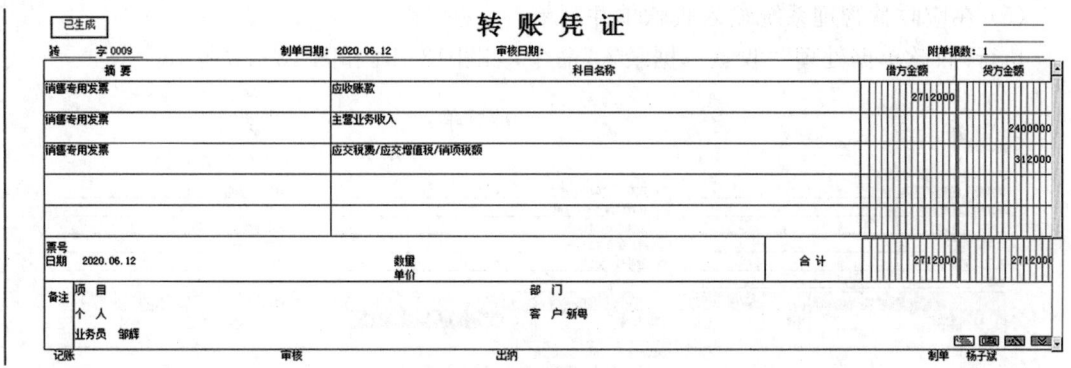

图 13-7　转账凭证

③ 在库存管理系统中审核销售出库单，如图 13-8 所示。

销售出库单

销售出库单打印模版

表体排序　　◉ 蓝字　○ 红字　　合并显示 □

出库单号 0000000001　出库日期 2020-06-12　仓库 北仓库
出库类别 产品销售出库　业务类型 普通销售　业务号 0000000001
销售部门 销售部　业务员 邹辉　客户 新粤
审核日期 2020-06-12　备注

	存货编码	存货名称	规格型号	主计量单位	数量	单价	金额
1	004	T恤		件	150.00		
2							
合计					150.00		

制单人 杨子斌　　审核人 杨子斌

图 13-8　销售出库单

④ 对销售出库单记账并生成凭证。

执行“存货核算系统”“初始设置”“选项”“选项录入”命令，选择销售成本核算方式“销售出库单”；执行“业务核算”“正常单据记账”命令，选中“单据”并点击“记账”；执行“财务核算”“生成凭证”命令（单击“选择”按钮，选择销售出库单，单击“确定”按钮；选择需要的单据，点击“确定”按钮），设置凭证为转账凭证，单击“生成”按钮，即可生成凭证。保存凭证，如图 13-9 所示。

已生成

转 账 凭 证

转　字 0010　　制单日期：2020.06.12　　审核日期：　　附单据数：1

摘要	科目名称	借方金额	贷方金额
销售出库单	主营业务成本	1500000	
销售出库单	库存商品/T恤		1500000
票号 日期	数量 单价　　合计	1500000	1500000

备注　项目　　部门
个人　　客户
业务员

记账　　审核　　出纳　　制单 杨子斌

图 13-9　转账凭证

(5) 在应收款管理系统输入收款单并制单。

执行"收款单据处理""收款单据录入"命令,如图 13-10 和图 13-11 所示。

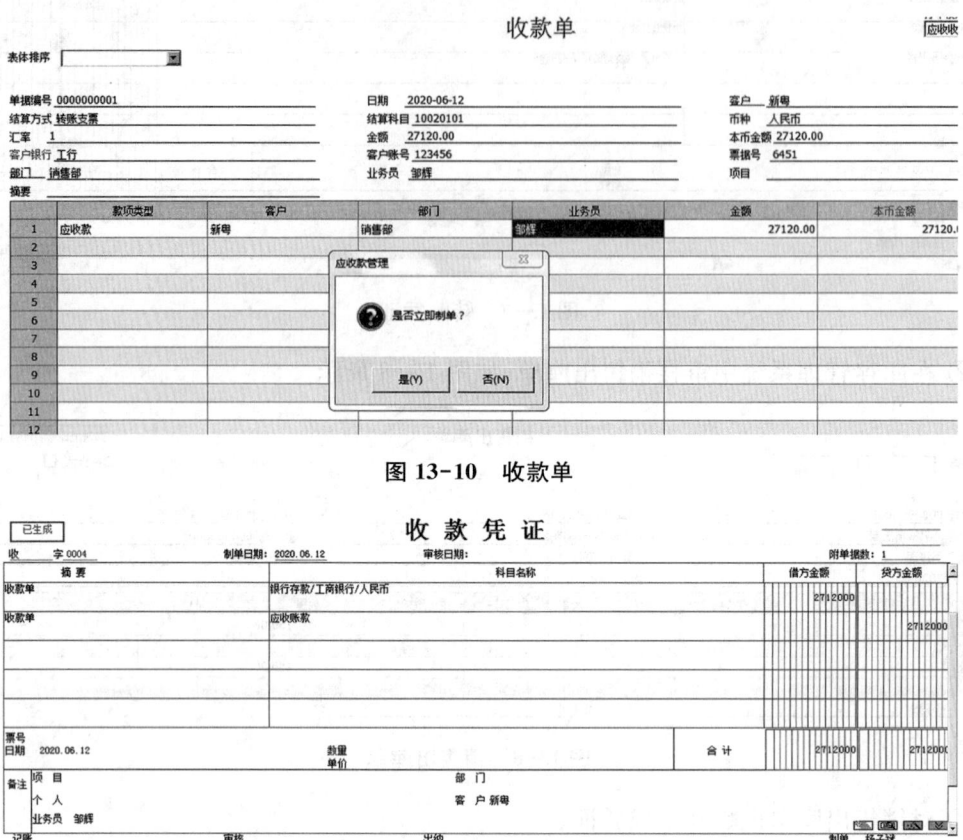

图 13-10　收款单

图 13-11　收款凭证

任务二　商业折扣处理

(1) 在销售管理系统填制并审核发货单(折扣率 90%),如图 13-12 所示。

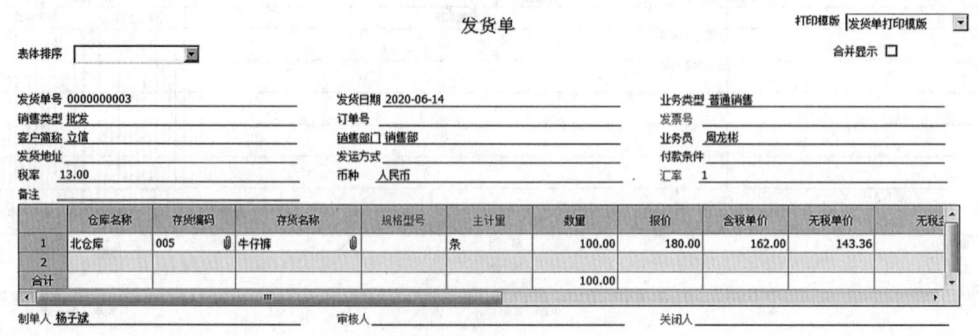

图 13-12　发货单

（2）根据发货单填制并复核销售普通发票，如图 13-13 所示。

销售普通发票

打印模版 销售普通发票打印模版

表体排序

合并显示 □

发票号 2158　开票日期 2020-06-14　业务类型 普通销售
销售类型 批发　订单号　发货单号 0000000003
客户简称 立信　销售部门 销售部　业务员 周龙彬
付款条件　客户地址　联系电话
开户银行 工行　银行账号 123457　税率 13.00
币种 人民币　汇率 1　备注

	仓库名称	存货编码	存货名称	规格型号	主计量	数量	报价	含税单价	无税单价	无税金
1	北仓库	005	牛仔裤		条	100.00	180.00	162.00	143.36	
2										
合计						100.00				

单位名称 广东友和服装有限公司　本单位税号 914401066888804336　本单位开户银行 广州花都支行
制单人 杨子斌　复核人　银行账号 121212121212

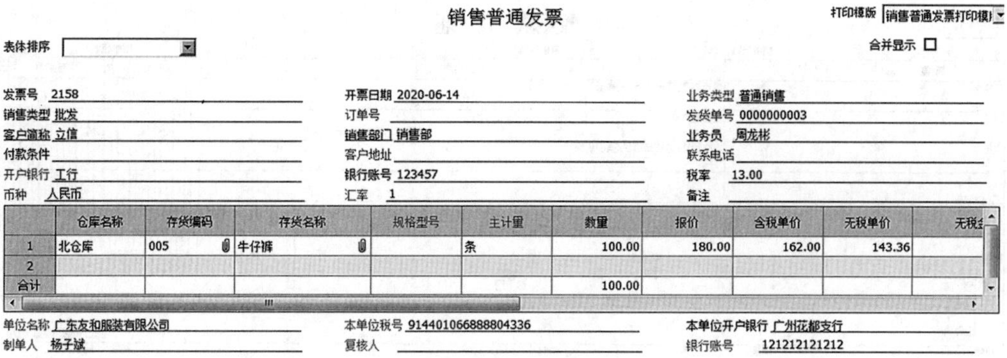

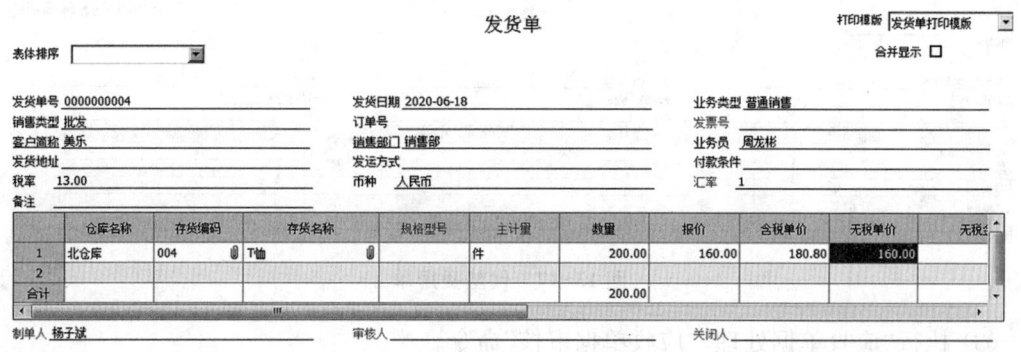

图 13-13　销售普通发票

任务三　现 结 业 务

（1）填制并审核发货单，如图 13-14 所示。

（2）生成销售专用发票并单击“现结”按钮，保存并复核，如图 13-15 所示。若无法保存，执行“基础设置”“客户档案”命令，补充美乐公司的“开户银行”信息。

发货单

打印模版 发货单打印模版

表体排序

合并显示 □

发货单号 0000000004　发货日期 2020-06-18　业务类型 普通销售
销售类型 批发　订单号　发票号
客户简称 美乐　销售部门 销售部　业务员 周龙彬
发货地址　发运方式　付款条件
税率 13.00　币种 人民币　汇率 1
备注

	仓库名称	存货编码	存货名称	规格型号	主计量	数量	报价	含税单价	无税单价	无税金
1	北仓库	004	T恤		件	200.00	160.00	180.80	160.00	
2										
合计						200.00				

制单人 杨子斌　审核人　关闭人

图 13-14　发货单

现结

销售专用发票

打印模版 销售专用发票打印模版

表体排序

合并显示 □

发票号 3412　开票日期 2020-06-18　业务类型 普通销售
销售类型 批发　订单号　发货单号 0000000004
客户简称 美乐　销售部门 销售部　业务员 周龙彬
付款条件　客户地址　联系电话
开户银行 工行　账号 123458　税号 110112588879658
币种 人民币　汇率 1　税率 13.00
备注

	仓库名称	存货编码	存货名称	规格型号	主计量	数量	报价	含税单价	无税单价	无税金
1	北仓库	004	T恤		件	200.00	160.00	180.80	160.00	
2										
合计						200.00				

图 13-15　销售专用发票

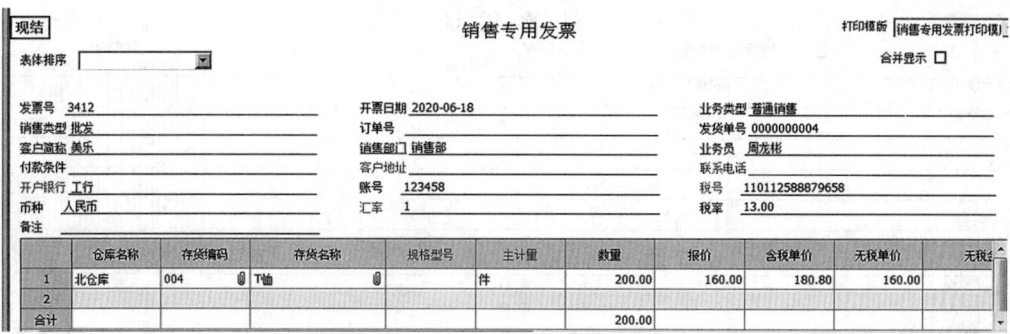

(3) 在应收款管理系统进行应收单据审核(包含已现结发票)、现结制单,如图13-16所示。

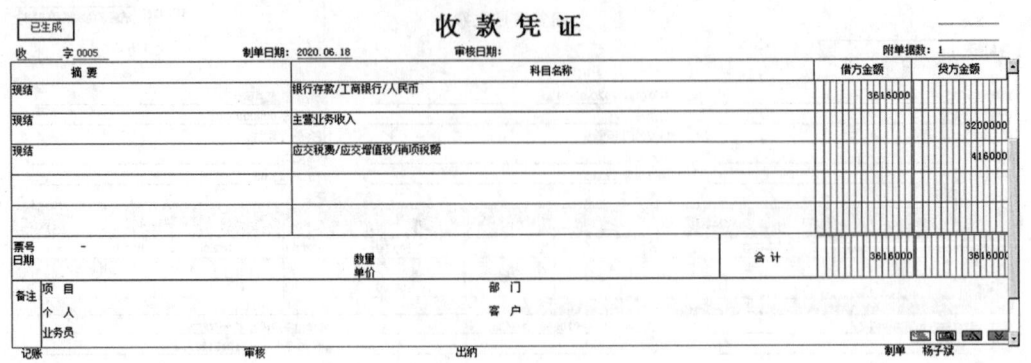

图 13-16　收款凭证

任务四　代垫费用

(1) 执行"基础设置""基础档案""业务""费用项目分类"命令,增加"1、代垫费用";在"费用项目"增加"01 邮寄费"并保存。

(2) 执行"销售管理""代垫费用""代垫费用单"命令,保存并审核,如图13-17所示。

图 13-17　代垫费用单

(3) 执行"应收单据处理""应收单据审核"命令。

(4) 执行"制单处理""应收单制单"命令,如图13-18所示。

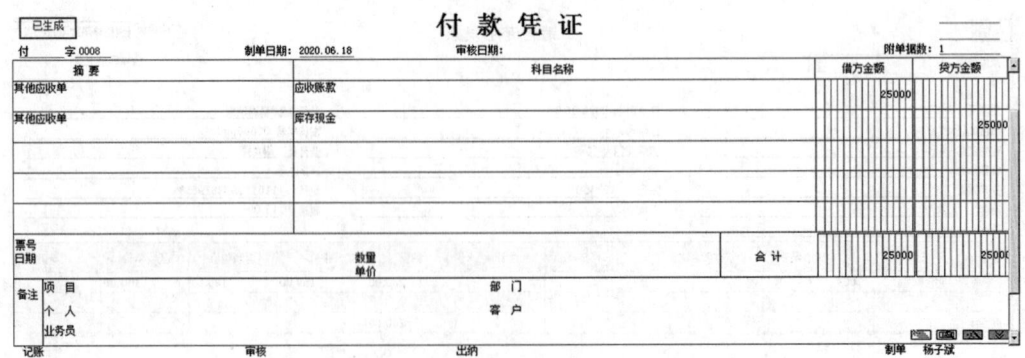

图 13-18　付款凭证

任务五 汇总开票业务

（1）填制并审核两张发货单，如图 13-19 和图 13-20 所示。

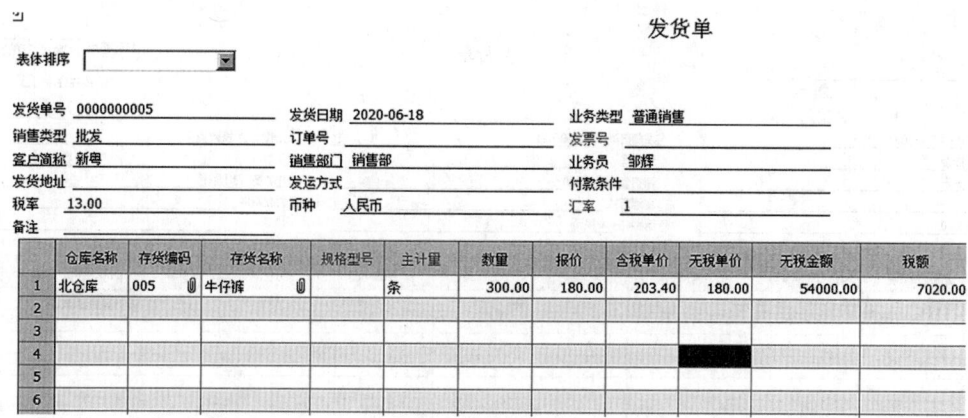

图 13-19 发货单

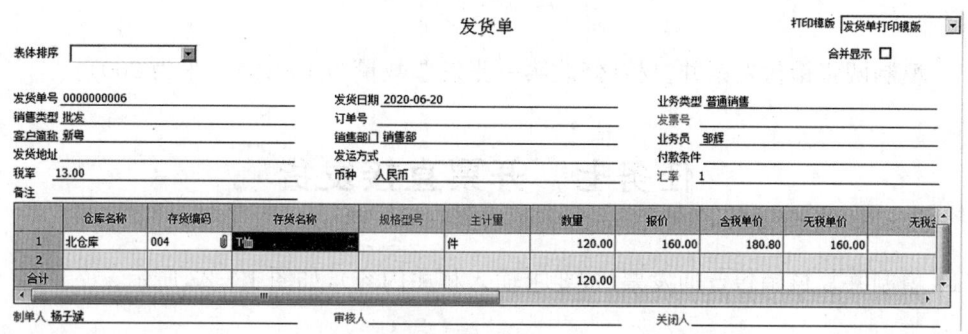

图 13-20 发货单

（2）根据两张发货单填制销售发票，保存并复核，如图 13-21 所示。

图 13-21 销售专用发票

任务六 分次开票业务

(1) 填制并审核发货单，如图 13-22 所示。

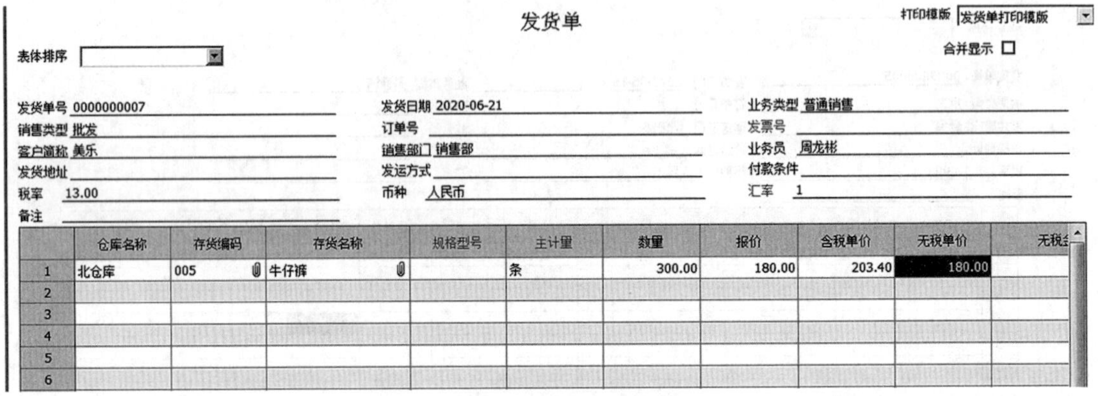

发货单

打印模版 发货单打印模版

表体排序

合并显示 □

发货单号 0000000007　发货日期 2020-06-21　业务类型 普通销售

销售类型 批发　订单号　发票号

客户简称 美乐　销售部门 销售部　业务员 周龙彬

发货地址　发运方式　付款条件

税率 13.00　币种 人民币　汇率 1

备注

	仓库名称	存货编码	存货名称	规格型号	主计量	数量	报价	含税单价	无税单价	无税金
1	北仓库	005	牛仔裤		条	300.00	180.00	203.40	180.00	
2										
3										
4										
5										
6										

图 13-22 发货单

(2) 填制两张销售发票并复核(修改第一张发票数量为 100；第二张为 200)。

任务七 开票直接发货

(1) 填制并复核销售普通发票(按要求输入相关内容)，如图 13-23 所示。

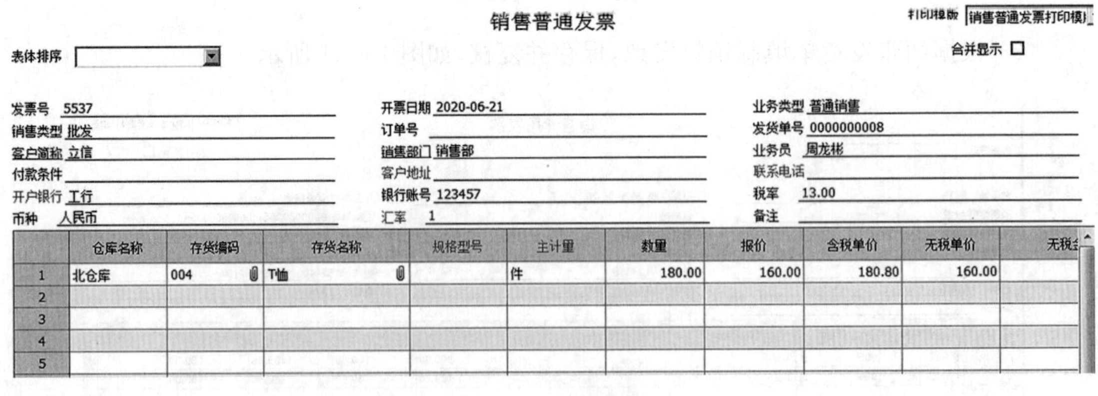

销售普通发票

打印模版 销售普通发票打印模

表体排序

合并显示 □

发票号 5537　开票日期 2020-06-21　业务类型 普通销售

销售类型 批发　订单号　发货单号 0000000008

客户简称 立信　销售部门 销售部　业务员 周龙彬

付款条件　客户地址　联系电话

开户银行 工行　银行账号 123457　税率 13.00

币种 人民币　汇率 1　备注

	仓库名称	存货编码	存货名称	规格型号	主计量	数量	报价	含税单价	无税单价	无税金
1	北仓库	004	T恤		件	180.00	160.00	180.80	160.00	
2										
3										
4										
5										

图 13-23 销售普通发票

(2) 在销售管理系统中,可查询自动生成的发货单,如图 13-24 所示。

图 13-24　发货单

(3) 在库存管理系统中,生成销售出库单,保存审核,如图 13-25 所示。

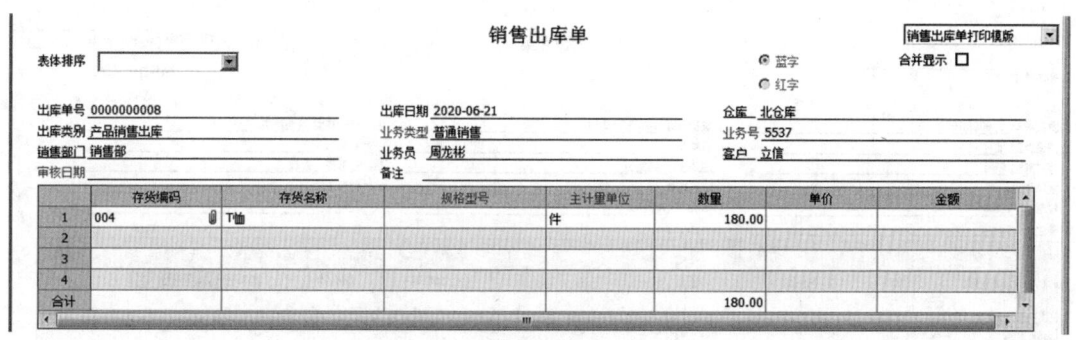

图 13-25　销售出库单

任务八　一次销售分次出库

(1) 执行"销售管理""设置""销售选项""业务控制"命令,不勾选"销售生成出库单",点击"确定"按钮,如图 13-26 所示。

(2) 填制并审核发货单,根据发货单生成销售普通发票,复核,如图 13-27 所示。

(3) 在库存管理系统,根据发货单开具销售出库单(更改出库数量为 90.00;同理,填制第二张出库单,数量为 70.00),如图 13-28 和图 13-29 所示。

图 13-26 "销售选项"对话框

图 13-27 发货单

图 13-28 销售出库单

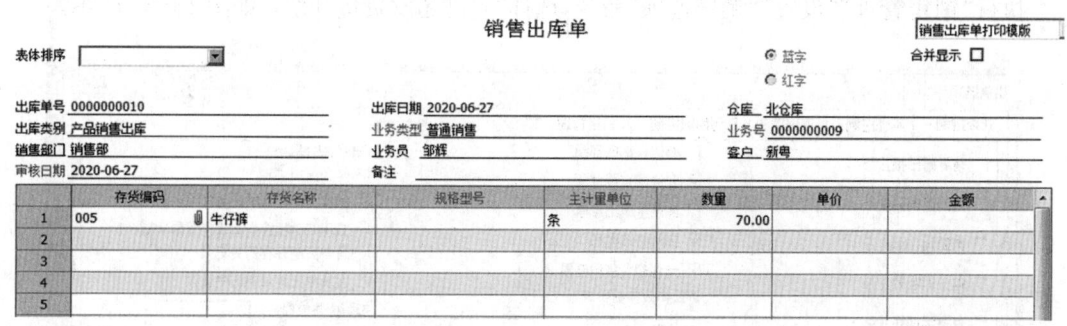

图 13-29 销售出库单

任务九 超发货单出库

（1）执行"库存管理""初始设置""选项""专用设置"命令，勾选"允许超发货单出库"，如图 13-30 所示。

图 13-30 "库存选项设置"对话框

执行"销售管理""设置""销售选项"命令,选择"允许超发货量开票",如图13-31所示。

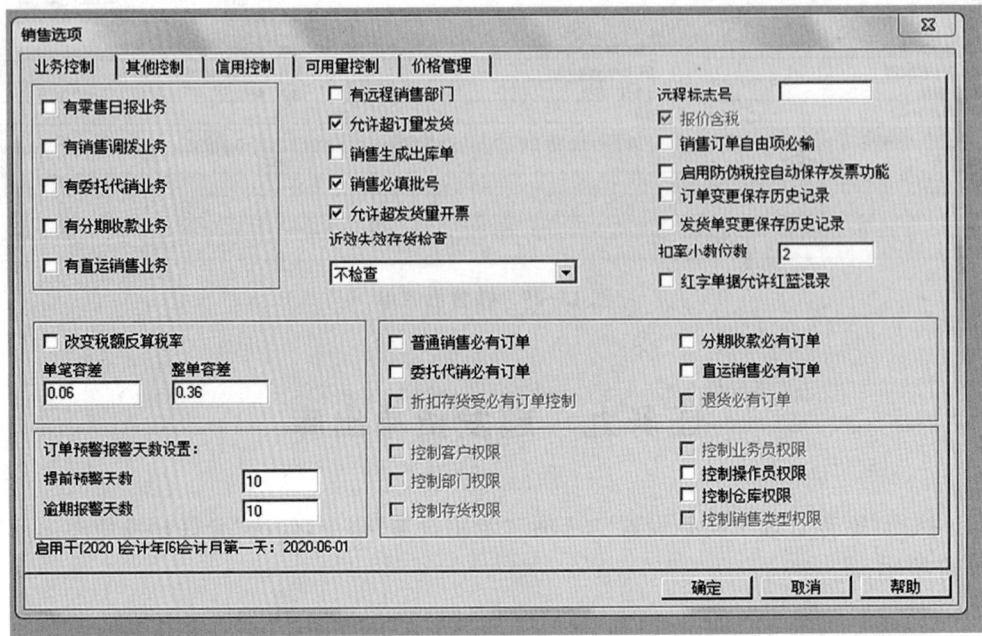

图13-31 "销售选项"对话框

(2)在"基础设置""基础档案""存货""存货档案"中,设置T恤的出库超额上限"0.2",如图13-32所示。

图13-32 设置出库超额上限

(3) 填制并审核发货单,填制并复核销售普通发票(发票开票数量改为 90.00),如图 13-33 和图 13-34 所示。

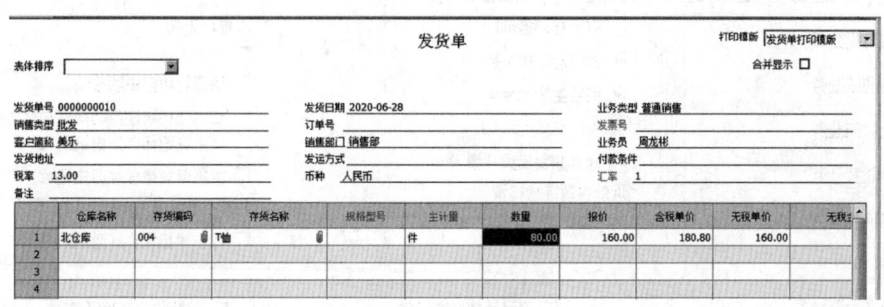

图 13-33 发货单

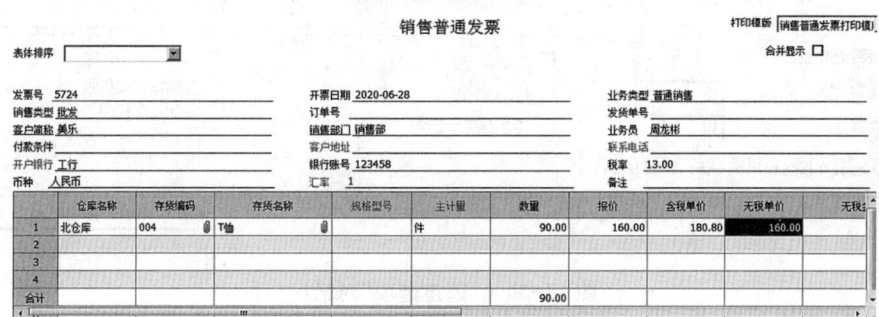

图 13-34 销售普通发票

(4) 根据发货单生成销售出库单(数量改为 90.00),如图 13-35 所示。

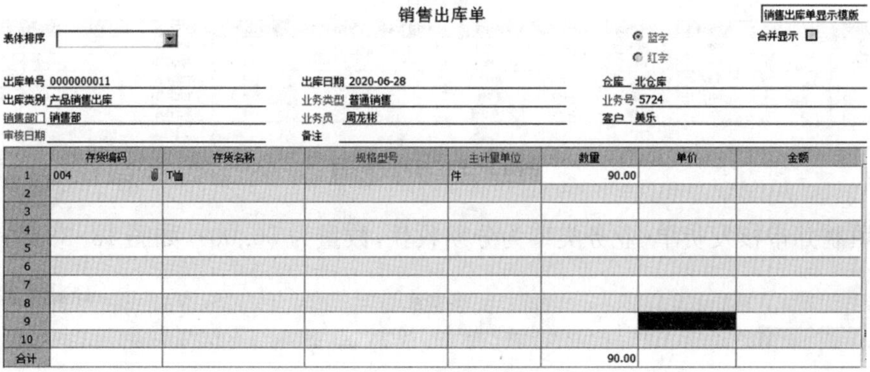

图 13-35 销售出库单

任务十 分期收款发出商品

(1) 执行"销售管理""设置""销售选项""业务控制"命令,选择"有分期收款业务""销售生成出库单",如图 13-36 所示。

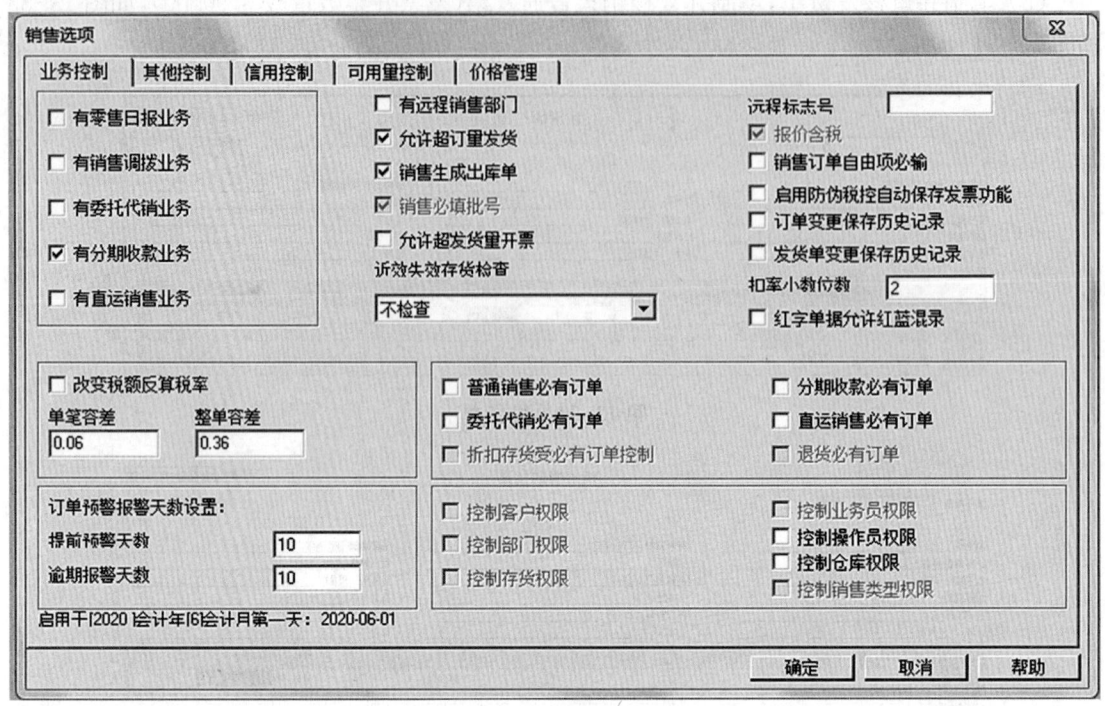

图 13-36 “销售选项”对话框

(2) 执行“存货核算”“初始设置”“科目设置”“存货科目”命令,设置所有仓库“分期收款发出商品科目”为“1406”“发出商品”,如图 13-37 所示。

存货科目

仓库名称	存货分类编码	存货分类名称	存货编码	存货名称	存货科目编码	存货科目名称	差异科目编码	差异科目名称	分期收款发出...	分期收款发出...	委托代销发出...	委托代销发出...	直运科目编码
南仓库			001	面料	140301	面料			1406	发出商品			
南仓库			002	辅料	140302	辅料			1406	发出商品			
南仓库			003	纽扣	140303	纽扣			1406	发出商品			
北仓库			004	T恤	140501	T恤			1406	发出商品			
北仓库			005	牛仔裤	140502	牛仔裤			1406	发出商品			

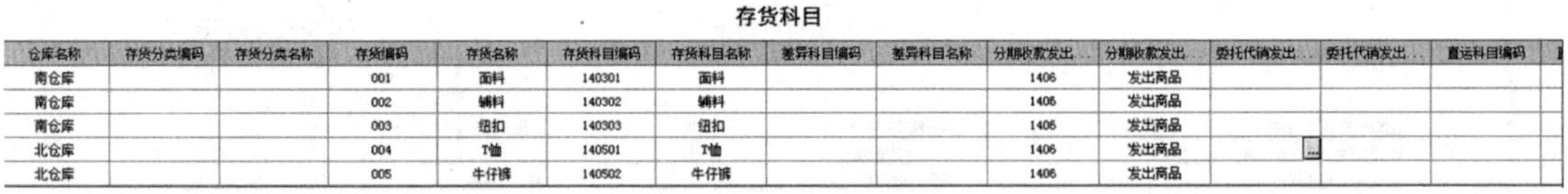

图 13-37 存货科目

(3) 填制并审核发货单(业务类型为分期收款,数量为 50.00),如图 13-38 所示。

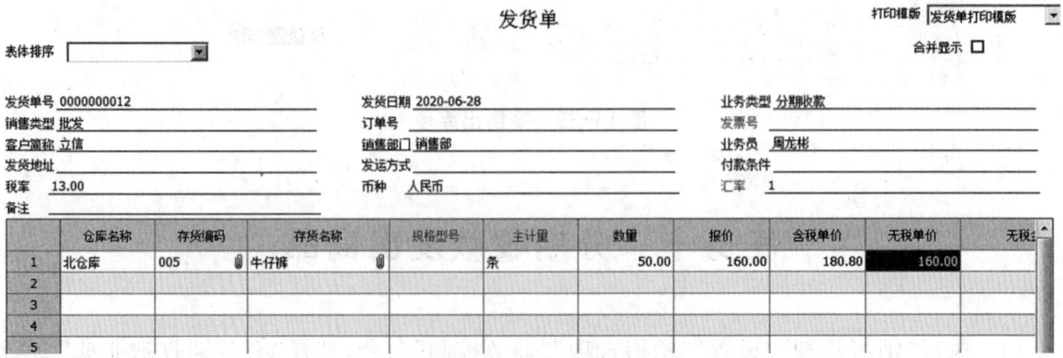

图 13-38 发货单

（4）在存货核算系统中，执行“业务核算”“发出商品记账”“财务核算”“生成凭证”命令，如图 13-39 所示。

已生成

转 账 凭 证

转　字 0011　　制单日期：2020.06.28　　审核日期：　　附单据数：1

摘 要	科目名称	借方金额	贷方金额
发货单	发出商品	700000	
发货单	库存商品/牛仔裤		700000
票号 日期	数量 单价　　合 计	700000	700000

备注　项 目　　部 门
个 人　　客 户
业务员

记账　审核　出纳　制单 杨子斌

图 13-39　转账凭证

（5）根据发货单填制销售专用发票（选择业务类型“分期收款”，数量为 30.00），如图 13-40 所示。

销售专用发票

打印模版 销售专用发票打印模

表体排序　　合并显示 □

发票号 5936　　开票日期 2020-06-28　　业务类型 分期收款
销售类型 批发　　订单号　　发货单号 0000000012
客户简称 立信　　销售部门 销售部　　业务员 周龙彬
付款条件　　客户地址　　联系电话
开户银行 工行　　账号 123457　　税号 442000618777623
币种 人民币　　汇率 1　　税率 13.00
备注

	仓库名称	存货编码	存货名称	规格型号	主计量	数量	报价	含税单价	无税单价	无税
1	北仓库	005	牛仔裤		条	30.00	160.00	180.80	160.00	
2										
3										
4										

图 13-40　销售专用发票

（6）在应收款管理系统中审核应收单据，执行“存货核算”“业务核算”“发出商品记账”“财务核算”“生成凭证”命令，如图 13-41 所示。

已生成

转 账 凭 证

转　字 0012　　制单日期：2020.06.28　　审核日期：　　附单据数：1

摘 要	科目名称	借方金额	贷方金额
专用发票	6401	420000	
专用发票	发出商品		420000
票号 日期	数量 单价　　合 计	420000	420000

备注　项 目 七分裤　　部 门
个 人　　客 户
业务员

记账　审核　出纳　制单 杨子斌

图 13-41　转账凭证

任务十一 委托代销业务

(1) 执行"存货核算""初始设置""选项""选项录入"命令,将"委托代销成本核算方式"设置为"按发出商品核算",如图 13-42 所示。

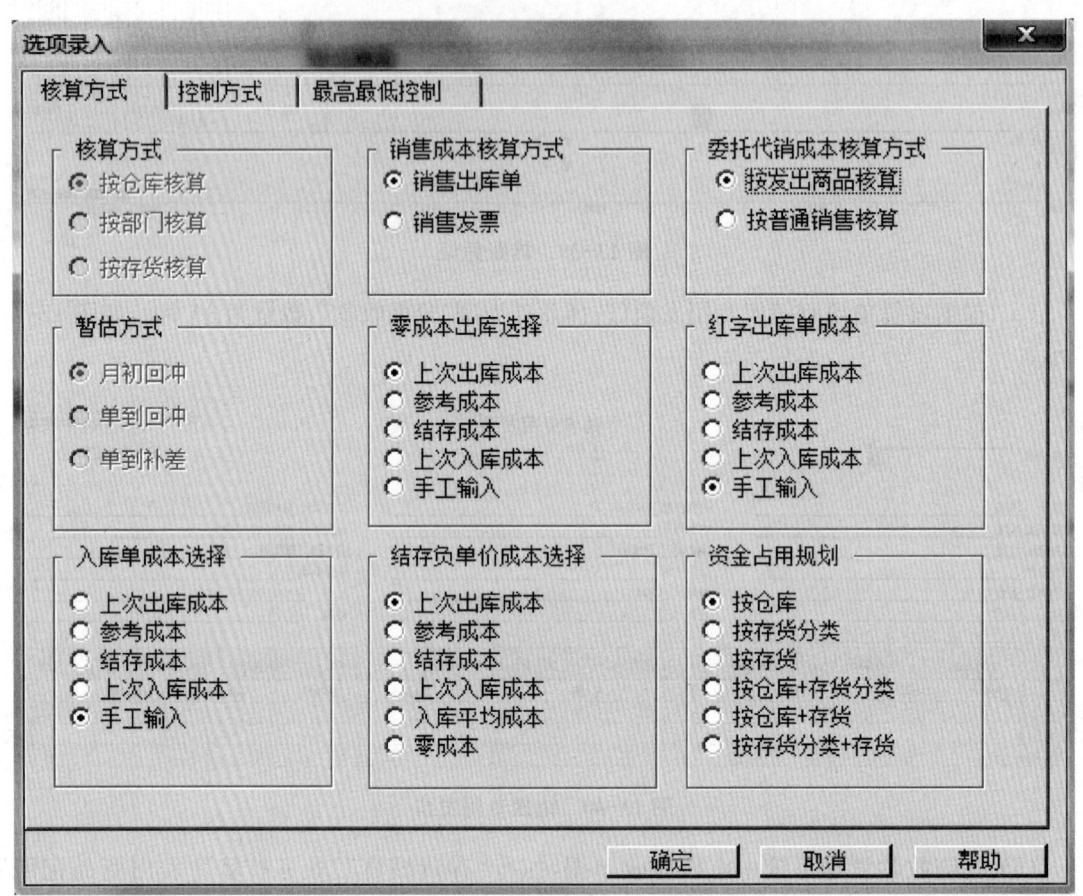

图 13-42 设置"核算方式"

(2) 执行"销售管理""设置""销售选项""业务控制"命令,选择"有委托代销业务",如图 13-43 所示。

(3) 委托代销发货处理:执行"销售管理""委托代销""委托代销发货单"及"库存管理""销售出库单(直接审核)""存货核算""发出商品记账(单价180)"命令,生成凭证,如图 13-44 和图 13-45 所示。

(4) 委托代销结算:在销售管理系统,根据委托代销发货单生成委托代销结算单(修改数量为30.00);系统自动生成销售发票,审核并生成凭证(应收款管理),如图 13-46 和图 13-47 所示。

(5) 执行"存货核算""发出商品记账"命令,生成凭证,如图 13-48 所示。

图 13-43 "销售选项"对话框

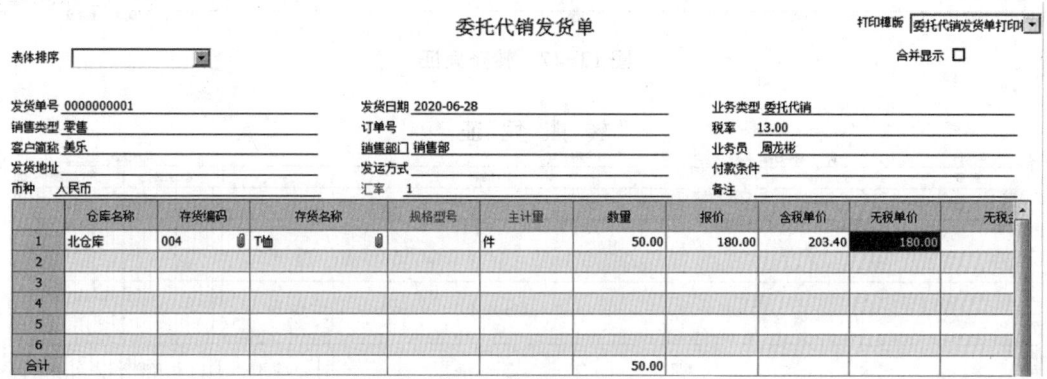

图 13-44 委托代销发货单

图 13-45 转账凭证

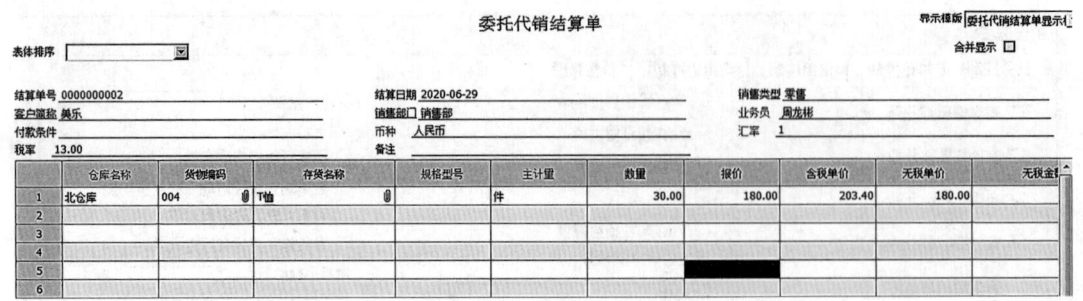

图 13-46 委托代销结算单

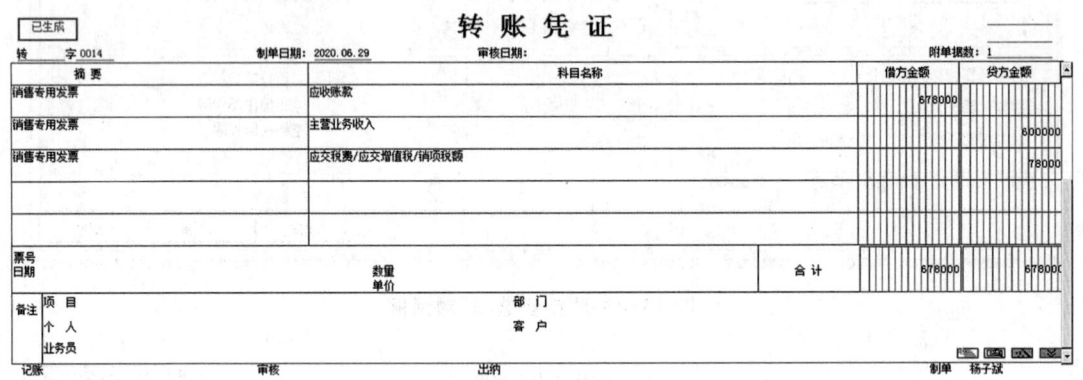

图 13-47 转账凭证

图 13-48 转账凭证

思考题

1. 完整的销售流程是怎样的？
2. 销售管理系统日常处理流程有哪些？
3. 销售管理系统与应收款管理系统的关系是什么？

项目十四　库存管理系统

知识目标

1. 熟悉库存管理系统的基础设置。
2. 掌握产成品出入库和材料领用的处理流程。
3. 掌握调拨业务与盘点业务的处理流程。

能力目标

1. 了解库存管理的基本功能。
2. 了解库存管理系统与其他子系统之间的关系。
3. 掌握库存管理的初始设置以及各种出入库业务处理。

[概述]

一、库存管理系统的基本功能

库存管理在物流过程中对商品数量进行管理,它接受采购部采购来的材料或商品,同时支配着生产的领料、销售的出库等。库存管理系统是用友供应链管理系统的一个子系统,它能够实现以下功能:满足采购入库、销售出库、产成品入库、材料出库、其他出入库、盘点管理等需要,提供仓位管理、批次管理、出库跟踪入库管理等全面的业务应用。

二、库存管理系统日常业务处理

1. 入库业务处理

库存管理系统主要是对各种入库业务进行单据的填制和审核。

1) 入库单据。

采购入库:主要完成企业商品采购或原材料采购的入库业务。

产成品入库:在工业企业,企业对原材料及半成品进行一系列的加工后,形成可销售的商品,然后验收入库。只有工业企业才有产成品入库单,商业企业没有此单据。

产成品在入库时一般是无法确定产品的总成本和单位成本的,因此,在填制产成品入库单时,一般只有数量,没有单价和金额。

其他入库:除了采购入库、产成品入库的其他入库业务,如发生调拨入库、盘盈入库、组装拆卸入库、形态转换入库等业务,形成入库单。

> **提示**
>
> 调拨入库、盘盈入库、纽装拆卸入库、形态换入库等业务可以自动生成相应的其他入库单，除此之外的其他入库单由用户填制。

2) 审核入库单据。

库存管理系统中的审核具有多层含义，既可表示通常意义上的审核，也可用单据是否审核代表实物的出入库行为，即在入库单上的所有存货均办理了入库手续后，对入库单进行审核。

2. 出库业务处理

（1）销售出库主要完成商业销售或原材料销售的出库业务。

（2）材料领用出库：工业企业生产过程需要领用材料，此时需要办理材料领用出库手续。

（3）其他出库：除销售出库、材料出库之外的其他出库业务，如维修、办公耗用、调拨出库、盘亏出库、组装拆卸出库、形态转换出库等。

> **提示**
>
> 调拨入库、盘盈入库、组装拆卸入库、形态转换入库等业务可以自动生成相应的其他出库单，除此之外的其他出库单由用户填制。

3. 其他业务

1) 库存调拨。

库存管理系统中提供了调拨单用于处理仓库之间存货的转库业务或部门之间的存货调拨业务。如果调拨单上的转出部门和转入部门不同，就表示是部门之间的调拨业务。如果转出部门和转入部门相同，但转出仓库和转入仓库不同，就表示是仓库之间的转库业务。

2) 盘点。

库存管理系统中提供了盘点单用来定期对仓库中的存货进行盘点。存货盘点报告表是证明企业存货盘盈、盘亏和毁损，据以调整存货实存数的书面凭证，经企业领导批准后，即可作为原始凭证入账。

系统提供两种盘点方法：按仓库盘点、按批次盘点，还可对各仓库或批次中的全部或部分存货进行盘点，根据盘盈、盘亏的结果可自动生成出入库单。

3) 组装拆卸业务。

组装是指将多个散件组装成一个配套件的过程。组装单相当于两张单据，一个是散件出库单，一个是配套件入库单。配套件和散件之间是一对多的关系。配套件和散件之间的关系在产品结构中设置。用户在组装之前应先进行产品结构定义，否则无法进行组装。

拆卸是指将一个配套件拆卸成多个散件的过程。拆卸单相当于两张单据，一个是配套件出库单，一个是散件入库单。配套件和散件之间是一对多的关系。配套件和散件之间的关系在产品结构中设置。用户在组装拆卸之前应先进行产品结构定义，否则无法进行拆卸。

4）形态转换。

由于自然条件或其他因素的影响，某些存货会由一种形态转换成另一种形态，如煤块由于风吹、雨淋，天长日久变成了煤渣，活鱼由于缺氧变成了死鱼等，从而引起存货规格和成本的变化，因此库管员需根据存货的实际状况填制形态转换单（或称为规格调整单），报请主管部门批准后进行调账处理。

[实验内容]

修改存货产品的档案，选择"自制"。

一、产成品入库

（1）6月5日，北仓库收到生产一部生产的100件T恤。

（2）6月6日，北仓库收到生产二部生产的50件T恤。

（3）6月6日，收到财务部提供的完工产品成本，总成本为18 000元，立马对这150件长袖T恤做成本分配，记账生成凭证。

二、材料领用出库

6月8日，生产一部向南仓库领用面料200米，用于生产短袖T恤，记材料明细账，生成领料凭证。

三、出库跟踪业务

（1）6月15日，采购部向江西赣江服装有限公司购入缝纫线100套，每套单价20元。入北仓库。

（2）6月16日，采购部向江西赣江服装有限公司公司购入缝纫线500套，每套单价15元。入北仓库。

（3）6月16日，收到上述两笔入库的普通发票，发票号分别是5380和4471。

（4）6月18日，销售部向广东立信服装有限公司销售400套缝纫线，从北仓库发货。

四、库存调拨

6月20日，将南仓库的30袋纽扣调拨到北仓库中。

五、盘点预警

6月20日，根据上级领导要求，面料应在每月第25天进行一次盘点。

六、盘点业务

6月25日，对面料进行盘点（南仓库）。

七、其他入库业务

6月26日，销售部收到赠品牛仔裤300条，每条单价80元，放于北仓库。

八、其他出库业务

6月26日,总经理办公室从北仓库领取T恤200件,捐给希望工程。

九、组装业务

6月26日,客户急用,生产部门当天组装缝制了10件T恤。

[实验指导]

任务一 产成品入库

一、在库存管理系统中录入产成品入库单并审核

(1) 修改存货的档案,选择"自制"。
(2) 执行"入库业务""产成品入库单"命令,进入"产成品入库单"窗口。
(3) 单击"增加"按钮,输入入库日期"2020-06-05",选择仓库"北仓库",入库类别"产成品入库",部门"生产一部"。
(4) 选择产品编码,输入数量,保存。
(5) 单击"审核"按钮,完成对该单据的审核,如图14-1所示。

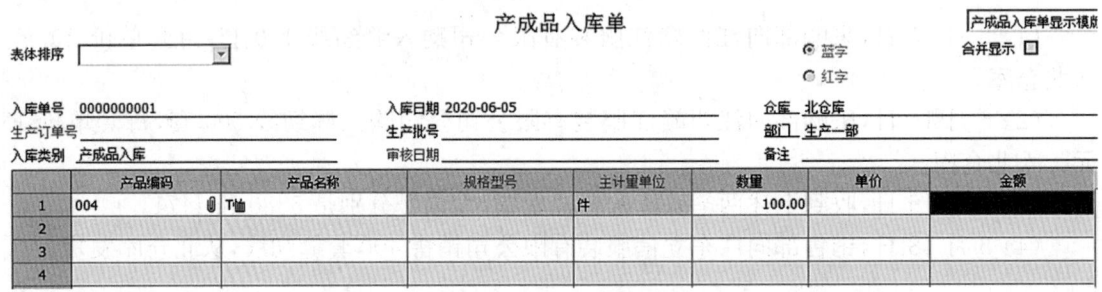

图14-1 产成品入库单

[提 示]

产成品入库单上无须填写单价,待产成品成本分配后系统会自动写入。

二、输入第2张产成品入库单

(1) 在存货核算系统中录入生产总成本并进行产成品成本分配。
(2) 执行"业务核算""产成品成本分配"命令,进入"产成品成本分配"窗口。
(3) 单击"查询"按钮,打开"产成品成本分配表查询"对话框。选择"北仓库",单击"确定"按钮,系统将符合条件的记录带回"产成品成本分配表"。在"004 T恤"记录"金额"栏内

输入"18 000.00",单击"分配"按钮,单击"确定"按钮。

(4) 进入存货核算系统,执行"业务核算""正常单据记账"命令,选中单据,单击"记账"按钮。

(5) 执行"财务核算""生成凭证"命令,单击"选择"按钮,弹出查询条件窗口,选择"产成品入库单",选择对应单据,单击"合成"按钮,生成凭证,如图14-2所示。

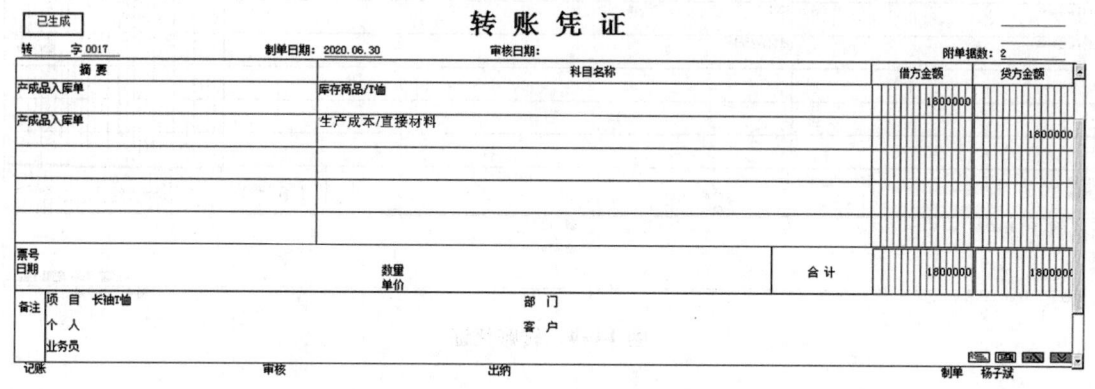

图 14-2　转账凭证

"生产成本——直接材料"科目为项目核算科目,本业务项目为"长袖T恤"。

任务二　材料领用出库

一、在库存管理系统中填制材料出库单

(1) 执行"出库业务""材料出库单"命令,单击"增加"按钮,填写出库日期"2020-06-08",仓库"南仓库",出库类别"材料领用出库",部门"生产一部",材料编码选择"001",输入数量"200.00",单击"保存"按钮。

(2) 单击"审核"按钮,如图14-3所示。

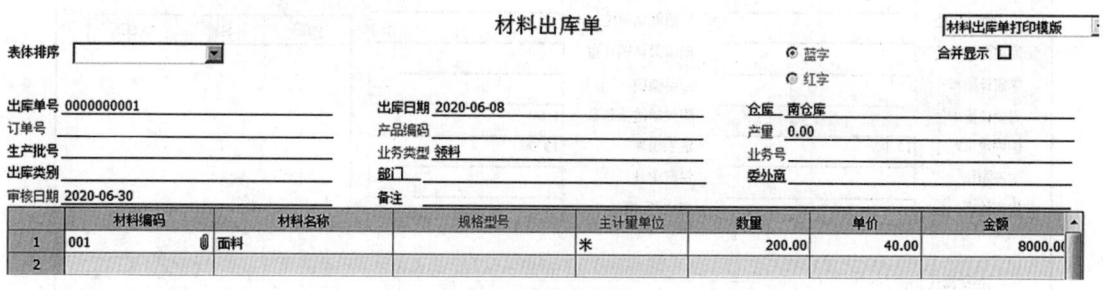

图 14-3　材料出库单

二、在存货核算系统中对材料出库单记账并生成凭证

(1) 进入存货核算系统,执行"业务核算""正常单据记账"命令,选中单据,单击"记账"按钮。

(2)执行"财务核算""生成凭证"命令,单击"选择"按钮,弹出查询条件窗口,选择"产成品入库单",选择对应单据,单击"合成"按钮,生成凭证,如图14-4所示。

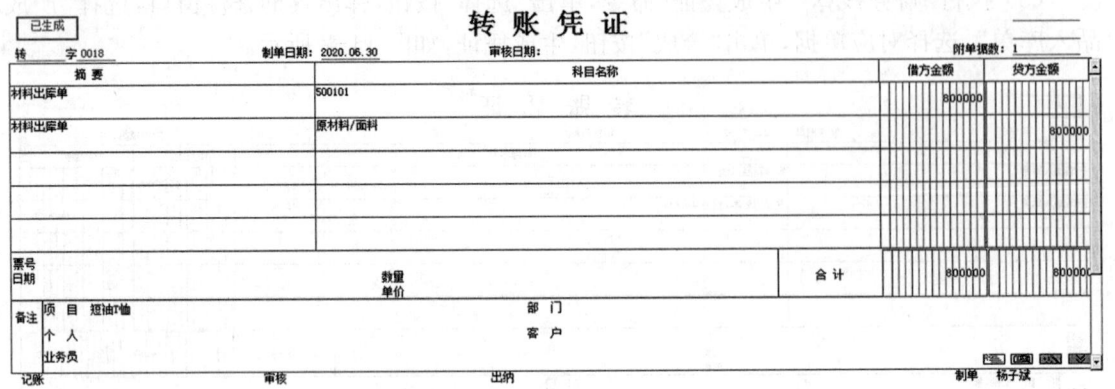

图 14-4 转账凭证

任务三 出库跟踪业务

(1)登录企业应用平台,进入"基础设置""存货""存货档案",单击"增加"按钮,增加"007",存货分类为"3-配件",计量单位组为"01-无换算关系",主计量单位为"02-套",销项税率为"13%",选中"内销""外销""外购",在"控制"中勾选"出库跟踪入库",如图14-5和图14-6所示。

图 14-5 "基本"对话框

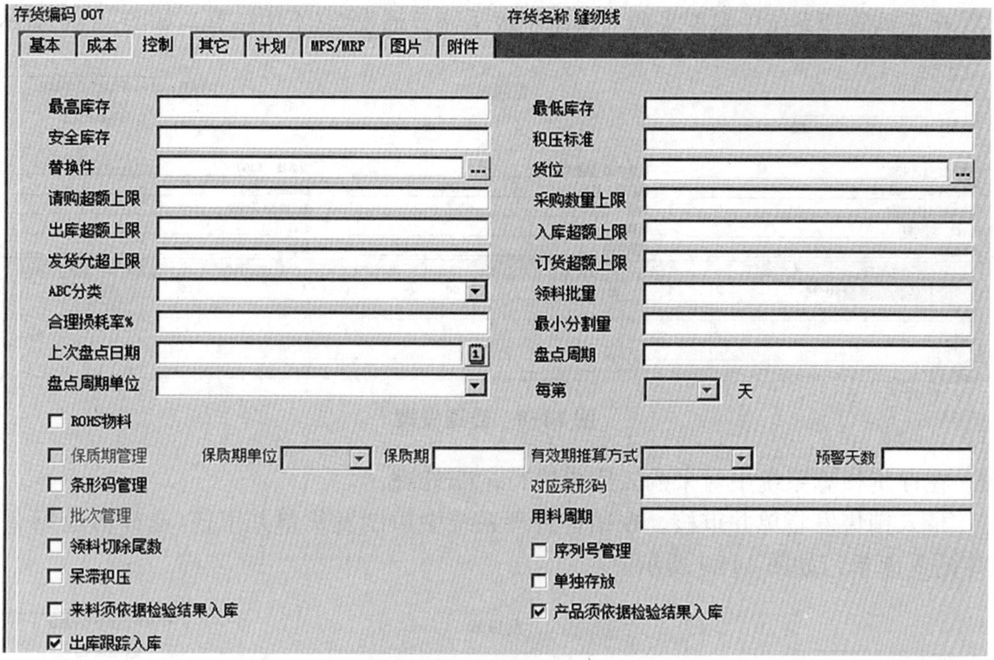

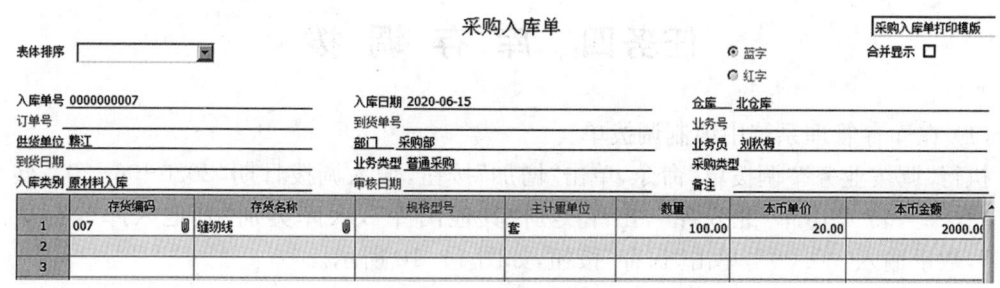

图14-6 "控制"对话框

(2) 进入"基础设置""单据设置"单据格式设置"销售管理""发货单""发货单显示",单击"表体项目",选中"40入库单号",单击"确定"按钮保存。

(3) 录入采购入库单(库存管理系统)。

① 执行"入库业务""采购入库单"命令,进入"采购入库单"窗口。

② 单击"增加"按钮,输入入库日期"2020-06-15",选择仓库"北仓库",入库类别"原材料入库"。选择存货编码"007",输入数量"100.00",单价"20.00",保存。单击"审核"按钮,完成对该单据的审核,如图14-7所示。

图14-7 采购入库单

同理,输入第2张采购入库单。

(4) 填制采购普通发票。

① 设置发票号手动输入。登录企业应用平台,执行"基础设置""单据设置""单据编号设置""采购管理"命令,选中"采购普通发票",点击左上角的图标,勾选"手动改动,重号时自动重取",单击"保存"按钮。

② 在采购管理系统中参照采购入库单生成采购普通发票(不用结算),如图14-8所示。

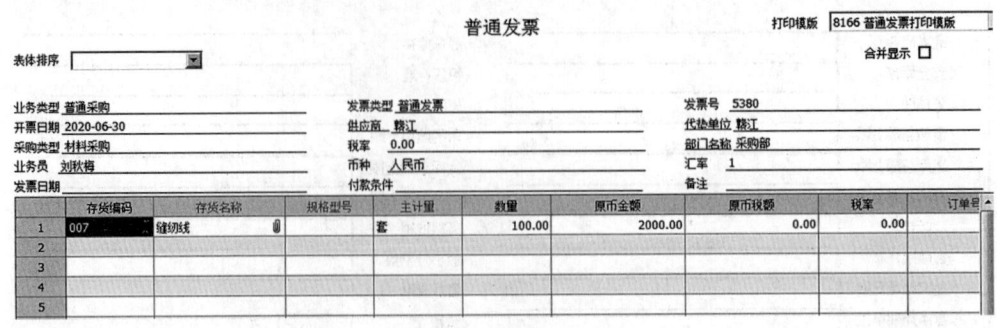

图14-8 普通发票

③ 在存货核算系统中对采购入库单进行记账处理。

④ 录入销售发货单并审核。在销售管理系统中填制发货单并审核(选择对应第2次采购入库的入库单),如图14-9所示。

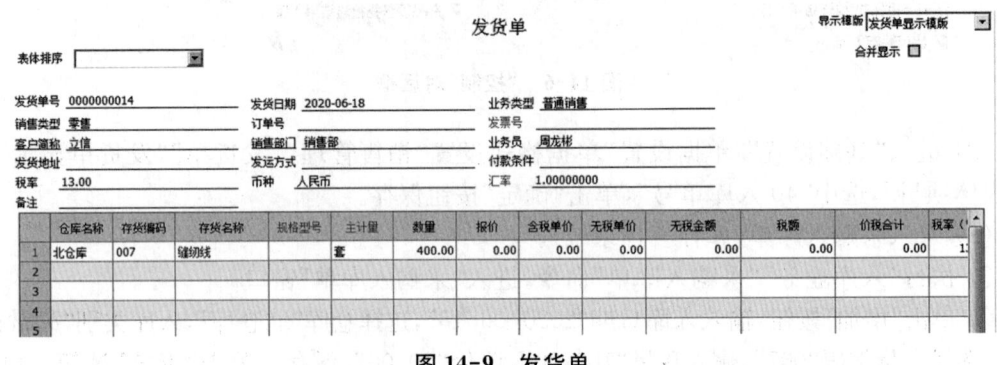

图14-9 发货单

任务四 库存调拨

(1) 在库存管理系统中填制调拨单。

执行"调拨业务""调拨单"命令,单击"增加"按钮,输入调拨日期"2020-06-20",转出仓库"南仓库",转入仓库"北仓库",出库类别"其他出库",入库类别"其他入库",存货编码"003",数量输入"30.00",单击"保存"按钮,如图14-10所示。

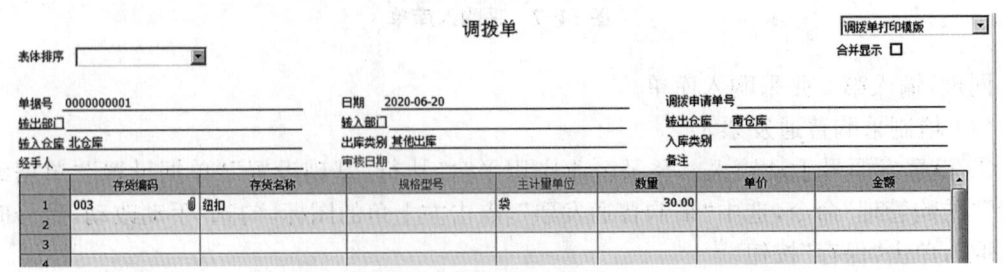

图14-10 调拨单

（2）单击"审核"完成调拨单的填制。

（3）对调拨单生成的其他入库单进行审核。执行"入库业务""其他入库单"命令，单击"审核"按钮。同理完成其他出库单的审核。

（4）在存货核算系统中对其他出入库单进行记账。执行"业务核算""特殊单据记账"命令，选择单据类型"调拨单"，单击"记账"按钮。

任务五　盘　点　预　警

（1）在库存管理系统中进行相关选项设置。执行"初始设置""选项"命令，打开"库存选项设置"，点击"专用设置"，选中"按仓库控制盘点参数"，单击"确定"按钮，如图 14-11 所示。

图 14-11　"专用设置"选项卡

(2) 在企业应用平台的"基础设置"中,修改存货档案。执行"基础档案""存货""存货档案""面料"命令,单击"控制"按钮,修改"盘点周期单位"为"月""每月第 25 天",如图 14-12 所示。

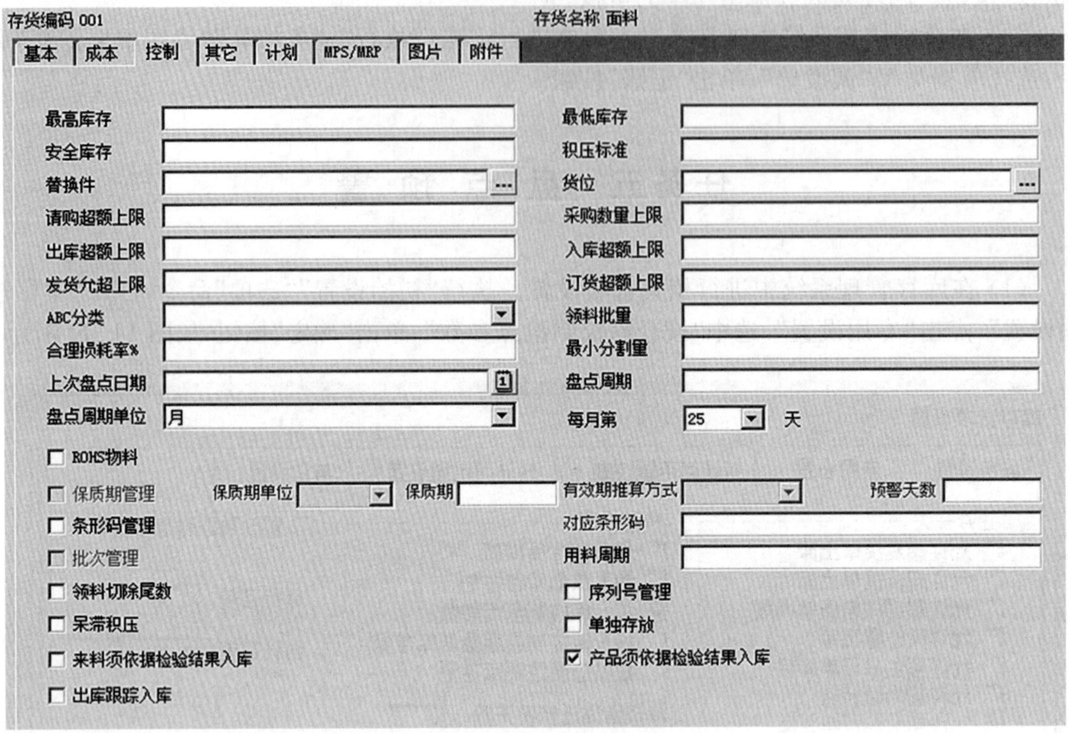

图 14-12 "控制"选项卡

任务六 盘点业务

(1) 在库存管理系统执行"盘点业务"命令,单击"增加"按钮,盘点日期为"2020-06-25",盘点仓库为"南仓库",出库类别为"其他出库",入库类别为"其他入库",单击"选择"按钮,选择"面料",执行"确定""保存""审核"命令,如图 14-13 所示。

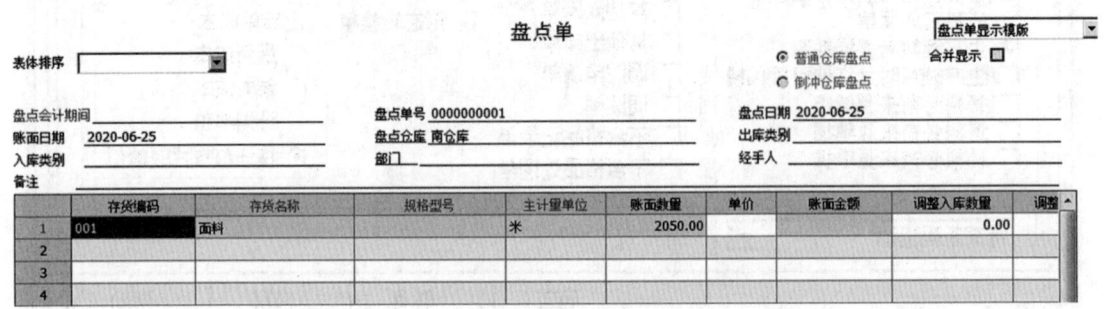

图 14-13 盘点单

(2) 在库存管理系统中对盘点单生成的其他入库单进行审核。

任务七　其他入库业务

(1) 在库存管理系统中录入其他入库单并审核,如图14-14所示。

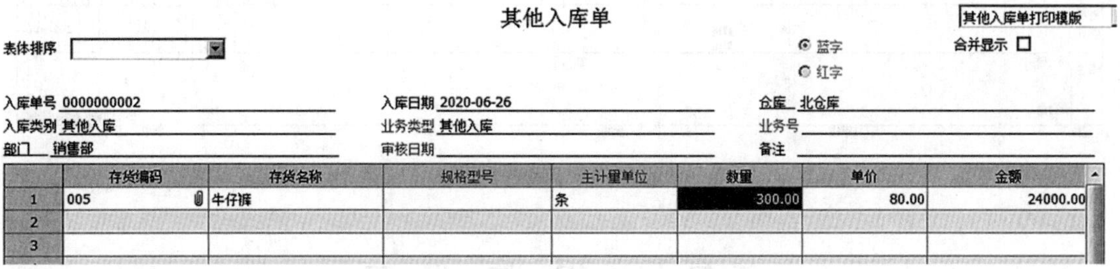

图14-14　录入其他入库单

(2) 在存货核算系统中对其他入库单记账。
(3) 在存货核算系统中生成凭证。执行"财务核算""生成凭证"命令,单击"选择"按钮,弹出查询条件窗口,选择"其他入库单",选择对应单据,输入对应科目,单击"生成"按钮,生成凭证,如图14-15所示。

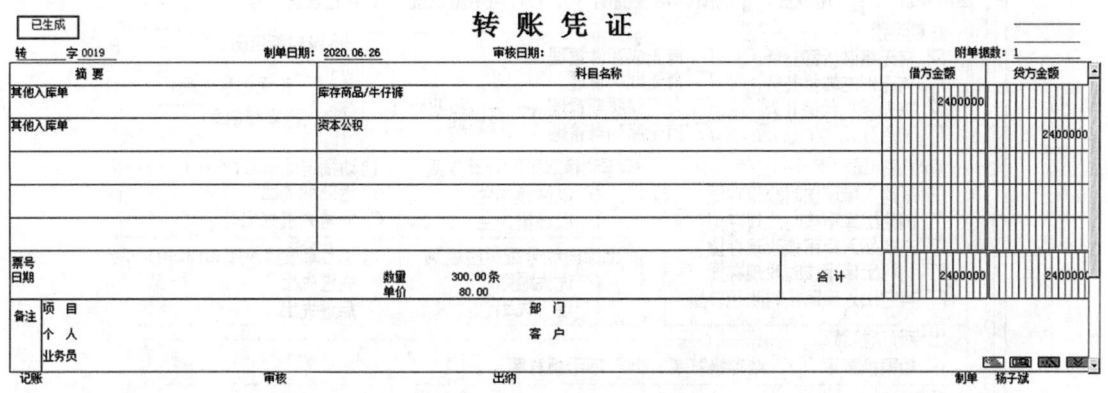

图14-15　转账凭证

任务八　其他出库业务

(1) 在库存管理系统中录入其他出库单并审核。
(2) 在存货核算系统中对其他出库单记账。
(3) 在存货核算系统中生成凭证。执行"财务核算""生成凭证"命令,单击"选择"按钮,弹出查询条件窗口,选择"其他出库单",选择对应单据,输入对应科目,单击"生成"按钮,生成凭证,如图14-16所示。

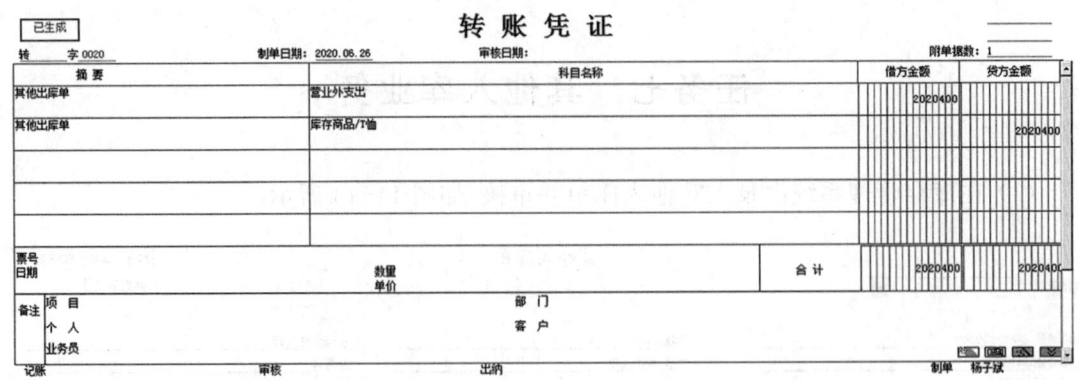

图 14-16 转账凭证

任务九 组装业务

(1) 在库存管理系统中,执行"初始设置""选项""通用设置""业务设置"命令,选择"有无组装拆卸业务",单击"确定"按钮,如图 14-17 所示。

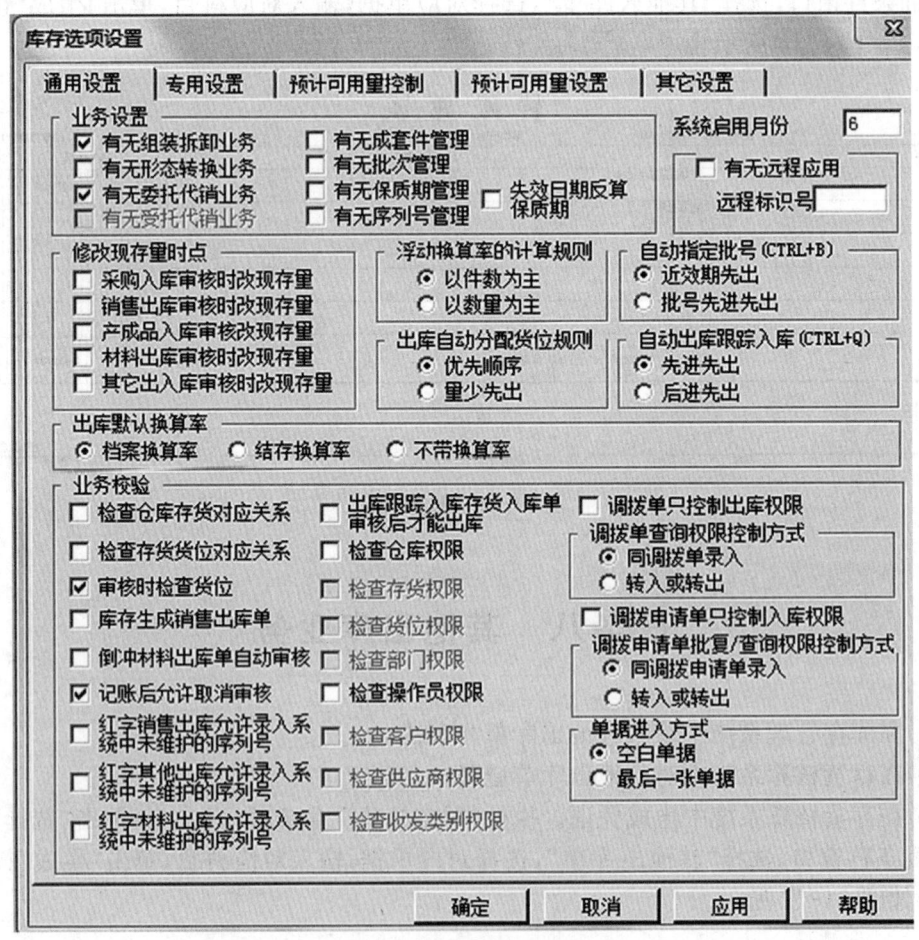

图 14-17 "库存选项设置"对话框

(2)定义产品结构。

① 执行"基础设置""基础档案""业务""产品结构"命令,定义散件与组装件之间的关系。

② 单击"增加"按钮,输入母件编码"004",母件名称"T恤",版本代号"10",版本说明"T恤",子件编码"001""003",基础数量"10.00",仓库名称"北仓库",单击"保存"按钮进行审核,如图14-18所示。

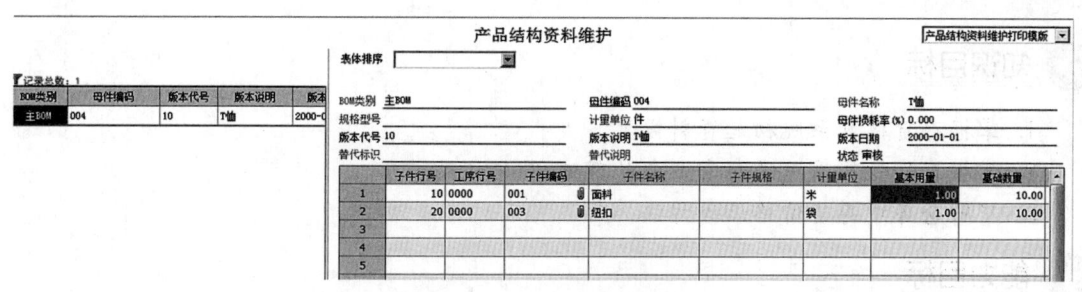

图 14-18　产品结构资料维护

(3)在库存管理系统中录入组装单。执行"组装拆卸""组装单""增加"命令,输入配件套"T恤",单击"展开"按钮,弹出"是否展开到末级",单击"是"按钮,选择入库类别"其他入库",出库类别"其他出库",单击"保存"按钮进行审核。

(4)在库存管理系统中对组装单生成的其他入库单和其他出库单进行审核,进行记账,如图14-19所示。

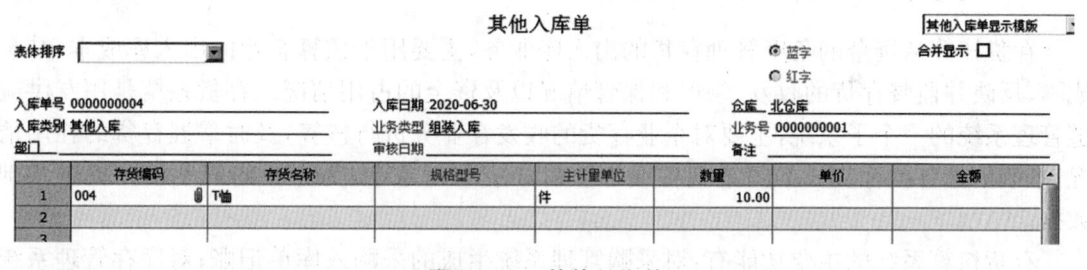

图 14-19　其他入库单

🎯 思考题

1. 产成品出入库和材料领用的处理流程是什么?
2. 调拨业务与盘点业务的处理流程是什么?
3. 库存管理系统与其他子系统的关系是什么?

项目十五　存货管理系统

知识目标

1. 掌握存货核算系统初始资料设置。
2. 掌握存货核算系统的日常业务处理流程。
3. 了解仓库中存货价格调整方法。

能力目标

1. 能够进行存货核算的初始设置、单据记账和特殊单据记账,以此了解存货核算与其他模块之间的关系。
2. 能够对存货核算有进一步的理解,为企业成本核算提供精确的数据。

[概述]

一、存货核算系统的基本功能

存货核算从资金的角度管理存货的出入库业务,主要用于核算企业的出入库成本、结余成本,反映并监督存货的收发、领退和保管情况以及资金的占用情况。存货系统是用友供应链管理系统的一个子系统,主要对企业存货的收发存业务进行核算,及时掌握存货的耗用情况,准确地把各类存货成本归集到各成本项目和成本对象上,为企业的成本核算提供基础数据。

存货核算系统的主要功能有:对采购管理系统生成的采购入库单记账;对库存管理系统生成的各种出入库单据记账核算;根据所选的计价方法自动计算正常销售业务的销售成本;对分期收款业务和委托代销业务生成的发货单和发票记账并确认成本;将生成的一系列凭证传入总账管理系统,实现财务和业务的一体化。

二、存货核算系统日常业务处理

1. 入库业务处理

(1) 采购入库。采购入库单在库存管理系统中录入,在存货核算系统中可以修改采购入库单上的入库金额,采购入库单上"数量"的修改只能在该单据填制的系统中进行。

(2) 产成品入库。产成品入库单在填制时一般只填写数量,单价与金额既可以通过修改产成品入库单直接填入,也可以由存货核算系统的产成品成本分配功能自动计算填入。

(3) 其他入库。大部分其他入库单都是由相关业务直接生成的,如果与库存管理系统集成使用,可以通过修改其他入库单的操作对盘盈入库业务生成的其他入库单的单价进行输入或修改。

2. 出库业务处理

出库单包括销售出库、材料领用出库、其他出库,在存货核算系统可以修改出库单据上的单价或金额。

3. 单据记账

单据记账是将所输入的各种出入库单据记入存货明细账、差异明细表、受托代销商品明细账等。单据记账时应注意以下几点:

(1) 无单价的入库单据不能记账,因此记账前应对暂估入库的成本、产成品入库单的成本进行确认或修改。

(2) 各个仓库的单据应按照实际顺序记账。

(3) 已记账单据不能修改和删除。如果发现已记账单据有误,在本月未结账状态下可以取消记账。如果已记账单据已生成凭证,就不能取消记账,除非先删除相关凭证。

4. 调整业务

出入库单据记账后,发现单据金额错误,如果是录入错误,通常采用修改方式进行调整。但如果遇到由于暂估入库后发生零出库业务等原因所造成的出库成本不准确或库存数量为零而仍有库存金额的情况,就需要利用调整单据的方法进行调整。

调整单据包括入库调整单和出库调整单。它们都只针对当月存货的出入库成本进行调整,并且只调整存货的金额,不调整存货的数量。

5. 暂估处理

存货核算系统中对采购暂估入库业务提供了月初回冲、单到回冲、单到补差三种方式,暂估处理方式一旦选择不可修改。无论采用哪种方式,都要遵循以下步骤:

(1) 待采购发票到达后,在采购管理系统填制发票并进行采购结算。

(2) 在存货核算系统中完成入库业务成本处理。

6. 生成凭证

在存货核算系统中,可以将各种出入库单据中涉及存货增减和价值变动的单据生成凭证传递到总账。对比较规范的业务,在存货核算系统的初始设置中可以事先设置好凭证上的存货科目和对方科目,系统将自动采用这些科目生成相应的出入库凭证,并传送到总账。

7. 月末处理

(1) 期末处理。当存货核算系统日常业务全部完成后,进行期末处理,系统自动计算全月平均单价及本会计月出库成本,自动计算差异率(差价率)以及本会计月的分摊差异/差价,并对已完成日常业务的仓库/部门作处理标志。

(2) 期末结账。存货核算系统期末处理完成后,就可以进行月末结账。如果是集成应用模式,必须在采购管理、销售管理、库存管理全部结账后,存货核算系统才能结账。

(3) 与总账对账。为保证业务与财务数据的一致性,需要进行对账,即将存货核算系统记录的存货明细账数据与总账系统存货科目和差异科目的结存金额和数量进行核对。

[实验内容]

(1) 6月26日,向江西赣江服装有限公司订购牛仔裤50条,单价为100元/条,将收到的货物验收入北仓库。

（2）6月27日，销售部向广东立信服装有限公司出售T恤300件，无税单价为180元/件，货物从北仓库发出。

（3）将26日订购的牛仔裤的入库成本增加500元。

（4）将27日销售给广东立信服装有限公司的T恤的出库成本调整为1 500元。

（5）有10套纽扣没有用完，先做假退料处理，下个月将继续使用。

[实验指导]

任务一 采购入库单

（1）在库存管理系统中执行"入库业务""采购入库单"命令，进入"采购入库单"窗口。单击"增加"按钮，输入入库日期"2020-06-26"，选择仓库"北仓库"，入库类别"其他入库"。选择存货编码"005"，输入数量"50.00"，单价"100.00"，保存。单击"审核"按钮，完成对该单据的审核，如图15-1所示。

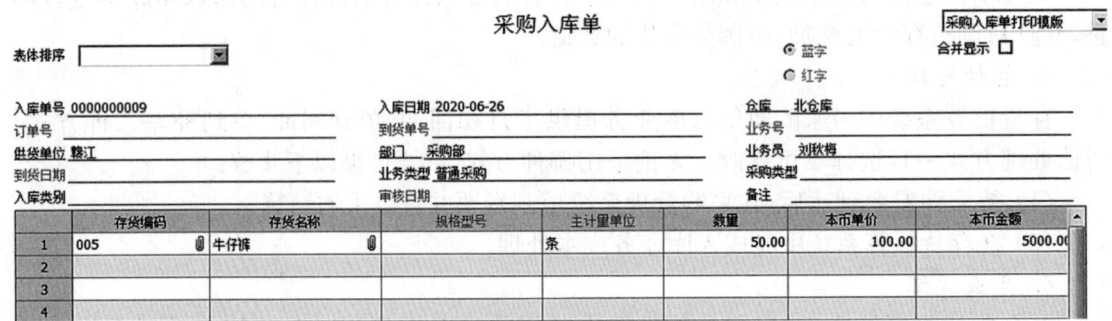

图15-1 采购入库单

（2）在存货核算系统对采购入库单进行记账并生成凭证，如图15-2所示。

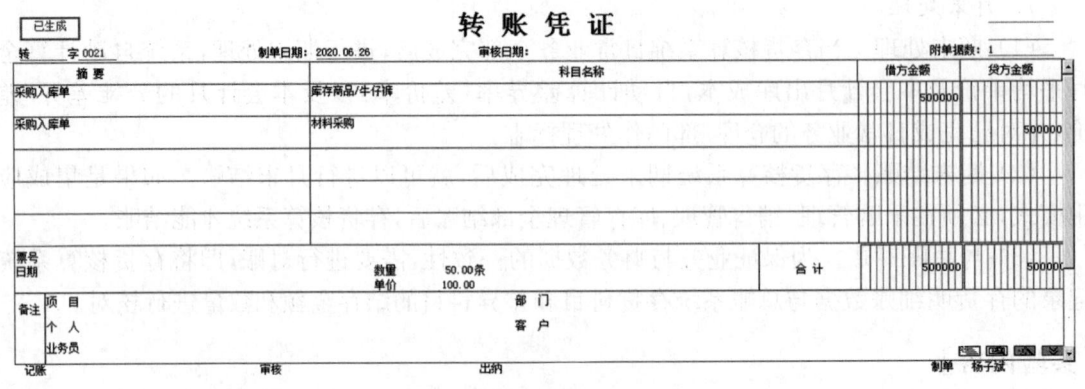

图15-2 转账凭证

任务二　销售发货单

（1）在销售管理系统填制销售发货单，如图 15-3 所示。

发货单

打印模版 发货单打印模版

表体排序

合并显示 □

发货单号 0000000014　发货日期 2020-06-27　业务类型 普通销售

销售类型 零售　订单号　发票号

客户简称 立信　销售部门 销售部　业务员 周龙彬

发货地址　发运方式　付款条件

税率 13.00　币种 人民币　汇率 1

备注

	仓库名称	存货编码	存货名称	规格型号	主计量	数量	报价	含税单价	无税单价	无税金额	税额	价税合计	税率（
1	北仓库	004	T恤		件	300.00	0.00	203.40	180.00	54000.00	7020.00	61020.00	1
2													
3													
4													

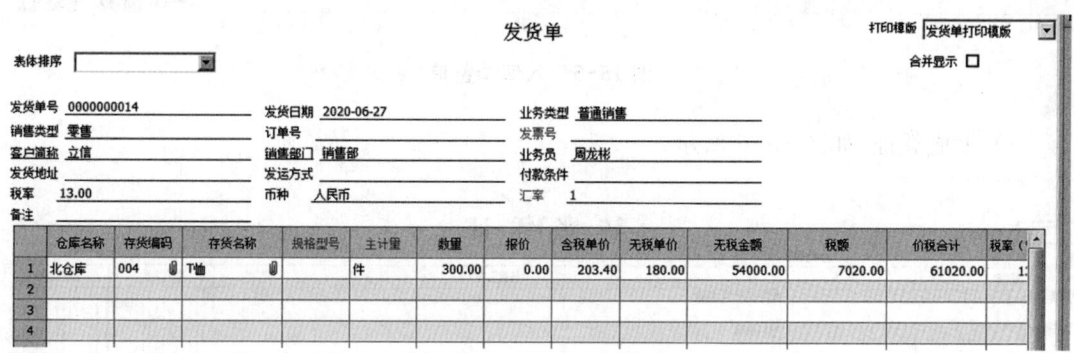

图 15-3　填制发货单

（2）在库存管理系统审核根据销售发货单自动生成的销售出库单，如图 15-4 所示。

销售出库单

销售出库单打印模版

表体排序

◉ 蓝字　○ 红字

合并显示 □

出库单号 0000000014　出库日期 2020-06-30　仓库 北仓库

出库类别 产品销售出库　业务类型 普通销售　业务号 0000000014

销售部门 销售部　业务员 周龙彬　客户 立信

审核日期　备注

	存货编码	存货名称	规格型号	主计量单位	数量	单价	金额
1	004	T恤		件	300.00		
2							
3							
4							
5							
6							

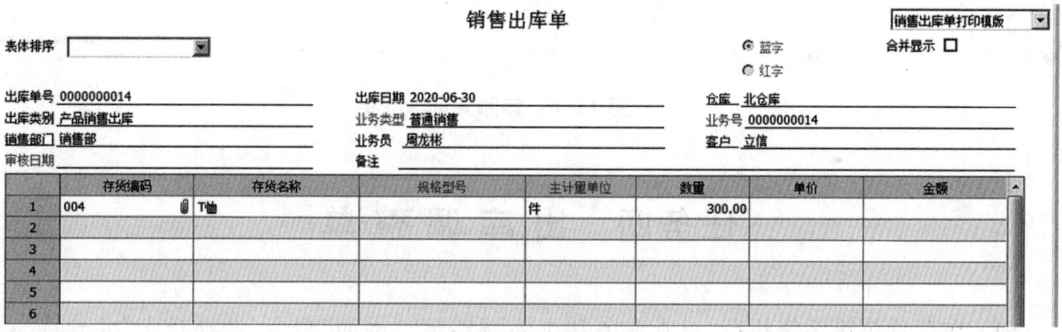

图 15-4　销售出库单

（3）在存货核算系统对销售出库单进行记账并生成凭证。（借方为“主营业务成本”科目，项目为“长袖 T 恤”项目）

任务三　入库调整单

（1）在存货核算系统执行“日常业务”“入库调整单”“增加”命令，选择仓库“北仓库”，日期“2020-06-30”，存货编码“005”，金额为“500.00”，保存，单击“记账”按钮，如图 15-5 所示。

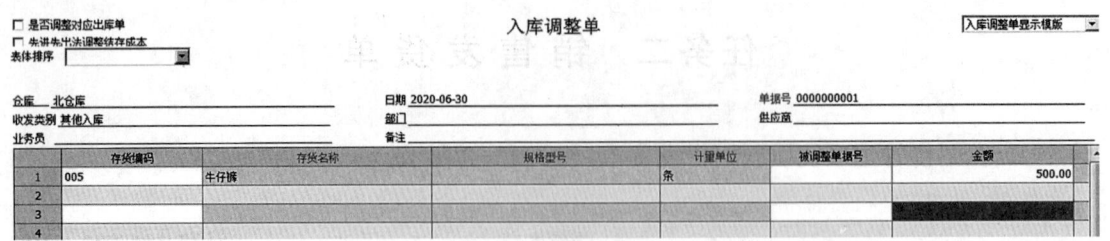

图 15-5　入库调整单

(2) 生成凭证,如图 15-6 所示。

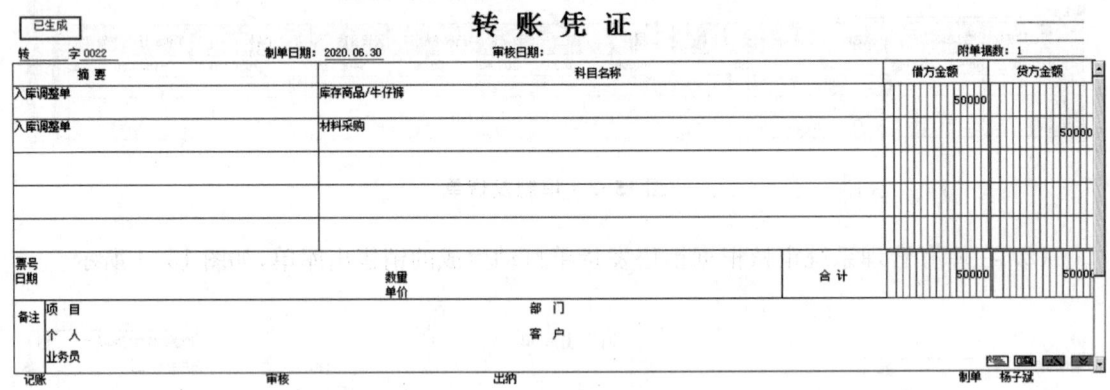

图 15-6　转账凭证

任务四　出库调整单

(1) 在存货核算系统执行"日常业务""出库调整单""增加"命令,选择仓库"北仓库",日期"2020-06-30",存货编码"004",金额为"1 500.00",单击"保存"按钮,单击"记账"按钮,如图 15-7 所示。

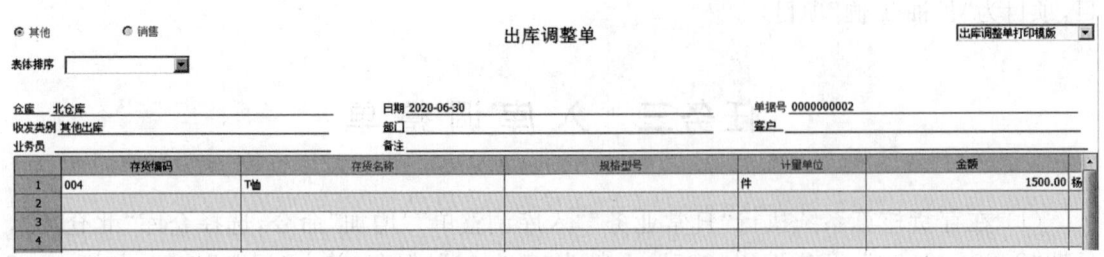

图 15-7　出库调整单

(2) 生成凭证,如图 15-8 所示。

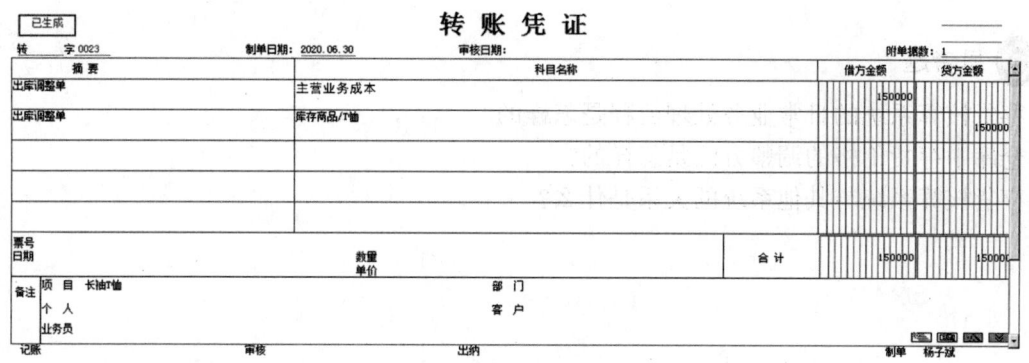

图 15-8 转账凭证

主营业务成本输入项目为"长袖 T 恤"项目。

任务五 假 退 料 单

(1) 在存货核算系统执行"日常业务""假退料单""增加"命令,选择仓库"北仓库",日期"2020-06-30",存货编码"003",数量为"−10.00",单击"保存"按钮,如图 15-9 所示。

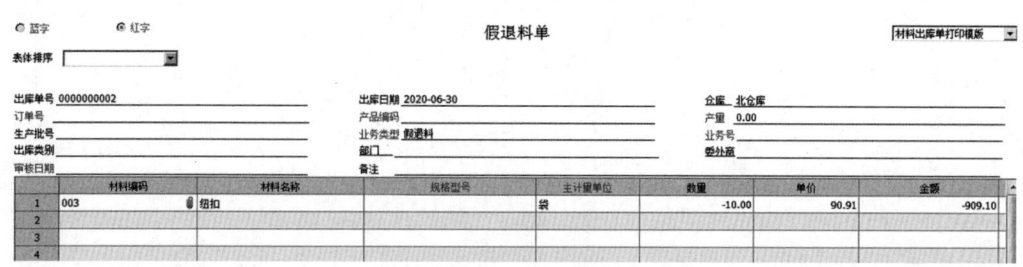

图 15-9 假退料单

(2) 在存货核算系统中对假退料单进行单据记账。

(3) 生成凭证,如图 15-10 所示。

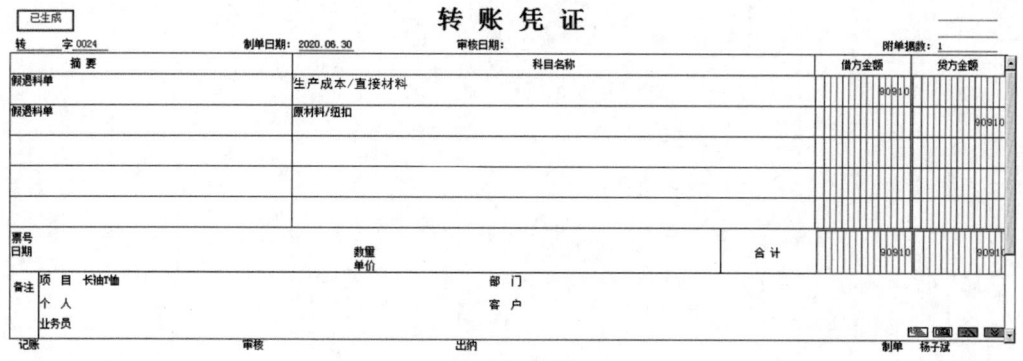

图 15-10 转账凭证

"生产成本——直接材料"科目为项目核算科目,本月业务项目为"长袖 T 恤"项目。

思考题

1. 存货核算系统的日常业务处理流程是怎样的?
2. 仓库中存货价格的调整方法是怎样的?
3. 存货核算系统与其他系统的关系是什么?